एक किशोरी की डायरी

एक किशोरी की डायरी

अने फ्रांक

अनुवाद
प्रभात रंजन

राजकमल प्रकाशन

ISBN : 978-93-8746-230-4

मूल्य : ₹895

पहला संस्करण : 2018
दूसरा संस्करण : 2025

प्रकाशक : राजकमल प्रकाशन प्रा. लि.
1-बी, नेताजी सुभाष मार्ग, दरियागंज
नई दिल्ली-110 002

शाखाएँ : अशोक राजपथ, साइंस कॉलेज के सामने, पटना-800 006
पहली मंजिल, दरबारी बिल्डिंग, महात्मा गांधी मार्ग, प्रयागराज-211 001
1, अनमोल सोराबजी संतुक लेन, धोबी तलाव, मरीन लाइंस, मुम्बई-400 002
वेबसाइट : www.rajkamalprakashan.com
ई-मेल : info@rajkamalprakashan.com

मुद्रक : विकास कंप्यूटर एंड प्रिंटर्स
ट्रॉनिका सिटी-201 102

EK KISHORI KI DIARY
by Anne Frank

प्रकाशकीय

राजकमल प्रकाशन ने अपने आरम्भिक दौर से ही हिन्दी भाषी पाठकों के मानसिक व सांस्कृतिक विकास के लिए हिन्दी की मौलिक पुस्तकों के अलावा श्रेष्ठ विदेशी साहित्य का हिन्दी अनुवाद प्रकाशित करना शुरू किया। 'विश्व क्लासिक शृंखला' हमारी ऐसी ही महत्त्वाकांक्षी योजना है जिसका पाठकों ने भरपूर स्वागत किया। अब हमारी योजना कुछ ऐसी भाषाओं की किताबों के प्रकाशन की है जिनमें श्रेष्ठ साहित्य तो है मगर वे भाषाएँ धीरे-धीरे खत्म होती जा रही हैं और उनकी पुस्तकें हिन्दी में अब तक अनुपलब्ध हैं। डच, लैटिन आदि कई ऐसी भाषाएँ हैं जिनकी साहित्यिक दुनिया वैविध्यपूर्ण है। इस शृंखला के तहत हर वर्ष हम कम से कम 6 किताबें प्रकाशित करने का प्रयास करेंगे। इस योजना की पहली कड़ी के रूप में हमने डच भाषा को चुना है और इसकी पहली प्रस्तुति है यह पुस्तक 'एक किशोरी की डायरी' जो अंग्रेजी में The Diary of a Young Girl के नाम से छपी है।

उम्मीद है कि पाठकों को हमारी यह योजना और इस योजना के अन्तर्गत प्रकाशित होनेवाली पुस्तकें जरूर पठनीय लगेंगी।

यह पुस्तक हिन्दी में पहली बार अधिकृत रूप से प्रकाशित हो रही है। इससे पहले इस पुस्तक के जो भी हिन्दी अनुवाद छपे हैं वे अवैध और अनधिकृत हैं। इस पुस्तक की एक दूसरी विशेषता यह भी है कि यह बिना किसी काट-छाँट के असम्पादित रूप में हिन्दी में पहली बार छप रही है। इसमें अने के वे अनुभव भी दर्ज हैं जो वह किशोरी के रूप में शारीरिक स्तर पर महसूस कर रही थी।

अने फ्रांक की इस डायरी में 12 जून, 1942 से लेकर 1 अगस्त, 1944 तक की प्रविष्टियाँ दर्ज हैं। यह एक ऐसी किशोरी की डायरी है जो बर्बर नात्सियों के भय से अज्ञातवास में रह रही है लेकिन बाहर की दुनिया में आने के लिए बेचैन है; जो प्यार करती है और उसे हर स्तर पर महसूस करना चाहती है; जो जीवन के रंगों को जानना और अपने अकेलेपन को दूर करना चाहती है।

इसके अलावा इसमें नात्सी बर्बरता और यहूदी समुदाय की यंत्रणाओं का मार्मिक चित्रण है। कुल मिलाकर यह डायरी भय, भूख, आतंक, प्यार, हवाई हमले और दुनिया से अलग-थलग पड़ जाने की पीड़ा का एक बहुरंगी कोलाज है।

—अशोक कुमार महेश्वरी
प्रकाशक

प्राक्कथन

अने फ्रांक ने 12 जून 1942 से 1 अगस्त 1944 के दौरान एक डायरी लिखी। आरम्भ में, उसने इसे नितान्त अपने लिए रखा। लेकिन 1944 में एक दिन, निर्वासित डच सरकार के एक प्रतिनिधि गेरिट बोल्कश्टाइन ने लन्दन से एक रेडियो प्रसारण में घोषणा की कि उन्हें उम्मीद है कि युद्ध के बाद वे जर्मन कब्जे के दौरान डच लोगों की पीड़ा के आँखों देखे विवरण जुटा सकेंगे जिन्हें सार्वजनिक भी किया जा सकेगा। उदाहरण के तौर पर उन्होंने पत्रों और डायरियों का विशेष रूप से उल्लेख किया।

इसी भाषण से प्रभावित होकर अने फ्रांक ने निश्चय किया कि युद्ध समाप्त होने पर, वह अपनी डायरी पर आधारित एक पुस्तक प्रकाशित करेगी। सो, वह अपनी डायरी के पुनर्लेखन और संपादन में जुट गई, पाठ को बेहतर बनाने लगी, जो हिस्से उसे पर्याप्त रुचिकर नहीं लगे उन्हें हटाकर अपनी स्मृति से अन्य हिस्से जोड़ने लगी। इसके साथ-साथ उसने अपनी मूल डायरी को लिखना भी जारी रखा। विद्वत्तापूर्ण कृति 'द डायरी ऑफ अने फ्रांक : द क्रिटिकल एडिशन' (1989), में अने की पहली असम्पादित डायरी को 'संस्करण ए' के रूप में बताया गया है, ताकि दूसरी यानी सम्पादित डायरी से उसको अलग दिखाया जा सके, जिसे 'संस्करण बी' के रूप में उद्धृत किया गया है।

अने की डायरी में अन्तिम प्रविष्टि 1 अगस्त 1944 की दर्ज है। 4 अगस्त 1944 को, उस गुप्त आवास में रहनेवाले आठ लोगों को गिरफ्तार कर लिया गया। मीप गीस और बेप फोस्क्यूल दो सचिव थे, जो उस भवन में काम कर रहे थे, उनको अने की डायरियाँ फर्श पर बिखरी-फैली मिलीं। मीप गीस ने सुरक्षा के खयाल से उनको उठाकर मेज की दराज में रख दिया। लड़ाई यानी द्वितीय महायुद्ध के बाद जब यह बात साफ हो गई कि अने इस दुनिया में नहीं रही, तो उसने उन डायरियों को बिना पढ़े ही अने के पिता ओटो फ्रांक को सौंप दिया।

काफी सोच-विचार करके ओटो फ्रांक ने अपनी बेटी की इच्छा पूरी करने और उस डायरी को प्रकाशित करने का निर्णय लिया। उन्होंने संस्करण 'ए' और 'बी' से सामग्री चुनी और उसका एक और संक्षिप्त संस्करण सम्पादित करके तैयार किया, जिसे संस्करण 'सी' के तौर पर उद्धृत किया गया। संसार-भर के पाठक इसी को *एक किशोरी की डायरी* के रूप में जानते हैं।

चुनाव करते समय ओटो फ्रांक को कई बातों का खयाल रखना पड़ा। सबसे पहले, पुस्तक के आकार-प्रकार को छोटा रखना जरूरी था, ताकि वह डच प्रकाशक की श्रृंखला

के अन्तर्गत आ सके। इसके अलावा, कई ऐसे अनुच्छेदों को, जिनका सम्बन्ध अने की यौनिकता से था, हटा दिया गया। 1947 में, जिस समय इस डायरी का पहली बार प्रकाशन हुआ, यौन-भावनाओं को खुलकर व्यक्त करने का चलन नहीं था, उन किताबों में तो बिल्कुल नहीं, जो नौजवानों के लिए हों। मृतक के सम्मान में, ओटो फ्रांक ने कुछ ऐसे अनुच्छेदों को भी हटा दिया, जिनमें उसकी पत्नी तथा उस गुप्त उपखंड के अन्य निवासियों के बारे में 'खरी' बातें लिखी गई थीं। अने फ्रांक ने जब डायरी लिखना आरम्भ किया, उस समय उसकी उम्र 13 वर्ष और जब उसे यह डायरी छोड़नी पड़ी उस समय 15 वर्ष थी, तो भी अपनी पसन्द और नापसन्द के बारे में उसने बेहिचक लिखा।

1980 में जब ओटो फ्रांक की मृत्यु हुई, तो वे अपनी बेटी की पांडुलिपि की वसीयत एम्सटर्डम स्थित नीदरलैंड स्टेट इंस्टीट्यूट फॉर वार डाक्यूमेंटेशन के नाम कर गए, क्योंकि इस डायरी की विश्वसनीयता को इसके प्रकाशन के समय से ही चुनौती दी जाती रही, इसलिए इंस्टीट्यूट फॉर वार डाक्यूमेंटेशन संस्थान ने इसके हर पहलू की जाँच के आदेश दिए। जब हर प्रकार से यह बात साबित हो गई कि यह डायरी असली है, तो इसे सम्पूर्ण रूप में और इस सम्बन्ध में किए गए विस्तृत अध्ययन के परिणामों के साथ प्रकाशित किया गया। इसके आलोचनात्मक संस्करण में केवल संस्करण ए, बी तथा सी ही नहीं हैं, उसमें फ्रांक परिवार की पृष्ठभूमि से सम्बन्धित लेख, उनकी गिरफ्तारी और निर्वासन से जुड़ी परिस्थितियों और अने की हस्तलिपि, दस्तावेज और डायरी में इस्तेमाल की गई सामग्री के बारे में भी जानकारी दी गई है।

बाजेल (स्विट्जरलैंड) में स्थित अने फ्रांक फाउंडेशन को ओटो फ्रांक के वैधानिक उत्तराधिकारी के रूप में फ्रांक की पुत्री का कॉपीराइट भी प्राप्त हुआ। इसके बाद फाउंडेशन ने तय किया कि सामान्य पाठकों के लिए इस डायरी का एक नया और विस्तृत संस्करण छापा जाए। यह नया संस्करण किसी भी प्रकार से ओटो फ्रांक द्वारा सम्पादित पहली डायरी की निष्ठा को प्रभावित नहीं करता, जो इस डायरी और इसके संदेशों को लाखों-लाख लोगों के समक्ष लेकर आया था। इस विस्तृत संस्करण को तैयार करने का काम लेखक और अनुवादक मीरयम प्रेस्लर को सौंपा गया। ओटो फ्रांक के मूल चयन को अब संस्करण ए और संस्करण बी के अनुच्छेदों से सम्बन्धित किया गया। मीरयम प्रेस्लर के संस्करण को अने फ्रांक फाउंडेशन ने मान्य करार दिया, जिसमें लगभग 30 प्रतिशत सामग्री अधिक है और यह पाठकों को अने फ्रांक के संसार का अधिक गहरा परिचय कराती है।

सन् 1998 में डायरी के पूर्व में अज्ञात पाँच और पृष्ठ प्रकाश में आए। अब, अने फ्रांक फाउंडेशन की अनुमति से 8 फरवरी, 1944 की तिथि का एक लम्बा परिच्छेद इस तिथि की पहले से मौजूद टीप के साथ जोड़ दिया गया है। 20 जून, 1942 की तिथि की अपेक्षाकृत एक छोटी वैकल्पिक टीप को इसमें जगह नहीं दी गई है, क्योंकि उसका एक अधिक विस्तृत संस्करण डायरी में पहले से मौजूद है। इसके अलावा, नई खोजों को ध्यान में रखते हुए 7 नवम्बर, 1942 की एक टीप को 30 अक्टूबर, 1943 की तिथि से संलग्न कर दिया गया है। अधिक सूचना के लिए, पाठक परिवर्द्धित आलोचनात्मक

संस्करण को देख सकते हैं।

संस्करण बी तैयार करते हुए अने ने उस पुस्तक में आनेवाले लोगों के छद्म नाम रख दिए थे। शुरू में वह स्वयं को भी आने आउलिस के रूप में रखना चाहती थी, और बाद में अने रॉबिन के रूप में। ओटो फ्रांक ने अपने परिवार के सदस्यों के नाम तो वास्तविक कर दिए, बाकी लोगों के मामले में उन्होंने अने की इच्छाओं का पूरा खयाल रखा। समय बीतने के साथ, गुप्त ठिकानों में रहनेवाले परिवारों की मदद करने वाले लोगों के नाम सामान्य ज्ञान का हिस्सा हो गए। इस संस्करण में मददगारों को उनकी वास्तविक पहचान के साथ रखा गया है, जो इसके समुचित हकदार भी हैं। अन्य लोगों को आलोचनात्मक संस्करण में दिए गए छद्म नामों से ही सन्दर्भित किया गया है। वार डाक्यूमेंटेशन इंस्टीट्यूट ने मनमाने तरीके से उन लोगों के नामों के आद्याक्षर तय कर दिए जो अज्ञेय ही बने रहना चाहते हैं।

उस गुप्त ठिकाने (उपखंड) में छिपे अन्य लोगों के वास्तविक नाम ये है :

फॉन पेल्स परिवार (ओस्नाब्रुक, जर्मनी से)
ऑगस्त फॉन पेल्स (जन्म—9 सितम्बर 1900)
हर्मन फॉन पेल्स (जन्म—31 मार्च 1898)
पीटर फॉन पेल्स (जन्म—8 नवम्बर 1926)

अने की पांडुलिपि में इन्हें पेत्रोनेल्ला, हांस और अल्फ्रेड फॉन डॉन और पुस्तक में पेत्रोनेल्ला, हर्मन और पीटर फॉन डॉन बताया गया है।

फ्रित्स प्फेफर (जन्म—30 अप्रैल 1889, जियसेन, जर्मनी)

अने ने अपनी पांडुलिपि और पुस्तक दोनों ही स्थानों पर उन्हें अल्बेर्ट डूसल कहकर याद किया गया है।

पाठकों को यह बात भी ध्यान में रखनी चाहिए कि इस संस्करण का ज्यादातर भाग अने की डायरी के संस्करण बी पर आधारित है, जो उसने तब लिखा जब उसकी उम्र 15 वर्ष थी। यदा-कदा, अने पीछे लौटकर पहले की लिखी अपनी किसी उक्ति के हवाले भी देती है। इस संस्करण में वे टिप्पणियाँ विशेष रूप से चिह्नित की गई हैं। स्वाभाविक तौर पर, अने की वर्तनी और भाषा सम्बन्धी गलतियों को भी सुधारा गया है। पाठ को उसी तरह रहने दिया गया है जैसे उसने लिखा था, कारण यह है कि किसी ऐतिहासिक दस्तावेज में संपादन या स्पष्टीकरण सम्बन्धी कोई भी प्रयास अनुचित ही कहा जाएगा।

12 जून, 1942

मुझे उम्मीद है कि मैं अपनी हर बात तुम्हें बता सकूँगी, क्योंकि मैंने अपनी बातें कभी किसी से नहीं कहीं, और मैं आशा करती हूँ कि तुम मेरे लिए सुकून और संबल का एक बड़ा स्रोत बनोगी।

अने द्वारा 28 सितम्बर, 1942 को जोड़ी गई टिप्पणी :

अब तक तो तुम सचमुच मेरे सुख का बड़ा कारण रही हो, किटी भी, जिसे अब मैं नियमित रूप से लिखती हूँ। इस तरह डायरी लिखना अधिक अच्छा है, अब मुझसे उन लम्हों का इन्तजार नहीं हो पाता, जब मैं लिखने की स्थिति में होती हूँ।

ओह, मैं कितनी खुश हूँ कि तुम्हें यहाँ अपने साथ ले आई।

रविवार, 14 जून, 1942

शुरुआत मैं उस पल से करना चाहूँगी जब मैंने तुमको पाया, जिस पल मैंने तुम्हें अपने जन्मदिन के बाकी तोहफों के बीच पड़ा पाया (मैं भी साथ-साथ थी जब तुम्हारी खरीद हुई थी, लेकिन उससे फर्क नहीं पड़ता)।

शुक्रवार, 12 जून को मैं छह बजे ही उठ गई थी, इसमें कुछ भी आश्चर्यजनक नहीं था, क्योंकि यह मेरा जन्मदिन था। लेकिन उस समय मुझे उठने की इजाजत नहीं है इसलिए मुझे अपनी उत्सुकता पर पौने सात बजे तक काबू रखना पड़ा। लेकिन जब और काबू न रहा, तो मैं डाईनिंग-रूम में गई, जहाँ मोर्ते (बिल्ली) ने मेरे पैरों को सहलाकर मेरा स्वागत किया।

सात बजने के कुछ समय बाद मैं डैडी और मम्मी के पास गई और उसके बाद मेहमान-कमरे में, जन्मदिन के मिले उपहारों को खोलने-देखने के लिए और सबसे पहले मेरी नजर *तुम्हारे* ऊपर पड़ी, तुम शायद मुझे मिले बेहतरीन तोहफों में से एक थी। फिर गुलाब का एक गुलदस्ता, कुछ पियोनी और गमले में सजा एक पौधा। डैडी और मम्मी से मुझे मिला एक नीला ब्लाउज, एक गेम, अंगूर के रस की एक बोतल, मुझे लगता है जिसका स्वाद कुछ-कुछ वाईन की तरह है (आखिरकार वाईन भी तो अंगूर से तैयार होती है), एक पजल, कोल्ड क्रीम की एक शीशी, 2.50 गिल्डर और दो पुस्तकों के उपहार कूपन। मुझे एक और किताब भी मिली कैमेरा ऑब्सक्यूरा लेकिन (मारगोट के

पास ये पहले से ही है, इसलिए मैंने अपनी वाली के बदले कुछ और ले लिया) इसके अलावा, घर की बनी बिस्कुट की एक प्लेट (जिसे, जाहिर है, मैंने खुद बनाया, क्योंकि बिस्कुट बनाने में मैं काफी होशियार हो चुकी हूँ)। ढेर सारी मिठाइयाँ और स्ट्रॉबेरी की बनी टार्ट माँ से मिली और जर्मनी से एक चिट्ठी भी मिली, ठीक उसी समय, लेकिन जाहिर है वह महज इत्तेफाक था।

फिर हनेली मुझे बुलाने आई और हम साथ स्कूल गए। ब्रेक के दौरान मैंने अपने शिक्षकों और क्लास के लोगों को बिस्कुट दिए और उसके बाद फिर पढ़ाई का दौर शुरू हो गया। मैं पाँच बजे से पहले घर नहीं लौट पाई, क्योंकि अपनी बाकी क्लास के साथ जिम गई थी (मुझे इसमें भाग लेने की इजाजत नहीं, क्योंकि मेरे कंधे और कूल्हे इससे उतर जाते हैं।) चूँकि वह मेरा जन्मदिन था, इसलिए मैं यह चुन सकती थी कि मेरी कक्षा के विद्यार्थी कौन-सा खेल खेलें, मैंने वालीबॉल को चुना। उसके बाद वे सब मेरे चारों ओर घूम-घूमकर नाचने और 'हैप्पी बर्थडे' गाने लगे। जब मैं घर आई तो जोने लेडरमान वहाँ पहले से था। इल्से वागनर, हनेली ग्रॉसलर और जेक्वेलिन फॉन मार्सन मेरे साथ जिम के बाद घर आए, कारण यह था कि हम सभी एक ही कक्षा में पढ़ते थे। हनेली और जोने मेरे दो सबसे अच्छे दोस्त थे। लोग जब हमें साथ-साथ देखते तो कहते कि 'देखो अने, *हने* और *जोने* जा रहे हैं।' जेक्वेलिन फॉन मार्सन से मेरी भेंट तब हुई, जब मैं यहूदी स्कूल जाने लगी, अब वह मेरी सबसे अच्छी दोस्त है, इल्से हनेली की दोस्त है, और जोने अब किसी और स्कूल में जाती है और वहाँ उसके अलग दोस्त हैं।

उन्होंने मुझे एक बड़ी अच्छी किताब दी, डच सागाज एंड लीजेंड्स,
लेकिन गलती से उन्होंने मुझे उसका दूसरा खंड दे दिया, इसलिए पहले खंड को पाने के लिए मैंने दो और किताबों की अदला-बदली की। हेलेन आंटी ने मुझे एक भूल-पहेली लाकर दी, स्टेफेनी आंटी ने एक बड़ा प्यारा पिन दिया, तो लेनी आंटी ने एक जबरदस्त किताब : *डेजी गोज टू मॉउंटेंस।*

सुबह-सुबह मैं नहाने के टब में लेटी सोचती रही कि क्या ही अच्छा होता कि मेरे पास रिन-टिन-टिन जैसा एक कुत्ता होता। मैं भी उसे रिन टिन टिन ही बुलाती, और अपने साथ उसे स्कूल लेकर जाती, जहाँ वह केयर टेकर के कमरे में रहता या मौसम अच्छा रहने पर साइकिलों के खंड में।

सोमवार, 15 जून, 1942

रविवार की दोपहर मेरे जन्मदिन की पार्टी हुई। रिन-टिन-टिन फिल्म की मेरी कक्षा के विद्यार्थियों में बड़ी धूम मची थी। मुझे दो पिन, एक बुकमार्क और दो पुस्तकें मिलीं।

कुछ बातें मैं अपने स्कूल और अपनी कक्षा के बारे में बताना चाहूँगी, शुरुआत मैं अपनी कक्षा के बाकी बच्चों से करती हूँ।

बैटी ब्ल्योमेंडाल कुछ गरीब दिखती है, और मुझे लगता है शायद वह है भी। वह

पश्चिमी एम्सटर्डम के एक ऐसे इलाके में रहती है जिसके बारे में हममें से कोई नहीं जानता कि वह कहाँ है। वह पढ़ाई में स्कूल में काफी अच्छा करती है, लेकिन इसका कारण यह है कि वह बहुत मेहनत करती है, कोई होशियार नहीं है। वह काफी चुप रहती है।

जेक्वेलिन फॉन मार्सन शायद मेरी सबसे अच्छी दोस्त है, लेकिन मेरा कभी कोई वास्तविक दोस्त नहीं हुआ। पहले मुझे लगा कि जैक शायद वह है, लेकिन यह मेरी गलतफहमी ही थी।

डी. क्यू.* एक बदहवास-सी लड़की है, जो हमेशा चीजों को भूल जाती है, इसलिए शिक्षक लोग सजा के रूप में उसे ज्यादा होमवर्क देते हैं। वह काफी दयालु है, विशेषकर जी.ज़ेड. को लेकर।

ई.एम. बहुत ज्यादा बोलती है। यह अच्छा नहीं लगता। जब भी उसे कुछ पूछना होता है वह या तो आपके बाल छूने लगेगी या आपके बटन के साथ खेलने लगेगी, लोगों का कहना है कि वह मेरे साथ नहीं जमती, लेकिन मुझे इसकी कोई परवाह नहीं, क्योंकि मैं भी उसे कोई खास पसन्द नहीं करती।

हेनी मेत्स एक अच्छी लड़की है—खुशदिल। बस वह बहुत जोर से बोलती है और जब हम बाहर खेलने जाते हैं, बड़ा बचकाना व्यवहार करती है। दुर्भाग्य से हेनी की एक दोस्त है बेपी, जिसका उस पर बहुत बुरा असर पड़ा है क्योंकि वह गन्दी और अश्लील है।

जे.आर.—इसके बारे में तो मैं एक पूरी किताब लिख सकती हूँ। जे. घृणास्पद है, धूर्त है, घमंडी है, धोखेबाज है और अपने आपको वयस्क समझती है। उसने सचमुच जैक के ऊपर जादू कर दिया है, और यह शर्मनाक है। जे. बहुत जल्दी बुरा मान जाती है, जरा-जरा सी बातों पर आँसू बहाने लगती है, और इस सबसे ऊपर भयानक ढंग से दिखावा करती है। मिस जे. को हमेशा सही ही होना होता है। वह बहुत धनवान है और उसकी वार्डशेफ बेहद खूबसूरत कपड़ों से भरी पड़ी है जो उसकी उम्र के लिहाज से बहुत बड़ी है। वह सोचती है कि वह बड़ी आकर्षक है, लेकिन है नहीं। मेरी और जे. की एक दूसरे से निभ नहीं सकती।

इल्से वागनर अच्छी, खुशमिजाज लड़की है, लेकिन किसी भी चीज को लेकर घंटों रोती-कलपती रहती है। इल्से मुझे बहुत पसन्द करती है। वह है बड़ी चतुर, लेकिन सुस्त।

हनेली गॉस्लर, या लाइज, जैसाकि उसे स्कूल में कहा जाता है, थोड़ी विचित्र है। वह शर्मीली है। घर पर खूब बोलती है, लेकिन दूसरे लोगों के सामने सकुचाती है। आप उसे जो भी कहें, वह सब जाकर अपनी माँ को बता देती है, लेकिन वह वही कहती है जो वह सोचती है, और बाद में मुझे उसे बहुत सम्मान देना पड़ता है।

नैनी फॉन प्राग सिगार छोटी, मजाकिया और समझदार लड़की है। मेरे खयाल से वह अच्छी है। बड़ी चतुर। नैनी के बारे में इससे ज्यादा आप कुछ नहीं कह सकते।

* उन लोगों के नाम के आद्याक्षर दिए गए, जो गुमनाम रहना चाहते थे।

एल्फे द थांग मेरे विचार से भयानक है। हालाँकि वह सिर्फ बारह की है, लेकिन है पूरी औरत। मुझे वह बच्चे की तरह लेती है। वह बहुत मददगार भी है और मैं उसे पसन्द करती हूँ।

जी. ज़ेड., हमारी कक्षा की सबसे सुन्दर लड़की है। उसका चेहरा बड़ा प्यारा है, पर वह थोड़ी-सी बुद्धू है। मुझे लगता है कि वे उसे एक साल रोके रखना चाहते हैं, लेकिन जाहिर है उसे यह बात मैंने बताई नहीं है।

> अने द्वारा बाद में जोड़ी गई टिप्पणी—
> *मुझे बड़ा आश्चर्य हुआ, जब जी. जेड. को एक साल और नहीं रोका गया।*

और जी.जेड. से आगे हम बारह लड़कियों में से अन्तिम हूँ मैं।

लड़कों के बारे में काफी कुछ कहा जा सकता है, या शायद ज्यादा नहीं।

मॉरिस कोस्टर मेरे कई शैदाइयों में एक है, लेकिन वह अपने आप में किसी बला से कम नहीं।

जैली शिंप्रगर का दिमाग बड़ा घिनौना है, सुनने में तो यहाँ तक आया है कि वह सब कुछ कर चुका है। फिर भी वह लगता खूब है, क्योंकि वह बड़ा मजेदार है।

एमिल बोनविट जी.जेड. का प्रशंसक है, लेकिन उसे उसकी कोई परवाह नहीं। वह बड़ा बोरिंग भी है।

रॉब कोहन पहले मुझसे भी प्यार करता था, लेकिन अब मैं उसे नहीं भाती। वह घटिया, दोहरे चरित्रवाला, झूठा, ढोंगी है, जबकि अपने बारे में उसके खयाल काफी ऊँचे हैं।

माक्स फॉन दे वेल्डे का रहनेवाला एक किसान पुत्र है लेकिन अगर मारगोट की मानें तो वह काफी भला है।

हेरमन कॉपमान का दिमाग भी घिनौना है, जोपी द बियर की तरह, जो लड़कियों के पीछे भागनेवाला चालू लड़का है।

लेओ ब्लोम जोपी दे बियर का सबसे अच्छा दोस्त है लेकिन जोपी की घिनौनी मानसिकता ने उसे बर्बाद कर दिया है।

अल्बेर्ट दे मेस्कीटा मांटेसरी स्कूल से आई है और बीच में उसने एक कक्षा की छलाँग भी लगाई है। वह सचमुच चालाक है।

लियो श्लेगर भी उसी स्कूल से आता है लेकिन वह उतना होशियार नहीं है।

रू स्टॉपलमान अल्मेलो का रहनेवाला एक ठिंगना-सा लड़का है, जिसका इस स्कूल में स्थानांतरण सत्र के मध्य में किया गया।

सी.एन. हर वह काम करता है, जो उसे नहीं करना चाहिए।

जैक कॉकरनॉट हमारे ठीक पीछे बैठता है, सी. की बगल में, और हम लोग (जी. और मैं) बेवकूफों की तरह हँसते रहते हैं।

हैरी शाप हमारी कक्षा का सबसे सभ्य लड़का है। वह अच्छा है।

वारनर जोजेफ भी अच्छा लड़का है, लेकिन पिछले दिनों जिस तरह के परिवर्तन हुए

हैं, उन्होंने उसे चुप्पा बना दिया है, सो वह कुछ बोरिंग लगने लगा है।

सैम सोलोमन शहर के उपद्रवी इलाके के हट्टे-कट्टे लड़कों में से एक है। सचमुच में एक मर्द (प्रशंसिका!)।

ऐपी रीम काफी दकियानूस है, लेकिन वह मर्दाना भी है।

शनिवार, 20 जून, 1942

मेरे जैसे व्यक्ति के लिए डायरी लिखना वास्तव में एक विचित्र अनुभव है। न केवल इस कारण कि मैंने इससे पहले कभी कुछ भी नहीं लिखा है, बल्कि इसलिए भी क्योंकि बाद में चलकर स्कूल में पढ़नेवाली एक 13 वर्षीय बालिका के चिंतन में न तो मेरी, न ही किसी और की दिलचस्पी होगी। खैर, इससे कोई फर्क नहीं पड़ता। मैं लिखना पसन्द करती हूँ और इससे भी बढ़कर मुझे इस बात की आवश्यकता अधिक है कि अपने सीने से हर तरह की बात निकाल दूँ।

'कागज में लोगों से अधिक धैर्य होता है।' मुझे इस कहावत का ध्यान उन दिनों आया, जब मैं काफी उदास महसूस कर रही थी और अपने घर पर हथेली पर ठुड्डी टिकाए बैठी थी, ऊबी और निरुत्साह-सी, इस असमंजस में कि अन्दर बैठी रहूँ या बाहर जाऊँ। आखिरकार मैं जहाँ थी बैठी रही, विचारों में डूबी। सचमुच कागज में अधिक धैर्य *होता* है, और चूँकि मेरी ऐसी कोई योजना नहीं है कि मैं यह गत्तेवाली नोटबुक किसी को पढ़ने भी दूँ, जिसे 'डायरी' कह रही हूँ, जब तक मुझे कोई सच्चा दोस्त मिल नहीं जाता, मुझे नहीं लगता कि उससे कोई फर्क भी पड़नेवाला है।

अब मैं उस बिन्दु पर लौटती हूँ, जिसने मुझे डायरी लिखने के लिए प्रेरित किया : मेरा कोई दोस्त नहीं है।

इसे और स्पष्ट कर दूँ क्योंकि इस बात पर कोई विश्वास नहीं करेगा कि 13 साल की एक लड़की इस संसार में नितान्त अकेली है। और मैं भी नहीं हूँ। मेरे माता-पिता मुझे काफी प्यार करते हैं, सोलह वर्ष की मेरी एक बहन है, और कम से कम 30 लोग ऐसे हैं जिन्हें मैं दोस्त कह सकती हूँ। मेरे असंख्य प्रशंसक हैं जो अपनी प्रशंसा भरी निगाहें मेरे चेहरे से नहीं हटा पाते, और कभी-कभी तो वे कक्षा में मेरी एक झलक भर पाने के लिए टूटे जेबी-आईने का भी उपयोग करते हैं। मेरा एक परिवार है, प्यार करने वाली चाचियाँ-बुआएँ हैं और एक प्यारा-सा घर भी है। ऊपर से तो दिखाई देता है कि सब कुछ है मेरे पास, सिवाय एक सच्चे दोस्त के। दोस्तों के साथ होती हूँ तो मौजमस्ती के अलावा कुछ नहीं सोच पाती। मैं किसी भी चीज पर बात नहीं कर सकती, सिवाय रोज-ब-रोज की छोटी-छोटी बातों के। हम नजदीक नहीं आ पाते, और यही समस्या है। शायद यह मेरी ही गलती है कि हम एक दूसरे से खुलते नहीं। बहरहाल, हालात फिलहाल यही हैं और दुर्भाग्य से इनमें बदलाव नहीं होनेवाला। इसी कारण मैंने डायरी लिखने की शुरुआत की।

अपनी कल्पना में इस बहु-प्रतीक्षित दोस्त की छवि को बड़ा बनाने के लिए, मैं डायरी में उस तरह से तथ्यों को दर्ज नहीं करना चाहती जिस तरह से ज्यादातर लोग करते हैं, बल्कि मैं तो चाहती हूँ कि यही डायरी मेरी दोस्त हो और मैं अपनी इस दोस्त को किटी बुलाना चाहती हूँ।

चूँकि किटी को सुनाई मेरी कहानियों का एक लफ़्ज भी कोई नहीं समझ पाएगा, अगर मैं इसमें सीधे-सीधे कूद पड़ूँ, इसलिए बेहतर यही होगा कि मैं अपने जीवन का संक्षिप्त खाका प्रस्तुत कर दूँ, हालाँकि ऐसा करते हुए मुझे एकदम अच्छा नहीं लगता।

मेरे पिता, जिनके जैसा प्यारा पिता मैंने नहीं देखा, ने मेरी माँ से तब तक विवाह नहीं किया जब तक वे 36 साल के नहीं हो गए और मेरी माँ पच्चीस की। मेरी बहन मारगोट का जन्म 1926 में फ्रांकफुर्त, जर्मनी में हुआ। मेरा जन्म 12 जून, 1929 को हुआ। चार साल की उम्र तक मैं फ्रांकफुर्त में रही। हम लोग चूँकि यहूदी थे, मेरे पिता 1933 में हॉलैंड रहने चले गए। वे डच ओपेक्ता कम्पनी में प्रबंध निदेशक हुए जहाँ जैम में प्रयोग होनेवाली सामग्री बनाई जाती थी। मेरी माँ एडिथ हॉलेन्डर फ्रांक उनके साथ सितम्बर में हॉलैंड गई जबकि मारगोट और मुझे अपनी दादी के साथ रहने के लिए आचेन भेज दिया गया। मारगोट दिसम्बर में हॉलैंड गई और मैं फरवरी में, जब मुझे मेज पर मारगोट के जन्मदिन के तोहफे की तरह रख दिया गया।

मैंने मांटेसरी नर्सरी स्कूल में पढ़ाई शुरू कर दी। मैं वहाँ छह साल की उम्र तक रही, जब मैं पहली कक्षा में आ गई। छठी कक्षा में मेरी शिक्षिका मिसेज कूपरूस थीं जो प्रधानाचार्या भी थीं। साल के अन्त में हम दोनों ही रो रहे थे, जब मैंने वहाँ से हृदयविदारक विदाई ली क्योंकि मेरा दाखिला *यहूदी स्कूल* में हो गया जहाँ मारगोट भी जाती थी।

हमारा जीवन कोई चिन्ताविहीन नहीं था क्योंकि जर्मनी में हमारे सम्बन्धी हिटलर की यहूदी-विरोधी नीतियों की प्रताड़ना झेल रहे थे। 1938 के सामूहिक नरसंहार के बाद मेरे दो मामा जर्मनी छोड़कर भाग खड़े हुए, उनको उत्तरी अमेरिका में सुरक्षित ठिकाना मिला। मेरी वृद्ध नानी हमारे साथ आकर रहने लगीं। उस समय उनकी उम्र 73 साल थी।

मई 1940 के बाद अच्छे दिन गिने-चुने ही रह गए थे : पहले युद्ध, फिर समर्पण और फिर जर्मनों का आगमन, इसी के साथ ही यहूदियों के लिए मुसीबतें शुरू हो गई। कई यहूदी-विरोधी शासनादेशों से हमारी स्वतन्त्रता बाधित होने लगी : यहूदियों को एक पीला सितारा लगाने को कहा गया; यहूदियों को अपनी साईकिलों पर चलने के लिए कहा गया; यहूदियों को ट्राम में चढ़ने की मनाही थी; यहूदियों को कार में चढ़ने की मनाही थी, चाहे वह उनकी अपनी ही क्यों न हो; यहूदियों से यह अपेक्षा की जाती थी कि वे अपनी खरीदारी शाम 3 से 5 के बीच कर लें; यहूदियों से यह आशा की जाती थी कि वे केवल यहूदियों द्वारा संचालित सैलून में जाएँ; आठ बजे रात से छह बजे सुबह तक यहूदियों के लिए सड़क पर निकलने की मनाही थी; यहूदियों के थिएटर, सिनेमा या ऐसे किसी भी मनोरंजन-स्थल पर जाने की मनाही थी; यहूदियों को इसकी मनाही

थी कि वे तरणताल, टेनिस कोर्ट, हॉकी का मैदान या किसी भी अन्य तरह के खेल के मैदान में जाएँ; यहूदियों के नौकायन पर पाबन्दी थी; यहूदियों को इसकी मनाही थी कि वे सार्वजनिक रूप से एथलेटिक्स की किसी गतिविधि में हिस्सा लें; 8 बजे के बाद यहूदियों के पार्कों में बैठने या अपने दोस्तों के घर जाने की मनाही थी; यहूदियों को इस बात की भी मनाही थी कि वे किसी ईसाई के घर जाएँ; यहूदियों के लिए यह आवश्यक था कि वे निर्धारित स्कूलों में ही पढ़ाई के लिए जाएँ, इत्यादि। आप यह नहीं कर सकते, आप वह नहीं कर सकते, लेकिन जीवन चलता रहा। जैक मुझे हमेशा कहते थे कि 'मैं कुछ भी करने की हिम्मत नहीं कर पाता, क्योंकि मुझे डर रहता है कि कहीं यह अवैध न हो।'

1941 की गर्मियों में नानी बीमार पड़ गईं और उनका एक ऑपरेशन भी हुआ, इसलिए मेरे जन्मदिन पर कुछ खास धूमधाम नहीं हुई। 1940 की गर्मियों में भी मेरे जन्मदिन पर हम लोगों ने कुछ खास नहीं किया था क्योंकि हॉलैंड में तब लड़ाई खत्म ही हुई थी। नानी की मृत्यु जनवरी 1942 में हुई। कोई नहीं जानता कि मैं उन्हें कितना-कितना प्यार करती थी और आज भी करती हूँ। 1942 में मेरा जन्मदिन बाकी सालों की कमी पूरा करने के लिहाज से मनाया गया और नानी की मोमबत्ती भी बाकी मोमबत्तियों के साथ जलती रही।

हम चारों आज भी अच्छी तरह से हैं और इसी के साथ मैं आज के दिनांक पर आती हूँ यानी 20 जून 1942 के दिन पर, और अपनी डायरी के औपचारिक समर्पण पर।

शनिवार, 20 जून 1942

प्यारी किटी,

मुझे सीधे-सीधे इसकी शुरुआत करने दो, इस समय सब ठीकठाक और शान्त है। माँ-पिता बाहर हैं और मारगोट अपनी सहेली ट्रीज के यहाँ कुछ और लड़के-लड़कियों के साथ पिंग-पांग खेलने गई है। मैं भी पहले काफी पिंग-पांग खेलती थी। इतना अधिक कि हम पाँच लड़कियों ने अपना एक क्लब ही बना लिया था। जिसका नाम था 'द लिट्ल डिपर माईनस टू'। एकदम बकवास नाम, लेकिन यह एक भूल पर आधारित था। हम अपने क्लब को एक विशिष्ट नाम देना चाहते थे; और चूँकि हम पाँच थे, इसलिए हमें 'लिट्ल डिपर' का विचार सूझा। हमने सोचा कि उसमें पाँच सितारे होते हैं, लेकिन हम गलत साबित हुए। 'बिग डिपर' की तरह उसमें भी सात हैं। इससे 'माइनस टू' की व्याख्या हो जाती है। इल्से वागनर के पास एक पिंग-पांग सेट है और वागनर परिवार हमें अपने बड़े डाईनिंग रूम में जब भी हम चाहें खेलने का अवसर देता है। चूँकि पिंग-पांग खेलने वाले हम पाँचों खिलाड़ी आईसक्रीम के शौकीन थे, विशेषकर गर्मियों में, और चूँकि पिंग-पांग का खेल खेलकर गर्मी लगने लगती है, इसलिए आमतौर पर

हमारा खेल पास के आईसक्रीम पार्लर पर जाकर समाप्त होता जो यहूदियों को आईसक्रीम लेने की अनुमति देते थे : या तो ओएसिस या डेल्फी। काफी समय से हम लोगों ने पैसों के लिए अपनी जेबों को खंगालना बंद कर दिया था—ज्यादातर समय ओएसिस में इतनी भीड़-भाड़ रहती कि हम अपनी पहचान का कोई उदार लड़का या प्रशंसक ढूँढ़ पाने में सफल हो जाते जो हमें इतना आईसक्रीम दिलवा देता कि हमें हफ्ते भर को काफी होता।

तुम्हें शायद थोड़ा आश्चर्य हो कि इतनी कम उम्र में मैं अपने चाहनेवालों की बात कर रही हूँ। अब इसे दुर्भाग्यपूर्ण कहा जाए या जो भी, इस बुराई का हमारे स्कूल में खूब प्रचलन है। जैसे ही कोई लड़का आकर कहता कि क्या वह मेरे साथ-साथ साईकिल से घर चल सकता है और हम बातें करने लगते, और अगर दस की बात करें तो दस में से नौ बार मैं बिलकुल पक्की होती कि वह इस तरह घूरने लगेगा कि एक पल के लिए भी नजर नहीं हटाएगा। उसका जोश धीरे-धीरे ठंडा पड़ जाता है खासकर तब जब उसकी उन प्यार भरी निगाहों पर ध्यान न देकर मैं अपने रास्ते पैडल मारती रहती हूँ। अगर बात इससे भी बढ़ जाती है और अगर वे यह पूछ बैठते हैं कि 'पिता की आज्ञा लेना चाहता हूँ', तब मैं अपनी साईकिल को थोड़ा मोड़ देती हूँ, मेरा बस्ता गिर जाता है, लड़का इसे अपना फर्ज समझकर अपनी साईकिल से उतरकर उसे उठाकर मुझे देने लगता है, इस बीच मैं बातचीत का विषय ही बदल देती हूँ। ये सबसे मासूम किस्म के लड़के होते हैं। बेशक, ऐसे भी लड़के हैं जो चुम्बन लेना चाहते हैं, तुम्हारा हाथ अपने हाथों में लेना चाहते हैं, लेकिन साफ तौर पर वे गलत दरवाजे पर दस्तक दे रहे होते हैं। मैं अपनी साईकिल से उतर जाती हूँ और या तो आगे उनके संग-साथ से मना कर देती हूँ या इस तरह से व्यवहार करने लगती हूँ जैसे मेरा अपमान हुआ हो और उन्हें साफ-साफ कह देती हूँ कि वे मेरे बिना घर चले जाएँ।

एक तुम हो। हमने अपनी दोस्ती का आधार तैयार कर लिया है। कल तक के लिए।

तुम्हारी, अने

रविवार, 21 जून, 1942

प्यारी किटी,

हमारी पूरी कक्षा की कँपकँपी छूट रही है। कारण वह आगामी बैठक है जिसमें शिक्षक यह तय करने वाले हैं कि कौन अगली कक्षा में जाएगा और किसे रोक लिया जाएगा। हमारी आधी कक्षा तो शर्त लगाने में लगी है। जी. जेड. और मैं अपने पीछे बैठे दो लड़कों, सी. एन. और जैक कॉकरनॉट, के पागलपन पर हँसते रहे क्योंकि उन्होंने अपने पूरी छुट्टियों की जमा-पूँजी शर्तों में लगा दी। सुबह से शाम तक यही चलता रहता, 'तुम जरूर पास करने वाले हो', 'नहीं, मैं नहीं', 'हाँ, जरूर तुम', 'नहीं, मैं नहीं।'

यहाँ तक कि जी. की याचनाभरी निगाहें और मेरी कटूक्तियाँ भी उन्हें शान्त नहीं कर पातीं। अगर तुम मेरी राय पूछो तो वहाँ इतनी सारी कठपुतलियाँ हैं कि एक चौथाई कक्षा को रोक ही लेना चाहिए, लेकिन शिक्षकों के स्वभाव का अनुमान नहीं लगाया जा सकता, वो इस मामले में 'पृथ्वी पर रहनेवाले सबसे अनूठे जीव' हैं। शायद इस बार वे परिवर्तन की सही दिशा में जाएँ।

मैं अपनी सहेलियों और स्वयं को लेकर उतनी परेशान नहीं हूँ। हम तो पास हो जाएँगे। मैं केवल एक विषय को लेकर पक्के तौर पर नहीं कह सकती—गणित। बहरहाल, हम तो बस इन्तजार कर सकते हैं। तब तक हम लोगों को एक दूसरे से कहते रहना है कि हिम्मत न हारें।

अपने सभी शिक्षकों के साथ मेरी खूब बनती है। वे कुल नौ हैं—सात सर हैं और दो मैडम। मिस्टर कीसिंग इनमें सबसे बुजुर्ग हैं जो गणित पढ़ाते हैं और न जाने कब से मुझसे इस बात से चिढ़े थे कि मैं बहुत ज्यादा बात करती थी। कई चेतावनियों के बाद उन्होंने मुझे औरों से ज्यादा होमवर्क दिया। 'गप्पी' पर लेख लिखने के लिए कहा। एक गप्पी के बारे में क्या लिख सकती हो तुम ? मैं इसके बारे में बाद में सोचूँगी, मैंने फैसला किया। मैंने अपनी नोटबुक में इस शीर्षक को लिख लिया और कोशिश की कि चुप रहूँ।

उस शाम जब मैंने अपना बाकी होमवर्क पूरा कर लिया तो उस लेख के शीर्षक पर मेरी नजर गई। मैं अपने फाउंटेन पेन के एक सिरे को चबाती उस पर सोचने लगी। कोई भी बेसिर-पैर की बात करते हुए शब्दों के बीच बड़ी-बड़ी खाली जगहें छोड़कर कुछ भी लिखा जा सकता था, लेकिन इसमें होशियारी यह होती कि ऐसे तर्क जुटाएँ जाएँ कि बातचीत की आवश्यकता को तर्कसंगत सिद्ध किया जा सके। मैं सोचती रही, सोचती रही और अचानक मुझे एक विचार सूझा। मैंने मिस्टर कीसिंग के सुझाए विषय पर तीन पन्ने लिखे और मुझे उससे संतोष हुआ। मैंने यह तर्क रखा कि बातें करना औरतों का लक्षण है और मैं अपनी तरफ से पूरी कोशिश करूँगी कि उसे काबू में रखूँ, लेकिन अपनी इस आदत से कभी छुटकारा नहीं पा सकूँगी क्योंकि मेरी माँ भी अगर ज्यादा नहीं, तो इतनी ही बातचीत करती हैं जितनी मैं करती हूँ और आप विरासत में मिली आदतों के बारे में कुछ खास नहीं कर सकते।

मिस्टर कीसिंग मेरे तर्कों को सुनकर खूब हँसे लेकिन जब मैं अगले पाठ के बारे में पूछने लगी, उन्होंने मुझे एक और लेख लिखने के लिए कहा। इस बार विषय था 'न सुधरनेवाले गप्पी'। मैंने उसे ले लिया, मिस्टर कीसिंग को दो पाठों से कोई शिकायत नहीं हुई। बहरहाल, तीसरे पाठ के दौरान उनके सब्र का बाँध टूट गया। 'अने फ्रांक, कक्षा में बातचीत करने की सजा के तौर पर इस विषय पर लेख लिखो कि 'सुश्री गप्पी की डींगें।'

पूरी कक्षा ठहाकों से गूँज उठी। मुझे भी हँसना पड़ा, हालाँकि गप्पियों के विषय के इस सिलसिले को लेकर अपनी सारी सूझबूझ मैं खो चुकी थी। इस बार कुछ अलग लिखना था, कुछ एकदम मौलिक। मेरी दोस्त जोने, जो कविता के मामले में अच्छी है,

उसने मुझे कहा कि वह इस लेख को शुरू से अन्त तक पद्य में लिखने में मेरी मदद करेगी। मैं खुशी से उछल पड़ी। इस तरह के बेतुके विषय से कीसिंग मेरा मजाक उड़ाना चाहते थे। लेकिन मैं यह पक्का करनेवाली थी कि मजाक उन पर हो।

मैंने अपनी कविता पूरी कर ली और वह बहुत अच्छी बनी। यह बत्तख और हंस के जोड़े और उनके तीन बच्चों के बारे में थी जिनको उनके पिता ने इसलिए पीट-पीट कर मार डाला, क्योंकि वे काफी शेखी बघारते थे। सौभाग्यवश कीसिंग ने इस मजाक को सही रूप में लिया। उन्होंने वह कविता पूरी कक्षा को सुनाई, अपनी कुछ टिप्पणियों के साथ, साथ ही और भी कई कक्षाओं में सुनाई। उसके बाद से मुझे बात करने की इजाजत भी मिली है और अतिरिक्त होमवर्क भी नहीं मिला है। इसके विपरीत कीसिंग इन दिनों अक्सर मजाक करते रहते हैं।

तुम्हारी, अने

बुधवार, 24 जून 1942

प्यारी किटी,

गर्मी के मारे बुरा हाल है। सब हाँफ-काँख रहे हैं और इस गर्मी में मुझे हर जगह पैदल जाना होता है। अब मुझे इसका अहसास हुआ है कि ट्राम का सुख क्या होता है लेकिन हम यहूदियों को इस सुविधा का लाभ उठाने की इजाजत नहीं है; हमारे अपने दोनों पाँव हमारे लिए काफी हैं। कल दोपहर के भोजन के वक्त यान ल्यूकनश्ट्राट में मुझे दाँतों के डॉक्टर से मिलना था। वह हमारे स्कूल से काफी दूर स्टाट्सटिमरट्यूनन पर है। उस दोपहर मैं मेज पर लगभग सो गई। सौभाग्यवश लोग अपने आप आपको कुछ पीने के लिए दे देते हैं। नर्स भी वास्तव में काफी दयालु है।

हमारे लिए आवागमन का एक ही साधन बचा है—नाव। *योजेफ इजरैलकाडे* का नाविक हमें पार ले जाता है, जब हम उसे पार उतारने को कहते हैं। यह डच लोगों की गलती नहीं है कि हम यहूदियों पर बुरी गुजर रही है।

सोचती हूँ कि काश मुझे स्कूल न जाना पड़ता। ईस्टर की छुट्टियों के दौरान मेरी साईकिल चोरी चली गई और पिता ने माँ की साईकिल किसी ईसाई दोस्त के पास सुरक्षा के खयाल से रख छोड़ी है। शुक्र है कि गर्मी की छुट्टियाँ पड़नेवाली हैं; एक सप्ताह और, बस हमारी यंत्रणा समाप्त हो जाएगी।

कल सुबह कुछ अप्रत्याशित घटित हुआ। जब मैं साईकिलों के रैक के पास से गुजर रही थी तो मुझे किसी ने पुकारा। मैं पीछे मुड़ी और वहाँ वही भला लड़का था जिससे पिछली शाम मैं अपनी सहेली विल्मा के घर मिली थी। वह विल्मा का दूर का भाई था। मैं सोचती रही हूँ कि विल्मा अच्छी है, जो वह है भी, लेकिन वह हमेशा लड़कों के बारे में बात करती रहती है जो ऊबाऊ हो जाता है। वह कुछ शरमाता हुआ मेरी ओर आया और उसने अपना परिचय हलो सिल्बरबेर्ग के रूप में दिया। मैं थोड़ा आश्चर्यचकित थी

और समझ नहीं पा रही थी कि वह चाहता क्या है लेकिन समझने में मुझे ज्यादा समय नहीं लगा। उसने मुझसे पूछा कि क्या मैं उसे अपने साथ-साथ स्कूल जाने की अनुमति दूँगी। 'जब तक तुम उस तरफ चलोगे, मैं तुम्हारे साथ चलूँगी,' मैंने जवाब दिया। और हम साथ-साथ चलने लगे। हलो की उम्र सोलह साल है और वह मजेदार कहानियाँ बड़े अच्छे-से सुनाता है।

आज सुबह वह फिर मेरा इन्तजार कर रहा था और मुझे लगता है कि अब से वह यही किया करेगा।

अने

बुधवार, 1 जुलाई, 1942

प्यारी किटी,

आज से पहले, ईमानदारी से बताऊँ, तो मैं तुम्हें लिखने का समय नहीं निकाल पाई। गुरुवार को सारा दिन मैं दोस्तों के साथ रही, शुक्रवार को हम साथ रहे, उस तरह यह सब आज तक चलता रहा।

हलो और मुझे पिछले हफ्ते के दौरान एक दूसरे को जानने-समझने का अच्छा मौका मिला। उसने मुझे अपने जीवन के बारे में काफी कुछ बताया भी। वह गेल्जनकिरशन से आता है और वहाँ वह अपने दादा-दादी के साथ रहता है। उसके माता-पिता बेल्जियम में हैं लेकिन किसी भी तरह वह वहाँ जा नहीं सकता। पहले हलो की उर्जुल नाम की एक प्रेमिका थी। उसे मैं भी जानती हूँ। वह जितनी प्यारी है, उतनी ही बोरिंग भी। जब से वह मुझसे मिला है, उसका उर्जुल की ओर से ध्यान हटता जा रहा है। इसलिए मैंने एक तरह से टॉनिक का काम किया है। आपको वास्तव में पता नहीं होता कि आप किन चीजों में अच्छे हैं।

जैक ने शनिवार की रात यहीं बिताई। रविवार की दोपहर वह हनेली के यहाँ गई, तब तक मैं बोर हो चुकी थी।

हलो शाम को आनेवाला था लेकिन उसने 6 बजे फोन किया। मैंने फोन उठाया और उधर से उसने कहा, 'मैं हेल्मुत सिल्बरबेर्ग बोल रहा हूँ। क्या मैं अने से बात कर सकता हूँ ?'

'ओह, हलो। मैं अने बोल रही हूँ।'

'ओह, अने। तुम कैसी हो ?'

'मैं अच्छी हूँ, धन्यवाद।'

'मैं बस यह कहना चाहता हूँ कि मुझे अफसोस है कि मैं आज रात नहीं आ पाऊँगा लेकिन मैं तुमसे एक बात करना चाहता हूँ, क्या यह ठीक रहेगा कि मैं दस मिनट में आकर तुमको ले जाऊँ ?'

'हाँ, ठीक है। बाई-बाई।'

'ओके, मैं आ रहा हूँ। बाई-बाई।'

मैंने फोन रखा, जल्दी-जल्दी अपने कपड़े बदले और बाल बनाए। मैं इतनी घबड़ाई हुई थी कि खिड़की से बाहर झुककर उसको देखने लगी। आखिरकार वह दिखाई दिया। चमत्कारों में चमत्कार यह कि मैं भागकर सीढ़ियों से नहीं उतर पड़ी, मैं चुपचाप इन्तजार करती रही जब तक कि उसने घंटी नहीं बजाई। मैं दरवाजा खोलने नीचे गई और वह सीधे-सीधे काम की बात पर आ गया।

'अने, मेरी दादी माँ सोचती है कि मेरे लिहाज से तुम्हारी उम्र काफी कम है, इतनी कम कि मुझे तुमसे नियमित रूप से नहीं मिलना चाहिए। वह कहती हैं कि मुझे लोवनबाख्त परिवार में जाना चाहिए, लेकिन तुम्हें शायद पता होगा कि अब मैं उर्जुल के साथ घूमने नहीं जाता।'

'नहीं, मुझे नहीं पता। क्या हुआ ? क्या तुम दोनों में किसी बात को लेकर कोई झगड़ा हुआ है ?'

'नहीं, ऐसा कुछ भी नहीं है। मैंने उर्जुल से कहा कि हम एक दूसरे के लायक नहीं, इसलिए हमारे लिए यही बेहतर है कि हम लोग अब साथ-साथ बाहर न दिखाई दें, लेकिन उसका मेरे घर में स्वागत है और मुझे उम्मीद है कि उसके घर में मेरा भी स्वागत होगा। वास्तव में, मुझे लगा कि उर्जुल किसी और लड़के के साथ घूम रही है और मैंने उसके साथ वही किया जैसा उसने किया। लेकिन यह सच नहीं था। और फिर मेरे चाचा ने कहा कि मुझे उससे माफी माँगनी चाहिए लेकिन जाहिर है मुझे ऐसा नहीं लगा, और इसलिए मैंने उससे सम्बन्ध तोड़ लिए। लेकिन यह केवल एक कारण था। अब मेरे दादा-दादी चाहते हैं कि मैं फिर से उर्जुल से मेलजोल बढ़ाऊँ, तुमसे नहीं, लेकिन मैं इससे सहमत नहीं हूँ और न ही होनेवाला हूँ। कभी-कभी बुजुर्गों के विचार सचमुच पुराने होते हैं लेकिन इसका यह मतलब नहीं कि मैं उनके अनुसार चलूँ। मुझे अपने दादा-दादी की जरूरत है लेकिन कुछ अर्थों में उनको भी मेरी जरूरत है। अब से मैं बुधवार की शाम को खाली रहूँगा। मेरे दादा-दादी ने जबर्दस्ती मेरा दाखिला बढ़ईगीरी की कक्षा में करवा दिया लेकिन वास्तव में मैं जियोनवादियों द्वारा आयोजित एक क्लब में जाता हूँ। मेरे दादा-दादी मुझे वहाँ नहीं जाने देना चाहते क्योंकि वे इस विचार के खिलाफ हैं। मैं कट्टर जियोनवादी नहीं हूँ, लेकिन इसमें मेरी रुचि है। बहरहाल, लेकिन इस सबमें ऐसा गड़बड़झाला हो गया है कि उसे भी मैं छोड़ने की सोच रहा हूँ। इसलिए अगले बुधवार को वहाँ मेरी अन्तिम बैठक होगी। इसका मतलब हुआ कि मैं तुमसे बुधवार शाम, शनिवार की दोपहर, शनिवार शाम, रविवार की दोपहर और शायद इससे भी ज्यादा मिल सकता हूँ।'

'लेकिन अगर तुम्हारे दादा-दादी नहीं चाहते तो तुम्हें छिपकर नहीं मिलना चाहिए।'

'प्रेम और युद्ध में सब जायज है।'

उसी वक्त हम ब्लैंकवूर्त बुकशॉप के सामने से गुजरे और वहाँ पीटर स्किफ दो और लड़कों के साथ खड़ा था; काफी समय बाद उसने पहली बार मुझे अभिवादन किया और यह मुझे सचमुच अच्छा लगा।

सोमवार शाम हलो माँ-पिताजी से मिलने आया। मैंने एक केक और कुछ मिठाइयाँ खरीदीं, और हमने चाय और बिस्कुट लिये लेकिन न तो हलो को और न ही मुझे कुर्सी पर सीधा बैठना अच्छा लग रहा था। इसलिए हमलोग टहलने चले गए और उसने जब मुझे घर के दरवाजे पर छोड़ा उस समय शाम के आठ बजकर दस मिनट हुए थे। पिताजी गुस्से में थे। उन्होंने मुझसे कहा कि यह बहुत गलत बात है कि मैं समय पर घर नहीं आती। मुझे वादा करना पड़ा कि मैं आगे से आठ बजने से दस मिनट पहले ही घर पर आ जाया करूँगी। मुझे शनिवार को हलो को यह बताना पड़ा।

विल्मा ने मुझे बताया कि एक रात जब हलो उसके घर पर था तो उसने पूछा, 'तुम्हें ज्यादा अच्छी कौन लगती है, उर्जुल या अने ?' उसने कहा, 'इससे तुम्हें क्या लेना-देना है ?'

लेकिन जब वह जाने लगा (उन्होंने उसके बाद उस शाम एक दूसरे से बात नहीं की थी), तो उसने कहा, 'मुझे अने ज्यादा पसन्द है, लेकिन किसी से कहना नहीं। बाई।' और वह दरवाजे से बाहर निकल गया।

वह जो भी कहता या करता है, मैं पाती हूँ कि हलो मेरे प्यार में है, और बदलाव के लिहाज से यह अच्छा है। मारगोट का कहना है कि हलो शालीन लड़का है। मैं भी यह सोचती हूँ, पर वह इससे कुछ अधिक है। माँ भी हमेशा प्रशंसा से भरी रहती हैं : 'सुन्दर लड़का, भला और विनम्र'। मुझे अच्छा लगता है कि वह लोगों के बीच काफी लोकप्रिय है सिवाय मेरी सहेलियों के। वह सोचता है कि वे सब बचकानी हैं और वह इस मामले में सही है। जैक मुझे अब भी उसे लेकर चिढ़ाता है, लेकिन मैं उससे प्यार नहीं करती हूँ। सचमुच नहीं। दोस्त के रूप में लड़के का साथ होना ठीक है। कोई बुरा नहीं मानता।

माँ हमेशा पूछती रहती हैं कि बड़े होने के बाद मैं किससे शादी करनेवाली हूँ, लेकिन मैं शर्त लगाती हूँ कि वह कभी सोच भी नहीं पाएँगी कि वह पीटर है क्योंकि इस विचार के खिलाफ बिना पलक झपकाए मैं अपनी राय दे चुकी हूँ। मैं पीटर को उस तरह प्यार करती हूँ जिस तरह किसी को नहीं किया, और मैं अपने आप से कहती रहती हूँ कि वह बाकी दूसरी लड़कियों के साथ इसलिए घूमता-फिरता है क्योंकि मुझे लेकर वह अपनी भावनाओं को छिपाना चाहता है। शायद वह यह सोचता है कि मैं और हलो एक दूसरे से प्यार करते हैं जो हम नहीं करते हैं। वह बस एक दोस्त है, या फिर जैसा कि माँ कहती है—विवाह को इच्छुक वर।

तुम्हारी, अने

रविवार, 5 जुलाई, 1942

प्यारी किटी,

यहूदी थिएटर में परीक्षाओं के परिणाम शुक्रवार को बता दिए गए। मेरा रिजल्ट

कोई उतना खराब नहीं है। मुझे अंकगणित में एक डी और एक सी ग्रेड मिला है, बाकी सभी में बी ग्रेड मिला है, दो में बी प्लस और दो में बी माईनस भी मिले हैं। मेरे माता-पिता खुश हैं, लेकिन वे ग्रेड के मामले में बाकी बच्चों के माताओं-पिताओं की तरह नहीं हैं। वे नतीजे को लेकर चिन्ता नहीं करते। अच्छा हो या बुरा। जब तक मैं स्वस्थ हूँ, खुश हूँ, और ज्यादा शरारती नहीं हूँ तब तक वे सन्तुष्ट हैं। अगर ये तीन चीजें ठीक हैं तो बाकी चीजें अपने आप ठीक हो जाएँगी।

मैं इसके एकदम विपरीत हूँ। मैं खराब विद्यार्थी नहीं होना चाहती। इस यहूदी पाठशाला में मेरा दाखिला सशर्त हुआ था। मुझे मांटेसरी स्कूल में ही रहना था, लेकिन जब यहूदी बच्चों के लिए यहूदी विद्यालयों में जाना आवश्यक कर दिया गया तो मिस्टर एल्टे आखिरकार काफी समझाने-बुझाने के बाद मुझे और लाइस गॉस्लर को लेने को तैयार हुए। इस साल लाइस भी पास हुई है, हालाँकि उसको ज्यामिति का पर्चा दुबारा देना होगा।

बेचारी लाइस ! उसके लिए घर पर पढ़ना आसान नहीं है; उसकी छोटी बहन, दो साल की वह बिगड़ैल बच्ची हर वक्त उसके कमरे में खेलती रहती है। अगर उसकी बात न मानो तो वह चिल्लाने लगती है और अगर लाइस उसका ध्यान नहीं रखती है तो मिसेज गॉस्लर चीखने लगती हैं। इसलिए लाइस के लिए अपना होमवर्क पूरा कर पाना बड़ा कठिन होता है, और जब तक यह स्थिति है, वह जो अतिरिक्त ट्यूशन ले रही है, वह भी उसके ज्यादा काम नहीं आएगी। गॉस्लर का घर देखने लायक है। मिसेज गॉस्लर के अभिभावक बगल के घर में रहते हैं लेकिन खाना परिवार के साथ ही खाते हैं। फिर नौकरानी है, बच्ची है, हमेशा अन्यमनस्क और अक्सर गायब रहनेवाले मिस्टर गॉस्लर हैं और हमेशा घबड़ाई हुई, चिड़चिड़ी मिसेज गॉस्लर हैं जिनको एक और बच्चा होनेवाला है। लाइस तमाम कोशिशों के बावजूद इस सबमें खो जाती है।

मेरी बहन मारगोट का परिणाम भी आ गया है। हमेशा की तरह बहुत अच्छा। अगर असम्भव जैसी कोई चीज होती तो उसमें भी अव्वल आती वह इतनी होशियार है।

पिता घर में देर तक रहते हैं। ऑफिस में उनके लिए करने को कुछ है ही नहीं; बेशक यह अहसास बड़ा भयावह होता कि आपकी आवश्यकता नहीं। मिस्टर क्लाइमान ने ओपेक्टा का अधिग्रहण कर लिया है और मिस्टर कूगलर ने गीज एंड कम्पनी का जो मसालों और उससे जुड़े उत्पादों के मामले में काम करती है और जिसकी स्थापना 1941 में हुई थी।

कुछ दिनों पहले जब हम अपने पड़ोस के चौराहे के पास घूम रहे थे, पिता छिपकर रहने के बारे में बातें करने लगे। उन्होंने कहा कि यह हमारे लिए बड़ा मुश्किल होगा कि शेष संसार से कटकर रहें। मैंने उनसे पूछा कि वे उस समय इस बात को क्यों उठा रहे हैं।

'देखो, अने,' उन्होंने कहा, 'तुम जानती हो कि एक साल से भी अधिक समय से हम लोग अपने कपड़े, खाने-पीने के सामान और घर के सामान दूसरों के पास भेज रहे हैं। हम यह नहीं चाहते कि हमारे सामानों पर जर्मन कब्जा जमा लें। न ही हम उनके

शिकंजे में फँसना चाहते हैं। इसलिए हमें अपने आप ही भागना होगा, बजाय इसके कि भगाए जाने तक इन्तजार करें।'

'लेकिन कब पापा ?' वे इतने गम्भीर लग रहे थे कि मैं डर-सी गई।

'चिन्ता मत करो। हम लोग हर चीज सँभाल लेंगे। जब भी संभव हो, अपनी खुली जिन्दगी का आनन्द लिया करो।'

तो यह था। काश, ये निराशाजनक शब्द जब तक सम्भव हो, सही साबित न हों।

दरवाजे की घंटी बजी है। हलो आ चुका है, अब समय है इसे बन्द करने का।

तुम्हारी, अने

बुधवार, 8 जुलाई 1942

प्यारी किटी,

रविवार की सुबह से लग रहा है जैसे बरसों बीत चुके हों। इतना कुछ हो चुका है कि लगता है जैसे दुनिया अचानक ऊपर से नीचे पलट गई हो। लेकिन जैसा कि तुम देख सकती हो, किटी, मैं अभी भी जिन्दा हूँ, और यह बड़ी बात है। पिता कहते हैं, मैं जिन्दा हूँ, ठीक है, लेकिन यह मत पूछो कहाँ और कैसे। तुम शायद एक शब्द न समझ पाओ जो मैं आज तुमसे कह रही हूँ, इसलिए मैं शुरुआत यह बताने से करूँगी कि रविवार की दोपहर क्या घटित हुआ था।

तीन बजे (हलो जा चुका था, लेकिन बाद में लौटकर आनेवाला था) दरवाजे पर घंटी बजी। मैं उस आवाज को सुन नहीं पाई क्योंकि मैं बाहर बालकनी में थी, धूप में अलसाई बैठी पढ़ रही थी। कुछ समय बाद रसोई के दरवाजे पर मारगोट दिखाई दी जो थोड़ी खिन्न दिखाई दे रही थी। 'पिता को एस.एस. ने बुलावे का नोटिस भेज दिया है,' वह फुसफुसाई। 'माँ मिस्टर फॉन डॉन से मिलने गई हैं।' (मिस्टर फॉन डॉन पिता के व्यापार सहयोगी हैं और अच्छे मित्र भी)

मैं हक्का-बक्का रह गई। बुलावा—हर आदमी जानता है कि उसका क्या अर्थ होता है। यातना शिविरों और एकांतवास के दृश्य मेरे दिमाग में घूम गए। हम पापा को कैसे यों ही भाग्य के भरोसे छोड़ सकते हैं। 'जाहिर है, वह नहीं जा रहे हैं।' मारगोट ने इस बात की घोषणा तब की जब हम बैठक में माँ का इन्तजार कर रहे थे। 'माँ मिस्टर फॉन डॉन से यह पूछने गई हैं कि क्या हम कल अपने गुप्त ठिकाने पर जा सकते हैं। फॉन डॉन भी हमारे साथ जा रहे हैं। हम कुल सात लोग साथ रहेंगे।' चुप्पी। हम कुछ बोल नहीं पाए। पिता इस सबसे अनजान यहूदी अस्पताल में किसी को देखने गए थे, माँ का इन्तजार लम्बा होता जा रहा था, गर्मी, ऊहापोह—इस सबने मिलकर हमें चुप कर रखा था।

अचानक दरवाजे की घंटी फिर बज उठी। 'यह हलो है,' मैंने कहा।

'दरवाजा मत खोलो,' मारगोट ने मुझे रोकते हुए कहा। लेकिन इसकी आवश्यकता

नहीं पड़ी क्योंकि हमने सुना कि नीचे माँ और मिस्टर फॉन डॉन हलो से बातें कर रहे हैं, फिर दोनों अन्दर आए और पीछे उन्होंने दरवाजा बन्द कर दिया। जब भी घंटी बजती, या तो मारगोट या मैं नीचे झाँककर देखते कि शायद पिता आ गए हों, हमने किसी और को अन्दर आने नहीं दिया। मारगोट और मुझे कमरे से बाहर भेज दिया गया क्योंकि मिस्टर फॉन डॉन माँ से अकेले में बातें करना चाहते थे।

जब मैं उसके साथ अपने सोने के कमरे में बैठी थी, मारगोट ने बताया कि बुलावा पिता के लिए नहीं, उसके लिए था। इस दूसरे झटके के बाद मैं रो पड़ी। मारगोट 16 वर्ष की है–*प्रत्यक्ष तौर पर वे इस उम्र की लड़कियों को चाहते हैं कि वे अपने आप आएँ।* लेकिन अच्छी बात यह है कि वह जा नहीं रही है; माँ ने अपने आप से कहा, जो जाहिर है पिता का तात्पर्य रहा होगा, जब उन्होंने मुझसे छिपने के ठिकाने पर जाने की बात कही। छिपकर...आखिर हम छिपेंगे कहाँ ? शहर में ? गाँव में ? घर में ? किसी झोंपड़ी में ? कब, कहाँ, कैसे ?...ये कुछ सवाल थे, जिन्हें पूछने की अनुमति मुझे नहीं थी पर वे मेरे दिमाग में घूम रहे थे।

मारगोट और मैंने अपने महत्त्वपूर्ण सामान एक थैले में रखने शुरू कर दिए। सबसे पहले मैंने अपनी डायरी अन्दर रखी, फिर एक-एक कर कर्लर, रूमालें, स्कूली किताबें, एक कंघी और कुछ पुरानी चिट्ठियाँ रखने लगी। इस सोच के वशीभूत कि हम लोग छिपने जा रहे हैं, मैं थैले में एक से एक अजीब चीजें रखने लगी लेकिन मुझे कोई अफसोस नहीं है। मेरे लिए कपड़ों से अधिक महत्त्व स्मृतियों-यादों का है।

पिता आखिरकार शाम पाँच बजे घर आए और हमने मिस्टर क्लाइमान को फोन किया कि क्या वे उस शाम आ सकते हैं। मिस्टर फॉन डॉन मीप को लाने के लिए चले गए। मीप आई और उसने वादा किया कि रात को ही लौट जाएगी, अपने साथ जूतों, कपड़ों, जैकेट, अंडरवियर और स्टॉकिंग्स आदि से भरा एक थैला लेकर। इसके बाद हमारे फ्लैट में सन्नाटा छा गया; हममें से किसी की भी खाने की इच्छा नहीं हुई। गर्मी अभी भी थी और सब कुछ बड़ा विचित्र लग रहा था।

हमने ऊपर का अपना बड़ा कमरा मिस्टर गोल्डश्मिद को दे रखा था, वे तीसेक साल के एक तलाकशुदा पुरुष हैं। उनका उस शाम वहाँ कोई काम नहीं था पर हमारे तमाम इशारों के बावजूद वे दस बजे तक वहीं घूमते रहे।

मीप और यान गीज ग्यारह बजे आए। मीप 1933 से पिता की कम्पनी में काम करती थी और इस कारण वह और उसके पति जान हमारे नजदीकी पारिवारिक मित्रों में थे। एक बार फिर जूते, किताबें और कपड़े, मीप के थैले और जान की बड़ी-बड़ी जेबों के हवाले हो गए। साढ़े ग्यारह बजे वे भी चले गए।

मैं थक चुकी थी, मैं यह जानती थी कि अपने बिस्तर पर यह मेरी आखिरी रात थी तो भी मैं बिस्तर पर जाते ही सो गई और तब तक नहीं उठी जब माँ ने सुबह साढ़े पाँच बजे आकर मुझे जगा नहीं दिया। सौभाग्य से, यह रविवार की तरह गर्म दिन नहीं था; दिन भर अच्छी बारिश हुई। हम चारों ने अपने ऊपर कपड़ों की इतनी परतें चढ़ा रखी थीं, मानो हम किसी रेफ्रिजरेटर में रात गुजारने जा रहे हों, और यह सब केवल

इसलिए ताकि हम अपने साथ अधिक से अधिक कपड़े ले जा सकें। हमारी अवस्था में फँसा कोई भी यहूदी यह साहस नहीं कर सकता कि घर से कपड़ों भरा सूटकेस लेकर निकल सके। मैंने दो बनियानें, तीन जोड़े पैंट, एक ड्रेस, उसके ऊपर स्कर्ट, जैकेट, रेनकोट, दो जोड़े स्टॉकिंग, भारी जूते, टोपी, स्कार्फ के अलावा और भी बहुत कुछ पहन लिया। लेकिन किसी ने मुझसे नहीं पूछा कि मुझे कैसा लगा।

मारगोट ने अपना थैला स्कूल की किताबों से भर लिया, अपनी साईकिल लाने गई, उसके बाद मीप हमें रास्ता दिखाती उस महान अज्ञात की ओर ले चली। मैं केवल उसके बारे में सोच ही सकती थी क्योंकि तब तक मुझे नहीं पता था कि हमारे छिपने का ठिकाना क्या था।

साढ़े सात बजे हमने अपने पीछे दरवाजा बन्द कर दिया, मोर्ते, मेरी बिल्ली, एकमात्र जीवित वस्तु थी जिसे मैंने अपने पीछे गुडबाई कहा। गोल्डश्मिद के लिए जो नोट हमने छोड़ा था, उसके अनुसार उसे पड़ोसियों के यहाँ जाना था जो उसे बेहतर घर दे सकेंगे।

खुले बिस्तर, टेबल पर नाश्ते का सामान, रसोई में बिल्ली के लिए रखा मांस का टुकड़ा—सब देखकर यही अंदेशा होता कि हमने जल्दबाजी में घर छोड़ा है। लेकिन हमें उन अंदेशों की फिक्र नहीं थी। हम बस वहाँ से निकल जाना चाहते थे, दूर सुरक्षित ठिकाने की ओर। इसके अलावा किसी और बात का कोई मतलब नहीं रह गया था।

शेष कल।

तुम्हारी, अने।

गुरुवार, 9 जुलाई, 1942

प्यारी किटी,

हम वहाँ थे—पिता, माता और मैं, बरसात में चल रहे थे, हम सबके पास एक-एक बड़ा और एक छोटा थैला था जिसमें तरह-तरह के छोटे-छोटे सामान थे। जो लोग सुबह के वक्त काम पर जा रहे थे, हमें सहानुभूतिपूर्वक देख रहे थे, उनके चेहरे देखकर ही पता चल रहा था कि उन्हें इस बात का अफसोस है कि वे हमें कोई सवारी नहीं दे सकते, दूर से दिखनेवाला पीला सितारा अपने आप सब कुछ बता रहा था।

जब हम सड़क पर चल रहे थे, माँ और पिताजी ने धीरे-धीरे हमें सारी योजना समझाई। कुछ महीनों से जितना माल-असबाब हम निकाल सके, निकालने की कोशिश कर रहे थे। यह सब पहले से तय था कि हम 16 जुलाई को अज्ञातवास में छिपने के लिए चले जाएँगे। मारगोट को मिले नोटिस के कारण योजना को दस दिन पहले सरकाया गया जिसका मतलब था कि हमें कुछ अस्त-व्यस्त कमरों से काम चलाना पड़ेगा।

छिपने का स्थान उस मकान में था, जहाँ पिता का दफ्तर था। यह बाहरवालों की

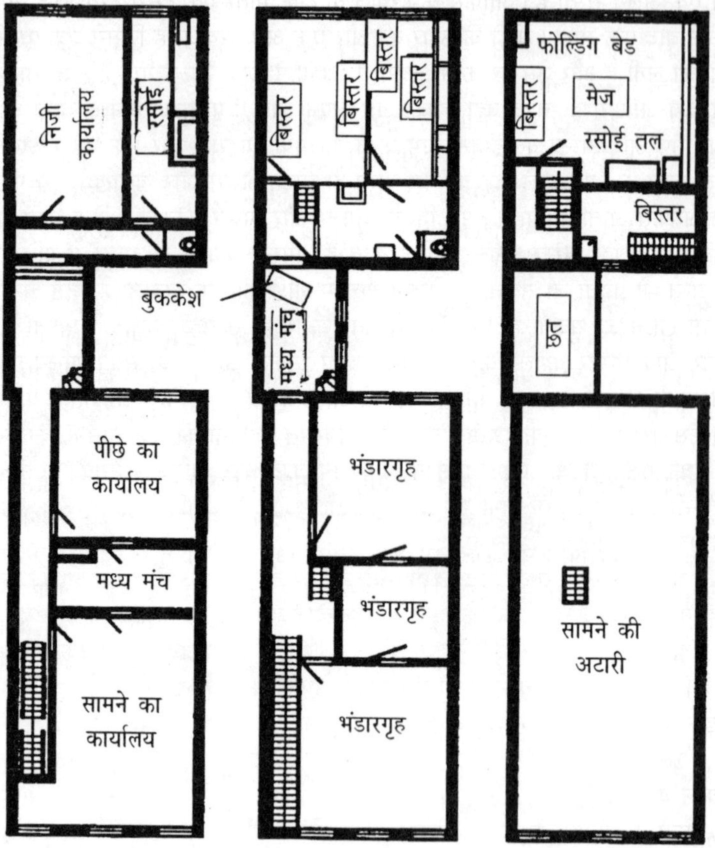

समझ के खयाल से थोड़ा मुश्किल है, इसलिए मैं इसे कुछ विस्तार से बताती हूँ। पिता के दफ्तर में अधिक लोग काम नहीं करते थे, मिस्टर कूगलर, मिस्टर क्लाइमान, मीप और 23 वर्षीय एक टाइपिस्ट बेप फॉस्कुइल—सबको बता दिया गया था कि हम आ रहे हैं। मिस्टर फोस्क्यूल, बेप के पिता, मालगोदाम में काम करते हैं, उनके दो सहायक भी हैं लेकिन उनमें से किसी को इस बारे में कुछ नहीं बताया गया था।

उस मकान का विवरण इस तरह है। भूतल पर बड़ा-सा मालगोदाम है, जिसका इस्तेमाल काम करने और सामान रखने के लिए किया जाता है और उसको कई अलग-अलग खंडों में बाँटा गया, जैसे माल रखने की जगह, उनको तैयार करने की जगह, जहाँ दालचीनी, लौंग और तेजपत्ता आदि रखा जाता है।

मालगोदाम के दरवाजे के पास बाहर जाने का एक और दरवाजा है, ऑफिस जाने

का एक अलग रास्ता है। ऑफिस के दरवाजे के ठीक भीतर एक दूसरा दरवाजा है और उसके बाद एक सीढ़ी। सीढ़ी के ऊपर की ओर एक और दरवाजा है जिससे एक पुरानी खिड़की लगी है और उस पर काले अक्षरों में 'ऑफिस' शब्द लिखा गया है। यह सामने का बड़ा ऑफिस है—बहुत बड़ा, हल्का और अपने आप में परिपूर्ण। दिन के वक्त वहाँ बेप, मीप और मिस्टर क्लाइमान काम करते हैं। सेफ, वार्डरोब और एक बड़े स्टेशनरी वाले बक्से के आले वाले खंड को पार करते ही छोटा, अँधेरा और खचाखच भरा पीछे का ऑफिस आता है। पहले इसमें मिस्टर कूगलर और मिस्टर फॉन डॉन दोनों बैठते थे, लेकिन अब वहाँ मिस्टर कूगलर अकेले बैठते हैं। मिस्टर कूगलर के दफ्तर में गलियारे के रास्ते भी पहुँचा जा सकता है, लेकिन बीच में शीशे का एक दरवाजा है जिसे अन्दर से तो खोला जा सकता है, पर बाहर से उतनी आसानी से नहीं खोला जा सकता है। अगर आप मिस्टर कूगलर के ऑफिस से बाहर निकलें और लम्बे, सँकरे गलियारे में कोयले के स्टोर के पार चार सीढ़ियाँ चढ़ें, तो आप स्वयं को एक निजी ऑफिस में पाएँगे जो उस पूरे भवन में एक दर्शनीय जगह है। खूबसूरत महोगनी की मेज-कुर्सियाँ, कालीन से ढका फर्श, रेडियो, एक खूबसूरत लैंप—सब कुछ बहुत बढ़िया। उसके बगल में बड़ी-सी रसोई है जिसमें पानी गर्म करने का हीटर और गैस आदि हैं, उसके ठीक पीछे शौचालय है। यह प्रथम तल है।

लकड़ी की एक सीढ़ी नीचे के गलियारे से दूसरे तल्ले तक जाती है। सीढ़ी से ऊपर पहुँचने पर एक जगह है जिसके दोनों तरफ दरवाजे हैं। बाईं ओर का दरवाजा मसालों के भंडार-स्थल तथा परछत्ती व अटारी की ओर जाता है जो मकान के सामनेवाले हिस्से में है। वहीं से एकदम डच शैली की सीधी खड़ी सीढ़ी मकान के सामने की ओर से बाहर सड़क की ओर खुलने वाले दरवाजे तक आती है।

उस स्थान के दाईं ओर का दरवाजा उस 'गुप्त ठिकाने' की ओर ले जाता है जो मकान के पिछवाड़े में है। उस सादा से मटमैले दरवाजे के पीछे इतने कमरे हो सकते हैं, किसी को गुमान भी नहीं हो सकता। दरवाजे से एक कदम बढ़ाते ही आप अन्दर हो जाते हैं। सीधा आगे बढ़ने पर तीखी गहरी सीढ़ियाँ नजर आती हैं। बाईं ओर एक सँकरा-सा गलियारा आता है जो एक कमरे में जाकर खुलता है। यह फ्रांक परिवार के सोने और रहने का कमरा है। उसके बगलवाला कमरा छोटा है जो परिवार की दो युवतियों के सोने और पढ़ने के काम आता है। सीढ़ियों के दाईं ओर नहाने का कमरा है जिसमें कोई खिड़की नहीं, बस एक सिंक है। कोने का दरवाजा शौचालय की ओर ले जाता है और दूसरा मारगोट और मेरे कमरे की ओर। अगर आप सीढ़ियों से ऊपर की ओर जाएँ और ऊपर का दरवाजा खोलें तो आपको आश्चर्य होगा इस तरह के पुराने घर में इतना बड़ा खुला, रौशन कमरा पाकर। इसमें एक गैस कुकर (इसका कारण यह है कि यह मिस्टर कूगलर की प्रयोगशाला होती थी) और एक सिंक है। यह मिस्टर और मिसेज फॉन डॉन की रसोई और शयनकक्ष के रूप में इस्तेमाल होगा। साथ ही, हम सब लोगों के खाने, मिलने-जुलने और पढ़ने के लिए भी। बगल का छोटा-सा कमरा पीटर फॉन डॉन के सोने का कमरा होनेवाला है। फिर मकान के सामने वाले हिस्से की तरह

ही यहाँ भी अटारी है। तो आप यहाँ हैं। अब मैंने तुम्हें अपने इस प्यारे परकोटे से पूरा परिचय करवा दिया है।

तुम्हारी, अने।

शुक्रवार, 10 जुलाई 1942

प्यारी किटी,

मैंने शायद तुम्हें अपने घर के लम्बे-चौड़े वर्णनों से बोर कर दिया, लेकिन मुझे अब भी लगता है कि तुम्हें पता होना चाहिए कि मैं कहाँ आ गई; मैं यहाँ कैसे आई, इसकी जानकारी मैं अपने अगले पत्रों में दूँगी।

लेकिन पहले मुझे अपनी कहानी पूरी करने दो क्योंकि तुम्हें पता है, मैंने कहानी खत्म नहीं की थी। जब हम 263 प्रिंजेन ग्राख्ट पहुँचे, मीप तेजी से हमें लम्बे गलियारे और लकड़ी की सीढ़ियों से होते हुए ऊपर के तल्ले पर और उस परकोटे में ले गई। उसने हमें अकेले छोड़कर पीछे दरवाजा बन्द कर दिया। मारगोट अपनी साईकिल से काफी पहले पहुँच चुकी थी और हमारा इन्तजार कर रही थी।

हमारी बैठक और बाकी कमरे सामानों से इतने भरे थे कि बताना मुश्किल है। गत्तों के जो बक्से पिछले कुछ महीनों से ऑफिस में भेजे जा रहे थे, वे फर्श और बिस्तरों तक पर भरे पड़े थे। छोटा कमरा तो नीचे से ऊपर तक कपड़ों से भरा था। उस रात हमारे ठीकठाक सोने के लिए बिस्तरों की सफाई जरूरी थी। लेकिन माँ और मारगोट ने तो पाँव भी हिलाने से इंकार कर दिया। थकान से चूर और दयनीय हालत में वे अपनी नंगी चटाइयों पर लेटी रहीं। लेकिन पिता और मैंने—घर में दोनों ही साफ-सफाईवाले हैं—फौरन साफ-सफाई शुरू कर दी।

दिन-भर हम बक्सों को खोलने, अलमारियों के खाने भरने, इधर-उधर कीलें ठोंकने और साफ-सफाई में लगे रहे जब तक कि थककर रात को अपने साफ-सुथरे बिस्तरों में सो नहीं गए। दिन-भर हमने गरम खाना नहीं खाया, पर उसकी परवाह नहीं की; माँ और मारगोट इतने थके थे कि उनका खाने का मन नहीं था, तथा पिता और मैं बहुत व्यस्त थे।

मंगलवार की सुबह हमने शुरुआत वहीं से की जहाँ पिछली रात छोड़ा था। बेप और मीप हमारे राशन कूपनों से खरीदारी करने बाजार गए, पिता ने उन पर्दों पर काम किया जिन्हें ब्लैक आउट के लिए लगाया जाना था, हमने रसोई की फर्श को रगड़-रगड़कर साफ किया और एक बार फिर सुबह से शाम तक व्यस्त हो गए। बुधवार से पहले मुझे अपने जीवन में आए इस बहुत बड़े बदलाव के बारे में सोचने का अवसर ही नहीं मिला। इस गुप्त परकोटे में आने के बाद पहली बार तुमसे कुछ कहने-बताने और यह समझने का मौका मिला कि मेरे साथ क्या कुछ हो चुका था और अभी क्या कुछ होना बाकी था।

तुम्हारी, अने

शनिवार, 11 जुलाई 1942

प्यारी किटी,

पिता, माँ और मारगोट अभी भी *पश्चिम से आनेवाली उस घड़ी* की आवाज के अभ्यस्त नहीं हो पाए हैं जो हमें हर पन्द्रह मिनट बाद समय की जानकारी देती है। मैं नहीं, मुझे तो यह शुरू से ही पसन्द है; इसकी आवाज जैसे भरोसा बँधाती है, विशेषकर रात में। इसमें कोई शक नहीं कि तुम यह सुनना चाहती हो कि मुझे छिपकर रहना कैसा लग रहा है। पता नहीं, मैं केवल इतना कहना चाहती हूँ कि अभी कुछ समझ नहीं आ रहा है। मुझे नहीं लगता कि इस घर में कभी अपना-सा महसूस कर सकूँगी, लेकिन इसका यह अर्थ नहीं है कि मैं इससे नफरत करती हूँ। यह कुछ-कुछ वैसा है कि हम किसी विचित्र स्थान पर छुट्टी मना रहे हों। अज्ञातवास की स्थिति को देखने का यह कुछ विचित्र ढंग है, लेकिन हालात हैं ही कुछ ऐसे। यह परकोटा वैसे छिपने के लिए आदर्श स्थान है, थोड़ा सीलन-भरा और असंतुलित है लेकिन सारे एम्सटर्डम में इससे अधिक आरामदेह छिपने की जगह शायद ही मिले। नहीं, सारे हालैंड में नहीं।

अभी तक हमारा सोने का कमरा अपनी खाली दीवारों के कारण बड़ा खाली-खाली था। इसके लिए पिता धन्यवाद के पात्र हैं कि वे मेरे द्वारा संग्रहीत पोस्टकार्ड और फिल्म अभिनेताओं के चित्र यहाँ ले आए, ब्रश और गोंद का डिब्बा भी ताकि मैं दीवारों को तस्वीरों से भर सकूँ। अब यह अधिक खिला-खिला लगने लगा है। फॉन डॉन के आने पर अटारी में पड़े लकड़ियों के गट्ठर का उपयोग करते हुए हम सामान रखने के लिए तख्त आदि भी ठीक से डाल सकेंगे।

मारगोट और माँ को कुछ और ही हासिल हो गया है। कल पहली बार माँ को मटर के दानों का सूप बनाने का मन हुआ। लेकिन फिर वह नीचे बातें करने में इतनी मगन हो गई कि उसके बारे में भूल बैठी। दाने जलकर काले पड़ गए, इतने काले कि कितना भी खुरचने पर उसने बर्तन का साथ नहीं छोड़ा।

कल रात हम चारों नीचे निजी दफ्तर में गए और वहाँ हमने वायरलेस पर इंग्लैंड सुना। मैं घबड़ा गई कि कोई सुन न ले, मैंने पिता से लगभग गिड़गिड़ाते हुए कहा कि वे मुझे ऊपर ले चलें। माँ ने मेरी चिन्ता को समझा और मेरे साथ आईं। हम लोग जो कुछ भी करते हैं, इस बात को लेकर घबड़ाहट रहती है कि कहीं कोई देख या सुन न ले। पहले दिन हमने तत्काल परदे सिलने शुरू कर दिए। वास्तव में, तुम उसे परदा कह भी नहीं सकती क्योंकि वे और कुछ नहीं अलग-अलग आकार-प्रकार की कतरनें हैं जिन्हें मैंने और पिता ने अपने अकुशल हाथों से किसी तरह सिलकर एक कर दिया। ये कलाकृतियाँ खिड़की से लगी हैं, जहाँ वे तब तक रहनेवाली हैं जब तक हम अपने छिपने के स्थान से बाहर नहीं आ जाते।

दाईं ओर की इमारत में केग कम्पनी की शाखा है जो जानदम की कम्पनी है, बाईं ओर फर्नीचर वर्कशॉप। हालाँकि वहाँ काम करनेवाले दिन के बाद नहीं रुकते, तो भी

हम कोई भी आवाज करें वह दीवारों के पार जा सकती है। हमने मारगोट को रात में खाँसने से मना कर रखा है, हालाँकि उसको बड़े जोर की सर्दी लगी है और बड़ी मात्रा में कोडीन दी जा रही है।

मैं फॉन डॉन के परिवार के आने की प्रतीक्षा कर रही हूँ। वे मंगलवार को आएँगे। तब कुछ अधिक मस्ती रहेगी और ऐसी खामोशी भी नहीं रहेगी। मैं बताऊँ, शाम और रात को यहाँ की खामोशी ही मुझे अधिक घबड़ाहट से भर देती है, और इसके लिए मैं कुछ भी कर सकती हूँ कि हमारे सहायकों में से कोई यहाँ सो सके।

वास्तव में यहाँ इतना बुरा नहीं है क्योंकि हम अपना खाना बना सकते हैं और डैडी के ऑफिस में वायरलेस भी सुन सकते हैं। मिस्टर क्लाइमान और मीप तथा बेप फास्कुइल ने भी हमारी इतनी मदद की है। हम लोगों ने अब तक काफी रबार्ब, स्ट्रॉबेरी और चेरी इकट्ठा कर ली है, इसलिए कम से कम फिलहाल तो इसमें मुझे सन्देह है कि हम यहाँ बोर होंगे। हमें पढ़ने के लिए सामग्री भी मिल जाती है, और हम बहुत सारे गेम खरीदनेवाले हैं। जाहिर है, न तो हम खिड़की से झाँक सकते हैं और न ही बाहर जा सकते हैं। और हमें चुप रहना है ताकि नीचे वाले लोग हमें सुन न सकें।

कल हमारे हाथ भरे हुए थे। हमें दो बक्से चेरी के छीलने पड़े ताकि मिस्टर कूगलर को प्रसंस्करण के लिए दें। उन खाली बक्सों से हम अपनी किताबों को रखने के लिए आला बनाने वाले हैं।

कोई मुझे आवाज दे रहा है।

तुम्हारी, अने

28 सितम्बर 1942 को अने द्वारा जोड़ी गई टिप्पणी :

बाहर न जा पाने का मुझे कितना दुख है, मैं कह नहीं सकती, और मैं इस बात को लेकर भयभीत हूँ कि एक दिन हमारे इस गुप्त ठिकाने को ढूँढ़ लिया जाएगा और हमें गोली मार दी जाएगी। जिसकी, जाहिर है, सम्भावना काफी कम है।

रविवार, 12 जुलाई 1942

एक महीने पहले सब मुझसे कितना अच्छा व्यवहार कर रहे थे क्योंकि तब मेरा जन्मदिन था, और अब मुझे रोज-रोज लगता है कि मैं अपनी माँ और मारगोट से दूर जा रही हूँ। आज मैंने खूब मेहनत की तो उन्होंने मेरी तारीफ की, लेकिन पाँच मिनट बाद ही वे फिर मुझमें मीन-मेख निकालने लगे।

मेरे और मारगोट के साथ उनका जो व्यवहार होता है, उसमें फर्क तुम साफ-साफ देख सकती हो। उदाहरण के लिए, मारगोट ने वैक्यूम क्लीनर तोड़ दिया जिसकी वजह से सारे दिन हम बिना बिजली के रहे। माँ ने कहा–'देखो मारगोट, निश्चय ही तुमको काम करने की आदत नहीं है; नहीं तो तुमको यह अच्छी तरह पता होता कि ऐसे में

तार खींचकर प्लग निकाल लेना चाहिए।' मारगोट ने कुछ जवाब दिया, बस खत्म कहानी।

लेकिन इस दोपहर, मैं माँ की खरीदारी वाली लिस्ट में फिर से कुछ लिखना चाहती थी क्योंकि उनकी लिखावट इतनी खराब है कि पढ़ने में बड़ी मुश्किल से आती है, तो उन्होंने मुझे लिखने नहीं दिया। वे फिर मुझे डाँटने लगीं और फिर सारा परिवार उनके साथ हो गया।

मैं उनके बीच घुल-मिल नहीं पाती, यह मैंने पिछले कुछ सप्ताहों के दौरान महसूस किया है। वे आपस में बड़े भावुक हैं, जबकि मेरी भावुकता कुछ अपने आप में रहनेवाली है। वे हमेशा कहते रहते हैं कि यह कितना अच्छा है कि हम चारों में इतनी अच्छी बनती है। एक मिनट को भी यह सोचे बिना कि मैं उस तरह से नहीं सोचती।

पापा ही अकेले हैं जो मुझे कभी-कभी समझते हैं, लेकिन सामान्यतः वे हमेशा माँ और मारगोट का ही पक्ष लेते हैं। एक और बात जो मुझे अच्छी नहीं लगती कि वे अजनबियों के सामने मेरे बारे में बातें करें। उनको बताएँ कि मैं किस तरह चिल्लाई या किस तरह की होशियारी मैंने दिखाई। यह भयानक है। और कभी-कभी वे मोर्ते के बारे में बातें करते हैं, यह मुझे बर्दाश्त नहीं। मोर्ते मेरी कमजोर नस है। उसकी कमी मैं हर पल महसूस करती हूँ और कोई इस बात को नहीं जानता कि मैं उसके बारे में कितना सोचती हूँ; जब भी उसकी याद आती है, आँखें भर आती हैं। मोर्ते इतनी प्यारी है और मैं उसको इतना प्यार करती हूँ कि अक्सर मैं यह सपना देखती रहती हूँ कि वह हमारे पास वापस आ जाए।

मेरे अनेक सपने हैं लेकिन सचाई यही है कि हमें यहाँ तब तक रहना होगा जब तक युद्ध समाप्त नहीं हो जाता। हम बाहर भी नहीं जा सकते, जिनसे हम मिल पाते हैं, वे हैं—मीप, उसके पति जान, बेप फॉस्कुइल, मिस्टर फॉस्कुइल, मिस्टर कूगलर, मिस्टर क्लाइमान और मिसेज क्लाइमान, हालाँकि वे नहीं आतीं, क्योंकि उनको लगता है कि इसमें बड़ा खतरा है।

अने द्वारा सितम्बर 1942 को जोड़ी गई टिप्पणी :

डैडी हमेशा से बड़े अच्छे हैं। वे मुझे अच्छी तरह समझते हैं, काश बिना रोए मैं खुलकर उनसे बातें कर पाती लेकिन इसका काफी कुछ सम्बन्ध मेरी उम्र से है। मैं अपना सारा समय लिखने में लगाना चाहती हूँ। लेकिन वह भी शायद बोरिंग हो जाए।

अभी तक अपने विचार मैंने बस अपनी डायरी तक रखे हैं। मैंने अभी तक ऐसा कुछ रेखाचित्रनुमा नहीं लिखा है जिसे कि बाद की किसी तारीख में जोर-जोर से पढ़ा जा सके। भविष्य में मैं भावुकता को कम और वास्तविकता को अधिक समय देने वाली हूँ।

शुक्रवार, 14 अगस्त, 1942

प्यारी किटी,

मैंने पूरे महीने तुमको छोड़े रखा, लेकिन घटनाएँ इतनी कम घटित हुईं कि कुछ भी ऐसा बताने लायक नहीं मिल सका कि उसे हर दिन से जोड़ सकूँ। फॉन डॉन 13 जुलाई को आए। हमें लगा कि वे 14 को आएँगे, लेकिन 13 से 16 के बीच जर्मन दाएँ-बाएँ बुलावे भेजकर अशान्ति फैला रहे थे, इसलिए उन्होंने तय किया कि सुरक्षा इसी में है कि एक दिन पहले चला जाए, बजाय एक दिन देर से जाने के।

पीटर फॉन डॉन सुबह साढ़े नौ बजे आए (जब हम नाश्ता करने में ही लगे थे।) पीटर सोलह का होने वाला है, एक शर्मीला, बौड़म, जिसके संग-साथ से कुछ खास नहीं मिलनेवाला। मिस्टर और मिसेज फॉन डॉन आधे घंटे बाद आए। हमें आश्चर्य इस बात पर हुआ कि मिसेज फॉन डॉन के हाथ में बड़ा-सा हैटबॉक्स भी था और उसके अन्दर था पेशाब करने का बर्तन। 'मैं इसके बिना सहज महसूस नहीं कर पाती हूँ,' उन्होंने कहा, और वह पहली वस्तु थी जिसके लिए उन्होंने अपने दीवान के नीचे पक्की जगह बनाई। मूत्रपात्र की बजाय मिस्टर फॉन डी. अपनी बाँहों में मोड़ कर रखने वाली चाय की टेबल दबाए हुए थे।

शुरू से ही हम साथ खाना खाने लगे, और तीन दिनों में ही यह महसूस होने लगा कि हम सात लोगों का एक बड़ा परिवार है। स्वाभाविक रूप से फॉन डॉन दम्पति के पास उस हफ्ते के बारे में बताने को काफी कुछ था, जब हम सभ्यता से दूर थे। हमारी खास दिलचस्पी इस बात में थी कि हमारे फ्लैट और मिस्टर गोल्डश्मिद का क्या हुआ।

मिस्टर फॉन डॉन ने हमें इसके बारे में जानकारी दी : 'सोमवार की सुबह नौ बजे मिस्टर गोल्डश्मिद ने मुझे फोन किया और पूछा कि क्या मैं वहाँ आ सकता हूँ। मैं सीधा वहाँ चला गया और मैंने पाया कि मिस्टर गोल्डश्मिद काफी उद्विग्न थे। उन्होंने मुझे वह नोट दिखाया जो फ्रांक परिवार पीछे छोड़ गया था। नोट में दिए गए निर्देश के अनुसार वह बिल्ली को पड़ोसियों के पास ले जाने की योजना बना रहा था जिससे मैंने सहमति जताई कि अच्छा विचार है। उसे डर था कि घर की तलाशी ली जाएगी, इसलिए वह कमरे-कमरे घूमने लगा, इधर-उधर सब कुछ ठीक-ठाक किया और नाश्ते की टेबल को साफ करने लगा। अचानक एक नोटपैड मुझे मिस्टर फ्रांक की मेज पर दिखाई दिया जिस पर मासस्ट्रिश्ट का कोई पता लिखा था। वैसे तो मैं जानता था कि इसे मिसेज फ्रांक ने जान-बूझकर छोड़ा है, फिर भी मैं इस तरह से व्यवहार करने लगा मानो मैं आश्चर्यचकित हूँ, और मिस्टर गोल्डश्मिद से गिड़गिड़ा-गिड़गिड़ाकर कहने लगा कि वह इस कागज को तुरन्त जला दें। मैंने बार-बार यह कसम खाई कि तुम्हारे गायब होने के बारे में मुझे कुछ भी पता नहीं है, लेकिन उस नोट से मुझे एक बात सूझी। 'मिस्टर गोल्डश्मिद' मैंने कहा, 'मुझे शर्तिया मालूम है कि इस पते का मतलब क्या है। करीब छह महीने पहले एक ऊँचे ओहदेवाला आफिसर हमारे दफ्तर आया था। ऐसा लगता है

कि वह अफसर और मिस्टर फ्रांक साथ-साथ पले-बढ़े हैं। उसने आवश्यकता पड़ने पर मिस्टर फ्रांक की मदद करने की बात कही थी। जहाँ तक मुझे याद पड़ता है उस अफसर की नियुक्ति मासस्टिश्ट में थी। मुझे लगता है कि उस अफसर ने अपनी बात रखी और वह उनकी बेल्जियम के रास्ते स्विट्ज़रलैंड जाने में मदद कर रहा है। अगर फ्रांक का कोई दोस्त उनके बारे में पूछने आए तो उनको यह बताने में कोई हानि नहीं लगती। जाहिर है, आपको मासस्टिश्ट के बारे में बताने की कोई आवश्यकता नहीं है।" और उसके बाद मैं चला आया। यही कहानी तुम्हारे बहुत सारे दोस्तों को बताई गई, क्योंकि बाद में यह कहानी मैंने कई और लोगों से सुनी।'

हमें यह बड़ा मजेदार लगा, लेकिन हम कुछ ज्यादा जोर से तब हँसे जब मिस्टर फॉन डॉन ने हमें बताया। कई लोगों ने तो और भी अद्‌भुत कल्पनाएँ कर डालीं। उदाहरण के लिए, हमारे चौक पर रहनेवाले एक परिवार ने तो यह दावा किया कि उन्होंने हम चारों को सुबह-सुबह अपनी-अपनी साईकिलों पर चढ़ते देखा था, एक और औरत तो इस बात को लेकर एकदम पक्के तौर पर कह रही थी कि हमें आधी रात को किसी सैनिक वाहन में बिठाया गया।

तुम्हारी, अने

शुक्रवार, 21 अगस्त, 1942

प्यारी किटी,

अब हमारा गुप्त परकोटा सचमुच गुप्त हो गया है। जब छिपाई गई साईकिलों की तलाश में कई घरों की छापेमारी की गई तो मिस्टर कूगलर को यह खयाल आया कि क्यों न इस छिपने के ठिकाने के प्रवेश द्वार पर एक बुककेस बनवा दिया जाए। यह केस अपनी चूलों पर घूम जाता है और एक दरवाजे की तरह खुलता है। मिस्टर फॉस्कुइल ने बढ़ईगिरी की। (उनको यह बता दिया गया है कि हम सातों यहाँ छिपकर रह रहे हैं, और वे सबसे अधिक मददगार साबित हुए हैं।)

अब जब भी हम नीचे जाना चाहते हैं तो हमें पहले झुकना पड़ता है, फिर कूदते हैं। पहले तीन दिनों में हम सबके माथे पर चोट के निशान उभर आए, दरवाजा नीचे होने के कारण सिर उससे टकरा जाता था। पीटर ने उस दरवाजे के साँचे पर तौलिया लगा दिया है। देखते हैं इससे शायद कुछ फायदा हो।

मैं स्कूल की पढ़ाई ज्यादा नहीं कर रही हूँ। मैंने सितम्बर तक अपने आपको छुट्टी दे रखी है। पिता उसके बाद मुझे पढ़ाना शुरू करना चाहते हैं। लेकिन पहले हमें सारी किताबें खरीदनी होंगी।

हमारे जीवन में थोड़ा बदलाव आ गया है। पीटर के बाल आज धोए गए, लेकिन वह कुछ खास नहीं है। मिस्टर फॉन डॉन से मेरी अनबन चलती रहती है। मम्मी मुझे हमेशा बच्ची समझती हैं जो मैं बर्दाश्त नहीं कर सकती। बाकी सब ठीक है। मुझे नहीं

लगता कि पीटर पहले से कुछ बेहतर हुआ है। वह बेहूदा-सा लड़का है जो सारा दिन बिस्तर पर पड़ा रहता है, बीच-बीच में उठकर थोड़ा-बहुत लकड़ी का काम कर लेता है और फिर सोने चला जाता है। क्या बोदा है !

आज सुबह मम्मी ने मुझे अपना एक और भयानक उपदेश दिया। हमारी सोच हर चीज में एक दूसरे से उल्टी है। डैडी अच्छे हैं, वे मुझसे प्रतिकूल हो सकते हैं, पर यह सब पाँच मिनट से ज्यादा नहीं चलता।

बाहर बड़ा सुन्दर मौसम है, सुन्दर और गर्म, और इस सबके बावजूद हमने मौसम का ज्यादातर मजा अटारी में फोल्डिंग चारपाई पर लेटकर लिया।

तुम्हारी, अने

अने द्वारा 21 सितम्बर, 1942 को जोड़ी गई टिप्पणी :

मिस्टर फॉन डॉन इधर मुझसे बड़ा अच्छा व्यवहार कर रहे हैं। मैंने कुछ कहा नहीं है, लेकिन इसका आनन्द उठा रही हूँ, जब तक यह सब चलता रहे।

बुधवार, 2 सितम्बर, 1942

प्यारी किटी,

मिस्टर और मिसेज फॉन डॉन में बड़ा भारी झगड़ा हुआ। मैंने इस तरह का झगड़ा कभी देखा नहीं है, क्योंकि माँ और पिता एक दूसरे पर चिल्लाने के बारे में सपने में भी नहीं सोच सकते। झगड़ा किसी ऐसी बात को लेकर था जिसके बारे में लिखकर मैं एक शब्द भी बर्बाद नहीं करना चाहती। खैर, जो जिसके लायक होता है, उसे वैसा ही यश मिलता है।

जाहिर है, यह पीटर के लिए बड़ा मुश्किल है, जो बीच में फँस जाता है, लेकिन पीटर को कोई गम्भीरता से लेता नहीं है क्योंकि एक तो वह अतिसंवेदनशील है और दूसरे आलसी भी है। कल वह इस बात के लिए परेशान था कि उसकी जीभ गुलाबी होने की बजाय नीली थी। यह दुर्लभ घटना जिस तरह से घटी, उसी तरह से खत्म भी हो गई। आज वह गले में मोटा स्कार्फ लपेटे घूम रहा है क्योंकि उसकी गर्दन अकड़ गई है। महाराज कमर दर्द की शिकायत भी कर रहे हैं। उनके दिल, फेफड़े, तो कभी किडनी में दर्द तो आता-जाता रहता ही है। वह पूरी तरह से रोग के भ्रम में जीनेवाला रोगी बन गया है (यह सही शब्द है, नहीं ?)

माँ और मिसेज फॉन डॉन में पट नहीं रही है। इस तनाव के पर्याप्त कारण हैं। तुम्हें एक छोटा-सा उदाहरण दूँ। मिसेज फॉन डी. ने सामूहिक कपड़ों की अलमारी से अपनी तीन चादरें छोड़कर बाकी सब निकाल लीं। वह शायद सोच रही हैं कि माँ की चादरों से ही दोनों परिवारों का काम चल जाएगा। उनको यह देखकर बड़ा आश्चर्य होगा कि माँ ने भी उन्हीं के रास्ते का अनुसरण किया है।

साथ ही, मिसेज फॉन डी. इस बात पर खिन्न हैं कि हम अपनी प्लेटों की बजाय उनकी प्लेटों का इस्तेमाल कर रहे हैं। वे अभी इस बात का पता लगाने में जुटी हैं कि हमने अपनी प्लेटों का क्या किया। जितना वह सोचती हैं, वे उससे कहीं ज्यादा सुरक्षित हैं। वे पीछे अटारी में ओपेक्ता की विज्ञापन सामग्री के पीछे गत्ते के बक्सों में बन्द पड़ी हैं। जब तक हम यहाँ छिपे हुए हैं, तब तक तो प्लेटें उनकी पहुँच से बाहर ही रहेंगी। जैसे अक्सर कोई न कोई दुर्घटना मुझसे होती रहती है, उसी तरह यह भी हुई। मैंने मिसेज फॉन डी. की एक सूप पीने की प्याली तोड़ दी।

'ओह !' वह गुस्से से चिल्लाईं। 'क्या तुम थोड़ी सावधान नहीं रह सकती ? वह मेरी आखिरी प्याली थी।'

इस बात का ध्यान रखो, किटी, कि ये दोनों ही औरतें बड़ी घटिया डच बोलती हैं (मैं महानुभावों को लेकर कोई टिप्पणी नहीं करना चाहती, उनका बड़ा अपमान हो जाएगा)। अगर तुम उनकी चालाकियों के बारे में सुनोगी तो हँसते-हँसते पगला जाओगी। हमने उनकी गलतियों के बारे में बताना छोड़ दिया है क्योंकि उसका कोई फायदा नहीं है। जब भी मैं माँ या मिसेज फॉन डॉन को उद्धृत करूँगी तो उनकी बातचीत की नकल करने की कोशिश करने की बजाय शुद्ध डच लिखूँगी।

पिछले सप्ताह हमारे एकरस जीवन में थोड़ा-सा व्यवधान आया। इसका अवसर पीटर ने दिया—और स्त्रियों के बारे में छपी एक पुस्तक ने। मुझे यहाँ यह स्पष्ट कर देना चाहिए कि मारगोट और पीटर को लगभग वे सारी पुस्तकें पढ़ने की इजाजत है जो मिस्टर क्लाइमान हमें देते हैं। लेकिन वयस्क लोग कुछ विशिष्ट पुस्तकें अपने लिए अलग कर लेते हैं। इसने तत्काल पीटर की जिज्ञासा को जगाया। इसमें आखिर कौन-सा निषिद्ध फल है ? जब उसकी माँ नीचे बतियाने में लगी थीं, उसने वह किताब गायब कर दी और उसे लेकर अटारी में चला गया। दो दिनों तक सब कुछ ठीक-ठाक चलता रहा। मिसेज फॉन डॉन इसे समझ तो गई थीं पर तब तक चुपचाप रहीं जब तक मिस्टर फॉन डॉन को पता न चल गया। वे आगबबूला हो गए और उन्होंने किताब वापस ले ली और यह मान लिया कि सब कुछ समाप्त हो गया। उन्होंने पीटर की जिज्ञासा के बारे में बिल्कुल नहीं सोचा। पीटर पर पिता की इस कार्रवाई का कोई खास प्रभाव नहीं पड़ा, वह इस बेहद रुचिकर किताब का बाकी हिस्सा पढ़ने की तरकीबें सोचने लगा।

इस बीच, मिसेज फॉन डी. ने माँ से राय माँगी। माँ को लगा कि यह विशेष किताब मारगोट के पढ़ने लायक नहीं है, लेकिन इस बात में उसको कोई बुराई नहीं दिखाई दी कि वह बाकी पुस्तकें पढ़ती रहे।

'आपको पता है मिसेज फॉन डॉन,' माँ ने कहा, 'मारगोट और पीटर के बीच में बड़ा फासला है। सबसे पहले तो मारगोट एक लड़की है और लड़कियाँ लड़कों से हमेशा अधिक वयस्क होती हैं। दूसरे, उसने पहले ही काफी गम्भीर किताबें पढ़ रखी हैं और वह उन पुस्तकों की तलाश नहीं करेगी जो अब निषिद्ध नहीं हैं। तीसरे, मारगोट अधिक संवेदनशील और बौद्धिक रूप से विकसित हो चुकी है, जो उसके चार साल तक एक

बेहतर स्कूल में पढ़ने का परिणाम है।'

मिसेज फॉन डॉन ने उससे सहमति जताई लेकिन सैद्धांतिक रूप से उनको यह बात गलत लगी कि कमसिन बच्चे वयस्कों के लिए लिखी गई पुस्तकों को पढ़ें।

इस बीच, पीटर ने उस उपयुक्त समय के बारे में सोच लिया जब न कोई पुस्तक में दिलचस्पी लेगा, न उसमें। शाम के सात बजे जब सारा परिवार प्राइवेट ऑफिस में बैठकर वायरलेस सुन रहा था, उसने फिर अपना खजाना उठाया और उसी अटारी में जाकर बैठ गया। उसे साढ़े आठ बजे तक वापस आ जाना चाहिए था लेकिन वह उस पुस्तक में इतना खो गया कि समय का उसे ध्यान ही नहीं रहा, और जब वह सीढ़ियों से उतर रहा था तब उसके पिता कमरे में घुस रहे थे। उसके बाद जो घटित हुआ वह आश्चर्यजनक नहीं था : एक थप्पड़ के बाद कुछ खींचातानी हुई और उसके बाद पुस्तक टेबल पर थी और पीटर अटारी में।

जब परिवार खाने के लिए बैठा तो यह मामला इसी तरह सामने आया था। पीटर ऊपर ही रहा। किसी ने उसके बारे में एक बार भी नहीं सोचा; उसे खाना खाए बिना ही सोना था। हम खाते रहे, बतियाते रहे, अचानक हमें एक भेदक सीटी की आवाज सुनाई दी। हमने अपने-अपने काँटे रख दिए और एक-दूसरे की ओर देखने लगे, सहम जाने का भाव हमारे पीले पड़े चेहरों पर साफ था।

फिर चिमनी से हमें पीटर की आवाज सुनाई दी : 'मैं नीचे नहीं आऊँगा।' मिस्टर फॉन डॉन उठ खड़े हुए, उनका नैपकिन फर्श पर गिर पड़ा, वे चिल्लाने लगे, उनका चेहरा रक्ताभ हो उठा, 'अब बहुत हो चुका।'

पापा को लगा पता नहीं क्या हो जाए, उन्होंने आगे बढ़कर उनकी बाँह पकड़ी और दोनों अटारी की ओर भागे। काफी मशक्कत और पिटाई के बाद पीटर अपने कमरे में बन्द दरवाजे के पीछे आया, और हम खाते रहे।

मिसेज फॉन डॉन अपने प्यारे लड़के के लिए रोटी का एक टुकड़ा बचाना चाहती थीं पर मिस्टर फॉन डी. अडिग थे। 'अगर वह अभी इसी समय माफी नहीं माँगता तो उसे अटारी में ही सोना पड़ेगा।'

हमने विरोध जताते हुए कहा कि रात का खाना न देना ही पर्याप्त सजा है। अगर पीटर को ठंड लग गई तो ? हम तो डॉक्टर भी नहीं बुला पाएँगे।

पीटर ने माफी नहीं माँगी और वापस अटारी में चला गया। मिस्टर फॉन डॉन ने इसे छोड़ देने का निश्चय किया, हालाँकि अगली सुबह उनका ध्यान इस बात की ओर गया कि पीटर सो रहा है। सात बजे पीटर फिर अटारी पर चढ़ गया, लेकिन उसे नीचे उतर आना पड़ा जब पिता ने उससे कुछ प्यार भरे शब्द कहे। तीन दिनों के फूले चेहरों और अड़ियल खामोशी के बाद सब कुछ सामान्य हो गया।

तुम्हारी, अने

सोमवार, 21 सितम्बर, 1942

प्यारी किटी,

आज मैं तुम्हें इस परकोटे के कुछ सामान्य समाचार दूँगी। मेरे दीवान के ऊपर एक लैंप लगाया गया है ताकि भविष्य में जब बाहर कुछ हो तो मैं तार खींचकर लाईट जला सकूँ। फिलहाल इसका मैं उपयोग नहीं कर सकती क्योंकि हम लोग अपनी खिड़की थोड़ी खुली रख रहे हैं, दिन में भी और रात में भी।

फॉन डॉन परिवार के पुरुषों ने बड़ा ही अच्छा लकड़ी का खाना रखने का सेफ बनाया है जिसमें सचमुच का स्क्रीन लगा हुआ है। अब तक यह महान आलमारी पीटर के कमरे में थी पर ताजा हवा के खयाल से इसे अब अटारी में रख दिया गया है। पहले जहाँ यह खड़ी थी, वहाँ अब शेल्फ रख दी गई है। मैंने पीटर को सलाह दी कि वह अपनी टेबल शेल्फ के नीचे रख ले। जहाँ अभी टेबल है, वहाँ एक छोटी-सी कालीन टाँगकर अपनी आलमारी रख ले जिससे उसका छोटा-सा दड़बा कुछ अधिक आरामदेह हो जाएगा, हालाँकि निश्चित रूप से मैं वहाँ सोना नहीं चाहूँगी।

मिसेज फॉन डॉन असहनीय हैं। मुझे लगातार इस बात के लिए डाँट पड़ती रहती है कि ऊपर जाकर मैं बहुत ज्यादा बातें करती रहती हूँ। मैं बस बोलती ही चली जाती हूँ। मैडम आजकल नई होशियारी दिखा रही हैं : वह बर्तन-भांडे साफ करने से बचती रहती हैं। अगर बर्तन के तले में थोड़ा-सा भी खाना छूट गया हो तो वह साफ करने की बजाय वहीं छोड़ देती हैं। दोपहर में जब मारगोट बर्तन-भांडे साफ करने में लगी थी, मैडम अफसोस जताती रहीं, 'बेचारी मारगोट, तुमको कितना काम करना पड़ता है।'

हर दूसरे सप्ताह मिस्टर क्लाइमान मुझे कुछ ऐसी किताबें ला दिया करते हैं जो मेरी उम्र की लड़कियों के लिए लिखी गई हैं। मैं *जूप त हयल* सीरीज को लेकर खासी उत्साहित हूँ। मुझे सिसी फॉन मार्क्सवेल्ड की पुस्तकें बड़ी अच्छी लगीं। मैंने *ज़ेनिएस्ट समर* चार बार पढ़ी है, और उसमें जिस तरह की हास्यास्पद स्थितियाँ दर्शाई जाती हैं, उन्हें याद करके आज भी मुझे हँसी आती है।

पापा और मैं फिलहाल अपने वंशवृक्ष को तैयार कर रहे हैं और वे धीरे-धीरे मुझे हर व्यक्ति के बारे में कुछ न कुछ बताते चलते हैं।

मैंने अपनी स्कूल की पढ़ाई शुरू कर दी है। मैं फ्रेंच में कड़ी मेहनत कर रही हूँ, पाँच मुश्किल शब्द रोज अपनी खोपड़ी में ठूँसती हूँ। लेकिन जो कुछ मैंने स्कूल में पढ़ा था उसका काफी कुछ भुला दिया है।

पीटर ने बड़ी अनिच्छा से अंग्रेजी की पढ़ाई शुरू की है। स्कूल की कुछ किताबें अभी आई हैं। मैं बड़ी मात्रा में अभ्यास-पुस्तिका, पेंसिल, रबर, उस पर चिपकाने वाले लेबल घर से ले आई थी। पिम (हम पिता को प्यार से इस नाम से बुलाते हैं) चाहते हैं कि मैं डच भाषा पढ़ने में उनकी मदद करूँ। मैं उन्हें पढ़ाने के लिए तैयार हूँ, बदले में वे मुझे फ्रेंच और बाकी विषय पढ़ने में मदद करेंगे। लेकिन वे ऐसी-ऐसी गलतियाँ करते हैं कि विश्वास ही नहीं होता।

मैं कभी-कभी लन्दन से डच भाषा का प्रसारण सुनती हूँ। राजकुमार बर्नहर्ड ने हाल ही में यह घोषणा की है कि राजकुमारी जुलियाना को जनवरी में बच्चा होने वाला है, जो मुझे बड़ा अच्छा लगा। यहाँ कोई नहीं समझता है कि राज परिवार में मेरी इतनी दिलचस्पी की वजह क्या है।

कुछ रात पहले मैं चर्चा का विषय बनी और हम सब इस निर्णय पर पहुँचे कि मैं ज्ञान से शून्य हूँ। इसका नतीजा यह हुआ कि मैंने अगले दिन खुद को स्कूल के काम में झोंक दिया क्योंकि 14-15 साल की होने के कारण मैं अपने आपको पहले स्थान पर देखना चाहती हूँ। इस तथ्य की भी चर्चा हुई कि मुझे शायद ही कुछ पढ़ने दिया जाता है। इस समय माँ 'द हाऊस ऑफ टेवेलिंक' पढ़ रही हैं और जाहिर है, मुझे उसे पढ़ने की इजाजत नहीं है (यद्यपि मारगोट को है !) सबसे पहले मुझे बौद्धिक रूप से और विकसित होना होगा, अपनी विदुषी बहन की तरह। फिर हमने इस बात की चर्चा की कि दर्शनशास्त्र, मनोविज्ञान और शरीरविज्ञान के क्षेत्र में मेरी जानकारी कितनी कम है। मैंने तत्काल इन बड़े-बड़े शब्दों के अर्थ शब्दकोश में देखे ! यह सही है कि इन विषयों के बारे में मेरी जानकारी बहुत कम है। लेकिन शायद अगले साल तक जानकार हो जाऊँ।

मुझे यह जानकर बड़ा दुख हुआ कि सर्दियों में पहनने के लिए मेरे पास केवल एक पूरी बाँह की ड्रेस है और महज तीन कार्डिगन। पिता ने मुझे इस बात की इजाजत दे दी है कि मैं एक सफेद जम्फर बुनकर तैयार कर लूँ; ऊन तो खूबसूरत नहीं है लेकिन यह गर्म रहेगा और यही मतलब की बात है। हमारे कुछ कपड़े दोस्तों के घर रह गए लेकिन दुर्भाग्य से युद्ध समाप्त होने से पहले हम उन्हें ले नहीं पाएँगे। जाहिर है, अगर तब तक वे वहाँ रहे।

मैंने अभी मिसेज फॉन डॉन के बारे में कुछ लिखा ही था कि वे कमरे में आ गईं। मैंने झट से डायरी बन्द कर दी।

'हे, अने क्या मैं एक झलक भी नहीं देख सकती।'

'नहीं, मिसेज फॉन डॉन।'

'केवल आखिर पन्ना देखना चाहूँ, तो ?'

'नहीं, आखिरी पन्ना भी नहीं, मिसेज फॉन डॉन।'

जाहिर है, मैं तो मर ही जाती, क्योंकि उस पन्ने पर मैंने उनके बारे में जो लिखा था, वह कुछ प्रिय नहीं था।

हर दिन कुछ न कुछ हो रहा है, लेकिन मैं इतनी थक और अलसा चुकी हूँ कि इसे लिख नहीं पा रही।

तुम्हारी, अने

शुक्रवार, 25 सितम्बर, 1942

प्यारी किटी,

पिता के एक दोस्त हैं, सत्तर पार के मिस्टर ड्रेअर जो बीमार, गरीब और खम्भे की तरह बहरे हैं। उनके साथ, बेकार के संलग्नक की तरह, सत्ताईस साल छोटी उनकी पत्नी हैं, उतनी ही कमजोर, उनके हाथ-पैरों में असली-नकली गहने लदे होते हैं जो उनके अच्छे दिनों की निशानी हैं। यही मिस्टर ड्रेअर पिता के लिए पहले भी काफी परेशानी का सबब बन चुके हैं और इस बात के लिए मैंने हमेशा पिता की प्रशंसा की कि संतों के धैर्य से वे उस कारुणिक वृद्ध के साथ फोन पर निपटते थे। माँ उनको सलाह दिया करती थीं कि वे रिसीवर के सामने एक ग्रामोफोन रख दें, एक ऐसा ग्रामोफोन जो हर तीन मिनट बाद यह दुहराता रहे–'हाँ, मिस्टर ड्रेअर' और 'नहीं, मिस्टर ड्रेअर', क्योंकि वह बूढ़ा आदमी पिता के लम्बे-लम्बे जवाबों का वैसे भी एक शब्द नहीं समझ पाता था।

आज मिस्टर ड्रेअर ने ऑफिस में फोन किया और मिस्टर कूगलर से आकर मिलने के लिए कहा। मिस्टर कूगलर का जाने का मन नहीं था इसलिए उन्होंने कहा कि वे मीप को भेज देंगे लेकिन मीप ने वहाँ जाने से मना कर दिया। मिसेज ड्रेअर ने तीन बार ऑफिस में फोन किया, लेकिन मीप को पूरी दोपहर के लिए ऑफिस से बाहर बताया गया था, इसलिए बेप यह जवाब दे देता था। नीचे ऑफिस में और ऊपर हमारे रहने की जगह इसके कारण अच्छा हँसी-मजाक चलता रहा। जब भी फोन की घंटी बजती, बेप कहता, 'जरूर मिसेज ड्रेअर का फोन है !' और मीप को हँसना पड़ता और दूसरी तरफ से फोन करनेवाले का स्वागत असभ्य खिलखिलाहट से किया जाता। क्या तुम इसकी तस्वीर नहीं उतार सकती ? यह पूरी दुनिया का सबसे महान ऑफिस है। ऑफिस में बॉस और काम करनेवाली लड़कियों के बीच इस तरह का हँसी-मजाक चलता रहता है।

किसी-किसी शाम मैं फॉन डॉन के पास कुछ बातचीत के खयाल से चली जाती हूँ। हमने कीड़ों से बचाकर रखी गई बिस्किट खाई और इस सबमें अच्छा समय बीता। अभी भी पीटर को लेकर बातचीत हुई। मैंने कहा कि वह अक्सर मेरे गाल थपथपाता रहता है जो मुझे पसन्द नहीं है। उन्होंने मुझे एकदम बड़ों की तरह कहा कि क्या मैं पीटर को भाई की तरह प्यार नहीं कर सकती क्योंकि वह मुझे बहन की तरह प्यार करता है। 'अरे, नहीं।' मैंने कहा, लेकिन जो मैं सोच रही थी वह थी–'हुँह !' जरा कल्पना कीजिए ! मैंने जोड़ा कि पीटर थोड़ा अकड़ू है, शायद इसकी वजह है कि वह जरा शर्मीला है। वे लड़के जिनको लड़कियों के साथ रहने की आदत नहीं होती, ऐसे ही होते हैं।

मुझे यह बात जरूर कहनी चाहिए कि एनेक्सी समिति (पुरुष खंड) बड़ी रचनात्मक है। उनकी उस योजना के बारे में सुनो जो मिस्टर ब्रोक्स के लिए छोड़ी है, वे ओपेक्ता कम्पनी के व्यापार प्रतिनिधि हैं और मित्र भी, उन्होंने कुछ चीजें लुका-छिपाकर हमारे

लिए रखी हैं। उन्होंने एक चिट्ठी दक्षिण जीलैंड के दुकानदार के नाम टाईप की, जोकि अपरोक्ष रूप से ओपेक्ता के ग्राहक हैं, और उनसे कहा कि वे फॉर्म भरकर साथ में भेजे गए अपने पते वाले लिफाफे में डालकर भेज दें। पिता ने लिफाफे के ऊपर पता स्वयं लिखा। एक बार जब चिट्ठी जीलैंड से लौट आती है तो फॉर्म को हटाया जा सकता है और यह हस्तलिखित संवाद कि पिता जीवित हैं, लिफाफे के अन्दर डाला जा सकता है। इस तरीके से मिस्टर ब्रोक्स बिना किसी धोखे के सन्देह के पत्र पढ़ सकते हैं। उन्होंने जीलैंड प्रांत का चुनाव इसलिए किया क्योंकि वह बेल्जियम के पास है (पत्र को आराम से छिपं-छिपाकर इस पार लाया जा सकता है) और बिना विशेष अनुमति के किसी को वहाँ जाने की इजाजत नहीं है। मिस्टर ब्रोक्स जैसे साधारण व्यापार प्रतिनिधि को तो इजाजत कभी भी नहीं मिल सकती है।

कल पिता ने एक और काम किया। नींद के झोंके में वे बिस्तर से गिर पड़े। उनके पाँव ठंडे थे, इसलिए मैंने उनको अपने बिस्तर पर पहनने वाले मोजे दिए। पाँच मिनट के बाद उन्होंने उन्हें फर्श पर फेंक दिया। फिर उन्होंने कंबल सिर के ऊपर ले लिया क्योंकि रोशनी से उनको समस्या हो रही थी। लैंप को बन्द कर दिया गया, और फिर उन्होंने डरते-डरते अपना सिर बाहर निकाला। यह सब बड़ा विचित्र लग रहा था। हम इस बारे में बात करने लगे कि पीटर कहता है कि मारगोट 'बिजी बी' है। अचानक पिता की गहरी आवाज सुनाई दी : 'तुम्हारा मतलब व्यस्तता से है न।'

मौश्ची बिल्ली, धीरे-धीरे मेरे प्रति अच्छा व्यवहार करने लगी है, लेकिन मैं अभी भी उससे डरती हूँ।

तुम्हारी, अने

रविवार, 27 सितम्बर 1942

प्यारी किटी,

माँ और मेरे बीच तथाकथित 'चर्चा' आज हुई लेकिन इसका दुखद पहलू यह है कि मैं रो पड़ी। मैं इसे रोक न सकी। डैडी हमेशा ही मेरे प्रति अच्छा व्यवहार करते रहे हैं और वे मुझे अच्छी तरह समझते भी हैं। ऐसे क्षणों में मैं माँ को बर्दाश्त नहीं कर पाती। यह स्पष्ट है कि मैं उनके लिए अजनबी की तरह हूँ; वह तो यह भी नहीं जानती कि मैं ज्यादातर साधारण चीजों के बारे में क्या सोचती हूँ।

हम लोग नौकरानियों के बारे में बात कर रहे थे और बात यह है कि उनको आजकल 'घरेलू सहायिका' कहने का चलन बढ़ रहा है। उन्होंने दावा किया कि युद्ध समाप्त होने के बाद वे चाहते हैं कि उनको इसी तरह बुलाया जाए। मैं इसे इस तरह नहीं देख सकती। फिर उन्होंने जोड़ा कि मैं 'बाद में' शब्द का इतना अधिक प्रयोग करती हूँ और ऐसे काम करती हूँ कि लगता है जैसे मैं स्त्री हूँ, जोकि मैं नहीं हूँ, लेकिन मुझे नहीं लगता है कि हवा में रेत के किले बनाना इतना भयानक काम है, जब तक

कि आप उनको बहुत गम्भीरता से नहीं लेते। चाहे कुछ भी हो जाए, डैडी आमतौर पर मेरी तरफ खड़े दिखाई देते हैं। उनके बिना मैं यहाँ टिक नहीं पाती।

मारगोट से भी मेरी कुछ खास नहीं बनती। हालाँकि हमारे परिवार में उस तरह के झगड़े नहीं होते, जैसा कि ऊपर होता रहता है, पर मुझे यहाँ का माहौल कुछ खास अच्छा नहीं लगता। मारगोट और माँ के व्यक्तित्व मेरे लिए बेहद अजनबी हैं। मैं अपनी सहेलियों को अपनी माँ से बेहतर तरीके से समझती हूँ। क्या यह शर्म की बात नहीं है ?

पता नहीं कौन-सी बार मिसेज फॉन डॉन रो रही हैं। वे बड़ी मनमौजी हैं और अपना काफी सारा सामान हटा रही हैं और उनको बन्द करती जा रही हैं। यह बहुत बुरा है—माँ फॉन डॉन की हर बात का जैसे का तैसा जवाब नहीं दे पाती हैं।

फॉन डॉन दम्पति की तरह कुछ लोग ऐसे होते हैं जिनको न केवल अपने बच्चे पालने में आनन्द आता है, बल्कि इस काम में दूसरों को मदद करने में मजा आता है। मारगोट को इसकी आवश्यकता नहीं है क्योंकि वह तो स्वाभाविक तौर पर अच्छी, दयालु और चालाक एवं स्वयं में सम्पूर्ण है लेकिन मुझे लगता है कि मैं अकेले ही दोनों के बराबर बदमाशी किया करती हूँ। एकाधिक बार वातावरण में उनकी डाँट-फटकार और मेरे तीखे जवाब भर जाते हैं। पिता और माँ जोरदार ढंग से मेरा बचाव किया करते हैं। उनके बिना मैं इस झगड़े में अपनी चुप्पी के साथ नहीं आ सकती थी। वे मुझे लगातार कहते रहते हैं कि मुझे कम बातचीत करनी चाहिए, अपने काम पर ध्यान देना चाहिए और कुछ अधिक विनयशील होना चाहिए, लेकिन लगता है ये असफल होने के लिए ही होते हैं। अगर पापा में इतना धैर्य नहीं होता तो मैं अपने माता-पिता की तुच्छ उम्मीदों पर भी खरा उतरने की बात न सोच पाती।

अगर मैं खाने में सब्जियाँ कम खाऊँ और आलू ज्यादा खाने लगूँ तो फॉन डॉन दम्पति विशेषकर मिसेज फॉन डॉन यह कहने लगती हैं कि मैं कितनी बिगड़ी हुई हूँ। 'आओ, अने थोड़ी और सब्जी ले लो' वह कहती हैं।

'नहीं, धन्यवाद, मैडम', मैं जवाब देती हूँ, 'आलू ही काफी हैं।'

'सब्जियाँ तुम्हारे फायदे के लिए हैं; तुम्हारी माँ भी यही कहती हैं। थोड़ा और ले लो,' वह जोर देती हैं, तब पिता बीच-बचाव करते हुए कहते हैं कि मुझे जो चीज पसन्द नहीं है, उसे नहीं खाने का अधिकार मुझे है।

फिर मिसेज फॉन डी. अपने हाथ नचाते हुए कहतीं : 'तुम्हें हमारे घर में होना चाहिए, जहाँ बच्चों को वैसे बड़ा किया जाता है जैसे उनको बड़ा किया जाना चाहिए। मैं इसे पालने का सही ढंग नहीं कहती। अने तो पूरी तरह बर्बाद हो चुकी है, मैं ऐसा नहीं होने दे सकती। अगर अने मेरी बेटी होती...'

इसी तरह से उनका तीखा प्रलाप शुरू होता और समाप्त होता; 'अगर अने मेरी बेटी होती...' ईश्वर का धन्यवाद कि नहीं हूँ।

अब बच्चों को बड़े किए जाने सम्बन्धी विषय पर लौटती हूँ, कल जब मिसेज फॉन डी. ने अपना भाषण समाप्त किया, तो सन्नाटा छा गया। जवाब पिता ने दिया, 'मुझे लगता है अने की परवरिश बड़ी अच्छी तरह हुई है। कम से कम उसने इतना तो सीखा

ही है कि आपके अनंत प्रवचनों का कोई जवाब न दे। जहाँ तक सब्जियों की बात है, तो इस मामले में मेरा इतना ही कहना है कि आखिर कौन कह रहा है कि 'केतली काली है।'

मिसेज फॉन डी. पूरी तरह पराजित हो गईं। काली केतली से इशारा मैडम की ओर ही है क्योंकि वह शाम को बीन या गोभी बर्दाश्त नहीं कर सकतीं क्योंकि इससे उन्हें वायु विकार हो जाता है। मैं भी यही कह सकती हूँ। जैसे को तैसा रहा, तुमको नहीं लगता ? खैर जो भी हो, उम्मीद यही करती हूँ कि वह मेरे बारे में बातें करना बन्द कर दें।

कितना हास्यास्पद है न, इतनी जल्दी मिसेज फॉन डॉन गुस्से में आ जाती हैं। मैं नहीं आती, इससे अन्दर ही अन्दर उन्हें बड़ा गुस्सा आता है।

तुम्हारी, अने

सोमवार, 28 सितम्बर 1942

प्यारी किटी,

कल मुझे रुकना पड़ा जबकि मैं समाप्ति के आसपास भी नहीं थी। मैं तुम्हें हम दोनों की एक और मुठभेड़ के बारे में बताने के लिए व्यग्र हूँ, लेकिन उससे पहले मैं यह कहना चाहती हूँ : मुझे यह अच्छा नहीं लगता कि बड़े इस तरह बात-बात पर झगड़े पर उतारू हों, वह भी छोटी-छोटी बातों पर। मैं यही सोचती थी कि कलह बच्चे ही मचाते हैं और फिर बड़े होने पर वे उससे निकल आते हैं। निश्चय ही, कभी-कभी झगड़े की कुछ वजहें भी होती हैं, लेकिन जिस तरह की कहासुनी यहाँ हो रही है, उसे बेकार की बहस के सिवा और क्या कहा जा सकता है ! मुझे इसका आदी हो जाना चाहिए क्योंकि यह तू-तू-मैं-मैं रोज होने लगी है, लेकिन मैं नहीं हो पाई हूँ और न ही हो सकती क्योंकि मैं लगभग हर झगड़े या बातचीत का केन्द्र होती हूँ। (वे इसको 'झगड़ा' कहने की बजाय 'चर्चा' कहते हैं, क्योंकि जर्मनों को इसका फर्क नहीं पता !) वे हर चीज की आलोचना करते हैं, हर एक चीज की : मेरे बारे में, मेरे व्यवहार के बारे में, मेरे व्यक्तित्व के बारे में, मेरी एक-एक चीज के बारे में, ऊपर से नीचे तक वे मेरे बारे में चर्चा और बातचीत करते हैं। सख्त शब्द और चिल्लाहट मेरे दिमाग में घूमते रहते हैं, यद्यपि मुझे इसकी एकदम आदत नहीं थी। मेरे पास खिसियाने और सहने के अलावा कोई चारा नहीं है। लेकिन मेरा ऐसा कोई इरादा नहीं है। मैं उन्हें बता दूँगी कि अने फ्रांक कल पैदा नहीं हुई है। वे बैठकर इस पर सोचेंगे और अपना मुँह बन्द कर लेंगे, जब मैं उन्हें यह देखने को विवश कर दूँगी कि उनको अपनी आदतों में सुधार लाने की ज्यादा जरूरत है बजाय मेरे पीछे पड़ने के। वे इस तरह का व्यवहार करने का साहस कैसे कर सकते हैं ? यह तो सीधे-सीधे बर्बरता है। मैं बार-बार चकित हो रही हूँ इस रुखाई पर और सबसे बढ़कर इस बेहूदेपन पर (मिसेज फॉन डॉन के)।

लेकिन जैसे ही मैं यह सोच लूँगी और इसमें ज्यादा समय नहीं लगना चाहिए, मैं उन्हें उनकी ही दवाई का स्वाद चखाऊँगी, और उनकी जुबान बदल जाएगी। क्या मैं सचमुच इतनी खराब आदतों वाली हूँ, घमंडी हूँ, बेवकूफ-आलसी आदि-आदि हूँ जैसा कि फॉन डॉन दम्पति कहते हैं ? नहीं, एकदम नहीं। मैं जानती हूँ अपनी गलतियों, अपनी कमियों को लेकिन वे उसे बढ़ा-चढ़ा देते हैं। काश ! तुम्हें यही अंदाजा हो जाए कि उनके चिढ़ाने या डाँटने से मैं किस तरह उबल पड़ती हूँ। वह दिन दूर नहीं जब कभी मैं गुस्से से फट पड़ूँगी।

लेकिन यह सब बहुत हो चुका। अपने झगड़ों के बारे में बता-बताकर मैंने तुमको काफी बोर कर दिया है, लेकिन मैं रात के खाने के समय हुई एक और मजेदार बातचीत के बारे में तुमको बताने से खुद को रोक नहीं पा रही हूँ।

खैर, हम पिम के आत्मसंशयी स्वभाव की चर्चा पर लौटें। उनकी शालीनता जगजाहिर है, जिस पर कोई बेवकूफ से बेवकूफ आदमी भी सवाल नहीं उठा सकता। अचानक मिसेज फॉन डॉन, जिनको हर बातचीत में कूदने की आदत है, ने टिप्पणी की, 'मैं काफी शालीन और अल्पभाषी हूँ, अपने पति से भी अधिक।'

तुमने इतनी बेहूदा कोई बात सुनी है ? इस पंक्ति से ही यह साफ हो जाता है कि वह और कुछ भी हों, शालीन नहीं हो सकतीं।

मिस्टर फॉन डॉन ने बाध्य होकर 'अपने पति से भी अधिक' की व्याख्या करते हुए सहज भाव से जवाब दिया, 'मुझे इसकी कोई इच्छा नहीं है कि मैं शालीन और अल्पभाषी के रूप में रहूँ। मेरे खयाल से आप परिश्रम से इससे भी आगे जा सकती हैं।' फिर मेरी तरफ घूमते हुए उन्होंने कहा, 'शालीन और कम बोलनेवाली मत बनना अने। यह तुम्हें कहीं भी नहीं ले जाएगा।'

माँ इस दृष्टिकोण से पूरी तरह सहमत दिखीं। लेकिन हमेशा की तरह मिसेज फॉन डॉन को इसमें कुछ-न-कुछ तो जोड़ना ही था। हालाँकि इस बार सीधे मुझे संबोधित करने की बजाय मेरे माता-पिता की ओर घूमकर वे बोलने लगीं, 'हो सकता है जीवन को लेकर आपका कोई विचित्र दृष्टिकोण हो, जो आप लोग अने को दे पाएँ। चीजें उस वक्त काफी अलग थीं—जब मैं बड़ी हो रही थी। हालाँकि हालात शायद तब से उतने नहीं बदले हैं, जितने आपके इस आधुनिक घर में।'

यह माँ के बच्चे पालने के आधुनिक ढंग पर सीधा हमला था, जिसका उन्होंने अनेक मौकों पर बचाव भी किया था। मिसेज फॉन डॉन इतनी परेशान हो गई थीं कि उनका चेहरा लाल हो गया था। जो लोग जल्दी उत्तेजित हो जाते हैं, वे और भी अधिक उत्तेजित होने लगते हैं, और इस तरह बहस में वे अपने विरोधियों के सामने परास्त हो जाते हैं।

माँ उत्तेजित नहीं थीं, और वह चाहती थीं कि यह मसला जल्द-से-जल्द खत्म हो, उन्होंने जवाब देने से पहले एक क्षण रुककर सोचा और फिर जवाब दिया। 'ठीक है, मिसेज फॉन डॉन, मैं इससे सहमत हूँ कि यह ज्यादा ठीक है कि कोई व्यक्ति अधिक शालीन न हो। मेरे पति, मारगोट और पीटर—सब अत्यधिक शालीन हैं। तुम्हारे पति,

अने और मैं, हालाँकि इसके एकदम विपरीत नहीं हैं लेकिन कोई हमें परे नहीं टरका सकता।'

मिसेज फॉन डॉन : ओह, लेकिन मिसेज फ्रांक, मैं समझ नहीं पा रही हूँ कि आपका मतलब क्या है ! ईमानदारी से कहूँ तो मैं काफी शालीन और अल्पभाषी हूँ। आप कैसे कह सकती हैं कि मैं बढ़-चढ़कर बोलनेवाली हूँ ?

माँ : मैंने ऐसा तो नहीं कहा, लेकिन कोई भी यह नहीं कह सकता कि आप में अल्पभाषी व्यक्ति के लक्षण हैं।

मिसेज फॉन डी. : मैं यह जानना चाहती हूँ कि आखिर किस मामले में मैं उकसावे वाली हूँ। अगर मैं यहाँ अपना खयाल खुद न रखूँ तो कोई भी नहीं रखने वाला और मैं जल्दी ही भूखी मर जाऊँ, लेकिन इसका मतलब यह नहीं कि मैं आपके पति की तरह शालीन या अल्पभाषी नहीं हूँ।

आत्मरक्षा के इस बेतुके ढंग पर हँसने के सिवा माँ के पास और कोई चारा नहीं था जिससे मिसेज फॉन डॉन चिढ़ गईं। ऐसा नहीं है कि जन्म से ही वह वाद-विवाद में माहिर रही हों लेकिन वह जर्मन और डच भाषाओं की खिचड़ी में तब तक बोलतीं रहीं जब तक अपने ही शब्दों में उलझने न लगीं और अचानक अपनी कुर्सी से उठकर बाहर जाने ही वाली थीं कि उनकी आँखें मुझ पर पड़ीं। काश, तुम उनको देख पाती ! जैसा कि भाग्य होता है, जिस क्षण मिसेज फॉन डी. पीछे मुड़ीं, मैं सहिष्णुता और विडंबना के भाव से अपना सिर हिला रही थी। मैं जान-बूझकर ऐसा नहीं कर रही थी। लेकिन मैं उनके उत्तेजनापूर्ण भाषण को इतनी एकाग्रता से सुन रही थी कि मेरी प्रतिक्रिया इत्तफाकन थी। मिसेज फॉन डी. ने पीछे घूमकर जर्मन में कोई घटिया और अश्लील बात कही। वह दृश्य देखने लायक था। अगर मुझे बनाना आता तो उस समय वे जिस तरह दिख रही थीं, उसका एक रेखाचित्र बनाती। वह मुझे छिछोरी, हास्यास्पद लगीं। इससे एक बात मेरी समझ में आई कि आप किसी व्यक्ति को झगड़े के बाद ही जान-समझ पाते हैं। उसके बाद ही आपको उसके वास्तविक चरित्र का पता चलता है।

तुम्हारी, अने

मंगलवार, 29 सितम्बर 1942

प्यारी किटी,

आपके साथ कुछ विचित्र घटित होता रहता है जब आप छिपकर रह रहे होते हैं। इसको समझने की कोशिश करो। चूँकि हमारे पास बाथ टब नहीं है, इसलिए हम टिन के टब में नहाते हैं, और चूँकि गर्म पानी केवल ऑफिस में आता है (यानी निचले तल्ले पर), इसलिए हम सातों को बारी-बारी से इस अवसर का फायदा उठाना पड़ता है। लेकिन, चूँकि हम में कोई भी एक जैसा नहीं है और हम सब में अलग-अलग स्तर की शालीनता है इसलिए परिवार के हर सदस्य ने नहाने की अलग-अलग जगह चुनी है।

पीटर ऑफिस की रसोई में नहाता है, इसके बावजूद कि उसमें शीशे का दरवाजा है। जब उसके नहाने का समय होता है तो वह हम में से एक-एक के पास जाकर कहता है कि अगले आधे घंटे के दौरान हम रसोई की तरफ नहीं आएँ। वह इसे पर्याप्त उपाय मानता है। मिस्टर फॉन डी. ऊपर ही नहाते हैं, इसका कारण यह है कि अपना कमरा उन्हें इतना सुरक्षित लगता है कि सीढ़ियों पर गर्म पानी लेकर चढ़ना उनको कोई मुश्किल नहीं लगता। मिसेज फॉन डी. का नहाना अभी बाकी है, वह इस इन्तजार में हैं कि कौन-सी जगह सबसे अच्छी है। पिता निजी ऑफिस में नहाते हैं और माँ रसोई में आग से बचाव वाली जगह के ठीक पीछे, जबकि मारगोट और मैंने सामनेवाले ऑफिस को अपना नहानघर घोषित कर दिया है। शनिवार की दोपहर को चूँकि परदे गिरे होते हैं, सो हम लोग अँधेरे में रगड़-रगड़कर नहाते हैं और जो नहीं नहा रहा होता वह परदे की आड़ से आश्चर्य से खिड़की से बाहर लोगों को आते-जाते देखता रहता है।

एक सप्ताह पहले मैंने तय किया कि यह जगह पसन्द लायक नहीं है और मैं अधिक आरामदेह जगह की तलाश में हूँ। पीटर ने मुझे यह सुझाया कि मैं अपना बाथ टिन ऑफिस के खुले शौचालय में डाल लूँ। मैं वहाँ बैठ सकती हूँ, बत्ती जला सकती हूँ, दरवाजा बन्द कर सकती हूँ, बिना किसी की मदद के पानी डाल सकती हूँ, और यह सब बिना इस भय के कर सकती हूँ कि कोई देख रहा है। मैंने अपने इस सुन्दर बाथरूम का उपयोग पहली बार रविवार को किया और भले यह आश्चर्यजनक लग सकता है, वह मुझे किसी भी अन्य स्थान से बेहतर लगने लगा है।

रविवार को नीचे नल बनानेवाला काम कर रहा था, वह ऑफिस के शौचालय से पानी की नलियाँ और मोरियाँ बाहर गलियारे में लगा रहा था ताकि सर्दियों में ठंड से पानी के पाईप जम नहीं जाएँ। नलसाज का आना सुखकर नहीं कहा जा सकता। न केवल हमें दिन के वक्त पानी लेने की मनाही थी, बल्कि शौचालय में भी काम हो रहा था। मैं तुम्हें बताऊँ कि किस तरह हमने इस समस्या का सामना किया; तुम्हें यह शायद अशोभनीय लगे लेकिन मैं इस तरह के मामलों में झूठ-मूठ शरमाने वाली नहीं हूँ। हम जिस दिन आए, पापा और मैंने बैठनेवाले पात्र को तैयार किया और इसके लिए अचार के मर्तबान का त्याग किया। नलसाज के आने के दौरान शीशे के वे मर्तबान बाहर रख दिए गए ताकि किसी को जरूरत हो तो अपनी प्राकृतिक आवश्यकताओं से निपट सके। जहाँ तक मेरा सवाल है, मेरे लिए यह इतना मुश्किल नहीं था कि चुपचाप दिन भर बैठी रहूँ और एक भी शब्द न बोलूँ। तुम कल्पना कर सकती हो कि मिस बकबक के लिए यह कितना मुश्किल रहा होगा। सामान्य दिनों में हमें फुसफुसाकर बात करनी पड़ती है, लेकिन बात न कर पाना या हिल-डुल न पाना उससे दस गुना बुरा लगता है।

तीन दिनों तक लगातार बैठे-बैठे मेरी पीठ अकड़ गई थी। रात के व्यायाम से राहत मिली।

तुम्हारी, अने

गुरुवार, 1 अक्तूबर 1942

प्यारी किटी,

कल मुझे बड़ी घबराहट हुई। आठ बजे अचानक दरवाजे की घंटी बजी। मुझे तो लगा जैसे कोई हमें लेने आ गया हो, समझ गई न, 'कोई' से मेरा क्या मतलब है ? मैं तब शान्त हुई जब सबने कहा कि या तो कोई यों ही घंटी बजा गया है या कोई डाकिया होगा।

यहाँ दिन बेहद शान्त होते हैं। मिस्टर लैविनजोन, जो छोटे से यहूदी केमिस्ट हैं, रसोई में मिस्टर कूगलर के लिए कुछ प्रयोग कर रहे हैं। वह पूरी इमारत से वाकिफ हैं, इसलिए हमें लगातार इस बात का भय बना रहता है कि कहीं वह अचानक वहाँ न आ जाएँ जो जगह पहले प्रयोगशाला हुआ करती थी। हम लोग छोटे-छोटे चूहों की तरह शान्त हैं। तीन महीने पहले कौन इसके बारे में सोच भी सकता था कि पारे की तरह चंचल अने को घंटों इस तरह खामोश बैठना होगा।

मिसेज फॉन डॉन का जन्मदिन 29 तारीख को था। हालाँकि हम लोगों ने कोई ज्यादा उत्सव नहीं मनाया, उन्हें फूलों से लादा गया, सामान्य उपहार और बेहतर खाना। बाद में पारिवारिक परम्परा के अनुसार उनके पति द्वारा उन्हें लाल रंग से सजाया गया।

यहाँ मिसेज फॉन डॉन की चर्चा में मैं एक क्षण रुकना चाहूँगी, तुमको बताऊँ कि पापा के साथ फ्लर्ट करने की उनकी कोशिशें मेरे लिए लगातार चिढ़ने का कारण रही हैं। वह उनके गालों और माथे पर चपत लगाती हैं, अपना स्कर्ट उठाकर तथाकथित मजाकिया फिकरे कसती हैं, ताकि पापा का ध्यान आकर्षित कर सकें। सौभाग्य से, पापा को वह सुन्दर नहीं लगती हैं, इसलिए वे उनकी पटाने की कोशिशों पर ध्यान नहीं देते हैं। जैसा कि तुमको पता है, मैं थोड़ी-सी ईर्ष्यालु हूँ और उनके व्यवहार को सहन नहीं कर सकती। आखिर, माँ मिस्टर फॉन डी. के साथ ऐसा नहीं करतीं जो मैंने मिसेज फॉन डी. को उनके मुँह पर कह भी दिया था।

कभी-कभी पीटर बेहद मजेदार हो सकता है। उसमें और मुझमें एक बात समान है। हम दोनों को अच्छे कपड़े पहनना पसन्द है, जिससे सब लोग खूब हँसते हैं। एक शाम हम लोग प्रकट हुए तो पीटर ने अपनी माँ की तंग पोशाक पहन रखी थी और मैंने उसकी सूट। उसने एक हैट लगा रखी थी, मैंने टोपी पहन रखी थी। उम्रदराज लोग दबी हँसी हँसते रहे और हमें इसमें पूरा आनन्द आया।

बेप ने मेरे और मारगोट के लिए बियनकोर्फ से स्कर्ट खरीदी। उसका कपड़ा बड़ा खराब है, आलू के बोरे की तरह। पुराने जमाने में डिपार्टमेंट स्टोर में इस तरह का कपड़ा इतना महँगा नहीं बिक सकता था, मारगोट की स्कर्ट 24 गिल्डर की थी और मेरी 7. 75 गिल्डर की।

हमारे लिए एक बड़ा खुशनुमा तोहफा है : बेप ने मारगोट, पीटर और मेरे लिए शॉर्टहैंड में पत्राचार पाठ्यक्रम के लिए आवेदन किया है। अब तुम इन्तजार करो, अगले साल इस समय तक तुम पक्के तौर पर शॉर्टहैंड ले पाओगी, वैसे भी इस तरह का गुप्त

कोड लिखना सीखना मजेदार है।

मेरी तर्जनी में बड़े जोर का दर्द है (बाएँ हाथ में) इसलिए मैं इस्तरी नहीं कर सकती। क्या किस्मत है !

मिस्टर फॉन डॉन चाहते हैं कि मैं खाने की टेबल पर उनकी बगल में बैठूँ क्योंकि मारगोट उतना नहीं खा पाती है। मेरे लिए यह ठीक है, मुझे इस तरह के बदलाव अच्छे लगते हैं। एक छोटी-सी काली बिल्ली प्रांगण में हमेशा इधर-उधर घूमती रहती है और इससे मुझे प्यारी मोर्ते की याद आती है। इस बदलाव को पसन्द करने का एक और भी कारण है, मम्मी हमेशा मेरे ऊपर कुड़कुड़ाती रहती हैं, खासकर टेबल पर। अब मारगोट को इसे भुगतना होगा। या शायद नहीं, क्योंकि मम्मी इस तरह की व्यंग्यात्मक टिप्पणियाँ उसके ऊपर नहीं करतीं। इस आदर्श सदाचारी को नहीं भुगतना पड़ेगा। पिछले दिनों मैं मारगोट को आदर्श सदाचारी कहकर चिढ़ाती रही हूँ, और इससे उसे नफरत है। शायद इससे उसे यह सीख मिले कि इतना अच्छा-अच्छा भी नहीं बनना चाहिए। समय आ गया है कि वह सीख ले।

समाचारों की इस खिचड़ी का समापन मैं एक बड़े मजेदार चुटकुले से करना चाहती हूँ, जो मिस्टर फॉन डॉन ने सुनाई : वह क्या है जो 11 दफा टिकटिक करती है और एक दफा खटखट ? पाँव फिरा कनगोजर।

बाय-बाय, अने

शनिवार, 3 अक्तूबर 1942

प्यारी किटी,

कल सबने मुझे थोड़ा-बहुत चिढ़ाया क्योंकि मैं बिस्तर पर मिस्टर फॉन डॉन की बगल में लेटी। 'इस उम्र में ! भयानक !' इस तरह की और भी बहुत-सी बातें। एकदम बकवास। मैं मिस्टर फॉन डॉन के साथ उस तरह कभी नहीं सोना चाहूँ, जैसा वे समझ रहे हैं।

कल मेरे और माँ के बीच एक और झगड़ा हुआ और उन्होंने सचमुच बतंगड़ खड़ा कर दिया। उन्होंने डैडी को मेरे पापों के बारे में बताया और रोने लगीं जिससे मुझे भी रोना आ गया और मुझे बड़े जोर का सिरदर्द होने लगा। मैंने अन्ततः डैडी को बताया कि मैं उन्हें मम्मी से ज्यादा प्यार करती हूँ जिसके जवाब में उन्होंने कहा कि यह उम्र का एक दौर है, लेकिन मुझे ऐसा नहीं लगता। मैं माँ को एकदम बर्दाश्त नहीं कर सकती, और मुझे इसके लिए बड़ी कोशिश करनी पड़ती है कि हर वक्त उनके साथ झड़प में न पड़ूँ और मुझे उस समय भी शान्त रहना पड़ता है जब मेरा मन उनके चेहरे पर थप्पड़ मार देने का करता है। पता नहीं क्यों मुझे उनसे इतनी चिढ़ हो गई है। डैडी कहते हैं कि जब माँ की तबीयत खराब हो या सिर में दर्द हो तो मुझे आगे बढ़कर उनकी मदद करनी चाहिए, लेकिन मैं ऐसा नहीं करने वाली क्योंकि न तो मैं उनसे प्यार करती हूँ

और न ही ऐसा करना मुझे अच्छा लगता है। मैं यह कल्पना तो कर लेती हूँ कि माँ एक दिन मर जाएँगी लेकिन डैडी की मृत्यु के बारे में सोच नहीं पाती। मेरे लिए यह बड़ी घटिया बात है लेकिन ऐसा ही मैं सोचती हूँ। मैं उम्मीद करती हूँ कि माँ न तो यह, न ही मेरा लिखा कुछ और कभी नहीं पढ़ पाएँगी।

बाद में मुझे बड़े लोगों वाली पुस्तकें पढ़ने की इजाजत मिल गई। मैं इन दिनों निको वान सचतेलन की 'इवा'ज यूथ' पढ़ने में व्यस्त हूँ। मुझे नहीं लगता कि इस पुस्तक में और उन पुस्तकों में कुछ खास अन्तर है जो किशोरियों के लिए लिखी जाती हैं। इवा का खयाल था कि बच्चे पेड़ पर सेब की तरह फलते हैं और पक जाने पर पक्षी उनको पेड़ों से तोड़कर माँ के पास ले आते हैं। लेकिन जब उनकी सहेली की बिल्ली को बच्चे हुए तब इवा ने उनको बिल्ली से निकलते हुए देखा, तब तक उसे यही लगता था कि बिल्लियाँ अंडे देती हैं और उन्हें मुर्गियों की तरह सेती हैं, और जिन माँओं को बच्चा होने वाला होता है वह भी कुछ दिनों पहले ऊपर चली जाती हैं, अंडे देकर उन्हें सेने के लिए। जब बच्ची आ जाती है, तब माँएँ इसीलिए बड़ी कमजोर लगती रहती हैं क्योंकि सेने के लिए उन्हें उकडूँ बैठे रहना पड़ता है। एक समय पर आकर इवा भी यह चाहती है कि उसको बच्चा हो। वह एक ऊनी चादर निकालकर जमीन पर बिछा देती है ताकि अंडा उसी पर गिरे, फिर वह उकडूँ बैठकर जोर लगाने लगी। इन्तजार करते हुए वह कुड़-कुड़ भी करती रही पर एक भी अंडा बाहर नहीं निकला। आखिरकार काफी समय बैठने के बाद कुछ निकला जरूर, पर वह गुलमा था, अंडा नहीं। इवा शरमा गई। उसे लगा वह बीमार थी। मजेदार है, नहीं ? 'इवा'ज यूथ' में कुछ ऐसे हिस्से भी हैं जिनमें यह बताया गया है कि औरतें सड़कों पर पैसे के बदले शरीर बेच रही हैं। मुझे तो किसी पुरुष के सामने इस तरह शरम आएगी। इसके अलावा, इसमें इवा के रजोस्राव के बारे में बताया गया है। हाय, काश मेरे भी पीरियड्स हो जाएँ—फिर मैं सचमुच बड़ी हो जाऊँगी।

डैडी फिर भुनभुना रहे हैं और धमकी दे रहे हैं कि डायरी मुझसे छीन लेंगे। ओह, फिर तो खतरा है। अब से मैं इसे छिपाकर रखने वाली हूँ।

अने फ्रांक

बुधवार, 7 अक्टूबर 1942

मैंने कल्पना की...

मैं स्विट्जरलैंड गई हूँ। डैडी और मैं एक कमरे में सोए हैं जबकि लड़के (अने के रिश्ते का भाई बने और स्टीफन एलियास) दूसरे में। पढ़ने के कमरे को बैठक में बदल दिया गया है जहाँ मेरे मिलने वाले आ सकते हैं। आश्चर्य की बात यह है कि उन्होंने मेरे लिए नए फर्नीचर खरीदे हैं, जिनमें एक चाय की मेज है, एक डेस्क, एक बाँहवाली कुर्सी और एक दीवान। सब कुछ एकदम शानदार। कुछ दिनों के बाद डैडी मुझे 150 गिल्डर देते हैं—जाहिर है इसके बराबर की स्विस मुद्रा—पर मैं यहाँ गिल्डर ही कहूँगी—और

कहते हैं कि मैं अपनी जरूरत का सारा सामान खरीद लूँ (बाद में, मुझे हर सप्ताह एक गिल्डर मिलने लगता है, जो मैं अपनी पसन्द की किसी चीज की खरीदारी में लगा सकती हूँ)। मैं बर्क के साथ खरीदारी करने के लिए निकली :

3 सूती गंजी 0.50 की दर = 1.50
3 सूती निकर 0.5 की दर = 1.50
3 ऊनी गंजी 0.75 की दर = 2.25
3 ऊनी निकर 0.75 की दर = 2.25
2 पेटीकोट 0.50 की दर = 1.00
2 ब्रा (छोटे आकार के) 0.50 की दर = 1.00
5 पायजामा 1.00 = 5.00
1 हल्का ड्रेसिंग गाऊन 2.50 = 2.50
1 भारी ड्रेसिंग गाऊन 3.00 = 3.00
2 बड़े जैकेट 0.75 की दर = 1.50
1 छोटा तकिया = 1.00 की दर = 1.00
1 जोड़ा हल्के चप्पल 1.00 की दर = 1.00
1 जोड़ा गर्म चप्पल 1.50 की दर = 1.50
1 जोड़ा गर्मी के जूते (स्कूल) 1.50 की दर = 1.50
1 जोड़ा गर्मी के जूते (बढ़िया) 2.00 की दर = 2.00
1 जोड़ा सर्दियों के जूते (स्कूल) 2.50 की दर = 2.50
2 एप्रेन 0.50 की दर = 1.00
25 रूमाल 0.05 की दर 1.25
4 जोड़े सिल्क के स्टॉकिंग्स 0.75 की दर = 3.00
4 जोड़े घुटनों तक के मोजे 0.50 की दर = 2.00
4 जोड़े मोजे 0.25 की दर = 1.00
2 जोड़े भारी स्टॉकिंग्स 1.00 की दर = 2.00
3 अंडरवियर, कैप = 1.50
3 स्वेटर, स्कर्ट = 1.50
3 कैप, स्कार्फ = 1.50
बेल्ट, स्कार्फ, कॉलर, बटन आदि = 1.25

साथ में दो स्कूल ड्रेस (गर्मियों के), दो स्कूल ड्रेस (सर्दियों के), 1 गर्मियों के लिए स्कर्ट, 1 बढ़िया सर्दियों के लिए स्कर्ट, 1 स्कूल सर्दियों के लिए स्कर्ट, 1 रेनकोट, 1 गर्मियों का कोट, 1 सर्दी का कोट, 2 हैट, 2 टोपी। यह सब मिलाकर 108.00 गिल्डर।

2 हैंडबैग, 1 आइस स्केटिंग का ड्रेस, एक जोड़ा स्केट्स, एक सेट केस आदि।

इसके अलावा चार स्वेटर 1.50, ब्लाउज 1.00 की दर, अन्यान्य सामग्री 10.00 और किताबें, उपहार 4.50 की दर।

शुक्रवार, 9 अक्तूबर 1942

प्यारी किटी,

आज केवल निराशाजनक और उदास कर देनेवाली खबरें ही मेरे पास हैं। हमारे अनेक यहूदी मित्रों और परिचितों को झुंड में ले जाया गया। गेस्टापो का व्यवहार उनके साथ बहुत खराब है और वे उनको बुरी तरह जानवर ढोने के ट्रकों में ड्रेंथे के बड़े कैंप वोस्टरवोर्क की ओर ले जा रहे हैं जहाँ वे सभी यहूदियों को भेज रहे हैं। मीप ने हमें किसी ऐसे आदमी के बारे में बताया जो वहाँ से किसी तरह भाग पाने में सफल रहा। वोस्टरवोर्क में यह बड़ा भयानक है। लोगों को खाने को न के बराबर मिलता है, पीने को भी कम मिलता है, क्योंकि पानी दिन भर में केवल एक घंटे के लिए आता है। हजारों लोगों के लिए वहाँ बस केवल एक शौचालय और सिंक है। मर्द और औरतें एक ही कमरे में सोते हैं, औरतों और बच्चों के सिर अक्सर मूँड़ दिए जाते हैं। भागना लगभग असम्भव है; अनेक लोग यहूदी लगते हैं; उनके घुटमुंडे सिर उनकी पहचान हैं।

अगर यह सब हॉलेंड में इतना बुरा है तो वहाँ क्या होता होगा जिन दूर और असभ्य इलाकों में ये जर्मन उनको भेज रहे हैं ? हमारा मानना है कि उनमें से अधिकतर को मार दिया गया। इंगलिश रेडियो का कहना है कि उनको गैस देकर मार दिया गया। शायद यही जल्दी मारने का तरीका हो।

मुझे बड़ा डर लगता है। इन ज्यादतियों को लेकर मीप के बयान दिल को दहला देनेवाले हैं और मीप खूब बढ़ा-चढ़ाकर बताती भी है। उदाहरण के लिए, अभी उसी दिन गेस्टापो ने मीप के दरवाजे से एक वृद्ध विकलांग औरत को तब उठा लिया जब वह कार की तलाश में निकली थी। वह वृद्ध औरत सर्चलाइट की तेज रोशनी और ऊपर उड़ते अंग्रेजी विमानों पर चलती गोलियों की आवाज से घबड़ाई हुई थी लेकिन मीप को यह साहस नहीं हुआ कि वह उन्हें आने दे। कोई भी नहीं आने देगा। जब सजा देने का मौका आता है तो जर्मन इस मामले में काफी उदारता बरतते हैं।

बीप भी काफी सहमी हुई है। उसके प्रेमी को जर्मनी भेज दिया गया है। जब भी ऊपर से कोई जहाज उड़कर जाता है, वह डर जाती है कि वे बमों का पूरा जखीरा बेर्टूस के सिर के ऊपर गिराने वाले हैं। इस तरह के मजाक कि ‘ओह, घबड़ाओ नहीं, वे सारे उनके ऊपर नहीं गिर सकते’ या ‘एक बम ही काफी होता है’ इस अवस्था में उपयुक्त नहीं कहे जा सकते। बेर्टूस अकेला नहीं है जिसको जर्मनी में काम करने के लिए बाध्य किया गया है। ट्रेन भर-भरकर रोज नौजवान वहाँ भेजे जा रहे हैं। जब ट्रेन छोटे स्टेशनों पर रुकती है, उनमें से कुछ ने तो ट्रेनों से भागने का भी प्रयास किया, लेकिन कुछ ही भाग निकलने और छिपने की जगह की तलाश कर पाने में सफल रहे।

लेकिन यह मेरे विलाप का अन्त नहीं है। तुमने कभी ‘बंधक’ शब्द सुना है ? यह नई सजा है जो आजकल तोड़-फोड़ करनेवालों को दी जाने लगी है। यह कितनी भयानक चीज है इसकी तुम कल्पना कर सकती हो। प्रमुख नागरिकों-निर्दोष लोगों को बन्दी बना लिया गया है और वे फाँसी की प्रतीक्षा कर रहे हैं। अगर गेस्टापो तोड़-फोड़

करनेवाले उपद्रवियों को नहीं पकड़ पाती है, तो वे पाँच बंधकों को पकड़कर दीवार से लगाकर खड़ा कर देते हैं। उनकी मृत्यु की घोषणा अखबारों में छपती है जिसमें उनके बारे में लिखा जाता है कि वे 'घातक दुर्घटना' के शिकार हुए।

मानवता के बेहतर नमूने, वे जर्मन, सोचो, मैं वास्तव में उनमें से एक हूँ। नहीं, यह सही नहीं है, हिटलर ने हमारी नागरिकता काफी पहले ले ली है। इसके अलावा, पृथ्वी पर इससे बड़े दो शत्रु नहीं हैं—जर्मन और यहूदी।

तुम्हारी, अने

बुधवार, 14 अक्तूबर 1942

प्यारी किटी,

मैं बुरी तरह व्यस्त हूँ। कल मैंने 'ला बेला निवेरलाइस' के एक अध्याय का अनुवाद शुरू किया और उसके शब्दों को लिखना भी आरम्भ किया। उसके बाद मैंने गणित की एक बड़ी अच्छी उलझन सुलझाई, फिर फ्रेंच व्याकरण के तीन पृष्ठों का अनुवाद भी किया। आज फ्रेंच व्याकरण और इतिहास। रोज-रोज मैंने गणित पढ़ने से मना कर दिया है। डैडी को भी यह अच्छा लगता है। मैं इस मामले में उनसे कुछ बेहतर हूँ, हालाँकि वास्तव में हममें से कोई भी अच्छा नहीं है इसलिए हमें हमेशा मारगोट की मदद लेनी पड़ती है। मैं अपने शॉर्टहैंड पर भी काम कर रही हूँ जिसमें मुझे मजा आ रहा है। हम तीनों में मेरी ही प्रगति सबसे अच्छी है।

मैंने 'स्टॉर्म फैमिली' पढ़ी है। यह काफी अच्छा है लेकिन मैं इसकी तुलना 'जूप त हयल' से नहीं करना चाहती। खैर, दोनों में एक समान शब्द ही मिलते हैं जिसका कुछ मतलब भी बनता है क्योंकि दोनों एक ही लेखक द्वारा लिखे गए हैं। किस्सी वान माक्सेवेल्ट जबरदस्त लेखिका हैं। मैं निश्चित रूप से अपने बच्चों को भी उनकी पुस्तकें पढ़वाऊँगी।

सबसे बढ़कर, मैंने कोएनर के नाटक काफी पढ़े हैं। मुझे उसके लिखने का ढंग पसन्द है। उदाहरण के लिए *हेडविग, द कजिन फ्रॉम ब्रेमेन, द गवर्नेस, द ग्रीन डोमिनो,* इत्यादि।

माँ, मैं और मारगोट फिर से अच्छे दोस्त हो गए हैं। एक तरह से यह बड़ा अच्छा है। कल मैं और मारगोट मेरे बिस्तर में साथ-साथ सोए। वह काफी सँकरा हो गया हम दोनों के सोने से लेकिन इसी का तो हमने मजा उठाया। उसने पूछा कि क्या वह कभी-कभार मेरी डायरी पढ़ सकती है।

'थोड़ा-बहुत,' मैंने कहा, और फिर मैंने उसकी डायरी के बारे में पूछा। उसने भी मुझे अपनी डायरी पढ़ने की इजाजत दे दी।

बातचीत भविष्य को लेकर होने लगी और मैंने पूछा कि वह बड़ी होकर क्या बनना चाहती है। लेकिन उसने बताया नहीं और उसको काफी रहस्यमय बनाया। मैंने अंदाजा

लगाया कि इसका कुछ सम्बन्ध शिक्षण से है; जाहिर है, मैं पक्की तो नहीं हूँ, पर इसका कुछ और ही चक्कर है। मुझे सचमुच इतना नक्कू नहीं होना चाहिए।

आज सुबह मैं पीटर के बिस्तर से उसको भगाकर उस पर सो गई। वह गुस्से में था पर मैंने कुछ खास परवाह नहीं की। शायद वह समय- समय पर मेरे प्रति कुछ अधिक दोस्ताना रुख अपनाए, कल रात मैंने उसको एक सेब दिया।

एक बार मैंने मारगोट से पूछा कि क्या मैं बदसूरत हूँ। उसने कहा मैं ठीक-ठाक हूँ और मेरी आँखें अच्छी हैं। थोड़ी अस्पष्ट, तुम्हें नहीं लगता ?

अच्छा, अगली बार तक के लिए !

अने फ्रांक

नोट—आज सुबह हम सबने मशीन पर अपना वजन लिया। मारगोट का वजन 9 स्टोन 4 पौंड, माँ का 9 स्टोन 10 पौंड, पिता 11 स्टोन 1 पौंड, अने 6 स्टोन 12 पौंड, पीटर 10 स्टोन 9 पौंड, मिसेज फॉन डॉन 8 स्टोन 5 पौंड, मिस्टर फॉन डॉन 11 स्टोन 11 पौंड, इन तीन महीनों में मेरा वजन 11 पौंड बढ़ गया है। काफी है, नहीं ?

मंगलवार, 20 अक्तूबर 1942

प्यारी किटी,

मेरे हाथ अभी तक काँप रहे हैं, हालाँकि इस बात को 2 घंटे हो चुके हैं जब डर ने हमें सताया था। मुझे यह बता देना चाहिए कि इस इमारत में पाँच अग्निशमन स्थल हैं। ऑफिस में काम करनेवाले मूर्खतावश हमें यह बताना भूल गए कि बढ़ई, या उन्हें जो भी कहा जाता हो, इन अग्निशमन को भरने आए हैं। इसका परिणाम यह हुआ कि हमने तब तक चुपचाप रहने के बारे में नहीं सोचा जब तक मैंने दीवार पर हथौड़े की आवाज नहीं सुनी (बुककेस की दूसरी ओर से)। मैंने तुरन्त समझ लिया कि यह बढ़ई की आवाज है और मैं बेप को सावधान करने के लिए दौड़ी, जो खाना खा रही थी, कि वह नीचे नहीं जाए। पापा और मैं—हम दोनों दरवाजे से लगकर खड़े हो गए ताकि सुन सकें कि वे लोग चले गए। करीब 15 मिनटों तक काम करने के बाद, उसने हथौड़े और कुछ अन्य उपकरण बुककेस पर रख दिये (ऐसा हमें लगा) और हमारा दरवाजा पीटने लगा। डर के मारे हमारे चेहरे सफेद हो गए। क्या उसने कुछ सुन लिया है या यह सब कुछ करने के बाद वह इस रहस्यमय बुककेस को देखना चाहता है। ऐसा लगा, क्योंकि वह तरह-तरह से दरवाजे को पीटता, खींचता, झकझोरता रहा।

मैं तो घबड़ाहट के मारे बेहोश होने को हो आई, महज इस खयाल से ही कि एक अनजान आदमी हमारे इस खूबसूरत गुप्त ठिकाने को खोज पाने में सफल रहा। जब मैं सोच ही रही थी कि मेरे दिन अब गिने-चुने रह गए हैं तभी मैंने मिस्टर क्लाइमान की आवाज सुनी, 'खोलो, मैं हूँ।'

हमने तुरन्त दरवाजा खोल दिया। क्या हुआ था ? बुककेस को बाँधनेवाला हुक

फँस गया था, इसीलिए कोई भी हमें उस बढ़ई के बारे में बता नहीं पाया। जब वह आदमी चला गया, मिस्टर क्लाइमान बेप को लेने आए लेकिन उन्होंने बुककेस को खोला नहीं। मैं तुम्हें कह नहीं सकती कि मुझे कितनी शान्ति मिली। मेरी कल्पना में वह आदमी जिसके बारे में मैं समझ रही थी कि हमारे इस गुप्त आवास में घुसने वाला है, बढ़ते-बढ़ते न केवल एक दानव, बल्कि संसार के क्रूरतम फासिस्टों में बदल चुका था। खैर ! सौभाग्य से, सब कुछ ठीक-ठाक हो गया। कम से कम इस बार।

सोमवार को हमने खूब मजे किए। मीप और जान रात को हमारे साथ रुके। मारगोट और मैं पापा और माँ के कमरे में सोए ताकि मेहमान हमारे बिस्तरों पर सो सकें। उनके सम्मान में खाना बनाया गया था और वह काफी स्वादिष्ट भी था। मौज-मस्ती में थोड़ी बाधा तब आई जब पिता के लैंप में शॉर्ट सर्किट हो गया और हम अचानक अँधेरे में डूब गए। हमें क्या करना था ? हमारे पास फ्यूज तो था पर फ्यूज बॉक्स पीछे सामान रखने के अँधेरे कमरे में था। जिस कारण रात को यह थोड़ा अशोभनीय हो गया। फिर भी, पुरुषों ने मोर्चा सँभाला और दस मिनट के बाद हम मोमबत्तियों को हटा पाने में सफल रहे।

मैं आज सुबह जल्दी उठी। जान पहले से ही तैयार हो चुका था। चूँकि उसको साढ़े आठ बजे जाना था, वह आठ बजे तक ऊपर नाश्ता कर चुका था। मीप तैयार होने में व्यस्त थी और जब मैं अन्दर घुसी तो वह महज गंजी पहने थी। वह उसी तरह का लम्बा अंडरवियर पहनती है जैसा मैं साईकिल चलाते वक्त पहनती हूँ। मारगोट और मैंने भी अपने कपड़े पहन लिए और पहले से कुछ जल्दी ऊपर पहुँच गए। खुशहाल नाश्ते के बाद मीप ने नीचे का रुख किया। बाहर बारिश हो रही थी और वह इस बात से खुश थी कि उसे साईकिल चलाकर काम पर नहीं जाना था। डैडी और मैंने बिस्तर ठीक किए, उसके बाद पाँच कम प्रचलित फ्रेंच क्रियाओं को सीखा। काफी परिश्रमी हूँ, तुमको नहीं लगता ?

मारगोट्ट और पीटर हमारे कमरे में पढ़ रहे थे, मौश्चे दीवान पर मारगोट के बगल में अठखेलियाँ कर रही थीं। पाँच अप्रचलित फ्रेंच क्रियाओं के पाठ के बाद मैं उनके साथ 'बियोंड सिंग द वुड्स' में लग गई। यह काफी अच्छी किताब है। लेकिन एकदम अलग हटकर। मैंने इसे लगभग समाप्त कर लिया है।

अगले सप्ताह रात बिताने की बारी बेप की है।

तुम्हारी, अने

गुरुवार, 29 अक्तूबर 1942

प्यारी किटी,

मैं बहुत उदास हूँ। पापा बीमार हैं। उनको दाने निकल आए हैं और तेज बुखार भी है। खसरे जैसा लगता है। जरा सोचो, हम डॉक्टर को भी नहीं बुला सकते हैं। माँ

इस उम्मीद में उन्हें भाप दे रही है कि इससे पसीने के रास्ते बुखार उतर जाए।

आज सुबह मीप ने हमें बताया कि फॉन डॉन के फ्लैट से फर्नीचर *ज्युदर अम्सतेल्लान* पर हटा लिए गए। हमने अभी तक मिसेज फॉन डॉन को बताया नहीं है। वह पहले ही इतनी परेशान रही हैं और हम उनके उन वर्णनों को नहीं सुनना चाहते कि कितने खूबसूरत चाइना और खूबसूरत कुर्सियाँ उनको पीछे छोड़कर आना पड़ा। हमें भी अपनी ज्यादातर अच्छी चीजें हटानी पड़ीं। अब उसको लेकर रोने-धोने का क्या फायदा ?

पापा चाहते हैं कि मैं हेब्बेल और कुछ अन्य प्रसिद्ध जर्मन लेखकों की पुस्तकें पढ़ूँ। अब मैं जर्मन काफी अच्छी तरह पढ़ लेती हूँ, सिवाय इसके कि मैं बुदबुदाकर पढ़ती हूँ बजाय चुपचाप अपने आप में पढ़ने के। लेकिन यह ठीक रहेगा। पिता ने गोएथे और शिलर के नाटक नीचे के बड़े बुककेस से निकाले हैं और वे उससे हर शाम मेरे लिए कुछ पढ़ने की योजना बना रहे हैं। शुरुआत हमने डॉन कारलोस से की है। पापा के अच्छे उदाहरण से प्रेरित होकर माँ ने अपनी प्रार्थना की पुस्तिका मेरे हाथों में रख दी। मैं कुछ प्रार्थनाएँ जर्मन भाषा में पढ़ती हूँ, महज विनयशील बनने के लिए। वे निश्चित तौर पर बड़े अच्छे लगते हैं, पर उनका अर्थ मुझे काफी कम समझ में आता है। वह मुझे इतना धार्मिक क्यों बनाना चाहती हैं ?

कल हम लोग पहली बार स्टोव जलानेवाले हैं। उसकी चिमनी बहुत दिनों से साफ नहीं की गई है, इसलिए कमरे में धुआँ भरना स्वाभाविक है। उम्मीद करते हैं सब ठीक हो जाएगा।

तुम्हारी, अने

सोमवार, 2 नवम्बर 1942

प्यारी किटी,

बेप हमारे साथ शुक्रवार की शाम रुकी। बड़ा मजा रहा, पर वह ठीक से सो नहीं पाई क्योंकि उसने कुछ वाईन पी ली थी। बाकी बताने को कुछ खास नहीं है। कल मुझे जबरदस्त सिरदर्द हुआ और मैं जल्दी सोने चली गई। मारगोट फिर से गुस्सैल हो गई है।

आज सवेरे मैंने ऑफिस में इंडेक्स कार्ड फाईल को ठीक-ठाक करना शुरू किया क्योंकि वह गिर गया था और चारों ओर फैल भी गया था। मैं पसीने-पसीने हो गई। मैंने मारगोट और पीटर को मदद करने के लिए कहा, लेकिन वे इतने आलसी हैं कि फिर मैंने इसे अलग रख दिया। मैं इतनी पागल नहीं हूँ कि यह सब खुद ही करूँ।

अने फ्रांक

नोट : मैं एक जरूरी बात बताना भूल गई कि शायद जल्दी ही मुझे पीरियड्स हों। मैं इसलिए कह सकती हूँ क्योंकि मेरी पैंटी में सफेद-सफेद सा कुछ लगा रहता है, और माँ

का कहना है कि यह जल्दी ही शुरू हो जाएगा। मैं अब और इन्तजार नहीं कर सकती। यह बेहद महत्त्वपूर्ण घटना है। सबसे बुरी बात यह है कि मैं सैनिटरी नैपकिन का इस्तेमाल नहीं कर सकती क्योंकि अब वे मिल नहीं सकते और जो मम्मी इस्तेमाल करती हैं, उसका इस्तेमाल वे औरतें ही कर सकती हैं जिनको बच्चा हो चुका हो।

22 जनवरी, 1942 को अने द्वारा की गई टिप्पणी—

मैं इस तरह की बातें अब और नहीं लिख पाऊँगी। अब, जब मैं अपनी डायरी को डेढ़ साल बाद दुबारा पढ़ रही हूँ, तो मुझे अपने बचपन की मासूमियत पर आश्चर्य हो रहा है। मैं इस बात को गहरे तौर पर जानती हूँ कि मैं फिर से मासूम नहीं बन सकती, हालाँकि बनने की चाहे मैं जितनी कोशिश कर लूँ। मैं मारगोट, माँ और पिता के स्वभाव परिवर्तन और व्यवहार को लेकर की गई टिप्पणियों को समझ सकती हूँ, वे ऐसी लगती हैं मानो मैंने कल ही लिखी हों। लेकिन अन्य मसलों को लेकर मैं खुलेआम लिखने की कल्पना नहीं कर सकती। मुझे इन विषयों के बारे में लिखे गए पन्नों को पढ़कर शर्म-सी आती है, जिन्हें मैंने काफी अच्छी तरह याद रखा जैसी वे थीं। मेरे वर्णन काफी अभद्र हैं। लेकिन यह सब बहुत हो चुका।

मैं समझ सकती हूँ कि घर की और मोर्ते की याद मुझे कितनी सता रही है। जबसे मैं यहाँ हूँ अचेतन तौर पर और कभी चेतन रूप से भी विश्वास, प्रेम और शारीरिक आकर्षण के लिए मैं तरसती रही हूँ। यह लालसा शायद और बढ़ जाए। लेकिन यह हमेशा से रहा है।

गुरुवार, 5 नवम्बर 1942

प्यारी किटी,

ब्रिटिश सेना को अफ्रीका में कुछ सफलता मिली है और स्तालिनग्राद का अभी पतन नहीं हुआ है, इसलिए लोग खुश हैं और सुबह हम लोगों ने कॉफी और चाय ली। बाकी बताने को कुछ खास नहीं है।

इस सप्ताह मैंने खूब पढ़ाई की और काम कम ही किया। इसी तरह से चीजों को होना चाहिए। निश्चित रूप से यह सफलता का रास्ता है।

माँ और मेरी अब तो अच्छी बनने लगी है लेकिन हम लोग कभी नजदीक नहीं रहे हैं। पापा अपनी भावनाओं को लेकर काफी मुखर नहीं हैं लेकिन वे हमेशा की तरह उतने ही प्यारे हैं। हमने स्टोव कुछ दिनों पहले जलाई थी और सारे कमरे में अभी तक धुआँ भरा हुआ है। मैं केन्द्रीय ताप में विश्वास रखती हूँ और इस मामले में शायद अकेली नहीं हूँ। मारगोट गंदी (इसके लिए कोई और शब्द नहीं) है और निरंतर चिड़चिड़ेपन का कारण सुबह, दोपहर और रात।

अने फ्रांक

सोमवार, 9 नवम्बर 1942

प्यारी किटी,

कल पीटर का सोलहवाँ जन्मदिन था। मैं आठ बजे ऊपर पहुँच गई, और फिर पीटर के साथ उसके उपहार देखती रही। उसे मोनोपोली का एक खेल, एक रेजर और एक सिगरेट लाईटर मिला है। ऐसा नहीं है.कि वह अधिक सिगरेट पीता है। एकदम नहीं, हाँ, इससे वह एकदम अलग लगने लगता है। सबसे आश्चर्यजनक बात मिस्टर फॉन डॉन ने बताई, उन्होंने एक बजे बताया कि अंग्रेज ट्यूनिश, अल्जीयर्स, कासाब्लांका और ओरन में आ चुके हैं।

'यह अन्त का आरम्भ है,' हर कोई कह रहा था लेकिन ब्रिटिश प्रधानमंत्री चर्चिल ने इस तरह की बातें इंग्लैंड में भी सुनी होंगी, उन्होंने घोषणा की, 'यह अन्त नहीं है। यह अन्त का आरम्भ भी नहीं है। बल्कि यह शायद आरम्भ का अन्त है।' तुम अन्तर देख सकती हो ? बहरहाल, आशा के कारण हैं। रूसी शहर स्तालिनग्राद पर तीन महीने से हमले जारी हैं लेकिन वह अभी भी जर्मनों के कब्जे में नहीं आया है।

इस परकोटे की सच्ची भावना के अनुसार मुझे तुमसे खाने के बारे में बात करनी चाहिए। मुझे यह बात तुम्हें बता देनी चाहिए कि ऊपर वाले बड़े पेटू हैं।

एक बड़ा अच्छा बेकरीवाला है, जो रोज पावरोटी दे जाता है, वह मिस्टर क्लाइमान का दोस्त भी है। जाहिर है, हम उतना तो नहीं खा पाते जितना घर पर खाते थे, लेकिन यह काफी है। हमने कालाबाजार से राशन कार्ड भी खरीद लिया है। कीमत लगातार बढ़ रही है, अभी ही यह बढ़कर 27 से 33 गिल्डर हो चुकी है, और वह भी महज इन छपे हुए पन्नों की।

खाने में पोषक तत्त्वों का ध्यान रखते हुए हमने भोजन के 100 टीनों के अलावा 100 पौंड बीन भी खरीदा है। केवल अपने लिए ही नहीं ऑफिस के कर्मचारियों के लिए भी। हमने बीन की बोरियों को हुक से फँसाकर गलियारे में टाँग दिया है, गुप्त प्रवेश द्वार के ठीक भीतर, लेकिन लगता है कुछ बोझ से टूट कर गिर गए हैं। इसलिए हमने तय किया कि इनको अटारी में ले जाकर रख दिया जाए और पीटर को भार उठाने का काम सौंपा गया। वह छह में से पाँच बोरों को तो ठीकठाक ऊपर ले जाने में सफल रहा और अन्तिम ले जा रहा था कि बोरा फट गया और बाढ़, बल्कि कहना चाहिए कि भूरी फलियों का तुषारापात हवा में और सीढ़ियों पर होने लगा। चूँकि बोरी में करीब पचास पौंड फलियाँ (बीन्स) थीं, उससे इतनी आवाज हुई कि मुर्दा भी जाग उठे। नीचे वाले तो मान चुके थे कि यह घर उनके सिर के ऊपर गिर रहा है। पीटर तो हतप्रभ था, लेकिन फिर उस पर हँसी का दौरा-सा पड़ गया जब उसने देखा कि मैं सीढ़ियों के नीचे खड़ी हूँ, भूरे समुद्र के बीच द्वीप की तरह, फलियों की लहरें मेरे टखनों को छू रही थीं। हमने तुरंत ही उनको उठाना शुरू कर दिया लेकिन ये फलियाँ इतनी छोटी और छिछली होती हैं कि हर सम्भव कोने और छिद्र में घुस गईं। अब हम जब भी ऊपर जाते हैं, नीचे झुककर और इधर-उधर तलाशी शुरू कर देते हैं ताकि मिसेज फॉन डॉन को मुट्ठी भर

फलियाँ दे सकें।

मैं तो लगभग इस बात को भूल ही चुकी थी कि पिता बीमारी से उबर चुके हैं।

तुम्हारी, अने

नोट : रेडियो ने अभी-अभी घोषणा की है कि अल्जीयर्स पर कब्जा हो गया है। मोरक्को, कासाब्लांका और ओरन कई दिनों से ब्रिटिश हाथों में है। हम लोग ट्यूनिश की प्रतीक्षा कर रहे हैं।

मंगलवार, 10 नवम्बर 1942

प्यारी किटी,

बड़ी अच्छी खबर है। हम लोग योजना बना रहे हैं कि छिपने के लिए आठवें व्यक्ति को अपने साथ रख लें।

सचमुच। हम लोग हमेशा सोचते थे कि यहाँ एक और आदमी के रहने-खाने की पर्याप्त जगह है, लेकिन मिस्टर कूगलर और क्लाइमान पर और अधिक बोझ डालने से डर रहे हैं। लेकिन अब चूँकि इस तरह की खबरें आ रही हैं कि यहूदियों के साथ दिन-ब-दिन बुरी घटनाएँ घट रही हैं, इसलिए पिता ने यह फैसला किया कि इन दो महानुभावों को भी बता दिया जाए और उनको यह योजना बड़ी अच्छी लगी। 'यह उतना ही खतरनाक है, चाहे सात रहो या आठ,' उन्होंने इसे सही ठहराते हुए कहा। जब एक बार यह तय हो गया तो हम अपने परिचितों पर दिमाग दौड़ाने लगे, उस एक व्यक्ति की तलाश में जो हमारे इस विस्तृत परिवार में सही तरह से घुल-मिल जाए। यह मुश्किल नहीं था। जब पिता ने फॉन डॉन के सभी रिश्तेदारों के नाम खारिज कर दिए, तो हमने अल्बर्ट डुसेल नामक एक दंत चिकित्सक का चुनाव किया। वे एक सुन्दर ईसाई महिला के साथ रहते हैं जो उमर में उनसे कुछ छोटी है। वे शायद शादीशुदा नहीं हैं, पर मसला यह नहीं है। वह शान्त और संस्कारी व्यक्ति के रूप में जाने जाते हैं और बाहरी तौर पर तो वह अच्छे ही लगते हैं। उसे मीप भी जानती है, इसलिए वह जरूरी इंतजाम कर देगी। अगर वे आते हैं, तो मिस्टर डुसेल को मेरे कमरे में मारगोट के स्थान पर सोना होगा, और मोड़ने वाले बिस्तर से काम चलाना होगा।* हम लोग उनसे कहेंगे कि वे दाँतों के छिद्र भरने के लिए कुछ सामग्री ले आएँ।

तुम्हारी, अने

* जब डुसेल आए तो मारगोट अपने माता-पिता के कमरे में सोने चली गई।

गुरुवार, 12 नवम्बर 1942

प्यारी किटी,

मीप हमें बताने आई कि वह डॉ. डुसेल से मिलने गई थी। वह जैसे ही कमरे में घुसी डॉ. ने पूछा कि क्या वह किसी ऐसे स्थान के बारे में जानती है जहाँ वे छिपकर रह सकें और उन्होंने उस वक्त बड़ी राहत महसूस की जब मीप ने बताया कि उसके दिमाग में एक स्थान है। उसने आगे बताया कि उनको जल्दी से जल्दी अज्ञातवास में चले जाना चाहिए, बेहतर हो शनिवार तक ही, लेकिन उनको लगा कि यह कुछ जल्दी हो जाएगा क्योंकि वे अपने काग़ज़ात दुरुस्त करना चाहते थे, हिसाब-किताब ठीक करना चाहते थे और कुछ मरीजों को देखना भी चाहते थे। मीप ने हमें यह बात आज सुबह बताई। हमें लगा कि इतने दिन तक इन्तजार करना ठीक नहीं रहेगा। इन सारी तैयारियों में बहुत सारे लोगों को काफी कुछ स्पष्टीकरण देना होगा, जिनके बारे में हमें लगता है कि उनको अँधेरे में रखा जाना चाहिए। मीप वापस डॉ. डुसेल से यह पूछने गई कि क्या वे शनिवार तक यहाँ नहीं आ सकते। आखिरकार उन्होंने नहीं कहा, लेकिन अब वे सोमवार को आने को तैयार हैं।

मुझे यह अच्छा नहीं लगा कि उन्हें हमारे प्रस्ताव से कोई खुशी नहीं हुई। अगर वे उनको सड़क से उठा लें तो न तो कागजात का कुछ होनेवाला है, न मरीजों का भला होनेवाला है, इसलिए देरी क्यों ? अगर मेरी पूछो तो यह पिता की बेवकूफी है कि वे मान गए।

इसके अलावा, कुछ खास समाचार नहीं है।

तुम्हारी, अने

मंगलवार, 17 नवम्बर 1942

प्यारी किटी,

मिस्टर डुसेल आ चुके हैं। सब कुछ ठीक-ठाक रहा। मीप ने उन्हें डाकघर के पास एक ख़ास स्थान पर 11 बजे सुबह पहुँचने को कहा। वह निश्चित जगह निश्चित समय पर पहुँच गए। मिस्टर क्लाइमान ने उसके पास जाकर कहा कि जिस आदमी से मिलने के लिए वे वहाँ खड़े थे वह आ नहीं पाया, वे ऑफिस में जाकर मीप से मिल लें। मिस्टर क्लाइमान ट्राम से वापस दफ्तर लौट आए, जबकि मिस्टर डुसेल पैदल ही चल पड़े।

11 बजकर 20 मिनट हुए थे कि मिस्टर डुसेल ने दरवाजे पर थपकी दी। मीप ने उनसे कोट उतार लेने को कहा ताकि उनका पीला सितारा दिखाई न दे, और उन्हें अपने निजी ऑफिस ले आए जहाँ मिस्टर क्लाइमान ने उन्हें तब तक बिठाए रखा जब तक सफाईवाली महिला चली नहीं गई। यह जताते हुए कि निजी ऑफिस की आवश्यकता किसी और काम के लिए है, मीप मिस्टर डुसेल को सीढ़ियों से ऊपर ले गई, बुककेस

को खोला और उसके अन्दर कदम रखा, मिस्टर डुसेल आश्चर्य से देख रहे थे।

इस बीच, हम सातों डाईनिंग टेबल के इर्द-गिर्द कॉफी और कोन्याक लिए अपने परिवार के नए सदस्य की प्रतीक्षा में थे। मीप पहले उनको फ्रांक परिवार के कमरे में ले गई। उन्होंने हमारे फर्नीचर तुरन्त पहचान लिए लेकिन उनको इसका अंदाजा नहीं था कि हम लोग ऊपर हैं, एकदम उनके सिर के ऊपर। जब मीप ने उन्हें बताया तो वे आश्चर्यचकित रह गए, इतने कि बेहोश होते-होते बचे। मिस्टर डुसेल एक कुर्सी में धँस गए और गहरी खामोशी से हमें देखने लगे, हालाँकि वे हमारे चेहरों की सचाई को पढ़ सकते थे। फिर बोले, 'आप लोग बेल्जियम नहीं गए ? ऑफिसर वगैरह नहीं आ रहे। आप भाग नहीं पाए ?'

हमने उनको सारी बातें समझाईं कि किस तरह जान-बूझकर हमने ऑफिसर और कार वाली कहानी फैलाई थी ताकि कोई जर्मन या अन्य व्यक्ति अगर हमें ढूँढ़ना चाहे, तो वह फिर ढूँढ़ न पाए। मिस्टर डुसेल इस चतुराई पर हैरान थे बल्कि आश्चर्य से इधर-उधर देख रहे थे। जब उन्होंने हमारी उस सुन्दर और अति उपयोगी एनेक्सी का अच्छी तरह निरीक्षण कर लिया, तब जाकर हमने दिन का खाना साथ-साथ खाया। थोड़ी झपकी लेने के बाद वे फिर हमारे साथ चाय पीने आए, मीप उनका कुछ सामान यहाँ पहले ही ला चुकी थी, ताकि इस जगह को वे अपना-सा समझ सकें। विशेषकर, जब हमने उनको इस एनेक्सी के कायदों की टाईप की हुई प्रति दी (फॉन डॉन द्वारा तैयार)।

गुप्त वास की विवरणिका और निर्देशिका

यहूदी तथा अन्य विस्थापित लोगों के अस्थायी आवास सम्बन्धी अनूठी सुविधा।

पूरे साल खुला : सुन्दर, शान्त, जंगलों से घिरा और एम्सटर्डम के बीचोंबीच। आसपास किसी का कोई आवास नहीं है। यहाँ तक ट्राम 13 या 17 द्वारा पहुँचा जा सकता है और साईकिल एवं कार द्वारा भी। वैसे लोग, जिनको जर्मनों ने यातायात की इन सुविधाओं से वंचित कर रखा है, यहाँ तक पैदल ही पहुँच सकते हैं। सुसज्जित और बिना सज्जा के कमरे यहाँ हर वक्त उपलब्ध हैं, भोजन की सुविधा सहित या रहित।

मूल्य : मुफ्त।

भोजन : कम चर्बी वाला।

बाथरूम में पानी हर वक्त, नहाने की इस सुविधा के न होने के लिए क्षमा सहित। और दीवारों के अलग-अलग कोनों पर भी। गर्मी के लिए स्टोव भी।

विभिन्न प्रकार के सामान रखने की पर्याप्त जगह। दो बड़े, आधुनिक सेफ। निजी रेडियो जिसमें लन्दन, न्यूयॉर्क, तेलअवीव तथा अन्य कई स्टेशनों से सीधी लाईन जुड़ी है। यह 6 बजे शाम के बाद यहाँ रहनेवाले सभी लोगों के लिए उपलब्ध है। वर्जित प्रसारणों को नहीं सुनना है, जिसके कुछ अपवाद भी हैं, जैसे, केवल शास्त्रीय संगीत वाले जर्मन प्रसारण सुने जा सकते हैं। जर्मन समाचारों को सुनना एकदम मना है (चाहे उनका प्रसारण कहीं से भी होता हो), इसे औरों को भी बताएँ।

आराम का समय : रात्रि 10 से प्रातः 7:30 बजे तक; रविवार को 10:15 बजे तक। विशेष परिस्थितियों को छोड़कर निवासियों से अनुरोध है कि वे खासकर दिन के समय आराम के घंटों का पालन जरूर करें, जब उनको मैनेजमेंट द्वारा ऐसा करने के लिए कहा जाए। सबकी सुरक्षा के खयाल से, आराम के इन घंटों का सख्ती से पालन किया जाए !!!

खाली समय की गतिविधियाँ : अगली सूचना तक घर से बाहर जाने की इजाजत किसी को नहीं है।

भाषा का प्रयोग : हर वक्त धीमी आवाज में बोलना आवश्यक है। केवल सभ्य लोगों की भाषा ही बोली जाएगी, इसलिए कोई जर्मन नहीं।

अध्ययन और आराम : कोई जर्मन पुस्तक न पढ़ी जाए, सिवाय क्लासिक और विद्वत्तापूर्ण पुस्तकों के। अन्य पुस्तकों में विकल्प हैं।

गाना : धीरे-धीरे, वह भी शाम छह बजे के बाद।

फ़िल्म : पहले से इंतजाम करना जरूरी है।

पाठ : शार्टहैंड से साप्ताहिक पत्राचार पाठ्यक्रम। अंग्रेजी, फ्रेंच, गणित और इतिहास के पाठ्यक्रम दिन या रात के किसी समय एक घंटे के लिए दिया जा सकता है। इसका भुगतान ट्यूशन के रूप में, यथा, डच का।

घर में रहनेवाले पालतू पशुओं की देखभाल का विभाग अलग से है (इसमें ऐसे पशु अपवाद हैं, जो नुकसान पहुँचाते हैं और इसलिए जिन्हें रखने के लिए लाईसेंस लेना पड़ता है)।

भोजन का समय :

नाश्ता : रोज 9 बजे सुबह, केवल सार्वजनिक छुट्टियों और रविवार को छोड़कर; रविवार और सार्वजनिक छुट्टियों के दिन करीब 11:30 बजे सुबह।

दोपहर का भोजन : हल्का खाना 1:15 बजे दोपहर से 1:45 बजे दोपहर तक।

रात का खाना : गरम खाना हो भी सकता है और नहीं भी। भोजन का समय समाचार के प्रसारण पर निर्भर करता है।

आपूर्तिकर्त्ताओं के प्रति जिम्मेदारी : यहाँ के निवासियों को ऑफिस के किसी काम के लिए हर वक्त तैयार रहना चाहिए।

स्थान : 9 बजे सुबह के बाद टिनबाथ की सुविधा यहाँ के हर निवासी के लिए है। रहनेवाले नीचे के शौचालय, रसोई, निजी ऑफिस या सामने के ऑफिस, जहाँ चाहें नहा सकते हैं।

शराब : केवल दवाई के रूप में।

समाप्त

तुम्हारी, अने

गुरुवार, 19 नवम्बर 1942

प्यारी किटी,

जैसा हमने सोचा था, मिस्टर डुसेल बड़े अच्छे आदमी हैं। जाहिर है उनको मेरे साथ कमरे में रहने में आपत्ति नहीं है; ईमानदारी से कहूँ तो मुझे इस बात से खुशी नहीं हुई कि कोई अजनबी मेरे सामान का इस्तेमाल करे लेकिन अच्छे कामों के लिए छोटे-छोटे बलिदान देने पड़ते हैं, और मुझे खुशी है कि मैंने भी एक छोटा-सा बलिदान दिया। 'अगर हम अपने दोस्तों में से किसी एक को भी बचा पाए तो इसके अलावा कुछ और मायने नहीं रखता है,' पापा ने कहा, और वे एकदम सही हैं।

पहले दिन मिस्टर डुसेल यहाँ थे, उन्होंने मुझसे हर तरह के सवाल पूछे—उदाहरण के लिए, सफाईवाली किस समय ऑफिस आती है, हमने बाथरूम के उपयोग की व्यवस्था किस तरह से कर रखी है और शौचालय जाने की इजाजत किस समय है ? तुम चाहे हँसो, लेकिन ऐसे छिपकर रहने के दौरान इस तरह की चीजें आसान नहीं होती हैं। दिन के वक्त हम इस तरह से आवाज नहीं कर सकते जो नीचे सुनाई दे जाए, और जब कोई आया हुआ हो, जैसे सफाईवाली, तब तो कुछ ज्यादा सतर्क रहने की जरूरत होती है। मैंने धीरजपूर्वक सारी बातें मिस्टर डुसेल को समझाईं, लेकिन मुझे इस बात पर आश्चर्य हुआ कि उनको बात कितनी देर से समझ में आती है। हर बात वे दो बार पूछते हैं और आप जो कहें उसे ठीक से याद भी नहीं रख पाते।

शायद वे इस अचानक आए बदलाव के कारण थोड़ी उलझन में हों और वे इससे निकल भी आएँगे। बाकी सब कुछ ठीक है।

मिस्टर डुसेल हमें बाहर के उस संसार के बारे में बताने लगे जिसके लिए हम बहुत दिनों से तरस रहे थे। उनके पास बुरी खबरें थीं। असंख्य मित्र और परिचित दुर्भाग्य के शिकार हुए। रात-दर-रात सेना के हरे और भूरे ट्रक सड़कों को रौंदते रहते हैं। वे हर दरवाजे को खटखटाते हैं। पूछते हैं कि यहाँ कोई यहूदी रहता है ! अगर हाँ, तो तत्काल पूरे परिवार को हिरासत में ले लिया जाता है। जवाब अगर 'नहीं' में होता है, तो वे तत्काल अगले घर की ओर बढ़ जाते हैं। उनके चंगुल से बच पाना तब तक आसान नहीं है जब तक आप छिपकर न रहने लगें। वे अक्सर हाथों में सूची लेकर चलते हैं, और उन्हीं दरवाजों पर दस्तक देते हैं जहाँ उनको पता होता है कि काफी यहूदी मिल सकते हैं। वे अक्सर इन्हें आपस में पारितोषिक की तरह बाँट लेते हैं, प्रति व्यक्ति के हिसाब से। यह बुढ़ापे के लिए गुलाम इकट्ठा करने जैसा है। मैं इस विषय को हल्का नहीं बनाना चाहती, बल्कि यह तो बड़ी त्रासद बात है। शाम को जब अँधेरा छा जाता है, मैं अक्सर देखता हूँ कि लम्बी-लम्बी पंक्तियों में अच्छे, भले लोग रोते बच्चों के साथ चलते रहते हैं, उनको मुट्ठी भर लोग तब तक मारते-पीटते आदेश देते रहते हैं जब तक कि वे एकदम गिर न पड़ें। किसी को भी छोड़ा नहीं गया। बीमार, बूढ़े, बच्चे और गर्भवती स्त्रियाँ सब मृत्युयात्रा में हैं।

हम लोग भाग्यशाली हैं जो यहाँ हैं, इस सब उथल-पुथल से दूर। इन सब पीड़ाओं

के बारे में एक मिनट भी हमें सोचने की जरूरत नहीं होती अगर यह सच नहीं होता कि हम उनके लिए दुखी हैं, जिनको हम अपना तो मानते हैं, पर जिनकी आगे मदद नहीं कर सकते। मुझे इस ग़र्म बिस्तर में सोने में बड़ा बुरा लगता है, जबकि वहीं कहीं मेरा कोई करीबी दोस्त थकान से गिर रहा है या मारकर गिराया जा रहा है।

मैं अपने आप से डर जाती हूँ जब मैं अपने उन करीबी दोस्तों के बारे में सोचती हूँ जिनके भाग्य इस पृथ्वी के अब तक के सबसे क्रूरतम राक्षसों के हाथों में हैं। और यह सब इसलिए क्योंकि वे यहूदी हैं।

तुम्हारी, अने

शुक्रवार, 20 नवम्बर 1942

प्यारी किटी,

वास्तव में हम नहीं जानते कि प्रतिक्रिया किस तरह व्यक्त की जाए। अब तक यहूदियों के बारे में काफी कम समाचार यहाँ तक पहुँच पाते थे, और हम समझते थे कि अधिक से अधिक खुश रहने का तरीका यही है। जब मीप यह बता दिया करती कि किसी दोस्त के साथ क्या हुआ, बस माँ और मिसेज फॉन डॉन मिलकर रोने लगतीं, इसलिए उसने तय किया कि बेहतर यही है कि कुछ भी न बताया जाए। लेकिन मिस्टर डुसेल से जब हमने ढेर सारे सवाल पूछे और जो कहानियाँ उन्होंने सुनाईं, वे इतनी हैरतनाक, इतनी भयानक हैं कि उनको हम अपने दिमाग से नहीं हटा सकते। पहले जब हमारे पास समय होता था तो हम इस तरह की कहानियों को पचा लिया करते और फिर अपने सामान्य चुलबुलेपन पर लौट आते। जिस तरह हम आज मुँह लटकाए हैं उससे न तो हमारा भला होनेवाला है, न ही उन बाहरवालों का। वैसे भी इस गुप्त आवास को उदास आवास बनाने में क्या तुक है ?

मैं चाहे कुछ भी करूँ, उनके बारे में सोचने से खुद को रोक नहीं पाती हूँ जो जा चुके हैं। अगर मैं हँसती हूँ तो तुरन्त याद आ जाता है कि ऐसे में खुश रहना अच्छी बात नहीं है। तो क्या मुझे हर वक्त रोते रहना चाहिए ? नहीं, मैं यह नहीं कर सकती। यह उदासी भी टल जाएगी।

इस विपत्ति से जुड़ी एक और विपत्ति यह है, हालाँकि इसकी प्रकृति कुछ व्यक्तिगत सी है, और उन कष्टों के सामने कुछ भी नहीं हैं जो मैंने तुम्हें बतलाईं। फिर भी मैं तुम्हें यह बताने से स्वयं को रोक नहीं सकती कि मैं किस कदर अकेलापन महसूस करने लगी हूँ। मैं एक बहुत बड़े शून्य से घिर चुकी हूँ। मैं इस बारे में ज्यादा सोचती नहीं थी क्योंकि मेरा दिमाग मेरे दोस्तों से भरा था और मेरा समय ठीक-ठाक बीत रहा था। अब या तो मैं उदासी के बारे में सोचती रहती हूँ या अपने बारे में। इसमें थोड़ा समय लगा, पर इस बात को मैंने समझ लिया है कि पापा चाहे मेरे प्रति जितनी भी करुणा रखते हों, पर मेरे पहले के संसार की जगह नहीं ले सकते। जब बात मेरी भावनाओं की आती है तो

इस मसले में माँ और मारगोट की परवाह करना मैंने बहुत पहले ही छोड़ दिया है।

लेकिन इस तरह की मूर्खताओं से मैं तुमको क्यों परेशान करूँ ? मैं बुरी तरह से कृतघ्न हूँ, मैं जानती हूँ किटी, लेकिन जब असंख्य बार मुझे डाँटा जाता है और सोचने के लिए इतनी सारी परेशानियाँ भी होती हैं, तो मेरा सिर चकराने लगता है।

तुम्हारी, अने

शनिवार, 28 नवम्बर 1942

प्यारी किटी,

हम लोग बहुत अधिक बिजली का इस्तेमाल कर रहे हैं और अब तो हमने अपने राशन के कोटे को भी पार कर लिया है। परिणाम : अधिक खर्च और बिजली के कट जाने का खतरा। एक पखवाड़े तक बिजली नहीं; यह एक सुखद खयाल है, नहीं ? लेकिन कौन जानता है, शायद इतने दिनों के लिए नहीं कटे ! चार-साढ़े चार बजे के बाद पढ़ने के लिहाज से काफी अँधेरा हो जाता है, इसलिए हम समय काटने के लिए तरह-तरह की मजेदार गतिविधियों में लगे रहते हैं : पहेलियाँ बुझाते हैं, अंग्रेजी या फ्रेंच बोलते हैं, पुस्तकों की समीक्षा करते हैं—कुछ समय के बाद सब कुछ उबाऊ हो जाता है। कल मैंने समय काटने का एक नया उपाय ढूँढ़ा : बढ़िया दूरबीन से पड़ोसियों के रोशन कमरों में ताकझाँक करना शुरू किया। दिन के समय हमारे परदे हटाए नहीं जा सकते, एक इंच भी नहीं, अँधेरे के बाद कोई मुश्किल नहीं आती।

मैं पहले एकदम नहीं जानती थी कि पड़ोसी इतने मजेदार हो सकते हैं। हमारे तो हर मामले में हैं। मैंने कुछ को रात को खाना खाते देखा, एक परिवार फिल्म बना रहा है और सामने जो दाँतों का डॉक्टर है वह एक घबड़ाई हुई औरत के दाँतों से जूझ रहा है।

मिस्टर डुसेल के बारे में कहा जाता था कि उनकी बच्चों के साथ खूब बनती है और वे उनको खूब प्यार करते हैं, लेकिन वे पुराने खयालों के अनुशासनवादी हैं, जो चाल-चलन को लेकर लम्बे-लम्बे भाषण झाड़ते रहते हैं। क्योंकि केवल मुझे यह सौभाग्य (!) मिला है कि मैं अपना सँकरा कमरा उन महानुभव के साथ साझा करूँ, और मेरे बारे में चूँकि यह माना जाता है कि तीनों बच्चों में मेरा व्यवहार सबसे खराब है, इसलिए उसी पुरानी डाँट-फटकार से बचने और अपने दिमाग में बार-बार उसके घूमने से बचने के खयाल से मैं न सुनने का अभिनय करती रहती हूँ। यह सब इतना बुरा नहीं होता अगर मिस्टर डुसेल इतने चुगलखोर न होते और उन्होंने चुगलखोरी करने के लिए माँ को नहीं चुना होता। अगर मिस्टर डुसेल मुझे सही व्यवहार के बारे में बताते हैं तो माँ फिर से मुझे भाषण पिलाने लगती हैं, इस दफा मेरे ऊपर किताब फेंकते हुए। और अगर मैं सचमुच भाग्यवान हुई, तो पाँच मिनटों में मिसेज फॉन डॉन मुझे बुलाकर कायदे समझाने लगती हैं।

सचमुच, सफाई पसन्द लोगों के बीच इस तरह रहना आसान नहीं। रात में बिस्तर पर मैं अपने अनेक पापों और अतिरंजित कमियों के बारे में सोचती हूँ। मैं इसमें इतनी उलझ जाती हूँ कि या तो हँसने लगती हूँ या रोने–यह तो उस समय के मूड पर निर्भर करता है। फिर इस विचित्र अनुभव के साथ मैं सो जाती हूँ कि मैं जो हूँ उससे अलग होना चाहती हूँ या जो होना चाहती हूँ उससे भी भिन्न होना चाहती हूँ या शायद बेहतर तरीके से व्यवहार करना चाहती हूँ।

प्यारी दोस्त, मैं अब तुमको भी उलझन में डाल रही हूँ। मुझे माफ कर दो, मुझे चीजों को इस तरह खोना अच्छा नहीं लगता, और ऐसे विरल क्षणों में कागज के एक टुकड़े को भी फेंकने की मनाही है। इसलिए तुमको मैं केवल यह सलाह दे सकती हूँ कि ऊपर के अनुच्छेद को दोबारा न पढ़ो, और नीचे तक आने की तो कोशिश भी मत करना, क्योंकि फिर तुमको बाहर निकलने का रास्ता नहीं मिल पाएगा।

तुम्हारी, अने

सोमवार, 7 दिसम्बर 1942

प्यारी किटी,

हनुक्का और सेंट निकोलस डे इस बार लगभग साथ-साथ पड़े; उनमें केवल एक दिन का अन्तर था। हनुक्का पर हमने कुछ खास हुड़दंग नहीं मचाया, कुछ छोटे-मोटे तोहफे लिए-दिए और मोमबत्तियाँ जलाईं। चूँकि मोमबत्तियों की आपूर्ति कम हो रही है, इसलिए हमने केवल दस मिनटों तक मोमबत्ती जलाई लेकिन जब तक हम गाना गाते रहे इससे कोई फर्क नहीं पड़ा। मिस्टर फॉन डॉन ने लकड़ी की एक कलाकृति बनाई थी, इसलिए उसका भी पूरा ध्यान रखना पड़ा।

शनिवार को सेंट निकोलस डे पर खूब मस्ती रही। रात के खाने के समय बेप और मीप ने पापा से फुसफुसाकर कहा कि हमारा कौतूहल बढ़ गया है और उनको शक है कि वह किसी चीज को लेकर है। पूरी तरह निश्चिंत होकर आठ बजे हम लोग गहरे अँधेरे में सीढ़ियों से नीचे उतरे। इससे मुझे कँपकँपी छूटने लगी और मैं तो यही सोचने लगी कि इससे तो ऊपर ही सुरक्षित थी। और फिर हम हॉल में आ गए। यहाँ हम बिजली जला सकते थे क्योंकि कमरे में कोई खिड़की नहीं थी। जब यह सब हो गया, तो पिता ने बड़ी आलमारी खोली।

'ओह, कितना सुन्दर है !' हम सब चिल्ला पड़े।

कोने में एक बड़ा-सा बास्केट रखा था जिसे रंगीन कागजों से सजाया गया था और उस पर ब्लैक पीटर का मुखौटा भी लगा था।

हम तुरन्त उस बास्केट को उठाकर ऊपर अपने साथ ले गए। उसके अन्दर हरेक के लिए कोई न कोई छोटा-सा तोहफा था, साथ एक-एक उपयुक्त कविता भी। अब तुम तो जानती ही हो कि सेंट निकोलस डे के दिन लोग एक दूसरे को किस तरह की

कविताएँ भेजते हैं, इसलिए उन्हें यहाँ लिख नहीं रही हूँ।

मेरे लिए एक गुड़िया थी, पापा के लिए किताब, बाकी इसी तरह। खैर, वैसे यह एक अच्छा खयाल था, और चूँकि हम आठों में से किसी ने भी पहले सेंट निकोलस डे मनाया नहीं था, इसलिए शुरुआत करने के लिहाज से यह अच्छा था।

तुम्हारी, अने

नोट : हम लोगों ने नीचे वालों के लिए भी कुछ न कुछ तोहफे ले रखे थे, कुछ पुराने अच्छे दिनों की बची-खुची सौगातें; इसके अलावा मीप और बेप पैसों का हमेशा ही शुक्रिया जताते रहे हैं।

आज हमने सुना कि मिस्टर फॉन डॉन का ऐश ट्रे, मिस्टर डुसेल की पिक्चर फ्रेम और पिता का किताब रखने का आला—ये सब किसी और ने नहीं, मिस्टर फोस्क्यूल ने बनाए हैं। कोई इतना हस्तकुशल कैसे हो सकता है, यह मेरे लिए रहस्य ही रहा है।

गुरुवार, 10 दिसम्बर 1942

प्यारी किटी,

मिस्टर फॉन डॉन पहले मीट, मसाले आदि का व्यापार करते थे। मसालों में उनके ज्ञान का लोहा माना जाता था और यह हमारे लिए खुशी की बात है कि सॉसेज बनाने का हुनर यहाँ काम आया।

हमने बड़ी मात्रा में मांस खरीदने की माँग की है (जाहिर है, नीचे के नाम पर) जिसे हम इसलिए तैयार करके रखनेवाले हैं कि क्या पता आनेवाले समय में बुरे दिन आ जाएँ। मिस्टर फॉन डॉन ने उस मांस को अलग-अलग ढंग से तैयार करना शुरू कर दिया। मुझे देखने में मजा आता था जब वे मांस को कीमा बनानेवाली मशीन में डालते थे : एक, दो और तीन बार। फिर उन्होंने उसमें बाकी मसाले मिलाए और उस मिश्रण को एक पाईप की सहायता से बर्तन में डाला। कुछ तो हमने दिन और रात के खाने पर खाया, पर सॉसेज तो बचाकर रखे जाने थे, पहले उसे सुखाना था, इसलिए हमने ऊपर छत पर उसे सूखने के लिए डाल दिया है। जो भी कमरे में आता, हँसी के फव्वारे उसके मुँह से फूट पड़ते। मजेदार दृश्य था।

रसोई अस्त-व्यस्त थी। मिस्टर फॉन डॉन जो अपनी पत्नी के एप्रेन में पहले से और मोटे लग रहे थे, मांस पकाने में जुटे थे। हाथों में खून, लाल चेहरा, एप्रेन पर धब्बे, वे एकदम कसाई लग रहे थे। मिसेज फॉन डी. सब कुछ एक साथ करना चाहती थीं : एक किताब की सहायता से डच भाषा सीखना, सूप चलाना, मांस को देखना और अपनी टूटी पसली को देखना और बार-बार उसका रोना रोना। यह सब तब होता है जब बूढ़ी औरतें अपने पिछवाड़े का मोटापा घटाने के लिए इस तरह की उल्टी-सीधी कसरत करती हैं। डुसेल की आँख आई थी और वे स्टोव के पास बैठकर कैमोमाइल की चाय से आँख सेंक रहे थे। पिम खिड़की से आती सूर्य की एक किरण की छाँव में बैठे थे और वह

रास्ते में न पड़ें इसलिए उन्हें बार-बार कुर्सी इधर-उधर सरकानी पड़ रही थी। उनका गठिया जरूर उनको परेशान कर रहा था, क्योंकि वे थोड़े झुके हुए लग रहे थे और मिस्टर फॉन डॉन को दुख के भाव के साथ देख रहे थे। वे मुझे उन बेकार पड़े वृद्धों की याद दिला रहे थे जो गरीब घरों में दिखते हैं। पीटर बिल्ली मौश्ची के साथ कमरों में इधर-उधर घूम रहा था, जबकि मैं, मारगोट और माँ बैठकर आलू छील रही थीं। अगर तुम्हें सीधे-सीधे ठीक से बताऊँ, तो कोई भी ठीक से अपना काम नहीं कर रहा था क्योंकि हम सब मिस्टर फॉन डॉन को देखने में व्यस्त थे।

डुसेल ने दाँत देखने शुरू कर दिए। मजे के लिए, पहले मरीज के साथ उनकी बैठक में क्या हुआ, यह मैं बताऊँगी।

माँ इस्तरी कर रही थीं, और मिसेज फॉन डी., जोकि पहली मरीज बनीं, कमरे के बीचोंबीच कुर्सी पर बैठी थीं। डुसेल ने थोड़ा भाव खाते हुए अपने साजो-सामान निकाले और यूडीकोलोन की माँग की जिसका इस्तेमाल रोगाणुनाशक के रूप में किया जाना था और मलहम के लिए वेसलीन की माँग की। उन्होंने मिसेज फॉन डी. के मुँह में देखा और पाया कि दो दाँत ऐसे थे जिनको छूने से वे चिहुँक-चिहुँक जाती थीं और जब भी वे उनको छूते थे वे दर्द से चीत्कार उठतीं। काफी लम्बे परीक्षण (लम्बा मिसेज फॉन डी. के लिहाज से था, क्योंकि इन सबमें दो मिनट से अधिक समय नहीं लगा) के बाद डुसेल दाँत में बने एक छेद को कुरेदने लगे। लेकिन मिसेज फॉन डी. किसी भी तरह से उन्हें ऐसा करने देने का इरादा नहीं रखती थीं। वे तब तक हाथ-पैर चलाती रहीं जब तक डुसेल ने अपनी कार्रवाई रोकने का फैसला न कर लिया और...यह मिसेज फॉन डी. के दाँतों में ही फँस गया। वास्तव में यही हुआ। मिसेज फॉन डी. चारों दिशाओं में हाथ-पैर भाँजने लगीं, चिल्लाने लगीं। जितना कि इस तरह के उपकरण के मुँह में होने से आप चिल्ला सकते हैं। उसे हटाने की कोशिश करने लगीं, लेकिन इस प्रयास से वह और भी अन्दर की ओर घुस गया। मिस्टर डुसेल चुपचाप इस नजारे को देख रहे थे, जबकि बाकी लोग हँसे जा रहे थे। मैं मानती हूँ कि यह हमारी ओछी हरकत थी। अगर मैं होती, तो यकीनन और अधिक जोर से चिल्लाती। काफी चीख-चिल्लाहट, हाथ-पैर भाँजने के बाद मिसेज फॉन डी. आखिरकार उस उपकरण को बाहर खींच निकालने में सफल रहीं, और मिस्टर डुसेल इस तरह से अपना काम करते रहे मानो कुछ न हुआ हो। उन्होंने इतनी तत्परता दिखाई कि मिसेज फॉन डी. इस दफा कुछ भी बाहर निकालने में सफल नहीं हो पाईं। लेकिन इस बार उनको पहले से ज्यादा सहायता मिली, इस बार कम से कम दो सहायक उनकी सहायता के लिए थे, मिस्टर फॉन डी. और मैंने अपना काम बखूबी किया। यह सारा दृश्य मध्यकालीन दृश्यों वाले 'नीम हकीम काम पर' की याद दिला रहा था। इस बीच मरीज की परेशानी बढ़ने लगी, वह बेचैन होने लगी, क्योंकि उनको अपने 'खाने' और 'सूप' का भी ध्यान रखना था। एक बात तो पक्की है : अब दाँतों के इलाज के लिए मिसेज फॉन डी. जल्दी नहीं आने वाली हैं।

तुम्हारी, अने

रविवार, 13 दिसम्बर 1942

प्यारी किटी,

मैं यहाँ बाहर वाले ऑफिस में आराम से बैठी हूँ, भारी परदों के बीच से बाहर देखती। अँधेरा है, लेकिन लिखने के लिए पर्याप्त रोशनी है।

सचमुच लोगों को चलते-फिरते देखना बड़ा अजीब लगता है। वे सब इतनी जल्दी में होते हैं कि अपने ही पैरों पर उचकते दिखते हैं। जो साईकिल पर होते हैं वे इतनी तेजी से गुजर जाते हैं कि मैं यह भी नहीं बता सकती कि साईकिल पर कौन है। यहाँ आस-पड़ोस में रहनेवाले लोग देखने में उतने आकर्षक नहीं हैं। बच्चे खासतौर पर इतने गंदे रहते हैं कि तुम उन्हें हाथों से छूना भी नहीं चाहो। एकदम बस्तियों के बच्चों की तरह जिनकी नाक बहती रहती है। मैं तो उनके शब्दों को भी नहीं समझ पाती।

कल दोपहर, जब मैं और मारगोट नहा रही थीं, तो मैंने कहा, 'कितना अच्छा हो कि हम लोग मछली फँसाने वाला काँटा लेकर बैठें और जब ये बच्चे गुजरें इनको एक-एक कर उसमें फँसा लें और टब में डालकर अच्छी तरह उनकी सफाई कर और उनके कपड़े धोकर और फिर...'

'और कल वे फिर पहले की तरह मैले-कुचैले हो जाएँगे,' मारगोट ने जवाब दिया।

लेकिन मैं बकबक किए जा रही हूँ। देखने के लिए और भी अच्छी चीजें हैं : कारें, नावें और बारिश। मैं ट्राम और बच्चों की आवाजें सुन सकती हूँ और अपने आप में आनन्द उठा सकती हूँ।

हमारे विचारों में उतना ही कम बदलाव होने वाला है जितना स्वयं हममें। वे तो जैसे मजे में घूम रहे हैं, यहूदी से उठकर खाने और फिर खाने से राजनीति पर। बहरहाल, यहूदियों की बात करें, तो कल मैंने दो देखे थे, जब परदों के पार झाँक रही थी। मुझे लगा जैसे मैं दुनिया के सात आश्चर्यों में एक देख रही होऊँ। इससे मुझे एक अनोखा खयाल आया, मानो मैंने उनके बारे में शासनाधिकारियों को बता दिया हो और अब उनके दुर्भाग्य की प्रतीक्षा कर रही होऊँ।

हमारे सामने एक शिकारा है। वहाँ कप्तान अपनी पत्नी और बच्चों के साथ रहता है। उसके पास एक छोटा-सा कुत्ता भी है। हम उस छोटे कुत्ते को केवल उसके भौंकने की आवाज और पूँछ के कारण पहचानते हैं, जो हमें तब दिखाई देती है जब वह डेक पर इधर से उधर भागता है। ओह, कितने शर्म की बात है, बारिश शुरू हो गई है और ज्यादातर लोग अपने-अपने छातों में छिपे हैं। चारों तरफ बरसाती और पीछे से टोपी ढके सिर वाले लोग दिखाई दे रहे हैं। वास्तव में, मुझे देखने की आवश्यकता भी नहीं है। अब तो मैं औरत को बस एक झलक में पहचान सकती हूँ : चाहे आलू खाने के कारण मोटी हो गई हो, उसने लाल या हरा कोट पहन रखा हो और पुराने जूते में हो, कंधे से लटकता बाजार से सौदा-सुलफ करनेवाला झोला, चेहरा चाहे बुझा हुआ हो या खिला-खिला यह तो उनके पतियों के मिजाज पर निर्भर करता है।

तुम्हारी, अने

मंगलवार, 22 दिसम्बर 1942

प्यारी किटी,

हमारे एनेक्सी में सबको यह जानकर बड़ी खुशी हुई कि हमें बड़े दिन के अवसर पर चौथाई पौंड मक्खन अधिक मिलनेवाला है। अखबार के मुताबिक, हर आदमी के लिए आधा-आधा पौंड नियत किया गया, लेकिन यह केवल उन भाग्यशालियों के लिए है जिनके पास सरकार की ओर से जारी राशन कार्ड हो, हमारी तरह छिपकर रहनेवाले यहूदियों का भाग्य ऐसा नहीं, क्योंकि कालाबाजार से आठ की जगह केवल चार राशनकार्ड ही हम जैसे लोग खरीद सकते थे। हम सब मक्खन से कुछ न कुछ पकाने वाले हैं। आज सुबह मैंने दो केक और कुछ बिस्किट बनाए। ऊपर माहौल बड़ा व्यस्त चल रहा है और माँ ने मुझसे कह रखा है कि जब तक सारा काम खत्म न हो जाए मैं पढ़ाई नहीं करूँ।

मिसेज फॉन डॉन बिस्तर पर लेटी अपनी जख्मी पसलियों की सुश्रुषा में लगी हैं। वह सारा-सारा दिन शिकायत करती रहती हैं, लगातार पट्टी बदलने के लिए कहती रहती हैं और वैसे ही हर चीज से असन्तुष्ट दिखाई देती हैं। मुझे खुशी होगी जब वह अपने पैरों पर खड़ी होकर अपनी साफ-सफाई करेंगी, क्योंकि यह बात तो मुझे स्वीकार करनी ही चाहिए कि वो बहुत ही मेहनती और साफ-सफाईवाली हैं, और जब शारीरिक और मानसिक तौर पर स्वस्थ रहती हैं तब काफी खुश भी रहती हैं।

मानो मैंने दिन के 'शा-शा-शा' की आवाज यानी चुप रहने का इशारा न सुना हो क्योंकि मैं हमेशा तेज आवाज करती रहती हूँ, मेरे प्यारे कक्ष मित्र तो मुझे रात को भी 'शा-शा-शा' कहते रहते हैं। उनके अनुसार, मुझे इस तरह का नहीं होना चाहिए। मैं उनकी बातों पर ध्यान नहीं देने वाली, और अगर आगे उन्होंने शा-शा किया, तो मैं भी वहीं उनके साथ वही कर दूँगी।

समय गुजरने के साथ वे अधिक जोशो-खरोश से भरे और अहंकारी होते जा रहे हैं। पहले सप्ताह के बाद मैंने एक भी बिस्कुट नहीं देखा, जिसका उन्होंने उदारतापूर्वक वादा किया था। वे खास तौर पर रविवार को गुस्से में रहते हैं जब वे सुबह-सुबह बत्ती जलाकर दस मिनट व्यायाम करते हैं।

मुझे इसकी पीड़ा घंटों तक रहती है क्योंकि जिस कुर्सी को अपने सिर के नीचे लगाकर मैं अपना बिस्तर बड़ा करती हूँ, नींद में बार-बार मेरे सिर के नीचे से सरका ली जाती है। हाथ-पाँव नचाने की कुछ कसरत के बाद महानुभाव तैयार होना शुरू करते हैं। उनका अंडरवियर ऊपर आले में रखा रहता है, वे उचककर उसे उतारते हैं, फिर मेरे बिस्तर के पास उचककर वापस आ जाते हैं। लेकिन उनकी टाई मेज पर रह गई है, एक बार फिर वे कुर्सी के पास से अपना रास्ता बनाते हैं।

लेकिन इस घिनौने बूढ़े आदमी के बारे में बातें करके मुझे तुम्हारा समय खराब नहीं करना चाहिए। वैसे भी इन सबसे कुछ होनेवाला नहीं है। मैंने पहले बदले के बारे में सोचा था, मसलन, बल्ब निकाल लूँ, दरवाजा बन्द कर दूँ या उनके कपड़े छिपा दूँ, लेकिन

दुर्भाग्य से शान्ति के खयाल से मैंने ये सारे इरादे छोड़ दिए।

ओह, मैं कितनी होशियार होती जा रही हूँ। हम लोग यहाँ जो कुछ भी करते हैं उसके लिए हमें युक्तियुक्त होना चाहिए : चाहे पढ़ाई हो, सुनना हो, अपनी जीभ दिखाना, दूसरों की मदद करना, दयालु होना, समझौते करना और भी पता नहीं क्या-क्या। सोचती हूँ कि मेरी सामान्य बुद्धि, जो पहले से ही कम रही है, का जल्दी-जल्दी इस्तेमाल होगा, तो युद्ध समाप्त होने तक वह बची रह भी पाएगी या नहीं।

तुम्हारी, अने

बुधवार, 13 जनवरी 1943

प्यारी किटी,

आज सुबह लगातार व्यवधान पड़ता रहा, परिणाम यह हुआ कि मैंने जो-जो काम शुरू किए एक भी पूरा नहीं हो पाया।

समय काटने को हमें एक नया काम मिल गया है, पावडर वाले मांस को डिब्बों में भरने का। यह 'गीज एंड कम्पनी' का उत्पाद है। मिस्टर कूगलर मांस भरने के लिए डिब्बे नहीं ढूँढ़ पाए और इसके अलावा अगर हम काम करें, तो सस्ता भी पड़ता है। इस तरह का काम वे जेलों में करते हैं। यह बेहद उबाऊ है और इससे हमें चक्कर भी आने लगते हैं।

बाहर भयानक घटनाएँ घट रही हैं। दिन या रात के किसी भी वक्त गरीब, बेसहारा लोग अपने-अपने घरों से खींचकर निकाले जा रहे हैं। उनको बस कंधे पर टाँगनेवाला एक बैग और थोड़ी-सी नकदी साथ ले जाने की इजाजत है। यही नहीं, रास्ते में उनसे ये सारे सामान लूट भी लिए जाते हैं। परिवारों के टुकड़े-टुकड़े किए जा रहे हैं; स्त्री, पुरुष और बच्चों को अलग-अलग किया जा रहा है। बच्चे जब स्कूल से घर लौटकर आते हैं तो पाते हैं कि उनके अभिभावक गायब हो चुके हैं। औरतें बाजार से खरीदारी कर लौटती हैं और पाती हैं कि उनका घर सीलबन्द किया जा चुका है, उनके परिवार गायब मिलते हैं। हॉलैंड के ईसाई भी घबड़ाए हुए हैं क्योंकि उनके बच्चे जर्मनी भेजे जा रहे हैं। हर कोई भयभीत है। हर रात सैकड़ों हवाई जहाज हॉलैंड के ऊपर से गुजरते हैं, जिनका रुख जर्मनी के शहरों की ओर होता है, ताकि जर्मन धरती पर अपने बम बो सकें। हर घंटे सैंकड़ों, शायद हजारों लोग रूस और अफ्रीका में मारे जा रहे हैं। कोई भी इस संघर्ष से अलग नहीं रह सकता, सारा संसार युद्धरत है, और इसके बावजूद कि मित्र राष्ट्रों का प्रदर्शन बेहतर हो रहा है, इसका अन्त कहीं दिखाई नहीं दे रहा है।

हमारे मामले में, हम काफी खुशकिस्मत हैं। लाखों लोगों के मुकाबले अधिक भाग्यशाली। यहाँ शान्ति और सुरक्षा है, और हम अपने पैसे से अपना भोजन खरीद रहे हैं। हम इतने स्वार्थी हैं कि 'युद्ध के बाद' की तथा नए कपड़ों और जूतों की बात करते हैं, जबकि असल में हमें एक-एक पैसा इसलिए बचाना चाहिए ताकि लड़ाई के

बाद दूसरों क़ी मदद कर सकें, उन्हें उबारने का कुछ काम करें जितना हम कर सकते हैं।

पड़ोस में बच्चे पतली कमीजों में लकड़ी की अर्गला लिए इधर-उधर दौड़ रहे हैं। उनके पास कोई कोट नहीं है, मोजे नहीं हैं, टोपी नहीं है और न ही कोई उनकी मदद करनेवाला है। पेट की भूख को शान्त करने के लिए गाजर कुतर रहे हैं, वे अपने ठंडे घर में चलते हैं, ठंडी सड़कों और यहाँ तक कि ठंडी कक्षाओं में जाते हैं। हॉलैंड में हालात इतने खराब हो चुके हैं कि झुंड के झुंड बच्चे सड़क से गुजरनेवाले लोगों को रोक-रोककर रोटी का टुकड़ा माँगते रहते हैं।

मैं तुमको घंटों यह बताती रह सकती हूँ कि किस-किस तरह की पीड़ा लेकर युद्ध आया है, बल्कि इससे तो मैं स्वयं को और कमबख्त बना सकती हूँ। हम तो केवल इन्तजार ही कर सकते हैं कि यह सब खत्म हो। यहूदी और ईसाई दोनों प्रतीक्षारत हैं। सारा संसार प्रतीक्षारत है, और अनेक मौत का इन्तजार कर रहे हैं।

तुम्हारी, अने

शनिवार, 30 जनवरी 1943

प्यारी किटी,

मैं गुस्से से उफन रही हूँ, फिर भी उसे प्रकट नहीं कर सकती। मैं चिल्लाना चाहती हूँ, अपने पैर पटकना चाहती हूँ, माँ को अच्छी तरह हिलाना चाहती हूँ। चीखना चाहती हूँ, और पता नहीं क्या-क्या करना चाहती हूँ, क्योंकि जिस तरह के अल्फाज, जिस तरह की चिढ़ानेवाली नजर और जिस तरह के आरोप वे दिनोदिन मुझ पर लगाती रहती हैं, किसी तेज चढ़ी प्रत्यंचा से छूटे बाण की तरह वे मुझे चुभते हैं, जिसे मेरे शरीर से निकाल पाना लगभग असम्भव है। मैं मारगोट, माँ, फॉन डॉन दम्पति, डुसेल और पापा पर भी चिल्लाना चाहती हूँ : 'मुझे अकेला छोड़ दो, कम से कम एक रात तो ऐसी दे दो जब जलती आँखों और दुखते सिर के साथ मुझे नहीं सोना पड़े। मुझे इन सबसे निकल जाने दो, हर चीज से निकल जाने दो, इस संसार से निकल जाने दो।' लेकिन मैं यह नहीं कर सकती। मैं उन्हें अपनी शंकाएँ, और वे घाव जो उन्होंने मुझे दिए हैं, नहीं बता सकती। मैं उनकी सहानुभूति और उनके हँसी-मजाक, उपहास बर्दाश्त नहीं कर सकती। इससे मुझे और अधिक चिल्लाने का मन करने लगेगा।

सबको लगता है कि जब मैं बात करती हूँ तो दिखावा करती हूँ, चुप रहती हूँ तो हास्यास्पद लगती हूँ, जवाब देते वक्त गुस्ताख़ हो जाती हूँ, जब कोई अच्छा विचार आता है तो मैं चालाक हो जाती हूँ, जब थकी होती हूँ तो अलसा जाती हूँ, उस समय स्वार्थी की तरह लगती हूँ जब अपने खाने से एक कौर ज्यादा खाती हूँ, मैं बेवकूफ, डरपोक, जुगाड़ू, इत्यादि-इत्यादि हूँ। सारा दिन मुझे इसके अलावा सुनने को कुछ भी नहीं मिला कि मैं कितनी गुस्सैल बच्ची हूँ, हालाँकि मैंने इस तरह से अभिनय किया मानो इस बात

को हँसी में उड़ा दिया हो, मुझे इस बात का बुरा न लगा हो, लेकिन बुरा लगता है। काश मैं ईश्वर से एक और व्यक्तित्व माँग पाती, एक ऐसा व्यक्तित्व जो किसी को विरोधी न लगे।

लेकिन यह तो असम्भव है। मैं जिस तरह के चरित्र के साथ पैदा हुई, वही हूँ, फिर भी मैं पक्के तौर पर कह सकती हूँ कि मैं कोई खराब व्यक्ति नहीं हूँ। मैं अपने तईं पूरी कोशिश करती हूँ कि सबको खुश रख सकूँ, इतना जितना लाखों साल में उन्होंने सोचा भी नहीं होगा। जब मैं ऊपर होती हूँ, तो इन बातों को हँसी में उड़ा देना चाहती हूँ क्योंकि मैं नहीं चाहती कि वे मेरी परेशानियों को देखें।

एकाधिक बार, उलाहनों की शृंखला के बाद मैं पलटकर माँ से कह भी चुकी हूँ : 'मैं इसकी परवाह नहीं करती कि तुम क्या कहती हो। तुम मेरा पीछा क्यों नहीं छोड़ देती हो—मुझसे जब कोई उम्मीद नहीं है।' जाहिर है, उन्होंने मुझसे इस तरह जवाब नहीं देने के लिए कहा और करीब दो दिनों तक पूरी तरह मेरी अनदेखी की। फिर अचानक सब कुछ भूलकर सबकी तरह मुझे भी प्यार करने लगीं।

मेरे लिए यह असम्भव है कि एक दिन तो खूब हँसूँ और अगले ही दिन जहर उगलने लगूँ। मैं बीच का रास्ता चुनूँगी, और अपने विचार अपने तक ही रखूँगी, शायद किसी दिन मैं लोगों के अपमान का उसी तरह जवाब दे सकूँ, जैसा वे करते हैं। काश, मैं ऐसा कर पाती !

तुम्हारी, अने

शुक्रवार, 5 फरवरी 1943

प्यारी किटी,

हालाँकि काफी समय निकल चुका है जब मैंने तुमको झगड़ों-टंटों के बारे में बताया था, अब तक हालात में कोई बदलाव नहीं आया है। शुरू-शुरू में मिस्टर डुसेल ने हमारे इन जल्दी ही भुला दिए जाने वाले झगड़ों को बड़ी गम्भीरता से लिया, लेकिन अब वे भी इसके अभ्यस्त हो गए हैं और बीच-बचाव की कोशिश नहीं करते।

मारगोट और पीटर वास्तव में वैसे नहीं हैं कि तुम उनको 'जवान' कह सको, वे दोनों ही बेहद चुप्पा और उबाऊ हैं। उनकी बगल में मैं घायल अंगूठे की तरह चिपका दी जाती हूँ, और अक्सर मुझसे कहा भी जाता है कि, 'मारगोट और पीटर तो इस तरह से व्यवहार नहीं करते। तुम अपनी बहन का उदाहरण क्यों नहीं अपनाती ?' मुझे इस सबसे नफरत है।

मैं स्वीकार करती हूँ कि मेरी ऐसी कोई इच्छा नहीं है कि मैं मारगोट की तरह लगूँ। वह मेरे लिहाज से कमजोर स्वभाव की और गुमसुम है, वह अक्सर दूसरों के बहकावे और दबाव में आ जानेवाली है। मैं चाहती हूँ कि उसकी रीढ़ की हड्डी कुछ और अधिक मजबूत हो जाए। लेकिन मैं इस तरह के विचार अपने आप तक ही रखती हूँ। अगर

मैं अपनी तरफ से ऐसा कहूँ तो वे मेरे ऊपर हँसेंगे।

भोजन के दौरान माहौल में तनाव था। सौभाग्य से, गुस्सा कुछ देर तक 'सूप पीनेवालों' के कारण थमा रहा; ऑफिस के लोग दिन के भोजन के वक्त ऊपर सूप पीने आए थे।

आज दोपहर मिस्टर फॉन डॉन ने फिर कहा कि मारगोट कितना कम खाती है। 'मेरे खयाल से ऐसा तुम अपना फिगर ठीक रखने के लिए करती हो,' उन्होंने मजाकिया लहजे में कहा।

माँ, जो अक्सर मारगोट की रक्षा में आ खड़ी होती हैं, ने जोर से कहा, 'मैं तुम लोगों की यह बकवास अब एक मिनट भी बर्दाश्त नहीं करनेवाली।'

मिसेज फॉन डी. चुकंदर की तरह लाल हो गई। मिस्टर फॉन डी. सीधा देखने लगे और उन्होंने कुछ भी नहीं कहा।

तो भी हम खूब हँसे। ज्यादा दिन नहीं हुए जब मिसेज फॉन डी. एक के बाद एक बेवकूफियाँ करके हमारा मनोरंजन करती रहती थीं। वह अपने अतीत के बारे में बात कर रही थीं, कि उनकी अपने पिता से किस तरह बनी और यह कि वे कितने बड़े छलिया थे। 'और तुम जानती हो,' उन्होंने आगे कहा, 'मेरे पिता ने मुझे बताया कि अगर कोई आदमी तुम्हारे साथ कभी छेड़खानी करने की कोशिश करे, तो कह देना कि 'महोदय यह मत भूलिए कि मैं एक औरत हूँ,' और वह उसका मतलब समझ जाएगा।' हम इस पर खुलकर हँसे, मानो उन्होंने हमें कोई अच्छा चुटकुला सुनाया हो।

यहाँ तक कि पीटर भी, जो अक्सर चुप-चुप रहता है, कभी-कभी हँसने का मौका दे देता है। दुर्भाग्य से उसे विदेशी शब्दों को बिना मायने जाने याद करने की आदत है। एक दोपहर हम शौचालय का इस्तेमाल इसलिए नहीं कर पाए क्योंकि ऑफिस में कुछ मेहमान आए थे। जब वह इन्तजार नहीं कर सका तो शौचालय चला गया, पर उसने वहाँ फ्लश नहीं चलाया। बदबू की चेतावनी देने के लिए उसने बाहर दरवाजे पर यह लिखकर टाँग दिया–'उत्तराकांक्षी गैस'। स्पष्ट है, उसका मतलब यह था कि 'खतरनाक गैस', लेकिन उसे उत्तर का आकांक्षी शब्द अधिक अच्छा लगा। उसे एकदम इसका अंदाजा नहीं था कि इसका मतलब होता है–'उत्तराकांक्षी'।

तुम्हारी, अने

शनिवार, 27 फरवरी 1943

प्यारी किटी,

पिम को उम्मीद है कि हमला किसी भी दिन हो सकता है। चर्चिल को निमोनिया बुखार हो गया था, लेकिन वे धीरे-धीरे ठीक हो रहे हैं। भारतीय स्वाधीनता संग्राम के महानायक गांधी अपनी अनंत भूख हड़तालों में से एक पर हैं।

मिसेज फॉन डी. का दावा है कि वह नियतिवादी हैं। लेकिन कौन इस बात से डरा

हुआ है कि कब बन्दूकों की आवाज बन्द हो जाए ! पेट्रोनेला फॉन डॉन के अलावा और कौन !

जान अपने साथ वह धर्माध्यक्षीय पत्र लेकर आया जो बिशपों ने अपने-अपने यजमानों के नाम लिखा था। यह अच्छा और प्रेरणादायी था, 'नीदरलैंड के वासियो, कार्रवाई के लिए तैयार हो जाएँ। हम में से प्रत्येक को हथियार उठाकर अपने देश की स्वतन्त्रता के लिए लड़ना चाहिए, अपने लोगों और धर्म की स्वतन्त्रता के लिए लड़ना चाहिए। अपना सहयोग और समर्थन दें। कार्रवाई करें !' तो अपने प्रवचन-मंच से वे यह उपदेश दे रहे हैं। क्या इससे कुछ भला होगा ? अब वास्तव में यहूदी भाइयों की मदद के लिहाज से देरी हो चुकी है।

सोचो, हमारा अब तक क्या हुआ होता ? मकान मालिक ने बिना मिस्टर कूगलर और मिस्टर क्लाइमान को बताए मकान बेच दिया है। एक सुबह नया मकान मालिक एक वास्तुकार के साथ मकान देखने आया। लाख-लाख शुक्र है कि मिस्टर क्लाइमान दफ्तर में थे। उसने उन महानुभाव को वह सब कुछ दिखा दिया जो वहाँ देखने लायक था, बस इस गुप्त ठिकाने को नहीं दिखाया। उन्होंने कहा कि वे चाभी घर भूल आए हैं फिर नए मकान मालिक ने आगे कोई सवाल नहीं किया। काश वह दुबारा एनेक्सी को देखने की माँग करता हुआ न आ पहुँचे। वैसी हालत में हम बड़ी परेशानी में पड़ जाएँगे।

पिता ने मेरे और मारगोट के लिए कार्ड रखने की एक फाईल खाली कर उसे उन सन्दर्भ कार्डों से भरा जो एक तरफ से खाली होते हैं। यह हमारी पढ़ने की फाईल बनेगा, इसमें हम लोगों को उन किताबों के नाम लिखने हैं, जो हमने पढ़े, लेखक के नाम और दिनांक के साथ। मैंने दो नए शब्द सीखे : 'वेश्यालय' और 'चोचलेबाजी'। मैंने नए शब्दों के लिए अलग से एक अभ्यास पुस्तिका खरीदी है।

मक्खन और मारगरीन का नया बँटवारा हुआ है। हर आदमी को उसका हिस्सा थाली में ही मिलेगा। बँटवारे का तरीका बहुत अनुचित है। फॉन डॉन दम्पति, जो हमेशा सबके लिए नाश्ता बनाते हैं, हमसे डेढ़ गुना अधिक अपने लिए रख लेते हैं। मेरे माता-पिता झगड़े के डर से कुछ भी नहीं करते, जो शर्म की बात है क्योंकि मेरा मानना है कि इस तरह के लोगों के साथ उन्हीं के जैसा बर्ताव करना चाहिए।

तुम्हारी, अने

गुरुवार, 4 मार्च 1943

प्यारी किटी,

मिसेज फॉन डी. को हम नए नाम से पुकारने लगे हैं—हम उनको मिसेज बिवरब्रुक बुलाने लगे हैं। साफ है, इसका कोई मतलब तुम नहीं समझ सकती, इसलिए समझाती हूँ। कोई मिस्टर बिवरब्रुक हैं, जो इंगलिश रेडियो पर जर्मनी की बमबारी की सम्भावना

के बारे में बताते हैं। मिसेज फॉन डॉन को हर बात के विरुद्ध कुछ बोलने की आदत है। चाहे चर्चिल की बात हो या कोई खबर, लेकिन इस मामले में वे पूरी तरह से मिस्टर बिवरब्रुक से सहमत हैं। इसलिए हम लोगों ने सोचा कि यह अच्छा होता अगर उनकी शादी उसी से हुई होती और चूँकि इस खयाल से वे खुश हैं, इसलिए हमने तय किया है कि अब से उनको मिसेज बिवरब्रुक बुलाया करेंगे।

हमारे भंडार में एक नया कर्मचारी आ रहा है, क्योंकि पहले वाले को जर्मनी भेज दिया गया है। यह उसके लिए तो बुरा है, मगर हमारे लिए इसलिए अच्छा है, क्योंकि नया आदमी इस इमारत से परिचित नहीं होगा। हम लोग अब भी भंडार में काम करनेवाले लोगों से भयभीत रहते हैं।

गांधी ने फिर से खाना शुरू कर दिया है।

कालाबाजारी का धंधा अच्छा चल रहा है। अगर हमारे पास देने को औने-पौने दाम भी होते, तो हम अपने आपको बेहिसाब तरीके से भर लेते। हमारा सब्जीवाला बाजार से आलू खरीदकर दफ्तर में बोरे भरकर पहुँचा जाता है। चूँकि उसको इस बात का सन्देह है कि हम लोग यहाँ पर छिपे हुए हैं, वह जानबूझकर दोपहर के भोजन के समय आता है, जब भंडार के कर्मचारी बाहर गए होते हैं।

नीचे काली मिर्च इतनी अधिक मात्रा में है कि हर साँस के साथ हम खाँसने और छींकने लगते हैं। ऊपर जो भी आता है हमारा स्वागत 'आहछू' से करता है। मिसेज फॉन डी. ने कसम खाई है कि वे नीचे नहीं जाएँगी; एक और झोंका काली मिर्च का लगा नहीं कि वे बीमार पड़ने वाली हैं।

मुझे नहीं लगता कि पिता का व्यापार काफी अच्छा है, काली मिर्च और कंकतांग का। जब खाने-पीने के व्यापार में ही रहना है, तो मिठाई क्यों बनाएँ ?

आज सुबह फिर मेरे ऊपर शब्दों की जबरदस्त वर्षा हुई। इतने चुनिंदा शब्द बोले गए कि मेरे कानों में यही शब्द गूँज रहे थे कि 'अने इसमें बुरी है' और 'फॉन डॉन उसमें अच्छे हैं।' आग और गंधक।

तुम्हारी, अने

बुधवार, 10 मार्च 1943

प्यारी किटी,

कल रात घर में शार्ट सर्किट हो गया था, इसके अलावा, बन्दूकें भी सवेरे की तरह गरजती रहीं। मैं जहाजों और गोलियों की आवाज से अब तक नहीं उबर पाई हूँ और आराम के लिए लगभग हर रात पापा के बिस्तर में घुस जाती हूँ। मुझे पता है कि यह सब बचकाना लगता है, पर सोचो अगर यह तुम्हारे साथ हो। एक-एक बन्दूक इतनी आवाज करती है कि तुम्हें अपनी आवाज ही न सुनाई दे। मिसेज बिवरब्रुक तो वैसे ही भाग्यवादी हैं, लगभग रुआँसी-सी महीन आवाज में बोलीं, 'ओहो, यह सब कितना

भयंकर है ! ओहो, बन्दूकों की आवाज कितनी तेज है !' जबकि यही कहने का एक और तरीका है–'मैं कितनी डरी हुई हूँ !'

मोमबत्ती की रोशनी में उतना बुरा नहीं लग रहा था जितना कि अँधेरे में। मैं इस तरह काँप रही थी, मानो मुझे बुखार चढ़ गया हो, मैं पापा से याचना करने लगी कि वे फिर से मोमबत्ती जला दें। उनका निर्णय अटल था : कोई रोशनी नहीं। अचानक हमें मशीनगन की आवाज सुनाई दी, जोकि मिसाइलभेदी बन्दूक की आवाज से दस गुना ज्यादा थी। माँ बिस्तर से कूद पड़ीं, और पिम की तमाम कुढ़न के बावजूद उन्होंने मोमबत्ती जला दी। माँ के पास उनकी हर बात के लिए एक ही जवाब था कि, 'आखिरकार अने कोई पूर्व सैनिक नहीं है।' और बस बात समाप्त हो गई।

क्या मैंने तुमको मिसेज फॉन डॉन के किसी अन्य भय के बारे में बताया है ? मुझे ऐसा नहीं लगता। तुमको यहाँ एनेक्सी की ताजातरीन घटनाओं से अवगत रखने के खयाल से मुझे यह बात भी बता देनी चाहिए। एक रात मिसेज फॉन डी. को लगा कि उन्होंने अटारी में भारी कदमों की आवाज सुनी है, उनको लगा कि चोर हैं, इस बात से वह इतना घबड़ा गईं कि उन्होंने अपने पति को जगाया। उसी समय चोर भाग गए और जो एकमात्र आवाज मिस्टर फॉन डी. को सुनाई दे रही थी वह अपनी नियतिवादी पत्नी के दिल की धक-धक थी। 'ओह, पुट्टी !' वह रोने लगीं (मिसेज फॉन डी. अपने पति को प्यार से इसी नाम से बुलाती हैं)। 'वे जरूर हमारे सारे सॉसेज और सूखी फलियाँ ले गए होंगे। और पीटर के बारे में क्या खयाल है ? ओह, तुमको लगता है कि पीटर अपने बिस्तर में अभी भी सुरक्षित है ?'

'मैं निश्चिंत हूँ कि उन्होंने पीटर को नहीं चुराया है। इस तरह बचपना बन्द करो और मुझे सोने दो।'

असम्भव। मिसेज फॉन डी. इतना घबड़ा गई थीं कि उनका सोना मुश्किल था।

कुछ रात पहले सारा फॉन डी. परिवार भुतहा आवाजों से जाग पड़ा। पीटर टॉर्च लेकर ऊपर अटारी में गया और–पता है उसने क्या देखा ? चूहों का विशाल दल !

एक बार जब हमें यह पता चल गया कि वे चोर कौन थे, तो हमने मौश्चे को अटारी में सोने के लिए भेज दिया और अपने अनचाहे मेहमानों से हमें छुटकारा मिल गया, कम से कम रातों को।

कुछ शाम पहले (साढ़े सात बजे थे, फिर भी रोशनी थी) पीटर ऊपर बारजे पर कुछ पुराने अखबार लाने गया। उसे सीढ़ियों पर चढ़ते समय मजबूती से दरवाजा पकड़ना था। उसने बिना देखे हाथ बढ़ा दिया और घबड़ाहट व दर्द के मारे सीढ़ियों से लगभग गिर पड़ा। बिना जाने उसने अपना हाथ बड़े चूहे पर रख दिया जिसने उसे बाँह में काट खाया। जब तक वह हमारे पास आता, चादर की तरह सफेद पड़ चुका था, उसके घुटने काँप रहे थे, और पाजामे से खून बह रहा था। आश्चर्य नहीं कि वह काफी डरा हुआ था–चूहे का आघात कोई आसान नहीं, खासकर तब, जब वह तुम्हारी बाँह से मांस का लोथड़ा निकाल ले।

तुम्हारी, अने

शुक्रवार, 12 मार्च 1943

प्यारी किटी,

मैं तुम्हारा परिचय माँ फ्रांक से करवाती हूँ, जो बच्चों की वकील हैं। बच्चों के लिए अधिक मक्खन, आज के युवाओं की समस्याएँ—तुम नाम लो और वे युवा पीढ़ी का पक्ष लेने लगेंगी। एक-दो भिड़ंत के बाद वे अपनी बात मनवा लेती हैं।

अचार का एक बर्तन गायब हो गया। मौश्चे और बोशे ने जमकर भोज उड़ाया।

तुम अब तक बोशे से नहीं मिली हो जबकि सचाई यह है कि वह यहाँ हमारे छिपने के पहले से रह रही थी। वह भंडार और दफ्तर की बिल्ली है जो भंडारघर से चूहों को भगाए रखती है। उसके विचित्र, राजनीतिक नाम का मतलब आसानी से समझा जा सकता है। कुछ समय से गीज एंड कम्पनी के पास दो बिल्लियाँ हैं : एक भंडार में और दूसरी ऊपर अटारी में। कभी-कभी उनके रास्ते टकरा जाते हैं जिसका नतीजा अवश्यंभावी रूप से झगड़े में निकलता है। भंडार की बिल्ली अधिक झगड़ालू है। जबकि जीत आखिरकार अटारी वाली बिल्ली की होती है, एकदम राजनीति की तरह। इसलिए भंडारवाली बिल्ली का जर्मन नामकरण 'बोशे' के रूप में कर दिया गया है और ऊपर वाली बिल्ली का अंग्रेज नामकरण 'टॉमी'। कुछ समय बाद तो वे टॉमी से मुक्त हो जाएँगे पर ज़ब भी हम नीचे जाएँगे, बोशे हमारे मनोरंजन के लिए रहेगी।

हम लोगों ने दो तरह की फलियाँ इतनी अधिक खा ली हैं कि अब मेरा उनको देखने का मन भी नहीं करता। उनके बारे में सोचकर भी मैं बीमार-सा महसूस करने लगती हूँ।

शाम को हमारे रोटी खाने का कार्यक्रम स्थगित हो गया।

पिता ने कहा कि उनका मिजाज अच्छा नहीं है। उनकी आँखें फिर से बेहद उदास लगने लगी हैं। बेचारे !

मैं अपने आपको इना बाकर बौदियर की पुस्तक *ए नॉक ऐट द डोर* पढ़ने से रोक नहीं पा रही हूँ। यह पारिवारिक गाथा है जो काफी अच्छी तरह लिखी गई है, लेकिन युद्ध, लेखकों और औरतों के उत्पीड़न वाले हिस्से ठीक नहीं हैं। ईमानदारी से कहूँ, तो ये विषय मुझे कुछ खास रुचते नहीं हैं।

जर्मनी पर जबरदस्त बमबारी हुई है। मिस्टर फॉन डॉन की चिड़चिड़ाहट बढ़ गई है। कारण : सिगरेट की कमी।

टीनबन्द भोजन खाया जाए या नहीं, यह बहस हमारे पक्ष में खत्म हुई।

मैं अपना कोई भी जूता नहीं पहन सकती, सिवाय स्की करनेवाले बूटों के, जो घर के खयाल से बहुत व्यावहारिक नहीं कहा जा सकता है। एड़ी वाले जूते जो 6.50 गिल्डर में खरीदे गए थे, एक हफ्ते में ही उनकी एड़ी निकल आई है। शायद मीप कालाबाजार से कुछ ढूँढ़ निकाले।

यह पापा के बाल काटने का समय है। पिम ने स्वीकार किया कि मैंने इतनी अच्छी

कटाई की है कि वे युद्ध के बाद भी किसी नाई के पास नहीं जानेवाले। बस मैं केवल उनके कानों को न काटूँ !

तुम्हारी, अने

गुरुवार, 18 मार्च 1943

प्यारी किटी,

तुर्की युद्ध में शामिल हो गया है। बड़ी उत्तेजना है। हम उत्सुकता से रेडियो पर आनेवाली रपटों की प्रतीक्षा कर रहे हैं।

शुक्रवार, 19 मार्च 1943

प्यारी किटी,

एक घंटे से भी कम समय में खुशी दुख में बदल गई। तुर्की अभी तक युद्ध में शामिल नहीं हुआ है। वहाँ के एक कैबिनेट मंत्री ने केवल इतना कहा है कि तुर्की अपनी तटस्थता जल्दी ही छोड़ देगा। डैम स्क्वेयर पर अखबार बेचनेवाले चिल्ला रहे थे कि 'तुर्की इंग्लैंड की ओर' और उनके हाथों से अखबारों की छीना-झपटी हो रही थी। इस तरह से हमने यह उत्साहवर्धक अफवाह सुनी।

एक हजार गिल्डर के नोट अवैध करार दिए गए हैं। यह कालाबाजारियों और उन जैसों के लिए एक बड़ा झटका है, लेकिन उससे भी ज्यादा उनके लिए जो छिपकर रह रहे हैं और उनके लिए भी, जिनके पास बेहिसाब धन है। एक हजार गिल्डर का नोट निकालने पर आपको इस बात का सबूत देना पड़ेगा कि आपके पास वह आया कैसे। टैक्स देने के लिए उनका उपयोग अब भी किया जा सकता है, लेकिन केवल अगले सप्ताह तक के लिए। पाँच सौ के नोट भी इसी के साथ समाप्त हो जाएँगे। गीज एंड कम्पनी के पास भी कुछ बिना हिसाब-किताब के हजार रुपए के नोट हैं जिनका इस्तेमाल वे अगले साल का अनुमानित टैक्स देने के लिए करनेवाले हैं।

डुसेल को एक पुराने ढंग की पैर से चलनेवाली दाँतों की ड्रिल मशीन मिल गई है जिसका मतलब यह है कि जल्दी ही मेरी अच्छी तरह जाँच होने वाली है।

डुसेल घर के कायदे मानने के मामले में सबसे ढीले हैं। वे अभी भी कई लोगों से पत्र-व्यवहार बनाए हुए हैं। न केवल शार्लोट से वे पत्राचार कर रहे हैं बल्कि कई अन्य लोगों से भी पत्र-व्यवहार कर रहे हैं। इस आवास की डच शिक्षिका मारगोट उनकी चिट्ठियाँ सही करती रहती हैं। पिता ने उन्हें ऐसा करने से रोक दिया है और मारगोट ने भी पत्र सही करना बंद कर दिया है मगर मुझे लगता है कि बहुत जल्दी वह दुबारा यह सब शुरू कर देंगे।

फुएरर घायल सिपाहियों से बातें कर रहे हैं। हमने यह सब रेडियो पर सुना, बेहद भयानक था। सवाल-जवाब कुछ इस तरह से थे :

'आप जख्मी कहाँ हुए ?'

'स्तालिनग्राद के पास।'

'यह किस तरह का जख्म है ?'

'पाँव में दो जगह बर्फबारी के निशान हैं तथा बाएँ हाथ में टूटन है।' यह एकदम सही रपट है जो घिनौने तरीके से टीवी पर प्रसारित हुई। जख्मी आदमी को अपने जख्मों पर गर्व हो रहा था—जितने होते उतना ही अच्छा। उनमें से एक इस तरह उन्मादित था कि फुएरर से हाथ मिलाने के सवाल पर उससे कुछ बोला ही नहीं गया।

मैंने फर्श पर डुसेल का साबुन गिरा दिया और उस पर चढ़ गई। अब वह साबुन मिल ही नहीं रहा है। मैंने पिता को इस नुकसान की भरपाई कर देने के लिए कहा है, खासकर इसलिए क्योंकि डुसेल महीने भर युद्धकालीन घटिया साबुन का महज एक टुकड़ा इस्तेमाल करते हैं।

तुम्हारी, अने

गुरुवार, 25 मार्च 1943

प्यारी किटी,

माँ, पिता, मारगोट और मैं प्रसन्न भाव से चुपचाप बैठे थे कि पीटर ने आकर पिता के कान में कुछ फुसफुसाया। मुझे कुछ यों सुनाई दिया, 'भंडार में एक पीपा गिर गया है' और 'कोई दरवाजा खड़का रहा है।'

मारगोट ने भी सुना, लेकिन वह मुझे शान्त करने की कोशिश करने लगी क्योंकि मैं चॉक की तरह सफेद हो चुकी थी और बहुत घबड़ा गई थी। हम तीनों इन्तजार करने लगे जबकि पिता और पीटर नीचे गए। एक या दो मिनट बाद मिसेज फॉन डॉन वहाँ से उठकर आईं जहाँ वे रेडियो सुन रही थीं और आकर उन्होंने कहा कि पिम ने इसे बन्द करने तथा ऊपर पंजों के बल चलने को कहा है। पता है क्या हुआ, जब हम चुप रहने की कोशिश में लगे थे—पुरानी सीढ़ियों पर दो बार जोर की आवाज हुई। पाँच मिनट बाद पीटर और पिम वापस अपने अनुभव साझा करने आए, उनके चेहरों के रंग उड़े हुए थे।

वे सीढ़ियों के नीचे छुपकर इन्तजार करने लगे। कुछ भी नहीं हुआ। फिर अचानक उनको धड़ाधड़ आवाजें सुनाई दीं मानो किसी ने घर के दरवाजों को जोर से बन्द कर दिया हो। पिम सीढ़ियों से कूदे, जबकि पीटर डुसेल को चेताने के लिए भागा जो ऊपर उसे मिल तो गए, पर काफी चिल्लाने के बाद। फिर हम सब पंजों के बल चलते हुए दूसरे तल पर फॉन डॉन परिवार के कमरे की ओर चले। मिस्टर फॉन डॉन को काफी जुकाम था और वे बिस्तर पर जा चुके थे, इसलिए हम उनके इर्द-गिर्द जुटकर

फुसफुसाहट में अपने सन्देह के बारे में उनसे चर्चा करने लगे। जब भी मिस्टर फॉन डॉन को जोर की खाँसी आती, मेरी और मिसेज फॉन डी. की घबड़ाहट बढ़ जाती थी। वे तब तक खाँसते रहे जब तक किसी ने यह सुन्दर विचार सुझाया कि उनको कोडीन दे देनी चाहिए। खाँसी तुरन्त रुक गई।

एक बार फिर हम इन्तजार करने लगे, पर कुछ भी सुनाई नहीं दिया। आखिरकार हम इस नतीजे पर पहुँचे कि जब चोरों को इस शान्त इमारत में पैरों की आहट सुनाई दी तो वे भाग खड़े हुए। अब समस्या यह थी कि निजी दफ्तर में कुर्सियाँ रेडियो के इर्द-गिर्द जमाकर रखी गई थीं, जिस पर इंग्लैंड का स्टेशन लगा हुआ था। अगर चोरों ने दरवाजे को धक्का दिया और किसी ने इसको देखकर पुलिस को फोन कर दिया, तो उसकी जबरदस्त प्रतिक्रिया हो सकती थी। इसलिए मिस्टर फॉन डॉन उठे, कोट-पैंट पहना, अपनी टोप लगाई और सावधानीपूर्वक पिता के पीछे-पीछे नीचे की ओर चल पड़े, उनके पीछे-पीछे पीटर भी था (सुरक्षा के खयाल से तब तक हथौड़ा लिये)। औरतें (मेरे और मारगोट सहित) ऊहापोह में तब तक इन्तजार करती रहीं जब तक कि आदमी लोग पाँच मिनट बाद लौटकर आए और यह सूचना दी कि इमारत में किसी तरह की गतिविधि का कोई निशान नहीं है। हम इस पर राजी हो गए कि शौचालय में हम न तो पानी डालेंगे, न ही फ्लश चलाएँगे; मगर सबके पेट तनाव से ऐंठ रहे थे, तुम कल्पना कर सकती हो कि जब हममें से हरेक शौचालय गया तो कैसी दुर्गंध उठी होगी !

इस तरह की घटनाओं के साथ अक्सर कोई बड़ी विपत्ति आती है, और यह कोई अपवाद नहीं था। पहला, घंटी ने बजना बन्द कर दिया, जो मुझे हमेशा ही बड़ा सुकुनदेह लगता था। दूसरा, मिस्टर फोस्क्यूल कल रात जल्दी निकल गए थे और हम लोग इस बात को लेकर पक्के नहीं थे कि उन्होंने बेप को चाबी दी थी या नहीं और वह कहीं ताला लगाना भूल न गई हो।

लेकिन अब इस बात का कोई खास महत्त्व नहीं था। रात अभी हुई ही थी, और हम इस बात को लेकर पक्के नहीं थे कि आखिर उम्मीद क्या करनी चाहिए। हम लोग इस बात को लेकर कुछ-कुछ निश्चिंत थे कि सवा आठ बजे से जब चोर ने घुसकर हमारा जीना हराम कर दिया था, साढ़े दस बजे तक हमें कोई आवाज नहीं सुनाई दी। हम जितना ही इस बारे में सोचते उतना ही लगता कि शाम को शायद जल्दी ही किसी ने दरवाजे पर धक्का लगाया हो, जब काफी लोग सड़कों पर होते हैं। इसके अलावा, हमें यह बात भी सूझी कि बगल की कम्पनी के भंडार का प्रबंधक शायद उस समय काम ही कर रहा हो। उत्तेजना और पतली दीवारों के कारण आवाज पहचानने में धोखा भी हो सकता है। खतरे के समय आपकी कल्पनाशक्ति भी अक्सर इस तरह के खेल करती है, सो अलग।

इसलिए हम बिस्तर पर चले गए, हालाँकि सोने के लिए नहीं। पिता, माँ और मिस्टर डुसेल रात के ज्यादातर वक्त जगे ही रहे, और मैं यह कोई बढ़ा-चढ़ाकर नहीं कह रही हूँ कि मुझे भी शायद ही झपकी आई हो। आज सुबह आदमी लोग नीचे यह देखने भी गए कि बाहर का दरवाजा बन्द है या नहीं, लेकिन सब कुछ ठीक था !

जाहिर है, हमने दफ्तर के सारे कर्मचारियों को इस घटना के बारे में ब्योरेवार बताया, जिसे अच्छा तो नहीं ही कहा जा सकता। इस तरह की बातों पर तब हँसना आसान होता है जब वह हो चुका होता है। लेकिन केवल बेप ने ही हमारी बातों को गम्भीरता से लिया।

तुम्हारी, अने

नोट : आज सुबह शौचालय एकदम जाम हो गया था और पिता को एक लम्बी लकड़ी के डंडे से काफी सारी गंदगी और स्ट्रॉबेरी लपेटने वाले कागज निकालने पड़े (आजकल शौचालय में हम टॉयलेट पेपर की जगह इसका ही इस्तेमाल कर रहे हैं।) उसके बाद हमने उस डंडे को जला दिया।

शनिवार, 27 मार्च 1943

प्यारी किटी,

हमने शॉर्टहैंड का अपना पाठ्यक्रम पूरा कर लिया है और अब अपनी गति बढ़ाने में लगे हैं। क्या हम होशियार नहीं हैं ? मैं तुमको अपने इन 'समय काटने वालों' के बारे में बताती हूँ। (मैं अपने पाठ्यक्रमों को यही कहती हूँ, क्योंकि हम जो भी करते हैं वह इसलिए कि समय कट सके ताकि हम यहाँ रहने के अपने दिनों की समाप्ति के करीब पहुँच सकें)। मैं मिथकों में विश्वास रखती हूँ, विशेषकर ग्रीक और रोमन देवताओं के। यहाँ हर कोई सोचता है कि मेरी यह रुचि बस यों ही है, क्योंकि उन्होंने किसी ऐसी किशोरी के बारे में नहीं सुना है जिसकी दिलचस्पी मिथकों में हो। फिर ठीक है, तब शायद मैं पहली हूँ।

मिस्टर फॉन डॉन को जुकाम हो गया है। बल्कि कहना चाहिए कि उनके गले में खिचखिच है, और वह हर तरह से इस कोशिश में हैं कि वह ठीक हो जाए। वे बबूने के फूल की चाय से गरारे करते हैं, गले में गन्धरस का लेप लगाते हैं, छाती, नाक, मसूढ़ों और जीभ पर विक्स लगा रखा है। और सबसे बड़ी बात उनका मिजाज बिगड़ा हुआ है।

रायटर, जो जर्मनी का कोई बड़ा आदमी है, ने हाल ही में एक भाषण दिया है। 'सभी यहूदियों को जर्मन अधिकृत इलाकों से 1 जुलाई से पहले निकल लेना चाहिए। उट्रेश्त प्रांत को यहूदियों से 1 अप्रैल से 1 मई के बीच खाली करवाया जाएगा, और उत्तर और दक्षिण हॉलैंड प्रांतों को 1 मई से 1 जून के बीच खाली (जैसे वे तिलचट्टे हों) करवाया जाएगा।' इन गरीब लोगों को जहाज से गंदे कसाईबाड़ों की ओर बीमार और उपेक्षित पशुओं की तरह भेजा जा रहा है। लेकिन मैं इस विषय में ज्यादा कुछ नहीं कहूँगी। मेरे अपने खयालों से ही मुझे बुरे-बुरे सपने आने लगते हैं।

एक अच्छी खबर यही है कि श्रम कार्यालय को तोड़फोड़ की कार्रवाई के तहत किसी ने आग के हवाले कर दिया है। कुछ दिनों बाद पंजीकरण कार्यालय को भी आग

में झोंक दिया गया। जर्मन पुलिस के सुरक्षाकर्मियों को बंधक बनाकर वे वहाँ घुसने और कुछ महत्त्वपूर्ण दस्तावेज नष्ट कर पाने में भी सफल रहे।

तुम्हारी, अने

गुरुवार, 1 अप्रैल 1943

प्यारी किटी,

मैं कोई शरारत करने का इरादा नहीं रखती (तारीख देखो)। इसके विपरीत, मैं तो सुरक्षित ढंग से यह कहावत उद्धृत कर सकती हूँ—'दुर्भाग्य कभी अकेला नहीं आता।'

सबसे पहले, हमारे लिए उजाले की किरण की तरह मिस्टर क्लाइमान का कल ऐसा पेट खराब हुआ कि उनको तीन सप्ताह तक बिस्तर पर पड़े रहना होगा। मैं तुम्हें बता दूँ कि पेट की बीमारी उनको पहले भी होती रही है और इसका कोई इलाज नहीं है। दूसरे, बेप को फ्लू हो गया है। तीसरे, मिस्टर फोस्क्यूल को अगले सप्ताह अस्पताल जाना है। उनको फोड़ा हो गया है और उसका ऑपरेशन करवाना पड़ेगा। चौथे, पोमोजीन इंडस्ट्रीज के प्रबंधकगण फ्रांकफुर्त ओपेक्ता के नए वितरण के सम्बन्ध में चर्चा करने आए हैं। पिता ने महत्त्वपूर्ण बिन्दुओं को लेकर मिस्टर क्लाइमान से चर्चा कर रखी थी, अब इतना समय नहीं बचा था कि मिस्टर कूगलर को सब कुछ पूरी तरह समझाया जा सके।

फ्रांकफुर्त से आए महानुभावगण और पिता पहले से ही यह सोचकर परेशान थे कि यह बातचीत आगे कैसे होगी। 'अगर मैं वहाँ जा पाता, काश मैं नीचे बैठक में रह पाता,' वे बार-बार यही कह रहे थे।

'जाओ और फर्श से कान लगाकर लेट जाओ। उनको निजी दफ्तर में ले आया जाएगा, और तुम सब कुछ सुन पाने में समर्थ हो पाओगे।'

पिता का चेहरा कुछ साफ हुआ, और कल सुबह 10:30 बजे पिम और मारगोट (दो कान एक कान से बेहतर होते हैं।) ने फर्श पर अपना-अपना स्थान ले लिया। दोपहर तक बातचीत समाप्त नहीं हो पाई थी, लेकिन पिता अब इस सुनने के अभियान को आगे चला पाने लायक नहीं थे। वे इससे घोर पीड़ा में थे कि उनको घंटों इस तरह की अस्वाभाविक और गैर-आरामदेह अवस्था में रहना पड़ा। 2:30 बजे हमें गलियारे में कुछ आवाजें सुनाई दीं, और मैंने उनका स्थान ले लिया; मारगोट ने मेरा साथ दिया। बातचीत इतनी लम्बी, घुमावदार और उबाऊ हो रही थी कि मुझे ठंडी, ठोस सतह पर अचानक नींद आ गई। मारगोट ने मुझे इस डर से छुआ नहीं कि वे हमें सुन न लें, और जाहिर है कि वह मुझे डाँट नहीं सकती थी। मैं आधे घंटे तक सोई रही और जब जगी तो उस महत्त्वपूर्ण बातचीत का हर लफ्ज भूल चुकी थी। सौभाग्य से, मारगोट ने ध्यानपूर्वक सुना था।

तुम्हारी, अने

शुक्रवार, 2 अप्रैल 1943

प्यारी किटी,

ओह, मेरे पापों में अब एक और बात जुड़ गई है। कल रात जब मैं बिस्तर पर लेटी पिता की प्रतीक्षा कर रही थी कि वे आएँ, मुझे थपथपाएँ और मेरे साथ प्रार्थना दोहराएँ, तभी माँ कमरे में आईं, मेरे बिस्तर पर बैठीं और बड़े धीरे से उन्होंने पूछा, 'अने, डैडी तैयार नहीं हैं। अगर मैं आज तुम्हारी प्रार्थना सुन लूँ तो तुम्हें कोई ऐतराज तो नहीं होगा ?' 'नहीं मम्मी,' मैंने जवाब दिया।

माँ उठीं, कुछ पल मेरे बिस्तर के पास खड़ी रहीं और फिर धीरे-धीरे दरवाजे की तरफ बढ़ीं। अचानक वह मुड़ीं, उनके चेहरे पर दर्द साफ झलक रहा था और बोलीं, 'मैं तुमसे गुस्सा होना नहीं चाहती, लेकिन मैं तुम्हारा प्यार नहीं पा सकती।' उनके कपोलों पर आँसू की कुछ बूँदें आ गईं और वे दरवाजे के बाहर निकल गईं।

मैं चुपचाप लेटी रही, यह सोचती हुई कि यह कितनी खराब बात थी कि मैंने उनको इस बुरी तरह दुत्कार दिया। लेकिन मैं यह भी जानती हूँ कि किसी और तरीके से मैं उनको जवाब नहीं दे सकती थी। मैं उतनी पाखंडी नहीं हो सकती कि अगर मेरा मन उनके साथ प्रार्थना करने को नहीं हो रहा है, तो भी प्रार्थना करूँ। मैं इस तरह से काम नहीं कर पाती हूँ। मुझे माँ के लिए बुरा लगा—बहुत-बहुत बुरा, क्योंकि अपनी जिन्दगी में पहली बार मैंने पाया कि मेरे ठंडेपन को लेकर वे इतनी तटस्थ नहीं थीं। मैंने उस वक्त उनके चेहरे पर दुख देखा था जब उन्होंने कहा था कि मेरे लिए वे उस लायक नहीं बन पाईं कि मैं उनको प्यार करूँ। सच बता पाना मुश्किल है, और सचाई यह है कि मुझे उन्होंने ठुकराया था। उनकी बेबाक टिप्पणियों और क्रूर मजाक, जिन्हें मैं मजाक के लायक नहीं समझती, ही ऐसे कारण रहे हैं जिनकी वजह से मैं उनके प्रति ऐसी असंवेदनशील हो गई कि उनके लिए मेरे मन में किसी तरह का प्यार नहीं बचा है। जैसे उनके कठोर शब्दों को सुनकर मेरा दिल बैठने लगता है, उसी तरह उनका दिल भी बैठ गया जब उनको इस बात का पता चला कि हम दोनों के बीच कोई प्यार नहीं था।

आधी रात तक वह रोती रहीं और एकदम नहीं सोईं। पिता ने मेरी ओर देखना भी छोड़ दिया, और उनकी आँखें मेरी आँखों से टकरा भी जातीं तो उनमें मैं इन अनकहे शब्दों को पढ़ सकती थी : 'तुम इतनी अकृपालु कैसे हो सकती हो ? तुम अपनी माँ को कैसे इतना उदास कर सकती हो ?'

हर व्यक्ति मुझसे यह उम्मीद रखता है कि मैं माफी माँग लूँ, लेकिन इस बात के लिए मैं उनसे माफी नहीं माँग सकती, क्योंकि मैंने सच कहा, और आज न कल माँ को वैसे भी समझना ही था। मैं माँ के आँसुओं और पिता की कोपदृष्टि से उदासीन हूँ और इसका कारण है, क्योंकि वे दोनों आज जो महसूस कर रहे हैं वह मैं पहले से ही महसूस कर रही हूँ। मैं माँ के लिए केवल अफसोस जता सकती हूँ, क्योंकि यह तो उनको तय करना है कि उनका व्यवहार कैसा होना चाहिए। जहाँ तक मेरी बात है, मैं तो चुपचाप

और अलग-थलग ही रहना चाहती हूँ, मैं सच से डिगना नहीं चाहती, क्योंकि जितना यह टलता जाएगा, उनके लिए इसे स्वीकार करना मुश्किल होता जाएगा।

तुम्हारी, अने

मंगलवार, 27 अप्रैल 1943

प्यारी किटी,

घर अभी भी कलह के बाद के प्रभावों से काँप रहा है। हर आदमी एक दूसरे पर गुस्सा है : माँ और मैं, मिस्टर फॉन डॉन और पिता, माँ और मिसेज फॉन डॉन, जबरदस्त माहौल है, तुमको नहीं लगता ? एक बार फिर अने की कमियों को लेकर खूब चर्चा हो रही है।

हमारे जर्मन मेहमान पिछले शनिवार को लौट गए। वे छह बजे तक रुके रहे। हम सब ऊपर बैठे रहे, एक इंच भी हिलने का साहस किए बिना। अगर इस इमारत या इसके आस-पड़ोस में कोई काम नहीं कर रहा हो, तो निजी दफ्तर में एक-एक आहट सुनाई देती है। इतनी देर तक बैठने के कारण फिर से मेरे पैर में झुनझुनाहट हो गई।

मिस्टर फोस्क्यूल अस्पताल में हैं, लेकिन मिस्टर क्लाइमान दफ्तर में लौट आए। उनकी आँतों से खून निकलना कुछ पहले ही बन्द हो गया। उन्होंने हमें बताया कि पंजीकरण दफ्तर में अतिरिक्त मुश्किल खड़ी हो गई है, क्योंकि आग बुझानेवालों ने आग बुझाने की जगह पूरी इमारत में बाढ़ की स्थिति पैदा कर दी। इससे मेरा दिल खुश हो गया।

कार्लटन होटल को गिरा दिया गया है। बम-बारूदों से भरे दो ब्रिटिश जहाज सीधे जर्मन अधिकारी क्लब के ऊपर आ गिरे। विज़ेलस्त्रात और सिंगेल का समूचा कोना लपटों में घिर गया था। जर्मन नगरों पर होनेवाले हमलों में रोज-रोज तेजी आ रही है। हम लोगों ने काफी समय से रात की नींद पूरी नहीं की है, अनिद्रा से मेरी आँखों के नीचे पपोटे निकल आए हैं।

हमारा खाना भयानक है। नाश्ते में सादा, बिना मक्खन लगा पाव रोटी और कॉफी। पिछले दो हफ्तों से दिन के खाने में या तो पालक होता है या फिर पका हुआ सलाद, जिनके साथ बड़े-बड़े आलू होते हैं और जिनका स्वाद सड़ा हुआ, मीठा लगता है। अगर तुम पतली होना चाहती हो, तो यह एनेक्सी रहने के लिए एक अच्छी जगह है। ऊपर सब उसकी खूब शिकायत करते हैं, पर मुझे नहीं लगता है कि यह इतनी बड़ी त्रासदी है।

वे सभी डच लोग, जो या तो युद्ध में शामिल हुए थे या जिनको 1940 में अभियान का हिस्सा बनाया गया था, उनको युद्धबन्दी शिविरों में काम करने के लिए बुलाया गया। शर्तिया वे ऐसी सावधानी इसलिए बरत रहे हैं ताकि हमला न हो जाए।

तुम्हारी, अने

शनिवार, 1 मई 1943

प्यारी किटी,

कल डुसेल का जन्मदिन था। पहले तो उन्होंने ऐसे अभिनय किया मानो वे इसे मनाना नहीं चाहते हों, लेकिन मीप जब उपहारों से भरा खरीदारी का थैला लेकर प्रकट हुई, तो वे छोटे बच्चे की तरह उत्साहित हो गए। उनकी प्यारी 'लोत्ज' ने उनके लिए अंडे, मक्खन, बिस्कुट, लेमोनेड, पावरोटी, कोन्याक, मसाला केक, फूल, नारंगी, चॉकलेट, किताबें और लिखने का कागज भेजा था। उन्होंने उपहारों को मेज पर लगा दिया और तीन दिनों तक उसे वहीं देखने के लिए रहने दिया, बेवकूफ बूढ़ा।

तुम यह नहीं सोच सकती कि उसको भूख लगी है। हमने पाया कि उसके आले पर चीज, जैम, अंडे रहते हैं। यह मिस्टर डुसेल के लिए शर्मनाक बात है कि हमने उनको इतने प्यार से रखा, बर्बाद होने से बचाया, और वे हमसे छिपाकर सामान रखें, हमें कुछ भी न दें ! आखिरकार, हमने अपना सब कुछ उनके साथ साझा किया। लेकिन हमारे खयाल से सबसे बुरी बात यह है कि वे मिस्टर क्लाइमान, मिस्टर फोस्क्यूल और बेप के मामले में बड़े कंजूस हैं। वे उनको कुछ भी नहीं देते। डुसेल की नजर में जिन नारंगियों की अपने कमजोर पेट के लिए क्लाइमान को ज्यादा आवश्यकता है वे उनके अपने पेट को अधिक फायदा पहुँचाएँगी।

आज रात बन्दूकें इतनी चलती रहीं कि मुझे अपना सामान चार दफा समेटना पड़ा। आज मैंने अपने सूटकेस में कुछ जरूरी सामान इसलिए रख लिए कि शायद यहाँ से भागना पड़े; लेकिन माँ ने ठीक ही कहा, 'तुम कहाँ जाओगी ?'

कामगारों की हड़ताल के लिए सारे हॉलैंड को सजा दी गई है। मार्शल लॉ की घोषणा कर दी गई है और हर व्यक्ति को मक्खन का एक कूपन कम मिलेगा। नटखट बच्चे।

मैंने आज शाम माँ के बाल धोए, जो इन दिनों कोई आसान काम नहीं है। हम लोगों को एक चिपचिपे पदार्थ का इस्तेमाल करना पड़ता है, क्योंकि अब शैंपू भी नहीं बचा है। इसके अलावा, माँ को बाल झाड़ने में बड़ी मुश्किल होती है, क्योंकि हमारे पारिवारिक कंघे में सिर्फ दस दाँत रह गए हैं।

तुम्हारी, अने

रविवार, 2 मई 1943

जब मैं यहाँ के जीवन के बारे में सोचती हूँ, तो अक्सर इसी नतीजे पर पहुँचती हूँ कि हम लोग उन यहूदियों के मुकाबले तो स्वर्ग में रह रहे हैं जो छिपे नहीं हैं। साथ ही, बाद में, जब सब कुछ सामान्य हो जाएगा तो मुझे शायद इस बात पर खुद ही आश्चर्य होगा कि हम लोग जो हमेशा ही आराम से रहने के आदी रहे, कैसे इतनी खराब अवस्था में

रहे। मेरा मतलब व्यवहार से है। उदाहरण के लिए, डाईनिंग टेबल पर वही कपड़ा तब से बिछा हुआ है जब से हम यहाँ आए हैं। इतने दिनों के बाद इसका जो हाल हो चुका है उसे शायद ही दागविहीन कहा जा सकता है। मैंने इसे साफ करने की बहुत कोशिश की, लेकिन चूँकि झाड़न भी हमारे यहाँ आने से पहले ही खरीदा गया था और अब उसमें जितना कपड़ा नहीं है उससे ज्यादा छेद हो गए हैं, इसलिए कोई फायदा नहीं है। फॉन डॉन दम्पति ने तो पूरी सर्दी एक ही चादर पर सोकर काटी जिसे इसलिए नहीं धोया जा सकता क्योंकि साबुन एक तो राशन में मिल रहा है, दूसरे उसकी आपूर्ति भी कम हो रही है। इसके अलावा, इसका स्तर इतना खराब होता है कि एक तरह से उसे बेकार ही कहा जा सकता है। पिता घिसे हुए पतलून में घूम रहे हैं, और उनकी टाई पर कट-फट के निशान दिखने लगे हैं। आज माँ की चोली फट गई है और उसे ठीक भी नहीं किया जा सकता है, जबकि मारगोट जो ब्रा पहन रही है उसका आकार दो साईज छोटा है। माँ और मारगोट ने मिलकर वही तीन गंजियाँ पूरी सर्दी पहनीं और मेरी इतनी छोटी है कि उससे मेरा पेट भी पूरा नहीं ढकता। इन सब चीजों से तो हम निकल सकते हैं, लेकिन मुझे कभी-कभी इस बात पर आश्चर्य होता है कि मेरी निकर से लेकर पिता के शेविंग ब्रश तक हर चीज इतनी पुरानी और टूटी-फूटी है कि मालूम नहीं, हम कैसे अपने पुराने हालात को वापस ला पाएँगे, यानी उन हालात को जो युद्ध से पहले थे ?

रविवार, 2 मई 1943

एनेक्सी में रहनेवालों का युद्ध के प्रति नजरिया

मिस्टर फॉन डॉन। हम सबकी राय में, इस आदरणीय महापुरुष की राजनीति पर गहरी पकड़ है। बहरहाल, उनकी धारणा में हम लोगों को 1943 के अन्त तक यहीं रहना पड़ेगा। अभी तो काफी समय है और यह सम्भव है कि तब तक हम खींच ही लेंगे। लेकिन इस लड़ाई के बारे में कौन क्या उम्मीद बँधा सकता है जिसने केवल दुख और पीड़ा को बढ़ावा दिया है कि वह तब तक समाप्त हो ही जाएगा ? और उस समय से पहले हमें और हमारे मददगारों को कुछ नहीं होगा ? कोई नहीं। इसीलिए हर दिन तनावपूर्ण होता जा रहा है। आशा और उम्मीद से तनाव बढ़ता है और साथ ही भय भी—उदाहरण के लिए, जब हम घर के अन्दर या बाहर कोई आवाज सुनते हैं, जब बन्दूकों की आवाज बन्द हो जाती है या जब हम अखबार में नई उद्घोषणाओं के बारे में पढ़ते हैं तो हम डर जाते हैं कि कहीं, कुछ समय के लिए हमारे मददगारों को भी अज्ञातवास में न जाना पड़े। आजकल हर आदमी छिपकर रहने की, अज्ञातवास में जाने की बात कर रहा है। हम यह नहीं जानते कि कितने लोग वास्तव में छिपकर रह रहे हैं; जाहिर है कि आम जनसंख्या को अगर ध्यान में रखें तो यह संख्या काफी कम है, मगर बाद में इस बात से हम जरूर आश्चर्यचकित होंगे कि हालैंड में ऐसे कितने ही अच्छे

लोग थे जिन्होंने पैसे लेकर या बिना पैसे लिए ही अपने घर में यहूदियों या ईसाइयों को रहने का मौका दिया। इसके अलावा असंख्य लोग जाली पहचान पत्रों के साथ भी रह रहे हैं।

मिसेज फॉन डॉन—जब इस खूबसूरत महिला (उनके अपने शब्दों में) को यह पता चला कि इन दिनों जाली पहचान पत्र बनवाना कितना आसान हो गया है तो उन्होंने तत्काल यह प्रस्ताव दिया कि हममें से हरेक को एक-एक बनवा लेना चाहिए। मानो इसमें कुछ लगता ही न हो, मानो पिता और मिस्टर फॉन डॉन पैसे के बने हों।

मिसेज फॉन डॉन हमेशा उल्टी-सीधी बातें करती रहती हैं और उनके पति अक्सर गुस्सा होते रहते हैं। लेकिन यह कोई आश्चर्य की बात नहीं है क्योंकि एक दिन केर्ली ने घोषणा की, 'जब यह सब समाप्त हो जाता है तो मैं बपतिस्मा करवा लूँगी।' और फिर 'जहाँ तक मैं याद कर सकती हूँ मैं हमेशा से ही येरुशलम जाना चाहती थी, मैं अन्य यहूदियों के साथ ही अपनापा महसूस कर पाती हूँ।'

पिम बड़े आशावादी हैं लेकिन हमेशा ही उनके अपने कारण होते हैं।

मिस्टर डुसेल हर तरह की बातें करते हैं लेकिन अगर कोई इन महाशय की बातों को काटना चाहे तो उसे पहले दो बार सोच लेना चाहिए। अल्बर्ट डुसेल के घर में उनके शब्द ही कानून हैं पर अने फ्रांक को यह जरा भी पसन्द नहीं है।

हमारे इस आवास के बाकी लोग युद्ध को लेकर किस तरह की राय रखते हैं यह मायने नहीं रखता। जब भी बात राजनीति की आती है तो इन्हीं चार लोगों की बात मतलब रखती है। वास्तव में, केवल दो से ही काम चल सकता है, लेकिन मैडम फॉन डॉन और डुसेल भी स्वयं को इसमें शामिल कर लेते हैं।

मंगलवार, 18 मई 1943

प्यारी किटी,

हाल में ही मैंने जर्मन और अंग्रेज पायलटों के बीच भारी लड़ाई देखी। दुर्भाग्य से, मित्र देशों के कुछ हवाबाजों को जलते हुए जहाज से बाहर कूदना पड़ा। हमारे दूधवाले ने, जो हाफवेग में रहता है, चार कनाडावासियों को सड़क के किनारे बैठे देखा, उनमें से एक बड़ी सफाई से डच बोल रहा था। उसने दूधवाले से सिगरेट जलाने के लिए माचिस माँगी, फिर उसे बताया कि उनके दल में छह लोग थे। पायलट तो जलने के कारण मर गया और पाँचवाँ सदस्य कहीं छिपा हुआ था। जर्मन सुरक्षा बल के लोग चार बचे हुए लोगों को उठाने के लिए आ गए, उनमें से कोई घायल नहीं था। जलते हुए जहाज से पैराशूट लगाकर कूदनेवाले में ऐसा प्रत्युत्पन्नमतित्व कैसे हो सकता है ?

हालाँकि निस्सन्देह बेहद गर्मी है, फिर भी हमें हर दूसरे दिन सब्जियों के छिलके और बाकी बची-खुची सामग्री जलानी पड़ती है। हम कूड़ेदान में कुछ भी नहीं फेंक सकते क्योंकि हो सकता है कि भंडारघर में काम करनेवाले लोग इसे देख लें। सावधानी हटी

नहीं कि हमें भुगतना पड़ सकता है।

विश्वविद्यालय में पढ़नेवाले सभी छात्रों से इस आधिकारिक बयान पर दस्तखत करने के लिए कहा गया है कि अब से 'वे जर्मनों के साथ सहानुभूति रखते हैं और नए आदेश को स्वीकार करते हैं।' अस्सी प्रतिशत लोगों ने अपनी अन्तरात्मा की आवाज को मानने का फैसला किया है, लेकिन इसकी सजा बड़ी सख्त होगी। जो भी छात्र इस पर हस्ताक्षर करने से मना करता है उसको जर्मनी के लेबर कैंपों में भेज दिया जाएगा। फिर हमारे देश के नौजवानों का क्या होगा अगर उनको जर्मनी में कड़ी मेहनत करनी पड़ेगी ?

कल रात बन्दूकों की आवाजें इतनी अधिक थीं कि माँ ने खिड़की बन्द कर ली; मैं पिम के बिस्तर में थी। अचानक, ठीक अपने सिर के ऊपर मैंने मिसेज फॉन डॉन की धड़ाम से गिरने की आवाज सुनी, मानो उनको मौश्चे ने काट खाया हो। इसके बाद एक जोर की आवाज हुई, लगा जैसे कोई बम मेरे बिस्तर में आ गिरा हो।

'लाईट ! लाईट' मैं चीख पड़ी।

पिम ने लैंप जलाया। मैं सोच रही थी कि लपटों से यह कमरा एक मिनट में फट पड़ेगा। मगर कुछ भी नहीं हुआ। हम सब ऊपर देखने गए कि क्या हो रहा है। मिस्टर और मिसेज फॉन डॉन ने खुली खिड़की से लाल गोला देखा, और मिस्टर फॉन डॉन ने सोचा कि आसपास ही कहीं आग है, जबकि मिसेज फॉन डॉन तो यह मान बैठी थीं कि हमारे घर में आग लग गई है। मिसेज फॉन डॉन पहले से ही घुटने मोड़े खड़ी थी कि यह धमाका हुआ। डुसेल सिगरेट पीने के लिए ऊपर ही रुक गए, और हम लोग बिस्तरों में घुस गए। 15 मिनट से भी कम समय के भीतर गोलीबारी फिर शुरू हो गई। मिसेज फॉन डी. बिस्तर से निकल पड़ीं और नीचे डुसेल के कमरे में उस सुख की तलाश में गईं जो उनको अपने पति से नहीं मिला था। डुसेल ने यह कहते हुए उनका स्वागत किया, 'मेरे बिस्तर में आ जाओ, मेरी बच्ची।'

हमारी हँसी फूट पड़ी, बन्दूकों की आवाजों का हमें कोई डर नहीं रह गया था; हमारा सारा डर दूर हो गया था।

तुम्हारी, अने

रविवार, 13 जून 1943

प्यारी किटी,

पापा ने मेरे जन्मदिन पर जो कविता लिखी वह इतनी अच्छी है कि उसे अपने तक ही नहीं रखा जा सकता।

क्योंकि पिम केवल जर्मन में कविताएँ लिखते हैं, मारगोट ने उसके डच अनुवाद में सहायता की। खुद ही देख लो कि मारगोट ने रश्क करने लायक काम किया है या नहीं ! इसका आरम्भ तो साल भर की घटनाओं की समीक्षा से होता है और फिर यह इस रूप

में आगे चलती है :

भले हमलोगों में सबसे छोटी है, लेकिन बच्ची नहीं है अब
तुम्हारा जीवन हो सकता है प्रयत्नशील, हमारा कामकाजी
तुम्हारा शिक्षक बनना बड़ा उबाऊ है।
हमें इसका अनुभव हो चुका है ! मुझसे पूछो !
हमलोग यह सब पहले कर चुके हैं, तुमने देखा।
हम रास्ते जानते हैं, हम खेल जानते हैं।
क्योंकि समय कभी एक समान नहीं रहता।
अपनी कमियाँ कुछ भी नहीं,
लेकिन दूसरों की गलतियाँ पहाड़ जैसी।
जब हमारी गलती होती है, तो गलती ढूँढ़ना आसान होता है,
लेकिन तुम्हारे माता-पिता के लिए यह मुश्किल काम होता है,
वे तुम्हारे साथ उचित और प्यार भरा व्यवहार करें;
गलती ढूँढ़ना एक ऐसी आदत है जिससे पीछा छुड़ाना मुश्किल है।
लेकिन जब आप अपने पुराने साथियों के साथ रह रहे हों,
तो नजरअंदाज कर देना ही उचित होता है।
गोली भले कड़वी हो, लेकिन उसे निगल ही लेना चाहिए।
यह शान्ति के लिए आवश्यक है।
यहाँ के कई महीने तुम्हारे व्यर्थ नहीं गए,
तुम दिन भर पढ़ती रहती हो और
मुतमइन हो कि तुम्हें किसी तरह की ऊब न हो।
यह सवाल जरूर जरा मुश्किल है
न कहते बने और न सुनते बने
मेरे पास निकर नहीं बचे हैं, मेरे कपड़े तंग हो गए हैं,
मेरे कपड़े तार-तार हो चुके हैं, देखने लायक है यह सब !
जूते पहनने के लिए मुझे अपने टखने काटने हैं,
ओह डियर, मैं कितनी परेशानियों से घिरा हूँ !'

इस कविता का जो भोजन वाला हिस्सा है उसको गीतों में ढालने में मारगोट को कुछ मुश्किल पेश आई, इसलिए मैं इसे छोड़ रही हूँ। लेकिन इस सबके बावजूद तुमको यह नहीं लगता कि यह एक अच्छी कविता है।

इसके अलावा, मेरा सिर पूरी तरह फिर चुका है और मुझे ढेर सारे प्यारे-प्यारे तोहफे मिले हैं जिसमें एक मेरे प्रिय विषय ग्रीक और रोमन मिथकशास्त्र को लेकर भी है। मैं मिठाइयों की कमी की शिकायत कर नहीं सकती हूँ; सबने छककर खाई। इस जगह पर सबसे छोटी होने के कारण मुझे जरूरत से ज्यादा मिला।

तुम्हारी, अने

मंगलवार, 15 जून 1943

प्यारी किटी,

ढेर सारी बातें हुई हैं, लेकिन मैं अक्सर सोचती हूँ कि नीरस बातें करके तुमको उबा देती हूँ। और यह भी कि अब तुमको मैं कम ही चिट्ठी लिख पाऊँगी। इसलिए मैं संक्षेप में समाचार दे देती हूँ।

मिस्टर फोस्क्यूल के फोड़े का ऑपरेशन आखिरकार नहीं हो पाया। जब डॉक्टरों ने ऑपरेशन टेबल पर चीर-फाड़ शुरू की तो उन्होंने पाया कि उनको कैंसर था। वह इतना बढ़ चुका था कि ऑपरेशन करने से कुछ फायदा नहीं होनेवाला था। इसलिए डॉक्टरों ने उनके टाँके वापस सिल दिए, उन्हें तीन सप्ताह तक अस्पताल में रखा, अच्छी तरह खिलाया-पिलाया और वापस भेज दिया। लेकिन उनसे कभी न भूली जानेवाली गलती हो गई; उन्होंने उस बेचारे को सब कुछ बता दिया। वह अब और काम नहीं कर सकते, घर पर ही बैठे रहना चाहते हैं, अपने आठ बच्चों से घिरे आनेवाली मौत का रोना रोते रहते हैं। मुझे उनको लेकर बड़ा अफसोस होता है और इस बात पर चिढ़ भी होती है कि मैं बाहर नहीं जा सकती, अन्यथा, मैं उनके पास बार-बार जाती और दिमाग से इन सब बातों को हटा पाने में उनकी मदद कर पाती। वे अब हमें यह नहीं बता सकते कि भंडारघर में क्या-कुछ हो रहा है जोकि हमारे लिए एक बड़ी दुर्घटना है। जब भी सुरक्षा मानकों की बात आती थी तो मिस्टर फोस्क्यूल इस मामले में हमारी सहायता के बड़े माध्यम रहे। हम उनकी कमी बहुत अधिक महसूस करते हैं।

अगले महीने हमें शासनाधिकारियों को रेडियो सौंप देना होगा। मिस्टर क्लाइमान के घर में एक छोटा-सा रेडियो छिपा हुआ है जिसे वे हमारे सुन्दर फिलिप्स रेडियो से बदलनेवाले हैं। अफसोस की बात है कि हमें अपना बड़ा वाला रेडियो छोड़ना पड़ेगा लेकिन जब आप अज्ञातवास में हों तो यह तो नहीं ही चाहेंगे कि शासनाधिकारी आपके सिर पर आ जाएँ। जाहिर है कि हम 'छुटकू' रेडियो ऊपर ही रखेंगे। जब पहले से ही गुप्त यहूदी और गुप्त धन है तो गुप्त रेडियो की क्या बात है ?

सारे देश में लोग अपने 'उत्साहवर्धक' रेडियो के बदले पुराने रेडियो लेना चाह रहे हैं। यह सच है कि बाहर से आनेवाली खबरें बुरी से बुरी होती जा रही हैं। ऐसे में रेडियो अपनी जादुई आवाज से हमें हिम्मत न हारने और लगातार स्वयं को ऐसा दिलासा देने में सहायता करती है कि 'मुस्कराती रहो, अपनी भावनाओं को ऊँचा बनाए रखो, चीजों को बेहतर होना ही है।'

तुम्हारी, अने

रविवार, 11 जुलाई 1943

प्यारी किटी,

बच्चों को पालने के विषय पर वापस लौटते हुए (असंख्य बार) मैं तुमको बता दूँ कि मैं अपनी तरफ से पूरी तरह से मददगार, दोस्ताना और सदय हो गई हूँ और हर सम्भव यह कोशिश कर रही हूँ कि डाँट-फटकार कुछ कम हो सके। यह कोई आसान नहीं है कि आदर्श बच्चा बनने की कोशिश की जाए, वह भी उन लोगों के साथ जिनके बीच आप एक पल भी नहीं रह सकते और आप उनके एक शब्द से भी सहमत न हों। लेकिन मुझे लगता है कि थोड़ा-सा पाखंड मुझे आगे ले जा सकता है बजाय अपने उस पुराने ढंग के जिसमें जैसा सोचा वैसा कह देती थी। (हालाँकि न तो कोई मेरी राय लेता है और न ही किसी रूप में कोई परवाह ही करता है।) जाहिर है, मैं अक्सर अपने आपको भूल जाती हूँ और गुस्सा दबाना मुझे असम्भव लगने लगता है, इस बार ऐसा करूँगी कि अगले महीने से वे सब कहें कि मैं दुनिया की सबसे प्यारी लड़की हूँ। तुम्हें नहीं लगता कि कभी-कभी मुझे सताया जाता है ? यह अच्छी बात है कि मैं रोने-धोने वाली नहीं हूँ क्योंकि तब हो सकता है मैं रूखी और गुस्सैल हो जाती। मैं अक्सर उनकी डाँट-फटकार का कोई हँसने वाला पहलू पकड़ लेती हूँ लेकिन यह सब तब आसान होता है जब किसी और को कोयले पर घसीटा जा रहा होता है।

इसके अलावा, मैंने फैसला किया है (काफी सोच-विचार करके) कि शार्टहैंड छोड़ दूँ। पहला, ताकि मेरे पास अन्य विषयों के लिए काफी समय रहे, और दूसरे, अपनी आँखों के कारण। यह एक दुखद कहानी है। मेरी आँखें बड़ी कमजोर हो गई हैं और काफी पहले मुझे चश्मा लगा लेना चाहिए था। (क्या मैं उल्लू का पट्ठा लगूँगी) लेकिन जैसा कि तुम जानती हो अज्ञातवास में लोग...

कल सब मेरी आँखों के बारे में ही चर्चा कर रहे थे। मारगोट ने यह सुझाव दिया कि मैं मिसेज क्लाइमान के साथ विशेषज्ञ के यहाँ जाऊँ। इसे सुनकर मेरे घुटने काँपने लगे क्योंकि यह कोई छोटी बात नहीं है। बाहर जाना। जरा सोचिए, सड़क पर चलते हुए। मैं इसकी कल्पना नहीं कर सकती। पहले तो मैं दुखी हुई, फिर खुश। लेकिन यह सब इतना आसान भी नहीं है; क्योंकि विभिन्न स्तरों पर इसे तय किया जाना था, इसलिए जल्दी फैसला लेने में देरी हो रही थी। वे पहले हर तरह की परेशानियों और मुश्किलों को देख लेना चाहते थे जबकि मीप तो तत्काल मेरे साथ खाली पेट चलने को तैयार थी। इस बीच मैंने अपना मटमैला कोट वार्डरोब से निकाल लिया लेकिन वह इतना छोटा है कि लगता है जैसे वह मेरी छोटी बहन का हो। उसका किनारा तो गिरा लिया, फिर भी उसका बटन मैं बन्द नहीं कर सकी। मैं समचुच यह देखने को उत्सुक हूँ कि वे क्या तय करते हैं, मुझे नहीं लगता कि वे कोई योजना तैयार कर पाएँगे क्योंकि ब्रिटिश सिसिली में आ चुके हैं और पिता को लग रहा है कि अब समाप्ति का समय आ गया है।

बेप मारगोट और मुझे दफ्तर का काफी सारा काम करने को दे रही है। इससे हम

लोग अपने आपको कुछ महत्त्वपूर्ण तो समझने ही लगते हैं, उसकी भी अच्छी मदद हो जाती है। फ़ाईल में चिट्ठी लगाने और बिक्री पुस्तिका में दर्ज करने का काम कोई भी कर सकता है, लेकिन हम इस काम को बड़ी सफाई से करते हैं।

मीप को इतना कुछ लादकर लाना पड़ता है कि वह लद्दू लगने लगती है। वह लगभग हर दिन सब्जियों की तलाश में जाती है और बड़े-बड़े झोलों में सामान भरकर साईकिल से लौटती है। हर शनिवार वही अपने साथ पाँच किताबें लेकर आती है। हम लोग शनिवार का इन्तजार करते हैं, क्योंकि उसका मतलब होता है किताबें। हम लोग तोहफे के मामले में छोटे-छोटे बच्चों की तरह हैं। सामान्य लोग यह नहीं समझ सकते कि किताबें उनके लिए कितना मायने रखती हैं जो कैद में हैं। कष्ट से ध्यान बँटाने का हमारा माध्यम पढ़ना और बेतार का तार सुनना ही है।

तुम्हारी, अने

गुरुवार, 13 जुलाई 1943

सबसे अच्छी छोटी मेज।

कल दोपहर पिता ने मुझे इस बात की आज्ञा दे दी कि मैं डुसेल से पूछूँ कि क्या वे मुझे इसकी अनुमति प्रदान करेंगे (देखो कितनी विनम्र हूँ मैं !) कि सप्ताह में दो दिन दोपहर 4 से 5:30 तक अपने कमरे की मेज का उपयोग कर सकूँ। मैं वैसे भी वहाँ रोज 2:30 से चार बजे तक बैठती हूँ जब डुसेल झपकी लेते हैं, बाकी समय वह कमरा और वह मेज दोनों ही मुझसे दूर रहते हैं। दोपहर में बगल के कमरे में पढ़ना असम्भव होता है क्योंकि वहाँ काफी कुछ होता रहता है। इसके अलावा, कभी-कभी पिता भी दोपहर के दौरान डेस्क पर बैठना चाहते हैं।

यह अनुमति उचित ही प्रतीत होती थी और मैंने डुसेल से बहुत प्यार से पूछा। तुमको क्या लगता है उस महान विद्वान का क्या जवाब था ? 'नहीं।' एकदम सादा 'नहीं।'

मुझे तो गुस्सा आ गया और मैं इस तरह से मना कर दिए जाने का कारण समझ नहीं पा रही थी। मैंने उनके 'नहीं' का कारण जानना चाहा, पर कोई फायदा नहीं हुआ। उनके जवाब का सार यह था कि 'मुझे भी तो पढ़ना होता है, और अगर मैं दोपहर में न पढ़ पाऊँ तो फिर एकदम नहीं पढ़ सकता। मुझे पढ़ाई पूरी करनी है, मैंने इसके लिए स्वयं को तैयार कर लिया है; अन्यथा शुरू करने का कोई मतलब नहीं है। इसके अलावा, तुम पढ़ाई को लेकर गम्भीर भी नहीं हो। मिथक—यह भी कोई चीज है। पढ़ने और बुनने का कोई मतलब वैसे भी नहीं होता। मैं मेज का उपयोग करने वाला हूँ और उसे एकदम नहीं छोड़ने वाला हूँ !'

मैंने जवाब दिया, 'मिस्टर डुसेल, मैं अपने काम को गम्भीरता से लेती हूँ। मैं बगल

के कमरे में दोपहर में नहीं पढ़ सकती, और मुझे अच्छा लगेगा अगर आप मेरे इस अनुरोध पर फिर से विचार करें।'

इन शब्दों को कहने के बाद अपमानित अने इस तरह पीछे की ओर मुड़ गई मानो विद्वान डॉक्टर वहाँ हों ही नहीं। मैं गुस्से से काँप रही थी और मेरा मानना था कि डुसेल बड़े रूखे ढंग से पेश आए, जबकि मैं बड़ी शालीनता से बात कर रही थी।

उस शाम जब मैं पापा के पास गई तो मैंने उनको बताया कि क्या हुआ और उनसे यह चर्चा भी की कि मेरा अगला कदम क्या होना चाहिए, क्योंकि इस मामले को छोड़ने का मेरा कोई इरादा नहीं था और मैं इसे अपने स्तर पर ही सुलटाना चाहती थी। पिम ने मुझे मोटे तौर पर यह बताया कि डुसेल से किस तरह निपटना चाहिए लेकिन मुझे यह चेतावनी भी दी कि अगले दिन तक इन्तजार कर लूँ, जबकि मैं बड़ी जल्दी में थी। मैंने इस सुझाव के अन्तिम अंश पर ध्यान ही नहीं दिया और प्रशाधन के बाद डुसेल की प्रतीक्षा करने लगी। पिम बगल के कमरे में शान्त बैठे थे।

मैंने कहना शुरू किया, 'मिस्टर डुसेल, ऐसा लगता है कि इस मामले में आप आगे चर्चा नहीं करना चाहते हैं लेकिन मैं आपसे विनती करती हूँ कि आप इस पर फिर से विचार करें।'

डुसेल ने मुस्कुराते हुए मेरी ओर देखा और कहा, 'मैं हमेशा किसी भी विषय पर बातचीत के लिए तैयार रहता हूँ, चाहे वह निबट ही क्यों न गया हो।'

डुसेल द्वारा बार-बार व्यवधान डालने के बावजूद मैं बोलती रही। 'जब आप पहले-पहल यहाँ आए तो मैं इस बात पर सहमत हो गई थी कि कमरा हम दोनों द्वारा साझा किया जाएगा। अगर इसे ईमानदारी से बाँटा जाए तो आपके पास पूरी सुबह होगी और मेरे पास सारी दोपहर। मैं ज्यादा के लिए नहीं कह रही हूँ, लेकिन सप्ताह में दो दोपहरें मेरे लिए काफी होंगी।'

डुसेल अपनी कुरसी से ऐसे उठ गए जैसे उनको सूई चुभ गई हो। 'इस कमरे को लेकर अपने अधिकार की बात करने का हक तुम्हारा नहीं है। मैं कहाँ जाऊँ ? मुझे मिस्टर फॉन डॉन से कहना पड़ेगा कि मेरे लिए अटारी में कुछ इंतजाम कर दें। केवल एक तुम ही नहीं हो जिसको काम करने के लिए शान्त स्थान नहीं मिल पा रहा है। तुम हमेशा लड़ने के लिए तैयार रहती हो। तुम्हारी बहन को तुमसे ज्यादा काम का स्थान पाने का अधिकार है, अगर वह मुझसे आकर यही विनती करती तो मैं शायद मना करने के बारे में नहीं सोचता, पर तुम...'

वे एक बार फिर मिथक और बुनाई के विषय पर लौट आए और एक बार फिर अने को अपमानित होना पड़ा। लेकिन मैंने ऐसा जाहिर नहीं होने दिया और डुसेल को अपनी बात पूरी करने दी : 'लेकिन, नहीं, तुमसे तो बात करना ही असम्भव है। तुम बुरी तरह से आत्मकेन्द्रित हो। तुम्हारे लिए कोई फर्क नहीं पड़ता, जब तक तुम अपना रास्ता नहीं पा लेती। मैंने इस तरह का कोई बच्चा नहीं देखा। तमाम चीजों के बावजूद मैं तुम्हारी माँग पूरी करूँगा क्योंकि मैं नहीं चाहता कि बाद में लोग मुझे कहें कि अने फ्रांक परीक्षा में इसलिए फेल हो गई क्योंकि डुसेल ने अपनी मेज नहीं दी।''

बाद में तो वे शब्दों की ऐसी बौछार करने लगे कि मुझे कुछ भी याद नहीं रह सका। एक क्षण के लिए मैंने सोचा कि उनका बेढब मग ऐसे उछालकर फेंकूँ कि वह दीवार से जा टकराए। लेकिन अगले ही क्षण मैंने सोचा, 'शान्त हो जाओ, इसके लिए इतना परेशान होने की कोई जरूरत नहीं है।'

काफी समय बाद मिस्टर डुसेल का गुस्सा शान्त हुआ और वे कमरे से गुस्से और विजय के भाव के साथ बाहर निकले तो उनके कोट की जेब में खाना भरा हुआ था।

मैं दौड़ती हुई पिता के पास गई और उनको सारी कहानी बताई, या कम से कम वे हिस्से जिसे वे खुद नहीं सुन पाए थे। पिता ने उसी शाम डुसेल से बात करने का निश्चय किया और उन्होंने आधे घंटे से अधिक समय बातचीत की। उन्होंने पहले इस पर चर्चा की कि अने को मेज का इस्तेमाल करने देना चाहिए या नहीं। पिता ने बताया कि इस विषय पर वे और मिस्टर डुसेल पहले भी एक बार चर्चा कर चुके हैं, उस बार वे डुसेल से इसलिए सहमत हो गए थे क्योंकि वे नहीं चाहते थे कि बच्चे के सामने बड़े की बात काटी जाए, लेकिन तब भी यह बात उनको उचित नहीं लगी थी। डुसेल का कहना था कि मुझे इस बात का कोई अधिकार नहीं है कि मैं इस तरह की बात करूँ जैसे वे कोई घुसपैठिए हों जो हर बात पर दावा जता रहे हों। पिता ने इस बात का कड़ा प्रतिरोध किया क्योंकि उन्होंने मुझे ऐसा कुछ भी कहते नहीं सुना था, इसी तरह बातचीत आगे-पीछे चलती रही, पिता ने मेरे 'स्वार्थीपने' और मेरी 'फालतू गतिविधियों' का बचाव किया, डुसेल सारे समय भुनभुनाते रहे।

डुसेल को आखिरकार इजाजत देनी पड़ी और मुझे सप्ताह में दो दोपहर बिना व्यवधान के काम करने की इजाजत मिल गई। डुसेल का चेहरा बड़ा उतरा-उतरा लग रहा था, दो दिनों तक उन्होंने मुझसे बात नहीं की, और यह बात उन्होंने पक्के तौर पर कही कि 5 से 5.30 तक वे मेज पर कब्जा जमा लेंगे—जाहिर है, सब कुछ बचकाना।

कोई व्यक्ति जो 54 साल की उम्र में इतना ओछा और पंडिताऊ हो, जो इसी तरह पैदा हुआ हो और वह कभी नहीं बदलनेवाला।

शुक्रवार, 16 जुलाई 1943

प्यारी किटी,

एक बार फिर ताला तोड़ने की घटना हुई, और इस बार सचमुच हुई। पीटर भंडार में आज सुबह सात बजे गया, हमेशा की तरह, और उसने पाया कि सड़क की ओर के भंडारघर के दोनों दरवाजे खुले पड़े थे। उसने इसकी सूचना तुरन्त पिम को दी। वे निजी दफ्तर में गए, रेडियो पर एक जर्मन स्टेशन लगाया और दरवाजे को अन्दर से बन्द कर दिया। फिर वे दोनों ऊपर वापस चले गए। ऐसे मामले में हमारे लिए आदेश है कि न तो नहाया-धोया जाए, न ही पानी चलाया जाए, चुप रहा जाए, आठ बजे तक तैयार हो जाया जाए और शौचालय न जाया जाए, हमेशा की तरह हमने इस सबका पालन

भी किया। हम सब खुश थे कि हम इतनी अच्छी तरह सोए कि हमें कुछ पता भी न चल पाया। कुछ देर के लिए हम सभी दीन-हीन हो गए थे क्योंकि नीचे दफ्तर से ऊपर सुबह कोई भी नहीं आया। मिस्टर क्लाइमान ने हमें 11:30 बजे तक ऊहापोह में रखा। उन्होंने बताया कि चोरों ने बाहर का दरवाजा और भंडारघर का दरवाजा चिमटे से खोल तो लिया, लेकिन जब उनको चुराने लायक कुछ भी नहीं मिला, तो उन्होंने बगल के घर में किस्मत आजमाने का फैसला किया। वे अपने साथ दो कैश-बॉक्स ले गए, जिसमें 40 गिल्डर, खाली चेकबुक और सबसे बढ़कर 300 पौंड चीनी के कूपन भी थे। नया लेना आसान नहीं होगा।

मिस्टर कूगलर सोचते हैं कि ये वही चोर हैं जिन्होंने 6 सप्ताह पहले तीनों दरवाजों को तोड़ने का असफल प्रयास किया था (भंडारघर का दरवाजा और बाकी दोनों दरवाजे)।

चोरी की इस घटना ने कुछ और उत्तेजना फैलाई, लेकिन हमारे इस ठिकाने में खूब उत्तेजना हो गई है। स्वाभाविक है कि हम लोग इस बात से खुश हैं कि टाईपराइटर और 'कैश रजिस्टर' आलमारी में सुरक्षित रखे गए हैं।

तुम्हारी, अने

नोट : सिसिली में प्रवेश। एक और कदम नजदीक... !

सोमवार, 19 जुलाई 1943

प्यारी किटी,

उत्तरी एम्सटर्डम में रविवार को जमकर बमबारी हुई। बड़े पैमाने पर विनाश हुआ। पूरी सड़क बर्बाद हो चुकी है, लाशों को ढूँढ़ निकालने में कुछ समय लग जाएगा। अब तक 2000 लोग मारे गए और असंख्य घायल हुए; अस्पताल घायलों से भरे हुए हैं। हमें बताया गया है कि बच्चे मलबों में दबे अपने मृत माता-पिताओं को ढूँढ़ रहे हैं। मेरी अब भी इस भिनभिनाहट को सुनकर कँपकँपी छूट जाती है, क्योंकि इसका मतलब आनेवाला विनाश है।

शुक्रवार, 23 जुलाई 1943

बेप अब अभ्यास पुस्तिकाओं, पत्रिकाओं और खाता-बही आदि को ला पाने में समर्थ है, जो मेरी बुक-कीपिंग के लिए अच्छा है। दूसरे प्रकार की भी पुस्तिकाएँ बिक रही हैं। लेकिन यह मत पूछो कि वे किस प्रकार की हैं और कितने दिन चलेंगी। इस समय उन पर यह लेबल लगा हुआ है कि इसे खरीदने के लिए किसी प्रकार के कूपन की कोई आवश्यकता नहीं है। किसी अन्य चीज की तरह इसे आप बिना राशन टिकट के खरीद

सकते हैं, वे एकदम बेकार हैं। उनमें 12 मटमैले पृष्ठ हैं और आड़ी-तिरछी लकीरें बनी हुई हैं। मारगोट कैलीग्राफी का पाठ्यक्रम करने के बारे में सोच रही है, मैंने उसे करने की सलाह दी। माँ मुझे मेरी आँखों के कारण यह नहीं करने देगी। पर मुझे यह फालतू लगता है। चाहे मैं यह करूँ या कुछ और, बात वही आ जाती है।

किटी, चूँकि तुमने कोई युद्ध नहीं देखा है, और तुम अज्ञातवास के जीवन के बारे में भी बहुत कम जानती हो, इसके बावजूद मैं अपने पत्रों के माध्यम से मजे के लिए तुम्हें बताना चाहती हूँ कि बाहर निकलने पर सबसे पहले हम क्या करना चाहते हैं।

मारगोट और मिस्टर फॉन डॉन सबसे पहले गर्म पानी के हौज में नहाना चाहते हैं, लबालब भरे हौज में, जिसमें वे आधे घंटे से अधिक तक लेट सकें। मिसेज फॉन डॉन केक खाना चाहती हैं, डुसेल कुछ नहीं बस शारलॉट को देखना चाहते हैं, और माँ एक कप असली कॉफी के लिए तरस रही हैं। पिता मिस्टर फोस्क्यूल के यहाँ जाना चाहते हैं, पीटर शहर जाना चाहेगा, और जहाँ तक मेरा अपना सवाल है, मैं इतनी खुश हूँ कि मुझे समझ नहीं आ रहा कि शुरुआत कहाँ से करूँ।

सबसे बढ़कर मैं अपने घर में रहने को तरस रही हूँ, कि खुलकर घूम-फिर सकूँ और अन्त में, कोई मेरे होमवर्क में मदद करे। दूसरे शब्दों में, वापस स्कूल जाना चाहती हूँ।

बेप ने हमें कम दामों पर मिलनेवाले कुछ फल लेने का सुझाव दिया : अंगूर 2.50 गिल्डर में एक पौंड, गूजबेरी 70 सेंट का एक पौंड, एक खरबूजा 50 सेंट, तरबूजा 75 सेंट का एक पौंड। आश्चर्य नहीं कि अखबारों में हर शाम बड़े-बड़े अक्षरों में छपता है : 'ईमानदार रहो और कीमत कम रखो।''

सोमवार, 26 जुलाई 1943

प्यारी किटी,

कल बड़ा उधम भरा दिन रहा और हम सब लोग अभी तक उसी उत्तेजना से भरे हैं। वास्तव में, तुमको यह जानकर आश्चर्य होगा कि यहाँ शायद ही कोई दिन ऐसा बीतता हो जो उत्तेजना से भरा न होता हो।

चेतावनी का पहला सायरन तब बजा जब हम लोग नाश्ता कर रहे थे, लेकिन हम लोगों ने कोई ध्यान नहीं दिया क्योंकि इसका मतलब यही था कि जहाज तट से गुजरने वाले हैं। मुझे जबरदस्त सिरदर्द हुआ, इसलिए नाश्ता करने के बाद मैं एक घंटे लेट गई और फिर दफ्तर 2 बजे के करीब गई। ढाई बजे के करीब जब मारगोट दफ्तर का अपना काम समाप्त करके सामान समेट रही थी कि सायरन फिर से बज उठा। इसलिए वह और मैं ऊपर की ओर भागे। पाँच मिनट के बाद ही बन्दूकें इस तरह से गरज उठीं कि हम भागकर गलियारे में खड़े हो गए। घर हिल गया और बम गिरते रहे। मैं अपना भागने का बक्सा सँभाले थी क्योंकि भागने से ज्यादा मैं हाथ में कुछ पकड़कर रखना

चाहती थी। मैं जानती हूँ कि हम लोग यहाँ से नहीं जा सकते, और अगर भागना पड़ा तो सड़क पर दिखाई दे जाना उतना ही खतरनाक है, जितना हवाई हमले में मर जाना। आधे घंटे के बाद इंजनों की गड़गड़ाहट कम होने लगी और घर की गतिविधियाँ फिर से शुरू हो गईं। पीटर अटारी में अपने छुपने के स्थान से निकलकर आ गया। डुसेल सामने के दफ्तर में ही रहे, मिसेज फॉन डॉन को सबसे सुरक्षित निजी दफ्तर लगता था। मिस्टर फॉन डॉन दीर्घा से देख रहे हैं और हम लोग झुककर बंदरगाह से उठता धुएँ का गुबार देख रहे हैं। काफी देर पहले से आग की गन्ध चारों ओर फैली थी और बाहर देखकर ऐसा लग रहा था मानो सारा शहर गहरे कोहरे में बन्द हो।

इस तरह की बड़ी आग कोई अच्छा इशारा नहीं है, लेकिन हमारे भाग्य से यह सब समाप्त हो चुका था और हम सब अपने-अपने काम पर लौट गए। जब हम रात के खाने के लिए बैठ रहे थे, तभी हवाई हमले की एक और चेतावनी हुई। खाना अच्छा था, पर जैसे ही मैंने सायरन की आवाज सुनी, मेरी भूख ही मर गई। कुछ भी नहीं हुआ, बहरहाल 45 मिनट के बाद सब कुछ सामान्य का सायरन गूँजा। हाथ-मुँह धोने के समय हवाई हमले की एक और चेतावनी आई, गोलियाँ चलने लगीं और हवाई जहाज की आवाजें आने लगीं। 'हे भगवान, एक दिन में दो-दो बार,' हमने सोचा, 'यह दो बार तो काफी है।' इसने हमारा थोड़ा भला किया, बमों की वर्षा एक बार फिर हुई पर इस बार शहर के दूसरे सिरे पर। ब्रिटिश रिपोर्ट के मुताबिक सिफॉल हवाई अड्डे पर बमबारी हुई। हवाई जहाज कलाबाजी खा रहे थे, हवा में उनके इंजनों की आवाज गूँज रही थी। यह सब बड़ा डरावना था, सारे समय मैं सोचती रही कि 'अब आया, ये आया।'

मैं तुम्हें सुनिश्चित कर देना चाहती हूँ कि जब मैं 9 बजे बिस्तर पर गई तो मेरे पाँव उस वक्त भी काँप रहे थे। आधी रात को मैं फिर से जग पड़ी। कुछ और हवाई जहाज थे। डुसेल कपड़े बदल रहे थे लेकिन पहली बोली की आवाज पर ही मैं एकदम उठ गई। मैं एक बजे तक पिता के बिस्तर में रही, फिर डेढ़ बजे तक अपने बिस्तर में और दो बजे फिर से पिता के बिस्तर में चली गई। लेकिन जहाज आते ही जा रहे थे। आखिरकार गोलियों की आवाज बन्द हो गई और मैं अपने 'घर' लौट पाने में सक्षम हुई। अन्ततः मैं ढाई बजे सो पाई।

सात बजे। मैं बिस्तर पर उठकर बैठी। मिस्टर फॉन डॉन पिता के साथ थे। पहले मुझे लगा कि चोर होंगे। 'सब कुछ,' मैंने सुना, मिस्टर फॉन डॉन कह रहे हैं, और फिर मुझे लगा कि सब कुछ चोरी चला गया है। लेकिन नहीं, इस बार खबर काफी अच्छी थी। महीनों बाद हमारे पास आनेवाली सबसे अच्छी खबर, शायद युद्ध होने के बाद की सबसे अच्छी खबर। मुसोलिनी ने इस्तीफा दे दिया है और इटली के राजा ने सत्ता सँभाल ली है।

हम खुशी से उछल पड़े। कल की भयानक घटनाओं के बाद कुछ तो अच्छा हुआ जिससे कुछ उम्मीद जगी। युद्ध समाप्त होने की उम्मीद, शान्ति की उम्मीद। मिस्टर कूगलर आए और उन्होंने बताया कि फोक्कर हवाई जहाज निर्माण कारखाने पर जबरदस्त हमला हुआ है। इस बीच आज सुबह हवाई हमले की एक और चेतावनी आई,

फिर जहाज उड़ने लगे और चेतावनी का एक और सायरन बजा। मैं एकदम नहीं सोई, और काम करने के मूड में नहीं थी। लेकिन अब इटली को लेकर ऊहापोह और यह उम्मीद कि युद्ध इस साल के अन्त तक समाप्त हो जाएगा, हमें जगाए हुए है...

तुम्हारी, अने

गुरुवार, 29 जुलाई 1943

प्यारी किटी,

मिसेज फॉन डॉन, डुसेल और मैं सफाई के काम में लगे थे, मैं एकदम खामोश थी। यह मेरे लिए बड़ा अस्वाभाविक था और वे सब इस बात को लक्ष्य कर रहे थे, इसलिए सवालों से बचने के लिए मैंने सोचा कि किसी सामान्य विषय पर बातचीत की जाए। मैंने सोचा कि *हेनरी फ्रॉम अक्रॉस द स्ट्रीट* शायद इसके लिए उपयुक्त रहेगा, लेकिन मैं इससे ज्यादा गलत नहीं हो सकती थी; मिसेज फॉन डॉन अगर नहीं झपटती तो मिस्टर डुसेल आक्रमण का कोई मौका नहीं चूकते। सारी बात इस तरह से हुई थी; मिस्टर डुसेल ने यह किताब मुझे और मारगोट को लेखन के बेहतरीन उदाहरण के रूप में पढ़ने के लिए दी थी। हमें लगा कि यह और कुछ भी हो, एक बेहतर किताब तो नहीं है। छोटे बच्चे का चित्रण तो अच्छा हुआ है, लेकिन जहाँ तक बाकी का सवाल है...जितना कम कहा जाए उतना ही अच्छा। मैंने इस तरह की कोई बात सफाई के वक्त कही और डुसेल लम्बे व्याख्यान पर उतर आए।

'तुम किसी पुरुष के मनोविज्ञान को कैसे समझ सकती हो ? बच्चे का तो उतना मुश्किल नहीं होता है ! लेकिन तुम उस किताब को पढ़ने के लिहाज से काफी कम उम्र की हो। यहाँ तक कि कोई 20 साल का आदमी भी इसे समझ नहीं सकेगा।' (फिर उन्होंने वह पुस्तक मुझे और मारगोट को पढ़ने के लिए सुझाई क्यों ?)

मिसेज फॉन डॉन और डुसेल का भाषण जारी रहा—'तुम उन चीजों के बारे में काफी कुछ जानती हो जो तुमको नहीं जाननी चाहिए। तुम्हारा लालन-पालन ही ठीक से नहीं हुआ। बाद में, जब तुम कुछ बड़ी हो जाओगी तो तुम किसी भी चीज का आनन्द नहीं उठा पाओगी। तुम कहोगी—'यह मैंने करीब 20 साल पहले किसी किताब में पढ़ा था।' तुम अगर चाहती हो कि किसी के साथ प्यार हो या कोई तुम्हारा पति हो, तो जल्दी से कर लो क्योंकि तुम्हारे लिए सब कुछ निराशाजनक रहने वाला है। सिद्धांत रूप में जो कुछ भी जानने योग्य है वह सब तुम जानती हो। लेकिन व्यवहार में, यह एक अलग कहानी है।'

तुम कल्पना कर सकती हो कि मुझे कैसा लगा होगा ? मैंने शान्तिपूर्वक जवाब देकर खुद को चौंका लिया—'आपको ऐसा लग सकता है कि मेरा लालन-पालन ठीक से नहीं हुआ है, लेकिन अनेक लोग इस बात से असहमति व्यक्त कर सकते हैं।'

वे शायद यह मानते हैं कि अच्छी तरह लालन-पालन का मतलब होता है मुझे अपने

माता-पिता से भिड़ा देना, क्योंकि यही तो वे अक्सर करते हैं। और मेरी उम्र की किशोरियों से वे बातें न बताई जाएँ, जो वयस्कों की हों। हम देख सकते हैं कि क्या होता है जब बच्चों का लालन-पालन इस तरीके से होता है।

उस समय मैं अपना मजाक उड़ाने के लिए उनको थप्पड़ मार सकती थी। मैं उस दिन अपने आपसे ही काफी गुस्से में थी, और अगर मुझे यह पता होता कि और कितने दिन हम लोगों को साथ-साथ रहना है, तो मैं दिन गिनना शुरू कर देती।

मिसेज फॉन डॉन बात करने के खयाल से अच्छी हैं ! ठीक है कि उन्होंने एक उदाहरण पेश किया है—लेकिन गलत। वे काफी चतुर, चालाक, जोड़-तोड़ वाली और लगातार असन्तुष्ट रहनेवाली महिला हैं। घमंडी होने के अलावा इसमें कोई सन्देह नहीं कि वे पूरी तरह से घृणा के योग्य हैं। मैं मैडम फॉन डॉन को लेकर पूरी की पूरी किताब लिख सकती हूँ, और कौन जानता है कि किसी दिन मैं लिखूँ ही। यहाँ कोई भी चाहे तो बाहर से हँसता-मुस्कुराता रह सकता है। मिसेज फॉन डी. अजनबियों से मित्रतापूर्ण व्यवहार करती हैं, विशेषकर पुरुषों से, इसलिए जब आप पहले-पहल उन्हें जानें तो हो सकता है कि उनको समझने में आपसे भूल हो जाए।

माँ सोचती हैं कि वे बेवकूफ हैं, मारगोट उनको महत्त्वहीन मानती है, पिम का कहना है कि वे एकदम बदसूरत हैं (वास्तव में, और डीलडौल के लिहाज से)। काफी दिन देखने के बाद मैं इस नतीजे पर पहुँची हूँ कि वह इन तीनों से भी कुछ ज्यादा ही हैं और इससे अलग भी बहुत कुछ। उनमें इतनी सारी कमियाँ हैं कि मैं क्यों किसी एक कमी पर उँगली डालूँ !

तुम्हारी अने

नोट : क्या पाठक इस बात को ध्यान में रखेंगे कि यह कहानी जब लिखी गई थी तब लेखक का गुस्सा पूरी तरह से उतरा नहीं था ?

मंगलवार, 3 अगस्त 1943

प्यारी किटी,

राजनीतिक मोर्चे पर सब कुछ ठीकठाक चल रहा है। इटली ने फासीवादी पार्टी को प्रतिबंधित कर दिया है। लोग फासीवादियों से काफी स्थानों पर लड़ रहे हैं—यहाँ तक कि सेना भी इस लड़ाई में शामिल हो गई है। इस तरह का देश कैसे इंग्लैंड के विरुद्ध युद्ध चला सकता है ?

हमारा खूबसूरत रेडियो पिछले सप्ताह ले लिया गया। मिस्टर डुसेल मिस्टर कूगलर पर इस बात से काफी नाराज हुए कि उन्होंने नियत दिन उस रेडियो को चला दिया। मेरे अनुमान से मिस्टर डुसेल की हालत में दिन-ब-दिन गिरावट आती जा रही है, और वे अब तक शून्य से नीचे पहुँच चुके हैं। वे राजनीति, इतिहास, भूगोल या किसी और चीज के बारे में जो कुछ भी कहते हैं वह इतना बेतुका होता है कि मैं उसे दोहराने का

साहस भी नहीं जुटा सकती : हिटलर का नाम इतिहास से मिट जाएगा, रौटेरडम का बंदरगाह हैंबर्ग के बंदरगाह से बड़ा है, अंग्रेज अहमक हैं जो इस मौके का फायदा उठाकर इटली में छिट-पुट बमबारी नहीं कर रहे हैं, आदि-आदि।

हमने अभी तीसरा हवाई हमला झेला। मैंने अपने दाँत पीसकर साहसी बनने की कोशिश की।

मिसेज फॉन डॉन वैसे तो कहती रहती हैं कि गिर जाने दो, एक बार में ही बम से मर जाना ज्यादा अच्छा है, मगर वे हम लोगों में सबसे कायर हैं। आज सुबह वे पत्ते की तरह काँप रही थीं और यहाँ तक कि उनके आँसू भी निकल आए थे। उनको उनके पति ने ढाँढ़स बँधाया जिनसे एक सप्ताह के झगड़े के बाद उनकी हाल में ही सहमति बनी थी; मैं यह देखकर द्रवित हो गई।

मौश्चे ने इस बात को निस्सन्देह सिद्ध कर दिया है कि बिल्ली रखने की अपनी सुविधाएँ और असुविधाएँ दोनों ही हैं। सारे घर में पतंगे टहल रहे हैं, और हालात दिन-ब-दिन खराब होते जा रहे हैं। मिस्टर क्लाइमान ने हरेक कोने-अँतरे में एक पीला पाउडर डाला, लेकिन लगता है कि पतंगों ने उस पर कोई खास ध्यान नहीं दिया। इससे हम लोगों की बेचैनी बढ़ती जा रही है; हमें हमेशा अपने हाथ-पैरों या शरीर के किसी भाग पर उनके काट खाने का डर बना रहता है, इसलिए हम उछल-कूद करते रहते हैं और इसी बहाने अपने हाथों और गले को अच्छी तरह से देख लेते हैं। शारीरिक व्यायाम कम करने का असर दिखने लगा है; हम लोग इतने अकड़ गए हैं कि अपनी गर्दन भी नहीं घुमा सकते। असली व्यायाम तो काफी पहले ही छूट चुका है।

तुम्हारी, अने

बुधवार, 4 अगस्त 1943

प्यारी किटी,

अब हमें यहाँ रहते एक साल से ज्यादा समय गुजर चुका है, और तुम हमारे जीवन के बारे में काफी कुछ जानती हो। फिर भी, शायद मैं तुमको सब कुछ नहीं बता सकती हूँ, क्योंकि यह सब सामान्य दिनों के सामान्य जीवन से काफी अलग है। फिर भी, अपने जीवन की अन्तरंग जानकारी देने के लिए मैं समय-समय पर अपने साधारण दिन की कुछ झलकियाँ तुमको देती हूँ। मैं शाम और रात के बारे में अब तुम्हें बताऊँगी।

शाम के नौ बजे। हमारी इस एनेक्सी में सोने का समय हमेशा हबड़तोड़ का होता है। कुर्सियाँ हटाई जाती हैं, बिस्तर बाहर निकाला जाता है, कंबल निकाले जाते हैं—जो भी दिन के वक्त जहाँ होता है रात को वह वहाँ नहीं रह जाता। मैं एक छोटे से दीवान पर सोती हूँ, जो केवल पाँच फीट लम्बा है। इसलिए उसे बड़ा बनाने के लिए हमें उसमें कुछ कुर्सियाँ जोड़नी पड़ती हैं। चादर, तकिए, कंबल, सब डुसेल के बिस्तर से हटाना पड़ता है, जहाँ दिन के वक्त यह सब पड़ा होता है।

बगल के कमरे से जोर-जोर से कड़-कड़ की आवाज आ रही है : यह मारगोट के पलंग के खुलने की आवाज है। अधिक कंबल और तकियों को डालकर लकड़ी के तख्त को और अधिक आरामदेह बनाया जाता है। ऊपर बिजली कड़कने जैसी आवाजें आ रही हैं, लेकिन यह मिसेज फॉन डी. का बिस्तर है जिसे खिड़की के पास लगाया जा रहा है ताकि महारानी अपने गुलाबी शयन परिधान में रात की हवा अपने छोटे नासापुटों से ग्रहण कर सकें।

नौ बजे। पीटर के निकल आने के बाद बाथरूम जाने का अब मेरा समय है। मैं सिर से पैर तक अपनी सफाई करती हूँ। अक्सर सिंक में मुझे पतंगा मिल जाता है (केवल गर्म महीनों, सप्ताहों या दिनों में ही)। मैं अपने दाँत साफ करती हूँ, बाल बनाती हूँ, नाखून साफ करती हूँ और ऊपरी होंठों के बालों को ब्लीच करती हूँ—और यह सब एक घंटे से भी कम समय में।

साढ़े नौ बजे। मैं अपना ड्रेसिंग गाऊन पहन लेती हूँ। एक हाथ में साबुन, दूसरे हाथ में पॉटी, हेयरपिन, नेकर, कर्लर और रुई लिए जल्दी से मैं बाथरूम से बाहर निकलती हूँ। मेरे बाद जाने वाला व्यक्ति अक्सर मुझे बुलाता है, ताकि मैं सिंक में पड़े अपने बाल निकाल लूँ।

दस बजे। ब्लैक आउट स्क्रीन ऊपर करके शुभरात्रि कहने का समय। कम से कम अगले पन्द्रह मिनटों तक घर में बिस्तरों की चरमराहट भर जाती है। और फिर ऊपरवाले पड़ोसी अगर वैवाहिक सुख नहीं उठा रहे हों, तो सब कुछ शान्त हो जाता है।

साढ़े ग्यारह बजे। बाथरूम का दरवाजा कड़कड़ाता है। रोशनी की हल्की-सी लकीर कमरे में पड़ने लगती है। चरमराते जूते, लम्बा कोट, पहनने वाले आदमी से भी बड़ा...डुसेल मिस्टर कूगलर के दफ्तर से रात का काम करके वापस लौट रहे हैं। मैं उन्हें आगे-पीछे करते दस मिनटों तक सुनती हूँ, कागजों की खड़खड़ (आलमारी में रखे जाने से) और बिस्तर तैयार करने से ये आवाजें आ रही हैं। फिर वह आकृति पुनः गायब हो जाती है, अब केवल एक ही आवाज रह गई है, शौचालय से ठहर-ठहर के आती रहस्यात्मक ध्वनि।

करीब तीन बजे। मुझे अपने बिस्तर के नीचे पड़े टीन के इस्तेमाल के लिए उठना पड़ा, सुरक्षा के खयाल से उसके नीचे रबर लगा है, ताकि कहीं वह बहने न लगे। निवृत्त होते वक्त मैं अपनी साँसों को रोक लेती हूँ, क्योंकि टीन में उसकी खड़खड़ाहट ऐसी होती है जैसे कोई पहाड़ी नाला हो। पॉटी अपने स्थान पर लौट चुका है, और सफेद कपड़ोंवाली आकृति अपने बिस्तर पर लौट चुकी है (वह कपड़ा जिसे देखकर हर रात मारगोट कहती है कि इतनी खराब नाईटी !)। निश्चित रूप से कोई पन्द्रह मिनट तक जगा पड़ा रहता है, रात की आवाजें सुनता हुआ। सबसे पहले यह देखना कि नीचे कहीं चोर तो नहीं आ गए, फिर अलग-अलग बिस्तरों को ऊपर-नीचे देखना कि बाकी लोग सोए हैं या आधी नींद में हैं। यह कोई मजाक नहीं है, विशेषकर जब यह डॉ. डुसेल की चिन्ता का हिस्सा हो। पहले, एक ऐसी आवाज आई मानो कोई मछली हवा के लिए तड़फड़ा रही हो, यह नौ या दस बार दोहराया गया। फिर होंठों पर तरलता आ गई।

इसके बाद कुछ समय तक बिस्तर ठीक करने की आवाजें आने लगीं। पाँच मिनट की पूरी शान्ति के बाद यह सब कुछ तीन बार और दोहराया जाता है, इसके बाद वे शायद कुछ देर में सोने की कोशिश में लग जाते हैं।

कभी-कभार रात के समय एक से चार बजे के बीच बन्दूकों की आवाज शान्त हो ज़ाती है। जब तक यह नहीं हुआ था, तब तक मैं जानती नहीं थी लेकिन अचानक मैंने पाया कि मैं बिस्तर के पीछे खड़ी हूँ, सिर्फ आदतवश। कभी-कभार मुझे इतने गहरे सपने आते हैं (अक्सर ये सपने फ्रेंच क्रिया और ऊपर चलनेवाले झगड़ों के होते हैं।) कि लगता है जब मेरा सपना समाप्त होता है तब बन्दूकों की आवाजें बन्द हो चुकी होती हैं और मैं अपने कमरे में शान्तिपूर्वक लेटी हूँ। लेकिन अक्सर मैं जग जाती हूँ। फिर मैं अपना तकिया और एक रूमाल उठाती हूँ, ड्रेसिंग गाउन पहन लेती हूँ, पैरों में चप्पलें डालकर बगल के कमरे में पिता के पास भागकर चली जाती हूँ। ठीक उसी तरह से जैसा मारगोट ने अपनी कविता में वर्णन किया है :

जब रात में गोलियाँ चलने की आवाजें आती हैं,
दरवाजा खुलता दिखाई देता है
रूमाल, तकिया और श्वेत वस्त्रों में
एक आकृति दिखाई देती है...

एक बार जब मैं बड़े बिस्तर के पास पहुँच जाती हूँ तो डर समाप्त हो चुका होता है, सिवाय इसके कि गोलियों की आवाज और अधिक तेज न हो जाए।

छह बजकर पैंतालीस मिनट। अलार्म घड़ी की आवाज जिसकी तीखी आवाज दिन या रात के किसी समय बज उठती है, आप चाहें या न चाहें। मिसेज फॉन डॉन उसे बन्द कर देती हैं। मिस्टर फॉन डॉन उठते हैं, पानी भरते हैं और बाथरूम की ओर दौड़ लगाते हैं।

सवा सात। दरवाजा फिर चरमराता है। डुसेल बाथरूम जा सकते हैं। आखिर में अकेले, मैं ब्लैक आउट का पर्दा हटा देती हूँ...और हमारी एनेक्सी में नया दिन शुरू होता है।

तुम्हारी, अने

गुरुवार, 5 अगस्त 1943

प्यारी किटी,

आज दिन के खाने के वक्त की बात करते हैं।

अभी साढ़े बारह बजे हैं। सारा कुनबा राहत की साँस ले रहा है : मिस्टर फॉन मारीन, जिनका अतीत सन्देहास्पद रहा है और मिस्टर डे कोक दिन के खाने के लिए घर गए हैं।

ऊपर वैक्यूम क्लीनर चलने की आवाज आ रही है जो मिसेज फॉन डी. के खूबसूरत और एकमात्र कालीन पर चलाई जा रही है। मारगोट अपनी काँख में किताबें दबाए

'धीरे-धीरे सीखने वालों' की कक्षा की ओर चल पड़ती हैं, जो कि डुसेल हैं। पिम कोने में अपने प्रिय संगी डिकेंस के साथ बैठ गए हैं, इस उम्मीद में कि उनको कुछ शान्ति मिल सके। माँ ऊपर व्यस्त गृहिणी की सहायता करने चल पड़ती हैं और एक ही समय मैं अपनी और बाथरूम दोनों की सफाई करती हूँ।

पौने एक बजे। वे एक-एक कर आए : पहले मिस्टर गीज और फिर मिस्टर कूगलर या मिस्टर क्लाइमान, उनके अलावा बेप और कभी-कभार मीप भी।

एक बजे। रेडियो के आसपास इकट्ठा होकर वे सभी बड़े ध्यान से बीबीसी सुन रहे हैं। यही एकमात्र समय होता है जब हमारे इस परिवार के लोग एक दूसरे को नहीं काटते, यहाँ तक कि मिसेज फॉन डॉन भी वक्ता से बहस नहीं कर सकतीं।

सवा बजे। खाना वितरण। नीचे से आनेवाले हर आदमी को एक कप सूप और खाने को पुडिंग मिलती है, अगर बाकी बचा हो। तर्क-वितर्क करनेवाले मिस्टर गीज दीवान पर बैठते हैं या फिर अखबार लेकर डेस्क के सामने, कप और बिल्ली अकसर उनकी बगल में होते हैं। अगर इन तीनों में से एक भी नहीं हो तो वे अपना विरोध दर्ज करवाने से हिचकते नहीं हैं। मिस्टर क्लाइमान शहर की ताजातरीन घटनाओं से हमें अवगत करवाते हैं, और वे इसके अच्छे स्रोत हैं। मिस्टर कूगलर जल्दी-जल्दी सीढ़ियाँ चढ़ते हैं और दरवाजे पर एक छोटी-सी मगर तेज थपकी लगाते हैं और या तो हाथ मलते हुए आते हैं या फिर उल्लास से उसे थपथपाते हुए आते हैं, यह सब इस पर निर्भर करता है कि उनका मिजाज खराब है या बात करने का अच्छा मूड है।

पौने दो बजे। हर कोई मेज से उठकर अपने-अपने काम पर चला जाता है। मारगोट और माँ सफाई का काम करती हैं, मिस्टर और मिसेज फॉन डॉन दीवान की ओर चल पड़ते हैं, पीटर अटारी की ओर, पिता अपने दीवान की तरफ, डुसेल भी, और अने अपने होमवर्क को पूरा करने में लग जाती है।

इसके बाद दिन का सबसे शान्त घंटा आता है जब वे सब सोए होते हैं और किसी तरह का व्यवधान नहीं होता। अगर डुसेल के चेहरे को देखकर अनुमान लगाएँ तो वे खाने के बारे में सपने देख रहे हैं। लेकिन मैं उनकी ओर ज्यादा देर तक नहीं देखती क्योंकि समय गुजरता रहता है और चार बजते ही पाखंडी डॉ. डुसेल हाथ में घड़ी लिये खड़े हो जाएँगे क्योंकि मैंने मेज साफ करने में एक मिनट की देरी कर दी है।

तुम्हारी, अने

शनिवार, 7 अगस्त 1943

प्यारी किटी,

कुछ सप्ताह पहले मैंने एक कहानी लिखनी शुरू की, शुरुआत से लेकर अन्त तक और मुझे बहुत आनन्द आया क्योंकि मेरी कलम से रचनाओं का अम्बार लग रहा है।

तुम्हारी, अने

सोमवार, 9 अगस्त 1943

प्यारी किटी,

अब हम इस एनेक्सी के एक सामान्य दिन की बात करते हैं। चूँकि हम लोग दिन के खाने की चर्चा पहले ही कर चुके हैं, इसलिए अब रात के खाने के बारे में बताने का समय है।

मिस्टर फॉन डॉन : इन्हें सबसे पहले खाना दिया जाता है और वे उदारता से अपना हिस्सा ले लेते हैं। अक्सर बातचीत में हिस्सा लेते हैं और कभी अपनी राय देने से पीछे नहीं हटते। एक बार जब वे बोल लेते हैं तो उनके शब्द अन्तिम होते हैं। अगर कोई कुछ और सुझाने की कोशिश करता है तो मिस्टर फॉन डॉन की उनसे लड़ाई हो सकती है। ओह, वे बिल्ली की तरह फुफकार सकते हैं...लेकिन ऐसा करते शायद मैंने नहीं देखा। अगर आपने एक बार देख लिया तो आप दोबारा देखना नहीं चाहेंगी। उनकी राय सबसे अच्छी होती है, वे हर चीज के बारे में सबसे ज्यादा जानते हैं। ठीक है कि इस आदमी की गर्दन पर अच्छा दिमाग है लेकिन उसमें सूजन भी कम नहीं है।

मैडम के बारे में जो सबसे अच्छी कहनेवाली बात है वह ये कि वह कुछ है ही नहीं। किसी-किसी दिन जब उनका मिजाज उखड़ा होता है तो उनके चेहरे को पढ़ पाना आसान नहीं होता। अगर आप बातचीत का विश्लेषण करें तो आपको इस बात का अंदाजा होगा कि विषय वे नहीं हैं, बल्कि उनके दोष हैं। यह एक ऐसा तथ्य है जिसे हर आदमी अनदेखा करना चाहता है। फिर भी तुम उन्हें उकसाने वाली के रूप में जान सकती हो। परेशानी खड़ी करने को मिसेज फॉन डॉन हँसी-मजाक कहती हैं– मिसेज फ्रांक और अने के बीच समस्या की शुरुआत करना। मारगोट और मिस्टर फ्रांक उतने सहज नहीं हैं।

लेकिन अब मेज पर लौटते हैं। मिसेज फॉन डॉन को हमेशा लगता है कि उनको पर्याप्त भोजन नहीं मिल पाता है, लेकिन मसला यह नहीं है। चुने हुए आलू, सबसे स्वादिष्ट व्यंजन और खाने का सबसे नरम और कुरकुरा हिस्सा लेना हमेशा मैडम का उद्देश्य होता है। बाकी लोग जो भी चाहे लें, पर मुझको सबसे अच्छा मिलना चाहिए (यही दोष वे अने फ्रांक पर मढ़ती रही हैं)। उनकी दूसरी आदत बात करते चले जाने की है, जब तक कोई सुन रहा हो। उनकी इसमें कोई दिलचस्पी भी नहीं होती कि कोई उनकी बातों पर ध्यान दे रहा है या नहीं। वे शायद सोचती हैं कि मिसेज फॉन डॉन जो भी कहती हैं उसमें सबकी दिलचस्पी होगी ही।

विजयी मुस्कान फेंकना, ऐसे जताना जैसे आपको सब कुछ पता हो, सबको कुछ न कुछ सलाह देना और मातृवत् व्यवहार–इस सबसे प्रभाव तो अच्छा पड़ता है। लेकिन अगर आप ध्यान से देखें तो यह अच्छा प्रभाव जाता रहता है। एक तो वे मेहनती हैं, दूसरे, खुशमिजाज हैं, तीसरे, विजयी भाव में रहनेवाली और कभी-कभार उनका चेहरा बड़ा अच्छा लगता है। यह पेट्रोनेला फॉन डॉन हैं।

खानेवाले तीसरे व्यक्ति। इनके बारे में कहने को बहुत कम है। युवा मिस्टर फॉन डॉन हमेशा शान्त रहते हैं और अक्सर उनके होने का पता भी नहीं चल पाता है। जहाँ

तक उनकी भूख का सवाल है तो उनका पेट ऐसा घड़ा है जो कभी भी नहीं भर पाता है। पर्याप्त खाना खाने के बाद भी वे आपकी आँखों में देखते हुए यह दावा कर सकते हैं कि वे इससे दोगुना और खा सकते थे।

संख्या चार–मारगोट। चिड़िया की तरह खाती है और एकदम बातचीत नहीं करती है। वह केवल सब्जियाँ और फल खाती है। फॉन डॉन दम्पति उसको बिगड़ा हुआ मानते हैं। जबकि हमारी राय में वह कम व्यायाम करती है और स्वच्छ हवा की कमी के कारण ऐसा है।

उनकी बगल में मम्मी। वे खूब खाती हैं, और अपने हिस्से की बातचीत भी करती जाती हैं। मिसेज फॉन डॉन की तरह उनको देखकर कोई यह नहीं कह सकता कि वे एक गृहिणी हैं। उन दोनों के बीच में क्या फर्क है ? मिसेज फॉन डॉन खाना बनाती हैं और माँ सफाई करती हैं तथा फर्नीचर चमकाती हैं।

संख्या छह और सात। मैं पिता और अपने बारे में ज्यादा नहीं कहूँगी। पिता मेज पर बैठनेवालों में सबसे शालीन हैं। वे हमेशा इस बात का खयाल रखते हैं कि पहले औरों को परोसा जाए। उनको अपने लिए कुछ भी नहीं चाहिए और अच्छी चीजें उनके लिहाज से बच्चों के लिए होती हैं। वे अच्छाई के पुतले हैं। उनकी बगल में इस घर में तनाव का कारण बननेवाली बैठी है।

डुसेल–अपना काम स्वयं करते हैं, उनकी नजर हमेशा खाने पर होती है, वे खाते हैं और बातचीत एकदम नहीं करते हैं। अगर उनको कुछ कहना भी होता है तो वे भोजन के बारे में ही कहते हैं। इससे झगड़ा तो नहीं होता, बस बाताबाती होती है। वे जमकर खाते हैं और उनके शब्दकोश में न नामक शब्द नहीं है, खाना चाहे अच्छा हो या बुरा। पतलून उनके पेट तक चढ़ी होती है, लाल जैकेट, काले चमड़े का चप्पल, चश्मा–वे जब छोटी मेज पर कुछ काम कर रहे होते हैं, तो ऐसे ही लगते हैं, हमेशा पढ़ते रहते हैं पर कभी प्रगति नहीं करते हैं। इसमें व्यवधान तभी आता है, जब वे या तो दोपहर की झपकी ले रहे होते हैं, खाना खा रहे होते हैं या अपने प्रिय स्थान यानी शौचालय में होते हैं। तीसरे, दिन में तीन या चार दफा कोई न कोई दरवाजे के बाहर इन्तजार कर रहा होता है, किसी भी तरह अपने शौच को रोकने की कोशिश करता हुआ। क्या डुसेल को इसकी परवाह है ? एकदम नहीं। सवा सात से साढ़े सात बजे तक, साढ़े बारह से एक बजे तक, दो से सवा दो बजे तक, चार से सवा चार बजे तक, छह से सवा छह बजे तक, साढ़े ग्यारह बजे से लेकर बारह बजे तक। आप अपनी घड़ी मिला सकते हैं; वे अपनी दिनचर्या के मामले में इतने पक्के हैं। वे बाहर की आवाजों पर कोई ध्यान नहीं देते, चाहे कोई दुर्घटना घटने से पहले उनसे दरवाजा खोल देने की विनती कर रहा हो।

संख्या नौ–हमारे इस गुप्त परिवार की सदस्या नहीं है, हालाँकि वह हमारे घर और मेज में साझा करती है। बेप भी पर्याप्त खाती है। वह अपनी प्लेट साफ कर देती है और नखरेवाली नहीं है। बेप को खुश करना आसान है और यह हमें अच्छा लगता है। उसका वर्णन इस तरह किया जा सकता है–खुशमिजाज, हँसमुख, दयालु और मदद करनेवाली।

मंगलवार, 10 अगस्त, 1943

प्यारी किटी,

एक नया विचार : खाने के समय मैं औरों की बजाय खुद से ही ज्यादा बातचीत करती हूँ जिसके दो फायदे हैं। पहला, इससे वे खुश हो जाते हैं और उनको लगातार मेरी बकबक नहीं सुननी पड़ती है, दूसरे, इससे मुझे उनके खयालों से चिढ़ भी नहीं होती है। मुझे नहीं लगता कि मेरे विचार बकवास हैं, लेकिन औरों को लगता है, इसलिए बेहतर तो यही हो कि उनको मैं अपने आप तक ही रखूँ। मैं यही तरीका इस मामले में भी अपनाती हूँ जब मुझे कुछ ऐसा खाना होता है। जिसे मैं नापसन्द करती हूँ उसको अपने सामने रख लेती हूँ और ऐसे जताती हूँ कि वह बहुत स्वादिष्ट है, कोशिश करती हूँ कि उस पर नजर न पड़े, और वह क्या था, बिना मेरे यह जाने खत्म भी हो जाता है। सुबह उठने के समय भी बड़ा अरुचिकर लग रहा होता है, मैं बिस्तर से उठकर सोचती हूँ कि 'मैं फिर से बिस्तर में जानेवाली हूँ,' फिर खिड़की तक जाती हूँ, ब्लैक आउट वाला परदा हटाती हूँ, दरार में तब तक नाक लगाए रहती हूँ जब तक मेरे नासापुटों में ताजी हवा नहीं भर जाती है, बस फिर मैं जग जाती हूँ। मैं जल्दी-जल्दी बिस्तर समेट देती हूँ ताकि मेरा फिर से बिस्तर में जाने का मन न करे। तुम जानती हो, माँ इस तरह की चीजों के बारे में क्या कहती हैं ? जीने की कला। है न मजेदार बात ?

पिछले सप्ताह से हम कुछ असमंजस की स्थिति में हैं क्योंकि हमारे प्यारे वेस्टरटोरेन घंटाघर का घंटा उतार लिया गया है और युद्ध के लिए गलाया जाएगा, इसलिए हमें न दिन में न रात में वास्तविक समय का पता चल पाता है। मुझे अब भी उम्मीद है कि वे कोई न कोई विकल्प जरूर देंगे, जो या तो टीन का या ताँबे का बना हो ताकि आस-पड़ोसवालों को वह घड़ी की याद दिलाता लगे।

ऊपर-नीचे मैं जहाँ भी जाती हूँ, वे मेरे पैरों को देखने लगते हैं जिनमें बहुत ही सुन्दर जूतों का जोड़ा है। मीप इनको 27.5 गिल्डर में खरीद पाने में सफल रही। यह बहुत ही सुन्दर है और इन्हें पहनकर मुझे ऐसा लगता है कि मैं कुछ और लम्बी हो गई हूँ।

कल मेरे लिए दुर्भाग्यपूर्ण दिन था। मैंने अपने दाहिने अँगूठे में सूई चुभा ली। परिणामस्वरूप मारगोट को मेरे लिए आलू मसलना पड़ा, और मेरी लिखावट भी बिगड़ गई है। फिर मैं अलमारी के दरवाजे से इतनी जोर से टकराई कि मेरा सिर ही फट गया होता, और मुझे इस गुलगपाड़े के लिए डाँट भी पड़ी। उन्होंने मुझे अपना माथा धोने के लिए पानी चलाने की इजाजत नहीं दी, इसलिए मैं माथे पर दायीं आँख से ऊपर बड़ा सा गूमड़ लिए घूम रही हूँ। इससे भी बढ़कर मेरे दाएँ पैर का अँगूठा वैक्यूम क्लीनर में फँस गया। इससे खून भी निकला और दर्द भी हुआ, मगर मेरी अन्य बीमारियाँ ऐसी थीं कि मैंने इसको अनदेखा कर दिया, जोकि मेरे खयाल से बेवकूफी की बात थी, इसलिए मैं अब संक्रमित अँगूठे के साथ टहल रही हूँ। मलहम और पट्टियों के कारण

अपना नया जूता भी नहीं पहन पा रही हूँ।

डुसेल ने एक बार फिर हमें परेशानी में डाल दिया है। उन्होंने मीप को एक ऐसी पुस्तक लाने के लिए कहा था जो मुसोलिनी विरोधी और प्रतिबंधित भी थी। रास्ते में उसे पुलिस की गाड़ी से धक्का लगा। वह गुस्से में आ गई और उसके मुँह से कुछ अप्रिय निकल गया, और वह अपनी राह चलती रही। मैं तो यह सोच भी नहीं पा रही हूँ कि क्या हुआ होता अगर उसे मुख्यालय ले जाया गया होता !

तुम्हारी, अने

हमारे छोटे से कुनबे का दैनिक काम : आलू छीलना !

एक आदमी कुछ अखबार लाने जाता है; दूसरा चाकू (जाहिर है, वह सबसे अच्छा अपने लिए रख लेता है); तीसरा आलू और चौथा पानी।

शुरुआत मिस्टर डुसेल करते हैं। ये भले हमेशा ठीक से नहीं छील पाते, लेकिन लगातार छीलते हैं, दाएँ-बाएँ देखते भी रहते हैं कि हर आदमी उसी तरह से छील रहा है या नहीं जिस तरह से वे छीलते हैं। नहीं, वे उनके जैसा नहीं छीलते !

'देखो अने, मैं हाथ में छिलका पकड़कर ऊपर से नीचे तक छीलता जाता हूँ।'

'मेरे खयाल से मैं जिस तरह से छीलती हूँ वह बेहतर तरीका है'—मैं छूटते ही कहती हूँ।

'लेकिन सबसे अच्छा तरीका यही है, अने। यह तुम मुझसे सीख सकती हो। वैसे कोई फर्क नहीं पड़ता, तुमको जैसे छीलना है, छीलो।'

हम छीलते रहते हैं। मैं डुसेल को अपनी आँखों के कोरों से देखती हूँ। खयालों में खोए वे अपनी गर्दन हिलाते रहते हैं (निस्सन्देह मेरे ऊपर), लेकिन कुछ कहते नहीं हैं।

मैं आलू छीलती चली जाती हूँ। फिर मैं अपने पिता की ओर देखती हूँ जो मेरे सामने बैठे हैं। पिता के लिए आलू छीलना कोई काम नहीं है, बल्कि महीन काम है। जब वे पढ़ रहे होते हैं तो उनके माथे में गहरा गड्ढा पड़ जाता है। लेकिन जब वे आलू तैयार करते या सेम या कोई और सब्जी बना रहे होते हैं, तो अपने काम में पूरी तरह डूब जाते हैं। वे आलू छीलने की मुद्रा बना लेते हैं और जब वे उस मुद्रा में आ जाते हैं तो यह असम्भव हो जाता है कि किसी भी आलू को पूरी तरह छीले बिना छोड़ें।

मैं काम करती रहती हूँ। मैं एक क्षण के लिए देखती हूँ, बस इतना ही समय मुझे चाहिए होता है। मिसेज फॉन डी. डुसेल का ध्यान आकृष्ट करने की कोशिश कर रही हैं। वह शुरुआत उनकी दिशा में देखने से करती हैं, लेकिन डुसेल इस तरह से व्यवहार करते हैं मानो वे देख ही नहीं रहे हों। वह आँख मार देती हैं पर डुसेल आलू छीलने में लगे रहते हैं। वह हँसती हैं, पर डुसेल फिर भी ध्यान नहीं देते हैं। फिर माँ भी हँसने लगती है, पर डुसेल कोई ध्यान नहीं देते हैं। लक्ष्य पाने में असफल होने पर मिसेज फॉन डॉन पैंतरा बदल लेती हैं। थोड़ी खामोशी छा जाती है। फिर वे अपने पति से कहती हैं, 'तुम एप्रेन क्यों नहीं डाल लेते ? नहीं तो कल मेरा सारा दिन तुम्हारे सूट के दाग

छुड़ाने में निकल जाएगा।'

'मैं इसे गंदा नहीं कर रहा हूँ।'

फिर थोड़ी चुप्पी के बाद वे बोलीं–'तुम बैठ क्यों नहीं जाते ?'

'मैं इसी तरह ठीक हूँ। मैं खड़ा होना पसन्द करता हूँ।'

चुप्पी।

'देखो, अब तुम छींटे उड़ा रहे हो।'

'मैं जानता हूँ मम्मी, अब से सावधान रहूँगा।'

मिसेज फॉन डॉन ने बात बदलते हुए कहा, 'ये बताओ कि ब्रिटिश सेना आज बमबारी क्यों नहीं कर रही है ?'

'क्योंकि मौसम खराब है, कर्ली।'

'लेकिन कल तो मौसम भी बहुत अच्छा था लेकिन जहाज तो कल भी नहीं उड़ रहे थे।'

'अब इस विषय को यहीं छोड़ दें।'

'क्यों ? क्या कोई इसके बारे में बात नहीं कर सकता या अपनी राय नहीं रख सकता ?'

'नहीं।'

'क्यों नहीं ?'

'ओह मम्मी ! चुप भी हो जाओ !'

'मिस्टर फ्रांक हमेशा अपनी पत्नी को जवाब देते हैं।'

मिस्टर फॉन डॉन खुद पर काबू रखने की कोशिश कर रहे हैं। यह बात उनको चुभ गई होगी लेकिन मिसेज फॉन डॉन कौन-सा चुप रहनेवाली हैं–'कोई आक्रमण नहीं होनेवाला है।'

मिस्टर फॉन डॉन यह सुनकर सफेद पड़ गए जिसे लक्ष्य करके मिसेज फॉन डॉन लाल हो गईं, लेकिन वे पीछे हटने वाली कहाँ थीं–'ब्रिटिश कुछ भी नहीं कर रहे हैं।'

बम फट पड़ा। 'अब चुप हो जाओ, इतना चिल्लाओ मत।'

माँ अपनी हँसी रोक नहीं पाईं, और मैं सीधा देखने लगी।

इस तरह के दृश्य रोज पैदा होते रहते हैं, जब तक कि वे किसी बड़े झगड़े में न बदल जाएँ। इस मामले में न तो मिस्टर न ही मिसेज फॉन डॉन ने कुछ कहा।

मेरे लिए समय आ गया है कि मैं कुछ और आलू ले लूँ। मैं ऊपर अटारी में गई जहाँ पीटर बिल्ली के साथ पतंगे का खेल खेल रहा था। उसने ऊपर देखा, बिल्ली ने लक्ष्य किया...और भाग खड़ा हुआ। खिड़की से नीचे नाली में।

पीटर खाँसने लगा; मैं हँसने लगी और कमरे से बाहर निकल गई।

एनेक्सी में स्वतन्त्रता

साढ़े पाँच बजे। बेप के आने का मतलब होता है हमारी रात की स्वतन्त्रता की

शुरुआत। चीजें अपने आप व्यवस्थित होने लगती हैं। मैं बेप के साथ ऊपर गई जो अक्सर हम लोगों से पहले पुडिंग खा लेती है। जैसे ही वह बैठी, मिसेज फॉन डी. ने उसको अपने जरूरत के सामानों के बारे में बताना शुरू कर दिया। उनकी सूची इस तरह शुरू होती कि 'हाँ बेप, याद आया मुझे कुछ और भी चाहिए था...' बेप ने मुझे आँख मारी। मिसेज फॉन डी. जो भी ऊपर आता है उसे अपने जरूरी सामानों की सूची गिनाना नहीं भूलतीं। यह भी एक कारण है कि कोई ऊपर जाना नहीं चाहता।

पौने छह बजे। बेप जाती है। मैं दो मंजिल नीचे निरीक्षण के खयाल से जाती हूँ; पहले रसोई, फिर निजी दफ्तर, कोयले के भंडार में बिल्ली के लिए दरवाजा खोलने।

निरीक्षण के एक लम्बे दौरे के बाद मैं मिस्टर कूगलर के दफ्तर में पहुँचती हूँ। मिस्टर फॉन डॉन वहाँ सभी दराजों को खोल-खोलकर आज की चिट्ठियाँ देख रहे हैं। पीटर बौश्चे और भंडार की चाबी उठा लेता है, पिम टाईपराइटर उठाकर ऊपर ले जा रहे हैं, मारगोट आसपास किसी शान्त जगह की तलाश कर रही है ताकि वह दफ्तर का अपने हिस्से का काम कर सके, मिसेज फॉन डॉन गैस पर चाय की केतली चढ़ा देती हैं, माँ हाथ में आलू का बर्तन लिये नीचे आ जाती हैं, हम सब अपना-अपना काम जानते हैं।

पीटर भंडारघर से जल्दी ही लौट आता है। पहला सवाल उससे यह पूछा जाता है कि उसे पाव रोटी लाना याद रहा या नहीं। नहीं, वह नहीं लेकर आया है। वह सामने के दफ्तर की ओर स्वयं को सिकोड़कर बढ़ता है और स्टील की आलमारी के पास घुटने के बल बैठकर उसमें से पावरोटी निकालता है और जाने लगता है। किसी भी तरह वह जाता हुआ दिखता है मगर इससे पहले कि वह कुछ समझ पाए मौश्चे ऊपर कूदकर डेस्क के नीचे बैठने के लिए दुबक जाती है।

पीटर अपने चारों ओर देखने लगा। जब उसे बिल्ली दिखाई दी तो वह फिर से नीचे के रास्ते दफ्तर में घुसा और बिल्ली की पूँछ पकड़कर ले आया। मौश्चे और पीटर में गुत्थमगुत्था हुई। लेकिन उसे मिला क्या ? मौश्चे इस समय खिड़की पर बैठी अपने मुँह पर जीभ फेर रही है, इस बात से बहुत खुश कि वह पीटर के चंगुल से छूट गई। पीटर के पास उसे पाव रोटी का एक टुकड़ा देने के अलावा और कोई चारा नहीं था। मौश्चे ने अपना हिस्सा लिया, उसके साथ-साथ बाहर निकल आई और फिर दरवाजा बन्द हो गया।

मैंने यह सारा दृश्य दरवाजे में किए गए एक छेद से देखा।

मिस्टर फॉन डॉन गुस्से में हैं और दरवाजा बंद कर देते हैं। मारगोट के साथ मेरी देखादेखी हुई और दोनों को एक बात सूझी : वे जरूर गुस्से में रहे होंगे, मिस्टर कूगलर से कोई बड़ी गलती हो गई होगी और वे बगल की केग कम्पनी के बारे में एकदम भूल गए।

गलियारे में एक और पदचाप सुनाई देती है। डुसेल अन्दर आते हैं, खिड़की की ओर किसी उद्देश्य से जाते हैं, सूँघते हैं, खाँसते हैं, गला साफ करते हैं। उनकी किस्मत खराब थी, यह मिर्च की खुशबू निकली। वे सामने वाले दफ्तर में जाते हैं। परदे खुले

हुए हैं जिसका मतलब है कि लिखने के लिए नहीं बैठ सकते हैं। वे भौंहें चढ़ाए गायब हो जाते हैं।

मारगोट से मेरी फिर देखादेखी हुई। 'कल उसकी प्रियतमा के लिए एक पृष्ठ और कम,' मैंने उसे कहते सुना। मैं सहमति में सिर हिलाती हूँ। सीढ़ियों पर हाथी के चलने की सी आवाज आती है। यह डुसेल हैं। अपने प्रिय स्थान पर आराम तलाशते हैं।

हम लोग काम करते रहते हैं। ठक-ठक-ठक—जब तीन बार यह हो तो इसका मतलब है रात के खाने का समय।

सोमवार, 23 अगस्त 1943

जब घड़ियाल ने साढ़े आठ बजाए।

मारगोट और माँ तनावग्रस्त हैं। 'श...श...पापा, शान्त रहो। श...पापा साढ़े आठ बज गए हैं। आप यहाँ आ जाइए। आप अब और पानी नहीं चला सकते हैं। धीरे चलिए...' यह उस बात का एक नमूना है जो पापा को बाथरूम में कही गई। साढ़े आठ बजते-बजते उन्हें अपने कमरे में रहना चाहिए। पानी नहीं चलना चाहिए, बाथरूम में कोई फ्लश न करे, कोई चले-फिरे नहीं, किसी भी तरह की कोई आवाज नहीं, जब तक दफ्तर में काम करने वाले लोग नहीं आए हैं तब तक भंडारघर तक आवाज आसानी से पहुँच जाती है।

आठ बजकर बीस मिनट पर ऊपर का दरवाजा खुलता है, इसके बाद तीन बार दरवाजे पर थपकी होती है...अने का दलिया। मैं सीढ़ियों पर बढ़कर अपना कटोरा लेती हूँ।

नीचे सीढ़ियों पर सब कुछ जल्दी-जल्दी किया जाता है, मैं अपने बाल झाड़ती हूँ, पॉटी हटाती हूँ, बिस्तर को अपने स्थान पर वापस लगाती हूँ। चुपचाप। घड़ी में साढ़े आठ बजे रहे हैं। मिसेज फॉन डॉन अपने जूते बदलकर कमरे में चप्पल पहनकर घुसती हैं, मिस्टर फॉन डॉन भी, जो एकदम चार्ली चैप्लिन लगते हैं। सब कुछ शान्त है।

एक आदर्श पारिवारिक दृश्य अपने चरम पर पहुँच चुका है। मैं पढ़ना चाहती हूँ और मारगोट भी। पिता और माँ भी पढ़ना चाहते हैं। पिता चर्र-चों बोलनेवाले झोलदार बिस्तर के किनारे बैठे हैं (डिकेंस और शब्दकोश के साथ), जिस पर ढंग की चादर भी नहीं बिछी है। एक के ऊपर एक जमाकर दो मसनद लगाए जा सकते हैं। मुझे इसकी आवश्यकता नहीं है। वे सोचते हैं, मैं इनके बिना भी काम चला सकती हूँ।

एक बार वे पढ़ना शुरू कर देते हैं, तो इधर-उधर एकदम नहीं देखते। वे यदा-कदा हँस भी पड़ते हैं और कोशिश करते हैं कि माँ भी उस अनुच्छेद को पढ़ ले।

'अभी मेरे पास समय नहीं है।'

वे कुछ निराश दिखाई देते हैं, फिर पढ़ने लग जाते हैं। कुछ देर के बाद जब कोई

और मनोरंजक प्रसंग आता है तो फिर से कोशिश करते हैं : 'यह तो तुमको पढ़ना ही पड़ेगा।'

माँ बिस्तर पर बैठ जाती हैं, सिलाई, बुनाई, पढ़ाई जो भी कर रही हों, उसके साथ। एक विचार सहसा उसे कौंधता है, और वह झट से कह देती हैं, ताकि उसे भूल न जाएँ, 'अने याद रखना...मारगोट जरा यह लिख लो...'

कुछ देर बाद फिर से शान्ति। मारगोट अपनी किताब बन्द कर देती है, पिता अपनी त्योरियाँ चढ़ाकर, भौं सिकोड़कर किताब में फिर से डूब जाते हैं; माँ मारगोट के साथ बातचीत शुरू कर देती हैं, मेरी दिलचस्पी जग जाती है और मैं सुनने लगती हूँ। पिम को भी बातचीत में घसीट लिया जाता है...नौ बजे हैं...नाश्ते का समय।

शुक्रवार, 10 सितम्बर 1943

प्यारी किटी,

जब भी मैं तुमको लिखती हूँ, तो कुछ विशेष घटित होता है, सामान्यतया अरुचिकर, कभी-कभार रुचिकर। इस दफा, हालाँकि कुछ बढ़िया हो रहा है।

बुधवार, 8 सितम्बर को हम सात बजे का समाचार सुन रहे थे कि हमें एक उद्घोषणा सुनाई दी : 'यह युद्ध की अब तक की सबसे अच्छी खबर है कि इटली पर कब्जा हो गया है।' इटली ने बिना शर्त समर्पण कर दिया है !' सवा आठ बजे इंग्लैंड से प्रसारित होनेवाला डच प्रसारण इस समाचार के साथ शुरू हुआ : 'श्रोताओ, करीब सवा घंटे पहले, जैसे ही मैंने अपनी रोज की रपट लिखकर पूरी की, हमें इटली पर कब्जे की शुभ सूचना मिली। सच बताऊँ तो इतनी खुशी से मैंने पहले कभी अपना लिखा हुआ कुछ भी कूड़ेदान में नहीं फेंका था, जितनी खुशी से आज फेंका !'

'गॉड सेव द किंग,' अमेरिकी राष्ट्रगान और रूसी अन्तर्राष्ट्रीय गान बजाया गया। हमेशा की तरह, डच कार्यक्रम बिना किसी आशावाद के ढाँढ़स बँधा रहा था।

अंग्रेज नेपल्स में आ गए हैं। उत्तरी इटली पर जर्मन कब्जा हो गया। विरामसंधि पर शुक्रवार, 3 सितम्बर को हस्ताक्षर हुए, यही वह दिन था जब अंग्रेजों ने इटली में प्रवेश किया। जर्मन समाचार पत्र बोडोग्लियो और इटली के राजा की धोखेबाजी का रोना रो रहे हैं।

फिर भी, एक बुरी खबर भी है। यह मिस्टर क्लाइमान को लेकर है। जैसा कि तुम जानती ही हो कि हम सब लोग उन्हें कितना प्यार करते हैं। वे हमेशा प्रसन्न रहनेवाले और बड़े बहादुर हैं, यह सब इसके बावजूद कि वे हमेशा बीमारी और दर्द में रहते हैं, ज्यादा खा भी नहीं सकते और न ही ज्यादा पैदल चल सकते हैं। 'जब मिस्टर क्लाइमान का कमरे में आगमन होता है तो सूरज चमकने लगता है;' माँ ने हाल में ही कहा था, जो पूरी तरह से सही कथन है।

अब ऐसा लगता है कि उनको पेट के एक मुश्किल ऑपरेशन के लिए अस्पताल

जाना पड़ेगा और वहाँ कम से कम चार सप्ताह का समय बिताना पड़ेगा। तुमने उनको तब देखा होता जब उन्होंने हम लोगों को अलविदा कहा था। वे इतना सामान्य व्यवहार कर रहे थे, जैसे बस जरा किसी जरूरी काम से जा रहे हों।

तुम्हारी, अने

गुरुवार, 16 सितम्बर 1943

प्यारी किटी,

यहाँ हमारे इस परकोटे में सम्बन्ध खराब होते जा रहे हैं। हम भोजन के समय (सिवाय मुँह में निवाला रखने के) मुँह भी नहीं खोलते, इससे फर्क नहीं पड़ता कि हम क्या कह रहे हैं, उस पर या तो कोई प्रतिक्रिया व्यक्त कर सकता है या उसे गलत तरीके से ले सकता है। मिस्टर फोस्क्यूल कभी-कभार हमसे मिलने आते हैं। दुर्भाग्य से वे कुछ अच्छा नहीं कर पा रहे हैं। वे अपने परिवार के लिए कोई सहूलियत नहीं जुटा पा रहे हैं क्योंकि जीवन के प्रति उनका रवैया इस तरह का है कि मैं किसी चीज की परवाह क्यों करूँ जबकि एक दिन मर ही जाना है। जब मैं यह सोचती हूँ कि यहाँ हर आदमी कितना संवेदनशील है, तो मुझे लगता है कि फोस्क्यूल के यहाँ कैसा लगता होगा।

मैं दुश्चिंता और अवसाद से मुक्ति के लिए रोज वेलेरियन का सेवन कर रही हूँ, लेकिन अगले दिन और भी दुखी होने से वह मुझको नहीं रोक पाता है। दिल से आई हँसी वेलेरियन की दस बूँदों से भी अधिक लाभदायक हो सकती है, लेकिन हम लोग लगभग भूल ही चुके हैं कि हँसा कैसे जाता है। कभी-कभी मुझे लगता है कि मेरा मुँह इस दुख से टेढ़ा हो रहा है और हमेशा के लिए कुम्हला जाएगा। अन्य लोग भी कुछ बेहतर नहीं कर रहे हैं। यहाँ हर आदमी जाड़े से आशंकित है।

एक और तथ्य है जिसके कारण हमारे दिन खिले-खिले नहीं रह गए हैं, वो यह कि भंडारघर में काम करने वाले मिस्टर फॉन मारीन को इस बात का सन्देह हो गया है कि यहाँ परकोटे में कोई रहता है। जिस किसी भी आदमी में थोड़ा भी दिमाग होगा उसने अब तक इस बात पर ध्यान दिया होगा कि मीप कभी-कभी कहती है कि वह प्रयोगशाला जा रही है, बेप कहती है कि वह फाईल लाने जा रही है और मिस्टर क्लाइमान कहते हैं कि ओपेक्ता स्टोर जा रहे हैं, जबकि मिस्टर कूगलर दावा करते हैं कि यह परकोटा इस इमारत का है ही नहीं, बल्कि बगल की इमारत का है।

हम इस बात की परवाह नहीं करते कि मिस्टर फॉन मारीन को इस हालात का पता चल गया है, सिवाय इसके कि उसका कोई ऐतबार नहीं है और वह बड़ा जिज्ञासु है। वे इस तरह के नहीं हैं कि उनको कुछ भी कहकर टरका दिया जाए।

एक दिन मिस्टर कूगलर कुछ अतिरिक्त सावधानी बरतना चाहते थे, इसलिए बारह बजकर बीस मिनट पर उन्होंने अपना कोट पहना और पास के चौराहे की दवाई दुकान तक गए। पाँच मिनट से भी कम समय में वे लौट आए और इस तरह से सीढ़ियाँ चढ़ने

लगे जैसे कोई चोर हमारी तरफ आ रहा हो। एक बजकर पन्द्रह मिनट पर वे उठकर जाने लगे तो नीचे उतरने पर बेप ने उनसे कहा कि फॉन मारीन दफ्तर में आया हुआ था। मिस्टर कूगलर उल्टे पाँव लौट गए और डेढ़ बजे तक हमारे पास रहे। फिर उन्होंने अपने जूते उतारे, मोजे में ही (सर्दी के बावजूद) सामने की अटारी की तरफ गए और वहाँ से दूसरी सीढ़ियों से नीचे उतरने लगे, एक बार में एक ही कदम उठाते ताकि चर्र-चों की आवाज न हो। सीढ़ियों से इस तरह उतरने में उनको पन्द्रह मिनट लग गए, लेकिन वे बाहर के रास्ते से सुरक्षित दफ्तर में आ गए।

इस बीच फॉन मारीन से ऊबकर बेप मिस्टर कूगलर को लेने ऊपर परकोटे में आई। लेकिन वे पहले ही जा चुके थे और इस वक्त सीढ़ियों पर कदम साध-साध कर उतर रहे थे। आसपास गुजरनेवालों ने क्या सोचा होगा जब उन्होंने मैनेजर को बाहर जूते निकालते देखा होगा। 'आप..., और मात्र मोजे में !'

तुम्हारी, अने

बुधवार, 29 सितम्बर 1943

प्यारी किटी,

आज मिसेज फॉन डॉन का जन्मदिन है। चीज, मांस और पावरोटी के एक-एक राशन कूपन के अलावा हम लोगों से उनको जैम की एक शीशी मिली। उनके पति, डुसेल और दफ्तर के कर्मचारियों ने उनको फूल और खाने-पीने के सामान ही दिए। ऐसे विपन्न दौर में हम जी रहे हैं !

बेप को पिछले सप्ताह घबड़ाहट हो रही थी क्योंकि उसको बाहर के इतने सारे काम करने पड़े थे। दिन भर में दस बार लोग उसको किसी न किसी काम से बाहर भेजते रहते थे, हर बार यह कहते हुए कि अभी जाओ या उसने सारा गलत कर दिया है। और इसके अलावा दफ्तर के सामान्य कामकाज भी करने होते हैं, मिस्टर क्लाइमान बीमार हैं, मीप को जुकाम हो गया है, इसलिए वह घर पर है और बेप के टखनों में सूजन है, प्रेमी से झगड़ा चल रहा है, पिता चिड़चिड़े स्वभाव के हैं, इसलिए आश्चर्य नहीं कि वह पगहा तुड़ाने के चक्कर में रहती है। हमने उससे कहा कि एकाध बार वह यह भी कह दे कि उसके पास समय नहीं है और फिर बार-बार बाजार जाने से वह बच जाएगी।

शनिवार को कुछ ऐसा हुआ जैसा यहाँ पहले कभी नहीं देखा गया था। यह सब फॉन मारीन के बारे में चर्चा से शुरू हुआ और इसका अन्त बहस और आँसुओं के बीच हुआ। डुसेल ने माँ से शिकायत की कि उसके साथ कोढ़ियों जैसा व्यवहार किया जा रहा है, उसके साथ कोई भी अच्छा व्यवहार नहीं करता है और यह कि उसने ऐसा कुछ भी नहीं किया है कि उसके साथ यह सब हो। इसके बाद काफी मीठी-मीठी बातें हुईं और सौभाग्य से माँ इन बातों में नहीं आईं। उन्होंने डुसेल से कहा कि हम सब उससे निराश हैं और कई बार वह हमारी चिढ़ का कारण बना था। डुसेल ने उनसे वादा तो

चाँद का किया, लेकिन हमेशा की तरह उसकी रोशनी हमें दिखाई नहीं दी।

मैं यह कह सकती हूँ कि फॉन डॉन दम्पति के साथ समस्या चल रही है। पिता इसलिए गुस्सा हैं कि वे हमें धोखा दे रहे हैं : उन्होंने मांस और अन्य सामान रोक रखा है। ओह, अब किस तरह का बम फटने वाला है ? काश मैं इस सब कहा-सुनी में शामिल नहीं होती ! काश मैं इस जगह से निकल पाती ! उन्होंने हमें पागल करके रख दिया है !

तुम्हारी, अने

रविवार, 17 अक्तूबर 1943

प्यारी किटी,

शुक्र है कि मिस्टर क्लाइमान वापस लौट आए हैं ! वे कुछ पीले दिखाई देने लगे हैं, फिर भी खुशी-खुशी मिस्टर फॉन डॉन के लिए कुछ कपड़े बेचने निकल पड़े।

अरुचिकर तथ्य यह है कि मिस्टर फॉन डॉन के पास पैसों की कमी हो गई है। अन्तिम 100 गिल्डर उन्होंने भंडारघर में खो दिया, जिससे हमें अभी भी परेशानी हो रही है : पुरुषों को इस बात पर आश्चर्य हो रहा है कि 100 गिल्डर किस तरह सोमवार की सुबह भंडारघर में पहुँचे। सन्देह पैदा करनेवाली बात है। बहरहाल, 100 गिल्डर चोरी चले गए। चोर कौन है ?

लेकिन मैं पैसों की कमी के बारे में बात कर रही थी। मिसेज फॉन डॉन के पास कपड़ों, कोट और जूतों का ढेर पड़ा हुआ है, लेकिन उनको लगता है कि इनमें से किसी के भी बिना उनका काम नहीं चल पाएगा। मिस्टर फॉन डॉन का सूट बेच पाना आसान नहीं है, और पीटर की साईकिल बिक्री के लिए गई थी लेकिन वापस आ गई क्योंकि उसका कोई खरीदार नहीं मिला। लेकिन कहानी यहीं समाप्त नहीं हो जाती है। तुमको बताऊँ कि मिसेज फॉन डॉन ने अपने रोएँदार कोट से अलग होने का फैसला किया है। उनके विचार से, कंपनी को उनका खर्चा चलाना चाहिए, लेकिन यह फालतू की बात है। इसको लेकर उनकी आपस में अभी गर्मागर्म बहस हुई है और वे जल्दी ही समझौते के 'ओह, माइ स्वीट डार्लिंग' और 'प्यारी कर्ली' के स्तर तक पहुँच गए।

मेरा दिमाग इस सम्माननीय घर के पिछले महीनों बिगड़ते वातावरण को लेकर भन्ना रहा है। पिता मुँह बन्द किए चहलकदमी करते रहते हैं, और जब भी उनको अपना नाम सुनाई देता है, वे आशंका में ऊपर देखने लगते हैं, मानो वे इस बात से डर गए हों कि उनको ऊपर फिर किसी नाजुक मसले के समाधान के लिए बुलाया जाएगा। माँ इतनी व्याकुल हैं कि उनके गाल लाल हो गए हैं, मारगोट सिरदर्द की शिकायत करने लगी है, डुसेल सो नहीं सकते हैं, मिसेज फॉन डॉन सारे दिन कुढ़ती रहती हैं और मैं पूरी तरह से टूट चुकी हूँ। तुमको सच बात बताऊँ तो मैं कभी-कभी भूल जाती हूँ कि किसके साथ झगड़ा करना चाहिए और किसके साथ नहीं।

अपने को इस सबसे हटाने का केवल एक तरीका है कि मैं अपना दिमाग पढ़ाई में लगाऊँ, और यह मैं करने भी लगी हूँ।

तुम्हारी, अने

शुक्रवार, 29 अक्तूबर 1943

मेरी प्यारी किटी,

मिस्टर क्लाइमान फिर से चले गए हैं, उनका पेट उनको एक मिनट चैन से नहीं बैठने दे रहा है। उनको तो यह भी नहीं पता है कि खून का बहना बन्द हुआ या नहीं। वे हमें यह बताने आए थे कि उनको अच्छा नहीं लग रहा है और वे घर जा रहे हैं, और पहली बार वे सचमुच बीमार लग रहे थे।

मिस्टर और मिसेज फॉन डॉन में झगड़ा बढ़ने लगा है। कारण साफ है : वे दिवालिये हो चुके हैं। वे मिस्टर फॉन डॉन का सूट और ओवरकोट बेचना चाहते हैं लेकिन खरीदार नहीं ढूँढ़ पा रहे हैं। उन्होंने कीमत कुछ ज्यादा ही ऊँची रखी हुई है।

कुछ समय पहले मिस्टर क्लाइमान एक रोएँ वाले के बारे में बातें कर रहे थे जिसको वे जानते थे। इससे मिस्टर फॉन डॉन को यह खयाल आया कि अपनी पत्नी का रोएँदार कोट बेच लें। वह खरगोश के चमड़े का बना हुआ था और उनके पास 17 सालों से था। मिसेज फॉन डॉन को इसके बदले में 325 गिल्डर मिले जो एक बहुत बड़ी रकम है। वे चाहती थीं कि पैसे को अपने पास ही रखें ताकि युद्ध के बाद नए कपड़े खरीद सकें। मिस्टर फॉन डॉन को उन्हें यह समझाने में कुछ समय लगा कि घर का खर्चा चलाने के लिए उन्हें तत्काल पैसों की आवश्यकता है।

तुम कल्पना नहीं कर सकतीं कि किस तरह की चीख-चिल्लाहट मची। यह सब बड़ा भयानक था। मेरा परिवार सीढ़ियों के नीचे साँसें थामे खड़ा था, इसलिए कि शायद उनको अलगाने की जरूरत पड़ जाए। इस सारे तनाव के कारण हुआ यह कि मैं अपने बिस्तर में रोती हुई सो गई और भगवान को इस बात के लिए धन्यवाद देती रही कि मेरे पास अपने लिए आधे घंटे हैं।

मैं ठीक हूँ, मगर मुझे भूख नहीं लगती है। मैं सुनती रहती हूँ : 'हे, भगवान तुम भयानक लगती हो !' मुझे यह स्वीकार कर लेना चाहिए कि वे अपनी तरफ से पूरी कोशिश कर रहे हैं कि मैं ठीक हो जाऊँ, वे तरह-तरह के तेलों, कैल्सियम आदि से मेरी मालिश करते हैं। लेकिन मेरी थकी शिराएँ मेरी जान निकाल देती हैं, खासकर रविवार के दिन मेरी हालत बुरी होती है। उस दिन मैं बहुत असहाय होती हूँ, माहौल दमघोंटू, भारी-भारी सा हो गया है। बाहर किसी की भी आवाज सुनाई नहीं देती है, घर के आसपास मरणांतक, अवसादपूर्ण माहौल बना रहता है और मुझे ऐसा महसूस होता है कि यह मुझे गुह्यतम गुफाओं में ले जाएगा। ऐसे समय में मुझे माँ, पिता और मारगोट से कोई फर्क नहीं पड़ता है। मैं इस कमरे से उस कमरे घूमती रहती हूँ, सीढ़ियों पर

ऊपर-नीचे करती हूँ और स्वयं को उस कोयल की तरह महसूस करती हूँ जिसके पंख काट दिए गए हों और जो गहरे अँधेरे पिंजरे से सिर टकरा रहा हो। 'मुझे बाहर निकालो, ले चलो जहाँ खुली हवा और हँसी-खुशी है !' मेरे अन्दर की कोई आवाज रोती है। मैं जवाब देने की जरूरत भी महसूस नहीं करती हूँ, बल्कि दीवान पर सो जाती हूँ। सोने से समय कट जाता है जिसे काटना असम्भव लगता है।

तुम्हारी, अने

शनिवार, 30 अक्तूबर 1943

प्यारी किटी,

माँ का गुस्सा इन दिनों अपने उफान पर रहता है और यह मेरे लिए अच्छा शकुन नहीं है। यह महज संयोग है कि माँ और पिता ने कभी मारगोट को डाँट नहीं लगाई और हमेशा मुझे ही दोषी ठहराते रहे ? उदाहरण के लिए, कल रात, मारगोट चित्रोंवाली एक पुस्तक पढ़ रही थी, कुछ देर के लिए किताब बगल में रखकर वह उठी। मैं कुछ नहीं कर रही थी, इसलिए मैंने पुस्तक उठा ली और चित्र देखने लगी। मारगोट वापस आई, उसने जब पुस्तक मेरे हाथ में देखी तो त्योरियाँ चढ़ाकर मुझसे पुस्तक वापस माँगी। मैं उसे कुछ देर और देखना चाहती थी। मारगोट तब तक गुस्सा हो गई और फिर माँ ने कहा कि 'मारगोट यह पुस्तक पढ़ रही थी, उसे वापस कर दो।'

पिता अन्दर आए और बिना यह जाने कि क्या-कुछ हो रहा था, उन्होंने समझा कि मारगोट के साथ गलत हुआ है, वे मुझसे बोल पड़े कि 'मैं यह देखना चाहूँगा कि उस समय तुम्हारा व्यवहार क्या होगा जब मारगोट तुम्हारी पुस्तक पढ़ रही होगी।'

मैंने तुरन्त पुस्तक नीचे रख दी और उनके अनुसार कमरे से 'झुँझलाहट में' निकल गई। मैं झुँझलाई हुई नहीं थी, बस उदास थी।

पापा के लिए यह उचित नहीं था कि वे बिना बात को समझे कोई निर्णय सुना दें। मैं वह पुस्तक मारगोट को वैसे ही जल्दी लौटा देती, अगर माँ और पापा ने मारगोट की इस तरह से तरफदारी न की होती मानो मारगोट के साथ बहुत बड़ा अन्याय हुआ हो।

जाहिर है, माँ ने मारगोट की तरफदारी की; वे अक्सर एक दूसरे का पक्ष लेते रहते हैं। मैं इसकी इतनी आदी हो चुकी हूँ कि माँ की डाँट-फटकार और मारगोट की तुनकमिजाजी की परवाह करना छोड़ दिया। मैं उनको प्यार करती हूँ, लेकिन केवल इस कारण कि वे माँ और मारगोट हैं। मैं इंसानों के रूप में उन पर ध्यान नहीं देती। जहाँ तक मेरा सवाल है, वे चाहें तो नहर में जाकर कूद जाएँ। पापा के साथ मामला अलग है। जब मैं उनको मारगोट की तरफदारी करते हुए, मारगोट के हर कदम की सराहना करते हुए, उसको प्यार करते हुए, गले लगाते हुए देखती हूँ, तो मेरे अन्दर से हूक उठती है क्योंकि मैं उनको लेकर दिवानी हूँ। मैं अपने पिता को आदर्श मानती हूँ, और इस

संसार में और कोई नहीं है जिसको मैं इतना प्यार करती हूँ। वे यह नहीं समझ पाते कि वे मारगोट से मुझसे भिन्न तरह से व्यवहार करते हैं : ठीक है कि मारगोट मुझसे अधिक चालाक, दयालु और अच्छी है लेकिन मेरा भी अधिकार बनता है कि मुझे गम्भीरता से लिया जाए। मैं हमेशा ही परिवार के लिए उपहास और झगड़े का कारण मानी जाती रही हूँ, मुझे हमेशा अपने पापों के लिए दोगुना भुगतना पड़ा है : एक बार डाँट सुनकर और फिर बाद में अपने अवसाद के कारण। मुझे बेकार के प्यार या तथाकथित गम्भीर बातचीत से सन्तुष्टि नहीं मिल सकती। मैं पिता से कुछ ऐसा चाहती हूँ जो वे नहीं दे सकते। मैं मारगोट को लेकर ईर्ष्यालु नहीं हूँ, कभी रही भी नहीं। न तो मुझे उसकी सुन्दरता से ईर्ष्या है न ही उसकी बुद्धि से। मैं तो बस इतना चाहती हूँ कि मुझे यह महसूस हो कि पिता सचमुच मुझे प्यार करते हैं लेकिन केवल इसलिए नहीं कि मैं बच्ची हूँ, बल्कि इसलिए कि मैं अने हूँ।

मैं पिता से चिपकी रहती हूँ क्योंकि माँ के प्रति मेरी अवज्ञा दिन-ब-दिन बढ़ती जा रही है और केवल उनके माध्यम से ही मैं परिवार के प्रति अपनी रही-सही भावना को बनाए रख पाती हूँ। वे यह नहीं समझ पाते कि कभी-कभार माँ के प्रति गुबार निकालने की मुझे कितनी जरूरत होती है। वे इसके बारे में बात नहीं करना चाहते हैं और माँ की कमियों को लेकर किसी भी तरह की बातचीत से बचना चाहते हैं।

और तमाम कमियों के बावजूद माँ से निपटना मेरे लिए मुश्किल होता है। मुझे पता नहीं कि किस तरह से व्यवहार करना चाहिए। मैं उनकी लापरवाही, व्यंग्य, कठोरता से तो नहीं पार पा सकती हूँ फिर भी मैं हर चीज का दोष नहीं ले सकती।

मैं माँ के विपरीत हूँ इसलिए माँ से मेरा झगड़ा होता है। मैं उनका मूल्यांकन नहीं करना चाहती, इसका मुझे अधिकार नहीं है। मैं उनको केवल माँ के रूप में देखती हूँ। वे मेरे लिए माँ का काम नहीं करती हैं—मुझे अपनी माँ खुद बनना पड़ता है। मैंने उनसे अपने आपको काट लिया है। मैं अपना रास्ता खुद बना रही हूँ और हम देखेंगे कि यह मुझे कहाँ लेकर जाता है। मेरे पास कोई चारा नहीं है, मैं केवल बता सकती हूँ कि एक माँ और पत्नी को कैसा होना चाहिए और मैं उनमें ऐसा कुछ नहीं देख पाती जिसे मैं माँ कह सकूँ।

समय-समय पर मैं खुद से कहती हूँ कि माँ की गलतियों को नजरंदाज कर देना चाहिए। मुझे केवल उनकी अच्छाइयों को देखना चाहिए, और उनमें जो कमियाँ हैं उनके लिए अपने अन्दर झाँककर देखना चाहिए। लेकिन यह हो नहीं पाता है, और सबसे बुरी बात यह है कि पिता और माँ अपनी कमियों को नहीं देख पाते हैं, उनको केवल यही दिखाई देता है कि मैं उनको कितना दोषी ठहराती हूँ। क्या ऐसे अभिभावक होते हैं जो अपने बच्चों को पूरी तरह खुश रखते हों ?

कभी-कभी मुझे लगता है कि भगवान मेरी परीक्षा लेने की कोशिश कर रहे हैं, अभी और भविष्य के लिए। मुझे अपने बूते अच्छा इंसान बनना होगा, बिना किसी की सलाह के या बिना किसी को अपना आदर्श माने, लेकिन यह बाद में मुझे मजबूती प्रदान करेगा।

मेरे अलावा इन चिट्ठियों को कभी कोई पढ़ने वाला भी है ? और कोई नहीं बल्कि मैं ही इन्हें सुख की आशा में खोलूँगी। मुझे हमेशा सांत्वना की जरूरत रहती है, मैं अक्सर स्वयं को कमजोर महसूस करती हूँ, और अक्सर ही उम्मीदों पर खरी नहीं उतर पाती हूँ। मैं यह जानती हूँ और हर दिन बेहतर करने का संकल्प लेती हूँ।

उनका व्यवहार मेरे प्रति सतत एक-सा नहीं होता है। एक दिन तो वे कहते हैं कि अने एक होशियार लड़की है और उसको सभी कुछ जानने का अधिकार है, अगले ही दिन कहेंगे कि अने एक बेवकूफ लड़की है, वह कुछ भी नहीं जानती है और फिर भी यह सोचती है कि वह हर जरूरी चीज किताबों को पढ़कर जान जाएगी ! मैं कोई बच्ची नहीं हूँ, न ही छोटी सी प्यारी बिगड़ैल हूँ, जिसकी हर बात की हँसी उड़ाई जाए। मेरे अपने विचार हैं, अपनी योजनाएँ और आदर्श हैं, लेकिन मैं उनको अब तक अभिव्यक्त करने में सक्षम नहीं हो पाई हूँ।

अच्छा ठीक है। रात में मैं जब अकेली होती हूँ, तो मेरे दिमाग में इतना कुछ आता है या फिर दिन के समय मेरी भावनाओं के गलत अर्थ निकाले जाते रहते हैं। इसीलिए मैं डायरी के संसार में लौट आती हूँ—मैं वहीं शुरू करती हूँ और समाप्त भी क्योंकि किटी हमेशा धैर्यवान रही है। मैं उससे यह वादा करती हूँ कि हर चीज के बावजूद आँसुओं को रोककर मैं अपना रास्ता निकालकर रहूँगी। मैं सोचती हूँ कि कुछ परिणाम देख सकूँ या कम से कम एक बार ही सही, किसी ऐसे व्यक्ति से प्रोत्साहन पा सकूँ जो मुझे प्यार करता हो।

मुझे अपराधी मत ठहराओ, बल्कि मुझे ऐसे व्यक्ति के रूप में समझने का प्रयास करो जो कभी-कभी गुस्से में फट पड़ता है।

तुम्हारी, अने

बुधवार, 3 नवम्बर 1943

प्यारी किटी,

पिता ने इन मसलों से हमारा ध्यान हटाने और आदतों को विकसित करने के लिए पत्राचार स्कूल से सूची-पत्र मँगवाया है। मारगोट ने उस सूची-पत्र को तीन बार ध्यान से देखा मगर ऐसा कुछ भी उसे नहीं मिला जो उसकी रुचि के अनुकूल पड़ता हो और बजट के मुताबिक भी हो। पिता जल्दी ही सन्तुष्ट हो गए और उन्होंने बुनियादी लैटिन के परीक्षण पाठ्यक्रम की माँग की। जितनी जल्दी हुआ, पाठ आ गया, मारगोट ने उत्साहपूर्वक उसे देखा और यह तय पाया कि खर्चे के बावजूद वह यह पाठ्यक्रम करेगी। यह मेरे लिए थोड़ा कठिन है हालाँकि मैं सचमुच लैटिन सीखना चाहती हूँ।

मुझे भी कोई नया काम करने के खयाल से पिता ने मिस्टर क्लाइमान से बच्चों की बाइबिल लाने को कहा ताकि मैं न्यू टेस्टामेंट के कुछ पाठ पढ़ सकूँ।

'क्या आप अने को हनुक्का पर बाइबिल देना चाहते हैं ?' मारगोट ने कुछ

व्याकुलता से पूछा।

'हाँ...फिर तो सेंट निकोलस दिवस बेहतर अवसर रहेगा,' पिता ने जवाब दिया।

यीशु और हनुक्का एक साथ नहीं चलते।

चूँकि वैक्यूम क्लीनर टूट चुका है, इसलिए मुझे हर रात कालीन को पुराने ब्रश से झाड़ना पड़ता है। खिड़की बन्द है, रोशनी जली हुई है, स्टोव जला हुआ है और मैं वहाँ कालीन साफ करने में लगी हूँ। इससे निश्चित ही समस्या होनेवाली है, मैंने पहली बार सोचा। मैं सही थी : माँ को कमरे में भरे धूल के गहरे गुबार से सिरदर्द की शिकायत होने लगी। मारगोट का नया लैटिन शब्दकोश धूल से अटा पड़ा था, पिता ने झुँझलाकर कहा कि फर्श वैसे भी पहले से अलग नहीं लग रहा है। मुझे मेहनत के लिए कोई धन्यवाद नहीं मिला।

हमने तय पाया है कि अब से रविवार के दिन स्टोव सुबह साढ़े पाँच बजे की जगह साढ़े सात बजे जलाया जाना है। मेरे खयाल से यह खतरनाक है। हमारी चिमनी से धुआँ निकलने पर पड़ोस में रहनेवाले क्या सोचेंगे ?

यही परदों के साथ है। जबसे हम छिपकर रहने आए हैं तभी से ये तने हुए हैं। कभी-कभी कोई बाहर झाँकने से अपने आपको रोक नहीं पाता है। परिणाम : फटकारों का सिलसिला। प्रतिक्रिया—ओह, कोई नहीं देख पाता है। इसी तरह से लापरवाही का हर कार्य आरम्भ और समाप्त हो जाता है। कोई ध्यान नहीं देगा, कोई नहीं सुनेगा, कोई नहीं समझेगा। कहना तो आसान है, पर क्या यह बात सही है ?

इस समय तूफानी लड़ाई कुछ शान्ति पर है; केवल डुसेल और फॉन डॉन में अभी भी झगड़ा चल रहा है। डुसेल मिसेज फॉन डॉन को बूढ़ी चमगादड़ या मूर्ख डायन कहते हैं और इसी तरह मिसेज फॉन डॉन इस विद्वान महानुभाव को खब्ती बूढ़ा कहकर याद कर रही हैं।

कड़ाही केतली को काली कह रही है।

तुम्हारी, अने

सोमवार शाम, 8 नवम्बर

प्यारी किटी,

अगर तुमको मेरी सारी चिट्ठियाँ एक ही बैठक में पढ़नी पड़ें तो समझ में आ जाएगा कि ये सब अलग-अलग मिजाज में लिखी गई हैं। मुझे यहाँ रहते हुए इस बात से बड़ी चिढ़ होती है कि मैं कितना अधिक अपने मिजाज पर निर्भर हो गई हूँ, लेकिन केवल मैं ही नहीं हूँ, हम सब इसके शिकार हो चुके हैं। अगर मैं किसी किताब में खोई हूँ तो अन्य लोगों से बातचीत करने के लिए मुझे अपने विचारों को फिर से उनके अनुकूल बनाना पड़ता है, नहीं तो उनको मैं अनजान लग सकती हूँ। जैसा कि तुम महसूस कर सकती हो कि मैं इस समय अवसाद की अवस्था में हूँ। मैं तुमको बता नहीं सकती हूँ

कि यह किस तरह से शुरू हुआ, पर यह मेरी अपनी ही कायरता से पैदा हुआ है। इस शाम जब बेप यहीं थी, दरवाजे की घंटी देर तक और जोर से बजी। मैं तत्काल सफेद पड़ गई, मेरे पेट में गुड़गुड़ाहट-सी मचने लगी और मेरे दिल की धड़कन तेज हो गई—और यह सब इसलिए हुआ क्योंकि मैं घबड़ाई हुई थी।

रात में बिस्तर पर मुझे लगता है जैसे मैं कालकोठरी में अकेली पड़ी हूँ, माँ-पिता के बिना। या तो मैं सड़कों पर भटक रही हूँ या इस परकोटे में आग लग गई है, या फिर वे आधी रात को हमें लेने आए हैं। और घबराहट में मैं पलंग के नीचे घुस गई हूँ। मैं यह सब इस तरह से देखती हूँ जैसे वास्तव में घटित हो रहा हो। सोचने पर लगता है कि यह सब जल्दी ही होने वाला है।

मीप अक्सर कहती है कि उसे इस बात से ईर्ष्या होती है कि हमें यहाँ पर कुछ सुकून तो है। यह सही हो सकता है, लेकिन वह हमारे भय के बारे में जाहिर है कि नहीं सोचती है।

मैं यह कल्पना भी नहीं कर सकती कि यह संसार हमारे लिए कभी सामान्य हो भी पाएगा। मैं 'युद्ध के बाद' के बारे में बातें करती हूँ, पर वह हवा में किले बनाने जैसी बातें ही होती हैं, कुछ ऐसा जो कभी सच नहीं हो सकता है।

मैं यहाँ रहने वाले आठों लोगों के बारे में सोचती हूँ कि हम काले बादलों से घिरे नीले आसमान की तरह हैं। जिस गोल घेरे में हम अभी खड़े हैं वह तो सुरक्षित है, लेकिन बादल अब हमारी ओर बढ़े आ रहे हैं तथा हमारे और आसन्न खतरे के बीच की दूरी कम से कमतर होती जा रही है। हम अँधेरे और खतरे से घिरे हैं, बाहर निकलने की भीषण तलाश में हम एक दूसरे से टकराते रहते हैं। हम नीचे लड़ाई-झगड़े में लगे हैं और यह मानते हैं कि शान्ति और सुन्दरता वहाँ ऊपर है। इस बीच हम गहरे बादलों के घेरे से कट गए हैं, इसलिए हम न तो ऊपर जा सकते हैं न ही नीचे। यह हमारे सामने अभेद्य दीवार की तरह आ खड़ा हुआ है, जो हमें दबा देना चाहता है, लेकिन अभी तक दबा नहीं पाया है।

मैं तो केवल चिल्लाकर यही कह सकती हूँ कि घेरों खुलो, फैलो, हमें बाहर निकालो !

तुम्हारी, अने

गुरुवार, 11 नवम्बर 1943

प्यारी किटी,

इस अध्याय का बड़ा अच्छा शीर्षक मुझे सूझा है।

'मेरे फाउंटेन पेन की याद में संबोधन'

मेरा फाउंटेन पेन हमेशा मेरे लिए एक बहुत बढ़िया सम्पत्ति के समान रहा है; यह मेरे लिए बड़ा मूल्यवान है क्योंकि इसकी निब बड़ी मोटी है, और मैं साफ-साफ केवल

मोटे निब से ही लिख सकती हूँ। इसका दीर्घ और मजेदार जीवन रहा जिसके बारे में मैं नीचे संक्षेप में बताऊँगी। जब मैं नौ बरस की थी, तो मेरा फाउंटेन पेन बढ़िया कपड़े में लिपटकर आया और इसका कोई व्यावसायिक मूल्य नहीं था क्योंकि यह मेरी दादी माँ ने भेजा था। उस समय फरवरी की हवा हमारे फ्लैट में घूम रही थी और मुझे फ्लू हो गया था। चमड़े की लाल खोल में बन्द इस फाउंटेन पेन के आते ही मैंने इसे अपनी सहेलियों को दिखाया। मैं, अने फ्रांक इस कलम की गर्वीली मालकिन थी।

जब मैं दस बरस की हुई तो मुझे इस कलम को स्कूल ले जाने की इजाजत मिल गई और मुझे तब आश्चर्य हुआ जब शिक्षकों ने भी मुझे लिखने की इजाजत दे दी। जब मैं ग्यारह साल की हुई तो मुझे अपनी इस धरोहर को फिर से रख देना पड़ा क्योंकि छठी कक्षा के शिक्षकों की ओर से हमें केवल स्कूल के कलम-दावात के इस्तेमाल की इजाजत मिली थी। जब मैं बारह साल की हुई तो मेरा दाखिला यहूदियों के स्कूल में कराया गया और इस मुबारक मौके पर उसको रखने के लिए एक नया खोल दिया गया। इस नए खोल में न केवल पेंसिल रखने की जगह थी, बल्कि इसमें एक जिप भी थी जो बड़ी आकर्षक थी। जब तेरह साल की हुई तो फाउंटेन पेन मेरे साथ यहाँ अज्ञातवास में चला आया, हमने साथ-साथ यहाँ असंख्य डायरियाँ लिखीं और तरह-तरह की रचनाएँ भी कीं। मैं चौदह साल की हो गई, यह फाउंटेन पेन अपने जीवन के अन्तिम साल का मजा हमारे साथ ले रहा था जब...

शुक्रवार की दोपहर के तब पाँच बजे थे। मैं अपने कमरे से बाहर आई और मेज पर बैठकर लिखने ही जा रही थी कि तभी मुझे मारगोट और पिता को जगह देने के लिए एक ओर खिसका दिया गया क्योंकि उनको लैटिन का अभ्यास करना था। फाउंटेन पेन मेज पर बिना किसी उपयोग के पड़ा रहा जबकि उसकी मालकिन को मेज के एक छोटे से कोने में खिसका दिया गया जहाँ वह बीन घिसने लगी। हम इसी तरह बीनों को घिस-घिसकर उसे मूल स्थिति की तरह साफ कर देते हैं। पौने छह बजे मैंने झाड़ू लगाकर कचरा एक अखबार में डाल दिया, उसमें खराब बीन के छिलके भी डाल दिए और सबको स्टोव पर चढ़ा दिया। आग का एक भभका उठा, मुझे लगा कि चलो अच्छा हुआ कि इस स्टोव की कम पड़ती लौ में कुछ लपक आ गई, उसमें कुछ चामत्कारिक तरीके से वापसी हो गई।

फिर सब कुछ शान्त हो गया। लैटिन पढ़ने वाले छात्र जब चले गए तो मैं मेज पर वहाँ बैठ गई जहाँ से मुझे हटाया गया था। मैंने चारों ओर देखा और मुझे अपना फाउंटेन पेन कहीं दिखाई नहीं दिया। मैंने एक बार और देखा। मारगोट ने देखा, माँ ने देखा, पिता ने देखा, डुसेल ने देखा, लेकिन वह बर्बाद हो चुका था।

'शायद वह स्टोव में बीन के साथ गिर गया,' मारगोट ने सुझाया।

'नहीं, मैं उसे गिरा नहीं सकती,' मैंने जवाब दिया।

लेकिन उस शाम वह फाउंटेन पेन हमें नहीं मिला तो हम लोगों ने मान लिया कि वह फाउंटेन पेन जल गया, खासकर इसलिए क्योंकि सेल्यूलाइड बहुत ही अधिक प्रज्वलनशील होता है। हमारा शक अगले दिन यकीन में बदल गया जब स्टोव को खाली

करते समय उन्हें कलम को जेब में खोंसकर रखनेवाली हुक उसमें दिखाई दी। सोने की निब का कोई निशान उनको उसके अन्दर नहीं मिला। वह जरूर पत्थर में बदल गया होगा, पिता ने अनुमान लगाया।

मुझे कोई सांत्वना नहीं मिली, बस एक छोटा-सा खयाल आया कि फाउंटेन पेन को उसी तरह से दफना दिया गया जैसे मैं अपने बारे में किसी दिन चाहती थी।

तुम्हारी, अने

17 नवम्बर, 1943

प्यारी किटी,

हालिया घटनाओं ने इस घर की बुनियादों को हिलाकर रख दिया है। बेप को डिप्थीरिया हो गया है और वह हमारे पास छह सप्ताह नहीं आ पाएगी। उसके बिना सौदा-सुलफ और खाना बनाना बड़ा मुश्किल हो जाएगा, यह बताने की जरूरत नहीं है कि हम उसका साथ न होना कितना महसूस कर रहे हैं। मिस्टर क्लाइमान अभी भी बिस्तर में हैं और पिछले तीन सप्ताह से उन्होंने दलिये के सिवा कुछ नहीं खाया है। मिस्टर कूगलर गले तक काम में डूबे हैं।

मारगोट लैटिन का अभ्यास बनाकर एक शिक्षक को भेज देती है जो उसको सही करके वापस भेज देता है। उसका पंजीकरण बेप के नाम से है। शिक्षक बड़ा अच्छा है, और मजाकिया भी। शर्तिया इतनी बेहतर छात्रा पर उसको गुमान होता है।

डुसेल अशान्त है, पर हम यह नहीं समझ पा रहे हैं कि इसका कारण क्या है। यह सब आज सुबह तब शुरू हुआ जब डुसेल ने ऊपर बातचीत बन्द कर दी। उसने न तो मिस्टर फॉन डॉन, न ही मिसेज फॉन डॉन से एक शब्द बोला। हमने इस पर ध्यान नहीं दिया। कुछ दिन इसी तरह चला, तब माँ ने एक दिन उनको मिसेज फॉन डी. के बारे में बताया कि वह इनका जीना दूभर कर सकती है। डुसेल ने कहा कि मिस्टर फॉन डॉन ने बातचीत बन्द की है और उन्होंने इसे खत्म करने की दिशा में कुछ भी नहीं किया है। मुझे बता देना चाहिए कि कल 16 नवम्बर था, इस जगह पर रहते हुए उसे एक साल पूरा हुआ। माँ ने इस मौके को मनाने की एक योजना बनाई, लेकिन मिसेज फॉन डॉन ने हफ्तों पहले यह संकेत दे दिया था कि डुसेल को हमें रात का खाना खिलाना चाहिए लेकिन इसका कोई जवाब नहीं आया। बजाय इसके कि वे इस मौके का फायदा उठाकर हमें धन्यवाद देते कि हमने उन्हें यहाँ बिना किसी स्वार्थ के स्वीकार किया पर उन्होंने एक शब्द तक नहीं कहा। 16 तारीख की सुबह जब मैंने उनसे पूछा कि मैं उनको मुबारकबाद दूँ या शोक संदेश, तो उनका जवाब था कि कुछ भी चलेगा। माँ शान्ति स्थापक की भूमिका में थीं पर उनको कोई सफलता नहीं मिली और फिलहाल मामला बराबरी पर ही समाप्त रहा।

मैं बिना किसी अतिरेक के कहना चाहती हूँ कि डुसेल कहीं से कुछ ढीला है। हम

अक्सर आपस में इस बात पर हँसते रहते हैं कि उनको कोई स्मृति नहीं रहती है, न उनकी कोई राय होती है, न ही कोई सामान्य बुद्धि। उन्होंने एकाधिक बार हमें ऐसे समाचार सुनाकर हैरान कर दिया है, जिसे उन्होंने बस सुना भर है, और इस प्रक्रिया में वे समाचार गलत साबित हुए। इसके अलावा, वे हर आरोप के जवाब में बहुत सारी कसमें खाते हैं जिन्हें कभी पूरा नहीं कर पाते। एक बड़ी प्रसिद्ध उक्ति है—मनुष्य की आत्मा तो महान है, उसके कर्म छोटे हैं।

तुम्हारी, अने

शनिवार, 27 नवम्बर 1943

प्यारी किटी,

कल रात जब मैं सोई हुई थी, तो हनेली अचानक मेरे सामने आई।

मैंने उसे वहाँ देखा, वह चिथड़े पहने थी, उसका चेहरा म्लान और कुम्हलाया हुआ लग रहा था। उसकी बड़ी-बड़ी आँखों में ऐसी उदासी और उपालंभ का भाव था कि मैं उनमें यह संवाद पढ़ सकती थी—ऐ अने, तुमने मुझे अकेला क्यों छोड़ दिया ? मुझे बचाओ, मेरी मदद करो, मुझे इस नर्क से निकाल लो।'

और मैं उसकी मदद नहीं कर सकती हूँ। मैं केवल खड़े-खड़े देख सकती हूँ जबकि बाकी लोग भुगत रहे हैं, मर रहे हैं। मैं केवल इतना ही कर सकती हूँ कि भगवान से प्रार्थना करूँ कि वे उसे हमारे पास ले आएँ। मैं और किसी को नहीं केवल हनेली को देखती हूँ, और इसका कारण मैं समझ गई, क्यों। मैंने उसे गलत समझा, मैं इतनी समझदार नहीं थी कि समझ पाती कि यह सब उसके लिए कितना मुश्किल था। वह अपने मित्र के प्रति समर्पित थी और उसे ऐसा लगता होगा कि मैं उसे अलग करना चाहती हूँ। यह बेकार की बात है, लेकिन उसको बड़ा भयानक लगा होगा यह सब। मैं समझती हूँ, इस तरह की भावना मैं अपने अन्दर भी महसूस करती हूँ। मुझे इसकी हल्की-सी समझ तो थी, लेकिन वह स्वार्थपूर्ण ढंग से मेरी अपनी समस्याओं और सुखों की भेंट चढ़ गया।

यह मेरे लिए बड़ा भयंकर था कि मैंने उसके साथ इस तरह से व्यवहार किया और अब वह बेचारगी के साथ मुझे देख रही है, पीले पड़े चेहरे और मिनमिनाती आँखों से। काश मैं उसकी मदद कर पाती ! हे भगवान, मेरे पास वह सब कुछ है जिसकी मैं कल्पना कर सकती हूँ, फिर उसका भाग्य क्यों मरणांतक गिरफ्त में है। वह भी वैसी ही धर्मपरायण है, जैसी मैं हूँ। या शायद ज्यादा ही है, और वह भी वही करना चाहती है जो सही हो। फिर मुझे जीने के लिए क्यों चुना गया, और वह क्यों सम्भवतया मरने जा रही है ? हम दोनों में फर्क क्या है ? हम क्यों एक दूसरे से इतने अलग हैं ?

ईमानदारी से कहूँ तो मैंने उसके बारे में महीनों से सोचा नहीं है—नहीं, कम से कम एक साल से। मैं उसे पूरी तरह भूली तो नहीं हूँ, लेकिन अपने सामने देखने से पहले

मैंने उसकी पीड़ा के बारे में नहीं सोचा था।

ओह हनेली, मैं आशा करती हूँ कि यदि तुम युद्ध खत्म होने तक जिन्दा रही और हमारे पास आई तो फिर मैंने तुम्हारे प्रति जो भी गलती की है उसका अहसास करूँगी और तुमसे सम्बन्ध सुधारूँगी।

लेकिन अगर मैं मदद करने की अवस्था में होती भी तो उसको मदद की जरूरत उतनी नहीं पड़ती जितनी कि अभी है। मुझे सन्देह है कि वह अब भी मेरे बारे में सोचती है, और उसकी भावना क्या है ?

हे दयालु ईश्वर, उसे राहत देना ताकि वह कम से कम अकेली तो नहीं महसूस करे। काश ! आप उससे केवल यही कह पाएँ कि मैं कितनी सहिष्णुता और प्रेम से उसको याद कर रही हूँ, तो इससे शायद उसको बल मिले।

मैंने इस बारे में सोचना छोड़ दिया है क्योंकि इससे कोई फायदा तो है नहीं। मैं अक्सर उसकी बड़ी आँखों को देखती रहती हूँ और इससे मुझे उसकी याद आती है। क्या हनेली वास्तव में सच्चे रूप में ईश्वर में विश्वास करती है, या धर्म उसके ऊपर थोप दिया गया है ? मैं तो यह भी नहीं जानती, मैंने कभी पूछने का साहस नहीं किया।

हनेली, हनेली, काश मैं तुमको बाहर ले जा पाती, मैं तुमसे वह सब कुछ साझा कर पाती जो पहले था। अब बहुत देर हो चुकी है। मैं कुछ नहीं कर सकती, उसे सही नहीं कर सकती जो गलती मैंने की है लेकिन मैं उसको कभी नहीं भूल पाऊँगी और हमेशा उसके लिए प्रार्थना करूँगी !

तुम्हारी, अने

सोमवार, 6 दिसम्बर 1943

प्यारी किटी,

जैसे-जैसे सेंट निकोलस दिवस करीब आ रहा है, हम पिछले साल मनाए गए त्योहार और सजाई गई टोकरी के बारे में सोच रहे हैं। किसी से भी ज्यादा मैं यह सोच रही हूँ कि इस बार उत्सव न मना पाना भयानक होगा। काफी सोच-विचार के बाद मुझे एक मजेदार विचार सूझा। मैंने पिम को यह बात बताई, और सप्ताह-भर पहले से हम हर व्यक्ति के लिए एक-एक कविता लिखने में लग गए।

रविवार की शाम पौने आठ बजे हम ऊपर कपड़ा धोने की बड़ी टोकरी लेकर गए, उसे नीले और गुलाबी कार्बन पेपर से सजाया गया था। उसके ऊपर भूरे रंग का एक कागज लपेटकर रखा गया था जिस पर एक नोट लिखा था। हर कोई उपहारों के आकार से चकित था। मैंने नोट हटाकर जोर से पढ़ना शुरू कर दिया :

एक बार फिर सेंट निकोलस दिवस आया
वह हमारे छिपने के स्थान पर भी आया;
मुझे डर है कि यह सब खामोशी से नहीं होगा

जिस तरह से खुशी-खुशी हमने पिछले साल मनाया,
फिर हम आशान्वित थे, सन्देह का कोई कारण नहीं था
कि आशावाद की जीत होती है
और जब यह इस साल आया
हम सब मुक्त, सुरक्षित और अच्छे से हैं
फिर भी यह नहीं भूलना चाहिए कि यह सेंट निकोलस दिवस है
हमारे पास हालाँकि देने को कुछ भी नहीं बचा है।
हमें कुछ और करने के बारे में सोचना होगा :
इसलिए कृपया हर व्यक्ति अपने-अपने जूतों में झाँक ले !

जब हर आदमी टोकरी से अपने-अपने जूते निकालने में लगा तो हँसी का जैसे दौरा-सा पड़ गया। हर जूते के अन्दर उसके मालिक के नाम से लिखा पार्सल रखा था।

तुम्हारी, अने

बुधवार, 22 दिसम्बर 1943

प्यारी किटी,

फ्लू का बड़ा बुरा दौरा पड़ गया था, इसलिए मैं तुमको पहले लिख नहीं पाई। यहाँ बीमार पड़ना बड़ा भयानक है। हर बार खाँसी होते ही मुझे कंबल में घुस जाना पड़ता था, एक, दो, तीन बार—और मैं यह कोशिश करती थी कि और खाँसी न आए। ज्यादातर समय यह जाती नहीं थी, इसलिए मुझे शहद, चीनी और कफ की दवा के साथ दूध पीना पड़ता था। जिस तरह के इलाज मेरे किए गए मुझे यह सोचकर ही चक्कर आने लगे हैं; पसीने द्वारा बुखार से मुक्ति, भाप द्वारा उपचार, गीली मालिश, सूखी मालिश, गले का गरारा, गर्म पेय, चुपचाप सोना, गर्म पट्टी, पानी की गर्म बोतल, लेमोनेड और हर दो घंटे पर थर्मामीटर। क्या इन उपचारों से मेरा भला होगा ? सबसे बुरा तो यह था कि मिस्टर डुसेल ने यह तय किया कि वे डॉक्टर का काम करेंगे और उन्होंने अपना सिर मेरी नंगी छाती पर आवाजें सुनने के लिए रख दिया। न केवल उनके बालों से गुदगुदी हुई, बल्कि मुझे भी शर्म आई, हालाँकि वे तीस साल पहले स्कूल भी गए थे और उनके पास कोई डॉक्टरी डिग्री भी थी। उन्हें मेरे दिल पर अपना सिर क्यों रखना चाहिए था ? आखिरकार, वे मेरे प्रेमी नहीं हैं। इस कारण वे मेरे बीमार शरीर से कोई चंगी आवाज नहीं सुन सकते। उनको पहले अपने कान साफ करने चाहिए थे क्योंकि उनके लिए सुनना लगातार मुश्किल होता जा रहा है। लेकिन अब मेरी बीमारी को लेकर काफी चर्चा हो चुकी है। मैं फिर से चंगी हो गई हूँ। मैं आधा इंच लम्बी हो गई हूँ और मेरा वजन भी 2 पौंड बढ़ गया है। मैं कमजोर हो गई हूँ लेकिन अपनी किताबों को पढ़ने को बेचैन हो रही हूँ।

उम्मीद (यहाँ केवल यही शब्द चलेगा) के कारण हम लोग साथ-साथ निभा रहे हैं।

कोई झगड़ा-झंझट नहीं हो रहा है, लेकिन मुझे नहीं लगता कि यह सब ज्यादा दिन तक चलनेवाला है। पिछले छह महीनों से इस घर में ऐसी खामोशी, ऐसी शान्ति नहीं रही है।

बेप अभी भी एकांतवास में है, लेकिन जल्दी ही उसकी बहन की छूत खत्म हो जाएगी।

क्रिसमस के लिए हम लोगों को अतिरिक्त खाना पकाने का तेल, मिठाइयाँ और शीरा मिल रहा है। हनुक्का के लिए मिस्टर डुसेल ने फॉन डॉन और माँ को एक बहुत ही सुन्दर केक दिया है जिसे उन्होंने बेप को पकाने के लिए कह दिया है। इसके अलावा सारे काम उसे ही करने हैं। मारगोट और मुझे पेनी का बना जड़ाऊ पिन मिला है, सुन्दर और चमकदार। मैं ठीक-ठीक इसका वर्णन नहीं कर सकती, लेकिन यह प्यारी है।

मेरे पास मीप और बेप के लिए भी क्रिसमस के तोहफे हैं। मैंने पूरे महीने चीनी की बचत इसलिए की ताकि मैं अपने दलिये में डाल सकूँ, लेकिन मिस्टर क्लाइमान ने उसका इस्तेमाल किसी और चीज को बनाने में कर डाला।

रिमझिम और मेघाच्छन्न मौसम है, स्टोव में महक रहती है, और खाना पेट में भारी-भारी बना रहता है जिससे पेट में गुड़गुड़ाहट हो रही है।

युद्ध में गतिरोध बना हुआ है, उत्साह कम पड़ गया है।

तुम्हारी, अने

शुक्रवार, 24 दिसम्बर 1943

प्यारी किटी,

जैसा कि मैंने तुमको पहले भी कई बार लिखा है कि यहाँ रहनेवालों के ऊपर मिजाज का काफी प्रभाव पड़ता रहा है और मेरे मामले में तो यह सबसे बुरा है। गोएथे की प्रसिद्ध पंक्ति मेरे ऊपर लागू होती है कि 'संसार की चोटी पर या अवसाद की गहराई में।' मैं अपने-आपको तब विश्व में ऊपर समझने लगती हूँ जब यह देखती हूँ कि बाकी यहूदी बच्चों के मुकाबले हम कितने भाग्यशाली हैं, और अवसाद की गहराई में तब आ जाती हूँ, जब क्लाइमान आकर जोपी के हॉकी क्लब के बारे में बातें करते हैं, नौका विहार के बारे में बताते हैं या दोपहर को दोस्तों के साथ चाय पीने की बात करते हैं।

मुझे नहीं लगता कि मैं जोपी से ईर्ष्या रखती हूँ, लेकिन मैं कम से कम एक बार और अच्छे दिनों के लिए तरसती रहती हूँ और इतना हँसना चाहती हूँ कि दर्द होने लगे। हम लोग कोढ़ के रोगी की तरह घरों में दुबके पड़े हैं, विशेषकर सर्दियों, नए साल और क्रिसमस की छुट्टियों में। वास्तव में, मुझे तो यह बात लिखनी भी नहीं चाहिए क्योंकि इससे मैं स्वयं को अकृतज्ञ समझने लगती हूँ, लेकिन मैं हर बात तो अपने तक ही नहीं रख सकती ना, इसलिए फिर से वही बात दोहराती हूँ, जो मैंने आरम्भ में कही थी—कागज में लोगों से अधिक धैर्य है।

जब भी बाहर से कोई कपड़ों पर ताजा हवा और गालों पर ठंड की लाली लिए आता है, तो मेरा मन होता है कि कंबल में मुँह गाड़कर इस सोच से बचूँ कि हम लोगों के नसीब में फिर से ताजा हवा कब लिखी है ? मैं यह नहीं कर सकती—इसके विपरीत मुझे अपना सिर ऊँचा रखना है और धीरज के साथ चीजों का सामना करना है, लेकिन चिन्ताएँ तो आती ही रहती हैं। केवल एक बार नहीं, बार-बार।

मेरी बात का विश्वास करो, अगर आप डेढ़ साल से बन्द ही रह रहे हों तो यह कभी-कभी काफी अधिक हो सकता है। लेकिन भावनाओं को तो नहीं दबाया जा सकता है, चाहे वे कितने ही अन्यायपूर्ण या अकृतज्ञतापूर्ण हों। मैं साईकिल पर चढ़ने, सीटी बजाने, संसार को देखने, नाचने, खुद को युवा महसूस करने और यह समझने के लिए कि 'मैं स्वतंत्र हूँ' तरसती रहती हूँ, लेकिन मैं इसे बता नहीं सकती। जरा इस बात की कल्पना करो कि हम आठों को खुद से शर्मसार होना पड़े या चेहरे पर असंतोष का भाव लिये फिरना पड़े ! यह हम लोगों को आखिर कहाँ ले जाएगा ? कभी-कभी मैं यह सोचकर हैरान हो जाती हूँ कि क्या कभी कोई इस बात को समझ पाएगा कि मेरा तात्पर्य क्या है, क्या कोई कभी मेरे इस अकृतज्ञ भाव की अनदेखी करके, बिना यह समझे कि मैं कोई यहूदी हूँ या नहीं; यह समझ पाएगा कि मैं महज एक किशोरी हूँ जो मस्ती की तलाश में है। पता नहीं, और मैं इसके बारे में किसी से बात भी नहीं कर पाती क्योंकि मुझे पता है कि मैं रोना शुरू कर दूँगी। रोने से शान्ति मिलती है, लेकिन तभी, जब आप अकेले में न रो रहे हों। अपने तमाम सिद्धांतों और प्रयासों के बावजूद, मैं रोज-ब-रोज हमेशा ऐसी माँ की कमी महसूस करती हूँ जो मुझे समझती हो। इसलिए मैं जो कुछ भी करती हूँ या लिखती हूँ, तो मैं वैसी माँ की कल्पना करती हूँ जो मैं चाहती हूँ कि बाद में मेरे बच्चे की हो। एक ऐसी माँ जो दूसरों की कही हर बात को गम्भीरता से न ले, बल्कि जो मुझे यानी अपने बच्चे को गम्भीरता से ले। मुझे इसका वर्णन करना मुश्किल लग रहा है कि इसका क्या मतलब है, लेकिन माँ शब्द में ही सारी व्याख्या छिपी हुई है। तुम समझ गई हो कि मैं क्या कहना चाहती हूँ ? मैं माँ को अक्सर मम्सी कहकर बुलाती हूँ, या कभी-कभी 'मम्स', जो 'मम' की तरह ही अधूरा है। काश मैं उनका सम्मान कर पाती ! लेकिन अच्छी बात यह है कि वह इस बात को समझती नहीं हैं, नहीं तो वह और नाराज ही होंगी।

अच्छा अब बहुत हो चुका। मेरे लेखन ने मुझे अवसाद की गहराई से उबार लिया है।

तुम्हारी, अने

आज क्रिसमस के बाद का दिन है और मैं पिम और उस कहानी के बारे में सोचने से स्वयं को नहीं रोक पा रही हूँ जो मुझे उन्होंने पिछले साल इसी समय सुनाई थी। तब मैं उनके शब्दों के मायने उतना नहीं समझ पाई थी जितना कि आज समझती हूँ। अगर वे उसे फिर से सुना पाते तो मैं उनको दिखाती कि मैंने उसका मतलब समझा है ! मुझे

लगता है कि पिम ने मुझे यह इसलिए सुनाई थी क्योंकि वे इतने लोगों के अन्तरंग रहस्यों को जानते हैं कि एक बार सुना के हल्का होना चाहते होंगे; पिम कभी अपने बारे में बातें नहीं करते हैं और मुझे नहीं लगता है कि मारगोट को इस बारे में कुछ पता है कि उन्होंने क्या कुछ भोगा है। इसने उनको सहनशील बनाया क्योंकि वे माँ की गलतियों को लेकर अंधे नहीं हैं। मैं सोचती हूँ कि मैं भी थोड़ा-बहुत उनके जैसा बनना चाहती हूँ, लेकिन बिना वह सब झेले जो उन्होंने झेला है।

तुम्हारी, अने

सोमवार, 27 दिसम्बर 1943

शुक्रवार की शाम मैंने अपने जीवन में पहली बार क्रिसमस का तोहफा प्राप्त किया। मिस्टर क्लाइमान, मिस्टर कूगलर और लड़कियों ने हमारे लिए बड़ा ही सुन्दर तोहफा तैयार किया था जिससे वे हमें चौंकाना चाहते थे। मीप ने बड़ा ही स्वादिष्ट क्रिसमस केक तैयार किया था जिसके ऊपर लिखा था—शान्ति 1944, और बेप ने वे बिस्कुट उपलब्ध करवाए जिनका स्तर युद्ध पूर्व के दिनों जैसा था।

पीटर, मारगोट और मेरे लिए दही की एक हाँडी थी, तथा सभी बड़ों के लिए बीयर की एक-एक बोतल थी। एक बार फिर उनको बहुत ही आकर्षक ढंग से पैक किया गया था, पार्सल पर तस्वीरें चिपका-चिपका कर उनको तैयार किया गया था। बाकी, छुट्टियाँ हमारे लिए बहुत जल्दी बीत गईं।

अने

बुधवार, 29 दिसम्बर 1943

कल रात मैं फिर से बहुत उदास थी। दादी माँ और हनेली फिर से मेरे पास आए थे। दादी माँ, ओ मेरी प्यारी दादी माँ ! उन्होंने क्या कुछ भुगता हम कितना समझ पाए, वे हमेशा ही कितनी दयालु थीं और हम लोगों से जुड़ी एक-एक चीज में वे कितनी दिलचस्पी रखती थीं। और यह सोचना कि उन्होंने किस तरह इस खतरनाक सचाई को छिपाए रखा (अने की दादी कुछ समय से बीमार थी)।

दादी माँ हमेशा से बड़ी प्यारी और भरोसेमंद रही हैं। वे हममें से किसी को भी गिरते नहीं देख सकती थीं। चाहे जो भी हो जाए, मैं चाहे जितनी बदतमीजी कर लूँ, दादी माँ हमेशा मेरी ओर होती थीं। दादी माँ, क्या आप मुझे प्यार करती हैं या आप भी मुझे नहीं समझ पाईं ? पता नहीं। हम सबके बावजूद दादी माँ कितनी अकेली रहती आई हैं। आप तब भी अकेले हो सकते हैं जब बहुत लोग आपको प्यार करते हों क्योंकि तब आप केवल और केवल किसी एक के नहीं होते।

और हनेली ? क्या वह अब भी जिन्दा है ? वह क्या कर रही है ? हे भगवान, उसकी रक्षा करना और हमारे पास वापस ले आना। हनेली, तुम मुझको इस बात की याद दिलाती लगती हो कि मेरे भाग्य में क्या होना बदा है। मैं अपने आपको तुम्हारे स्थान पर रखकर देखती रहती हूँ। इसीलिए मैं यहाँ घटित होनेवाली घटनाओं से चिढ़ जाती हूँ ? क्या मुझे खुश और सन्तुष्ट रहना चाहिए, सिवाय इसके कि जब मैं हनेली और उसके साथ होने वाली बुरी घटनाओं के बारे में सोचती हूँ ? मैं स्वार्थी और कायर हूँ। मैं हमेशा भयानक बातों के बारे में ही क्यों सोचती रहती हूँ और भय के लिए चिल्लाना चाहती हूँ ? क्योंकि तमाम चीजों के बावजूद भगवान में मेरा कोई खास विश्वास नहीं है। उसने मुझे कितना दिया है, मैं जिसके लायक भी नहीं हूँ और हर दिन मैं कितनी सारी गलतियाँ करती रहती हूँ !

अपने प्यारों की पीड़ा के बारे में सोचकर आँसू निकल आते हैं। वास्तव में, आप सारा-सारा दिन रोते हुए गुजार सकते हैं। आप अधिक से अधिक यही कर सकते हैं कि भगवान से प्रार्थना करें कि वह कोई चमत्कार करे और उनमें से कुछ को बचा ले। और उम्मीद करती हूँ कि वह मैं पर्याप्त रूप से कर रही हूँ !

अने

गुरुवार, 30 दिसम्बर 1943

प्यारी किटी,

पिछली बार के जबरदस्त झगड़े के बाद यहाँ सारा मामला शान्त हो चुका है, न केवल हमारे बीच, डुसेल और ऊपरवालों के बीच, बल्कि मिस्टर और मिसेज फॉन डॉन के बीच भी। बहरहाल, कुछ गहरे काले बादलों ने इस ओर की दिशा पकड़ी है, और यह सब खाने की वजह से है। मिसेज फॉन डी. को यह विचित्र खयाल सूझा कि हम सुबह के समय ही कुछ आलू भून लिया करें और दिन में बाद के उपयोग के लिए उनको रख लें। माँ, डुसेल और हम बाकी लोग उनके इस खयाल से सहमत नहीं हुए, इसलिए अब हम आलुओं का भी बँटवारा कर रहे हैं। ऐसा लगता है कि वसा और तेल का ठीक तरह से बँटवारा नहीं हो पा रहा है, और माँ इस सब पर रोक लगाने जा रही हैं। अगर इस दिशा में कुछ मजेदार हुआ तो मैं तुमको बताऊँगी। पिछले कुछ सप्ताहों से हम लोग मांस (उनका वसायुक्त है, हमारा बिना वसा के), सूप (वे पीते हैं, हम नहीं), आलू (उनके छीले हुए, हमारे बिना छिले) और भुने हुए आलुओं का बँटवारा भी करनेवाले हैं।

अगर हम पूरी तरह बाँट पाए तो !

तुम्हारी, अने

नोट : बेप मेरे लिए सारे राजपरिवार के एक पिक्चर पोस्टकार्ड की नकल करके लाई है। जुलियाना बड़ी युवा दिखती है, और रानी भी। तीनों छोटी लड़कियाँ तो बड़ी प्यारी हैं। तुमको नहीं लगता कि बेप ने बहुत ही अच्छा काम किया है ?

रविवार, 2 जनवरी 1944

प्यारी किटी,

आज सुबह जब मेरे पास करने को कोई काम नहीं था, तो मैं अपनी डायरी के पन्नों को पलटने लगी और जब पाया कि माँ को लेकर इतनी सख्त बातें उसमें लिखी गई हैं तो मैं हतप्रभ रह गई। मैंने अपने आपसे कहा—अने, क्या तुम सचमुच घृणा के बारे में लिख रही थी ? ओह, अने, तुम कैसे लिख पाई ?

मैं किताब खोलकर बैठ गई और इस बात पर आश्चर्य में पड़ गई कि जो गुस्सा, जो घृणा मेरे अन्दर थी वह सब मैंने तुमको क्यों बता दिया। मैंने पिछले साल की अने को समझने का प्रयास किया और उसके लिए माफी भी माँगी, क्योंकि जब मैं इन अभियोगों के साथ तुमको छोड़ दूँगी और इस बात को साफ करने का प्रयास नहीं करूँगी कि उनके लिखने के पीछे क्या कारण था तो मेरी अन्तरात्मा साफ नहीं हो सकेगी। मैं तब और अब भी बदमिजाजी के रोग से घिरी हुई हूँ, जो मेरे सिर को पानी के अन्दर डाल देता है और मुझे केवल अपने ही दृष्टिकोण से चीजों को देखने देना चाहता है और दूसरों की बातों को सुनकर उसके मुताबिक काम नहीं करने देता है जिनको मैंने चोट पहुँचाई है।

मैं अपने में सिमट गई, किसी और के बारे में नहीं सोचा, बस केवल अपने बारे में सोचती रही और अपनी सारी खुशी, सारा दुख, सारा व्यंग्य डायरी में दर्ज कर लिया। यह डायरी एक तरह से मेरे लिए कतरनों का पुलिंदा बन चुका है, मेरे लिए यह काफी मायने रखता है क्योंकि मैं इस पर जो चाहे लिख सकती हूँ।

मैं माँ पर गुस्सा थी (और अभी भी कई बातों को लेकर हो जाती हूँ)। सच है कि उन्होंने मुझे नहीं समझा, लेकिन मैं भी उनको कहाँ समझ पाई ? चूँकि वे मुझे प्यार करती थीं, मेरे प्रति स्नेहिल और दयालु बनी रहती थी। लेकिन मैंने अक्सर उन्हें जिस तरह की परिस्थितियों में डाला है, या जिस तरह की दुखद परिस्थितियों में वे घिर गईं, जिसके कारण वे तनाव में रहने लगीं थीं, इसलिए मैं समझ सकती हूँ कि वे क्यों अक्सर मेरे ऊपर नाराज होती रहती थीं।

मैं नाराज थी, इसलिए बातों को दिल पर लेकर मैंने उनके साथ बदतमीजी की जिसके कारण वे दुखी हुईं। हम लोग दुख के अनैतिक चक्र में फँस गए थे। वह दौर हम दोनों के लिए ही अच्छा नहीं था, लेकिन कम से कम वह समाप्त होने को आ रहा है। मैं यह सब समझना ही नहीं चाहती थी कि क्या हो रहा है, और मुझे भी यह सब बहुत बुरा लग रहा था, लेकिन यह बात समझने लायक भी है।

पन्नों पर उतरी हुई भड़ास सहज रूप से मेरे गुस्से की अभिव्यक्ति है, सामान्य जीवन में अगर मुझे निपटना होता तो मैं खुद को कमरे में बन्द कर लेती या पाँव पटकती या माँ की पीठ पीछे उनका नाम लेती।

आँखों में आँसू भरके माँ पर तरह-तरह के निर्णय सुनाने का दौर बीत चुका है। मैं अब अधिक होशियार हो गई हूँ और माँ का तनाव भी कुछ काबू में है। जब मैं गुस्से

में होती हूँ तो अपनी जीभ पर काबू रखती हूँ, और वह भी यही करती हैं, इसलिए ऊपर-ऊपर हममें गहरी छन रही है। लेकिन एक चीज है जो मैं नहीं कर सकती, माँ को एक बच्चे के समर्पण भाव से प्यार करना।

अपनी अन्तरात्मा को यह कहकर मैंने शान्त किया कि माँ के लिए कागज पर कुछ खराब शब्द लिख देना ज्यादा बेहतर है बजाय इसके कि जीवन-भर दिल में उनका बोझ उठाया जाए।

तुम्हारी, अने

गुरुवार, 6 जनवरी 1944

प्यारी किटी,

आज मुझे दो बातें स्वीकार करनी हैं। इसमें लम्बा समय लगेगा लेकिन यह बात मुझे किसी को तो बतानी ही है, और तुम इसके लिए सर्वाधिक उपयुक्त हो क्योंकि मुझे पता है कि तुम इस रहस्य को बनाए रखोगी, चाहे कुछ भी हो जाए।

पहली माँ को लेकर है। जैसा कि तुम जानती हो, मैं अक्सर उनके बारे में शिकायत करती रहती हूँ और फिर अपनी ओर से पूरी कोशिश करती हूँ कि मैं अच्छा व्यवहार करूँ। अचानक मुझे यह बात समझ में आई कि उनकी समस्या क्या है। माँ ने कहा कि वे हमें बेटियों से अधिक अपना मित्र समझती हैं। यह सब वैसे तो ठीक है, सिवाय इसके कि मित्र माँ का स्थान नहीं ले सकता है। मैं चाहती हूँ कि मेरी माँ अच्छी उदाहरण बनें, ऐसे व्यक्ति के रूप में मेरे सामने आए जिनका मैं सम्मान कर सकूँ, लेकिन ज्यादातर मामलों में वे इस बात का उदाहरण बन जाती हैं कि क्या नहीं करना चाहिए। मेरे खयाल से मारगोट इन सब बातों को लेकर इतने अलग तरीके से सोचती है कि जो बातें अभी मैंने तुमको बताई है उन्हें वह कभी नहीं समझ पाएगी। और पिता माँ को लेकर किसी भी तरह की बातचीत से बचना चाहते हैं।

मैं माँ की कल्पना एक ऐसे व्यक्ति के रूप में करती हूँ जिसमें सबसे बढ़कर इस बात का शऊर हो कि वह किशोर बच्चों को सँभाल सके, न कि मेरी माँ की तरह जो मेरे रोने पर सबसे अधिक मेरा मजाक उड़ाती है। इस कारण नहीं कि मैं दर्द में होती हूँ, बल्कि अन्य कारणों से।

यह बात हल्की लग सकती है लेकिन एक घटना हुई जिसके लिए मैंने उनको कभी माफ नहीं किया। यह तब की बात है जब मुझे दाँतों के डॉक्टर के पास जाना था। माँ और मारगोट ने मेरे साथ जाने की योजना बनाई और इस बात पर सहमत हो गई कि मैं अपनी साईकिल ले लूँ। जब डॉक्टर से निपटने के बाद हम बाहर आए तो मारगोट और माँ ने मुझे बताया कि वे शहर में कुछ खरीदने या मुझे याद नहीं कि कुछ देखने जा रहे हैं, जाहिर है कि मैं भी उनके साथ जाना चाहती थी। लेकिन उन्होंने कहा कि मैं इसलिए नहीं आ सकती क्योंकि मेरे साथ मेरी साईकिल है। गुस्से के मारे मेरी आँखों

से आँसू निकल आए और मारगोट तथा माँ मेरे ऊपर हँसने लगीं। मैं इतनी गुस्से में आ गई कि मैंने वहीं सड़क पर उन लोगों को जीभ दिखाई। एक छोटी-सी बूढ़ी औरत वहाँ से गुजर रही थी, जो यह देखकर सकते में आ गई। मैं साईकिल से घर लौट गई और घंटों रोती रही। आश्चर्य की बात यह है कि वैसे तो माँ ने मुझे हजारों जख्म दिए हैं लेकिन जब भी मैं यह याद करने की कोशिश करती हूँ कि मैं कितनी गुस्से में थी तो यह जख्म खास तौर पर उभरकर आ जाता है।

दूसरी बात को कहने में मुझे थोड़ी मुश्किल आ रही है क्योंकि यह मेरे अपने बारे में है। मैं कोई लजानेवालियों में नहीं हूँ किटी, लेकिन जब भी वे शौचालय जाने का आँखों देखा हाल सुनाने लगती हैं, और ऐसा वे अक्सर करती हैं, तो मेरा पूरा शरीर विद्रोह कर उठता है।

कल मैंने शरमाने को लेकर सिस हस्टर का लेख पढ़ा। यह कुछ ऐसा था जैसे उन्होंने मुझे ही संबोधित करके लिखा हो। ऐसा नहीं है कि मैं जल्दी शरमा जाती हूँ, लेकिन वह लेख मेरे ऊपर घटित होता लगता था। उनके लेख का सार यह है कि यौवन आरम्भ होने के दिनों में लड़कियाँ अपने आप में खोई रहती हैं और अपने शरीर में होनेवाले आश्चर्यजनक बदलावों के बारे में सोचना शुरू कर देती हैं। मैं भी ऐसा महसूस करती हूँ, और आजकल मैं इसी वजह से मारगोट, माँ और पिता से झगड़ती रहती हूँ। दूसरी ओर, मारगोट वैसे तो मुझसे भी ज्यादा शर्मीली है, लेकिन वह इसको लेकर नहीं शर्माती है।

मुझे लगता है कि जो कुछ मेरे साथ हो रहा है वह बड़ा अच्छा है, और मेरा मतलब यह नहीं है कि बदलाव केवल बाहर शरीर में हो रहा है, वह अन्दर भी हो रहा है। मैं इस तरह की बातें दूसरों से नहीं करती हूँ, इसीलिए उनके बारे में मुझे अपने आपसे बातें करनी पड़ती हैं। जब भी मुझे माहवारी होती है (जो अब तक केवल तीन बार हुई है), मुझे इस बात की अनुभूति होती है कि तमाम दर्द, परेशानियों के बावजूद मेरे अन्दर कुछ सुखद रहस्य भी है। वैसे यह भले फालतू की बात लगे, एक तरीके से मैं उस समय की प्रतीक्षा कर रही हूँ जब मैं अपने अन्दर के रहस्यों को फिर महसूस कर पाऊँगी।

सिस हस्टर यह भी लिखती हैं कि मेरी उम्र की लड़कियाँ बहुत असुरक्षित महसूस करने लगती हैं और अचानक उनको यह अनुभूति होने लगती है कि वे अपने-अपने आदर्शों, विचारों और व्यवहारों के साथ अलग-अलग व्यक्तित्व होती हैं। जब मैं 13 साल की हुई तो यहाँ आ गई और अपने बारे में सोचने लगी तथा बाकी लड़कियों से कुछ पहले ही मुझको यह अहसास होने लगा कि मैं अधिकांश लड़कियों से पहले एक 'स्वतंत्र लड़की' हो गई हूँ। कभी-कभी जब मैं रात में बिस्तर पर सोती हूँ तो मेरा बड़ा मन होता है कि अपने स्तनों को छुऊँ, अपने दिल की खामोश धड़कनों को सुनूँ।

अचेतन तौर पर मेरे अन्दर ये भावनाएँ तब भी थीं जब मैं यहाँ नहीं आई थी। एक रात जब मैं जैकी के घर पर थी, तो मैंने उसके शरीर के बारे में जिज्ञासा की थी जिसे वह मुझसे हमेशा छिपाकर रखती थी और जिसे मैंने कभी देखा नहीं था। मैंने उससे पूछा था कि क्या अपनी दोस्त की खातिर हम दोनों एक दूसरे के स्तनों को छू सकते

हैं ? जैकी ने मना कर दिया। मेरे अन्दर उसे चूमने की भी जबरदस्त इच्छा हो रही थी, जो मैंने किया भी। जब भी मैं किसी औरत की नग्न तस्वीर देखती हूँ, जैसी कि मेरी कला की पुस्तक में वीनस की है, तो मुझे उत्तेजना हो जाती है। कोई-कोई तो मुझे इतनी अच्छी लगती है कि मेरे लिए आँसू रोक पाना मुश्किल हो जाता है। काश मेरी कोई सहेली होती !

गुरुवार, 6 जनवरी 1943

प्यारी किटी,

किसी से बात करने की मेरी लालसा इतनी बढ़ गई कि मेरे दिमाग में यह खयाल आया कि पीटर का चुनाव इस काम के लिए किया जाए। कुछ मौकों पर जब मैं दिन के वक्त पीटर के कमरे में गई तो मैंने उसका कमरा अच्छा और आरामदेह पाया था। लेकिन पीटर इस मामले में इतना विनम्र है कि कोई अगर उसको परेशान कर रहा हो तो वह उसे बाहर का रास्ता दिखा देता है, इसलिए मेरी कभी हिम्मत नहीं पड़ी कि वहाँ ज्यादा देर रुकूँ। मुझे हमेशा यह डर लगा रहता है कि उसको यह लग सकता है कि मैं चिपकू हूँ। मैं उसके कमरे में जाने का बहाना ढूँढ़ती रहती हूँ ताकि मैं बिना उसके जाने बातें करने लगूँ, और कल मुझे मौका मिल गया। पीटर पर आजकल वर्ग पहेली का भूत सवार है, और वह सारा-सारा दिन और कुछ भी नहीं करता है। मैं उसकी मदद कर रही थी, जल्दी ही हम एक दूसरे के सामने बैठ गए, पीटर कुर्सी पर और मैं दीवान पर।

जब मैंने उसकी गहरी नीली आँखों में झाँककर देखा तो यह पाकर बड़ा अच्छा लगा कि वह मेरे इस तरह अचानक आ जाने से कितना संकोच में पड़ गया है। मैं उसे अन्तरतम तक पढ़ सकती थी और उसके चेहरे पर मुझे एक असहायता और अनिश्चितता का भाव दिखा कि किस तरह से व्यवहार किया जाए, साथ ही उसके अन्दर अपनी मर्दानगी का भी अहसास उभर आया था। उसका शर्माना देखकर मैं पिघल गई। मैं उससे कहना चाहती थी कि 'मुझे अपने बारे में बताओ। मेरे ऊपरी बातूनीपन के अन्दर झाँककर देखो।' लेकिन मैंने पाया कि सवाल पूछने से आसान सवालों के बारे में सोचना ही है।

शाम बीतने के करीब आ गई और कुछ नहीं हुआ सिवाय शर्माने पर लेख के बारे में बताने के। मैंने उसको यह भी नहीं बताया कि मैंने तुमको क्या लिखा कि कुछ और बड़े होने के बाद वह कुछ अधिक सुरक्षित महसूस करने लगेगा।

उस रात मैं खूब रोई, लेकिन मैंने इसका ध्यान भी रखा कि कोई सुन न ले। यह विचार कि मैंने पीटर से मदद की गुहार लगाई, अपने आप में विद्रोही था, लेकिन लोग अपनी इच्छाओं को पूरा करने के लिए क्या नहीं करते हैं। मेरा ही उदाहरण लो, मैंने यह तय किया कि पीटर से मिलने पहले से ज्यादा जाऊँगी, और किसी तरह उससे मैंने

बात भी कर ली।

तुमको यह नहीं सोचना चाहिए कि मैं पीटर के प्यार में हूँ, मैं नहीं हूँ। अगर फॉन डॉन दम्पति को लड़के की जगह लड़की होती, तो मैं उसके साथ भी दोस्ती करने की कोशिश करती।

आज सुबह मैं सात बजे के पहले ही उठ गई और तत्काल मुझे याद आ गया कि मैंने क्या सपना देखा था। मैं एक कुर्सी पर बैठी हूँ और मेरे सामने पीटर बैठा है...पीटर। हम लोग मेरी बोस की स्केचबुक देख रहे हैं। यह सपना इतना विविधतापूर्ण था कि मुझे कुछ रेखांकन भी याद हैं। लेकिन यही नहीं था—यह सपना जारी रहा। पीटर की निगाहें अचानक मेरी निगाहों से मिलीं और मैं उसकी भूरी आँखों में देर तक देखती रही। फिर उसने मुझे बड़े आहिस्ता से कहा कि 'अगर मुझको पता होता तो मैं तुम्हारे पास काफी पहले ही आ जाता।' मैं अचानक भावुक होकर पीछे मुड़ जाती हूँ। फिर मैंने अपने गालों पर ठंडे गालों के स्पर्श का अनुभव किया, और मुझे बेहद अच्छा लगा, बेहद अच्छा लगा...

इसी समय मेरी नींद खुल गई, अपने गालों पर उसके गालों की छुअन को महसूस करती हुई और उसकी गहरी भूरी आँखें मेरे दिल के अन्दर झाँकती हुईं, इतने गहरे कि वह पढ़ सकता हो कि मैं उसको कितना प्यार करती थी और करती हूँ। मेरी आँखें फिर से आँसुओं से भर गईं, और मैं उदास हो गई थी, क्योंकि मैंने उसको एक बार फिर से खो दिया था, साथ ही खुश भी थी कि पीटर ही अकेला है जो मेरे लिए है।

है तो मजेदार, लेकिन अक्सर सपने में मैं इसी तरह की विविध छवियाँ देखती हूँ। एक रात मैंने अपनी दादी को सपने में इतना स्पष्ट देखा कि उसकी त्वचा को छूकर महसूस कर सकती थी। एक बार नानी मेरे पास अभिभावक बनकर सपने में आई थीं। फिर हनेली, जो मेरे लिए सहेली की पीड़ा के साथ-साथ यहूदियों की पीड़ा का प्रतीक बन गई है, इसलिए जब मैं उसके लिए प्रार्थना कर रही होती हूँ, तो सारे यहूदियों के लिए प्रार्थना कर रही होती हूँ और उनके लिए भी, जो जरूरतमंद हैं।

अब पीटर, मेरा प्यारा पीटर। मेरे मानस में उसकी ऐसी छवि कभी नहीं थी। मुझे किसी तस्वीर की आवश्यकता नहीं है, मैं उसे इतनी स्पष्टता से देख सकती हूँ।

तुम्हारी, अने

शुक्रवार, 7 जनवरी 1944

प्यारी किटी,

मैं बहुत बड़ी बेवकूफ हूँ। मैं तुमको अपने सच्चे प्यार के बारे में बताना तो भूल ही गई।

जब मैं छोटी-सी लड़की थी, नर्सरी में पढ़नेवाली, मुझे सैली किम्मेल पसन्द आ गया। उसके पिता नहीं थे और वह अपनी माँ के साथ एक चाची के यहाँ रहता था।

उसका एक बड़ा ही सुन्दर छरहरा, काले बालों वाला दूर का भाई था ऐपी, जिसकी बाद में छलिया के रूप में बड़ी ख्याति हुई और वह नाटे, मजाकिया सैली से ज्यादा प्रशंसक पाने में कामयाब रहा। काफी समय तक हम हर जगह साथ-साथ जाते रहे, लेकिन इसके अलावा जब तक पीटर मेरे रास्ते में नहीं आया था, तब तक मेरा प्यार एकतरफा ही रहा था। मैं उस पर पूरी तरह फिदा हो चुकी थी। वह भी मुझे पसन्द करता था और एक पूरी गर्मियाँ हम एक दूजे के होकर रहे। मैं अभी भी अपने को हाथ में हाथ डाले पड़ोस में टहलते हुए देख सकती हूँ, पीटर गर्मियों के सफेद सूट में और मैं गर्मियों की सफेद ड्रेस में। गर्मी की छुट्टियों के बाद वह अगली कक्षा में नाम लिखाकर एक अन्य स्कूल में चला गया, जबकि मैं छठी कक्षा में ही बनी रही। वह घर जाते हुए रास्ते में मुझे साथ कर लेता या मैं घर जाते हुए उसे साथ लेने आ जाती। पीटर आदर्श लड़का था, लम्बा, छरहरा और सुन्दर तथा गम्भीर, शान्त और बौद्धिक चेहरेवाला। उसके बाल काले थे, सुन्दर भूरी आँखें, लाल गाल और सुन्दर नुकीली नाक। मैं उसकी मुस्कान पर फिदा थी, इससे वह लड़कों जैसा शरारती लगता था।

मैं गर्मी की छुट्टियों में गाँव गई थी, और जब लौटकर आई तब पता चला कि पीटर अपने पुराने पते पर नहीं था, वह वहाँ से चला गया था और एक अधिक उम्र के लड़के के साथ रह रहा था, जिसने लगता है उसे यह बता दिया था कि मैं तो बस बच्ची थी क्योंकि उसने मुझसे मिलना बन्द कर दिया था। मैं उससे इतना अधिक प्यार करती थी कि सच को बर्दाश्त करना नहीं चाहती थी। मैं उससे चिपकती रही, पर आखिरकार मुझे यह लग गया कि अगर मैं इसी तरह उसके पीछे भागती रही तो लोग कहेंगे कि मैं पागल हो गई हूँ।

साल गुजरते रहे। पीटर अपनी उम्र की लड़कियों के साथ घूमता रहा और उसने मेरा अभिवादन करने की जरूरत भी नहीं समझी। मैं यहूदी स्कूल में पढ़ने चली गई और मेरी कक्षा के अनेक लड़के मेरे साथ प्यार करते थे। इस तरह से उनका ध्यान देना मुझे अच्छा लगता था, लेकिन यह सब बस यहीं तक रहा। बाद में हेलो मेरे पीछे बुरी तरह पागल था, लेकिन जैसा कि मैंने कहा मैं फिर किसी के प्यार में नहीं पड़ी।

एक कहावत है—समय सारे घाव भर देता है। यही मेरे साथ है। मैंने तुमसे कहा कि मैं पीटर को भूल गई हूँ और उसे अब प्यार नहीं करती हूँ। लेकिन उसकी स्मृतियाँ इतनी गहरी हैं कि यह बात मुझको स्वीकार कर लेनी चाहिए कि मैंने इसलिए उसको प्यार करना छोड़ दिया, क्योंकि मैं अन्य लड़कियों से जलती थी। आज सुबह मुझे यह महसूस हुआ कि कुछ भी नहीं बदला है; इसके विपरीत मैं कुछ बड़ी हो गई हूँ और कुछ अधिक समझदार भी, मेरा प्यार भी मेरे साथ-साथ बढ़ा है। मैं अब इस बात को समझ सकती हूँ कि पीटर को लगता था कि मैं बच्ची हूँ, फिर भी यह बात तो मुझको चुभती ही है कि उसने मुझको पूरी तरह भुला दिया। मैं उसका चेहरा इतना साफ-साफ देख सकती थी कि मुझे लगता था कि और कोई नहीं बल्कि पीटर ही मेरे दिमाग में इस तरह से रह सकता है।

आज मैं पूरी तरह से ऊहापोह की स्थिति में आ गई हूँ। आज सुबह जब पिता

ने मेरा चुम्बन लिया तो मैं चिल्लाकर कहना चाहती थी कि काश तुम पीटर होते ! मैं उसके बारे में लगातार सोचती हूँ और सारा दिन अपने आप से कहती हूँ कि ओ मेरे प्यारे पीटर...प्यारे पीटर...

मुझे कहाँ मदद मिल सकती है ? मुझे तो बस यहीं रहना है और ईश्वर से यह प्रार्थना करते रहना है कि काश हम यहाँ से कभी तो निकल पाएँ, पीटर का रास्ता जब मेरे रास्ते में पड़ेगा तो वह मेरी आँखों में झाँककर देखेगा और उसमें प्यार को पढ़कर कहेगा कि 'ओ अने, अगर मुझे पहले यह पता होता तो मैं काफी पहले ही तुम्हारे पास आ जाता।'

एक बार मैं जब पिता के साथ सेक्स के बारे में बात कर रही थी तो उन्होंने कहा कि मैं इस तरह की इच्छाओं को समझने के लिहाज़ से बच्ची हूँ। लेकिन मुझे लगता है कि मैं समझ सकती थी, और अब तो मैं पक्के तौर पर कह सकती हूँ कि समझ सकती हूँ। मेरे लिए पीटर से अधिक कुछ भी प्यारा नहीं है।

मैंने अपना चेहरा शीशे में देखा, तो वह मुझे बहुत बदला-बदला लगा। मेरी आँखें साफ और गहरी लगीं, मेरे गाल गुलाबी लगे, जो हफ्तों से ऐसे नहीं थे, मेरा मुँह बड़ा मुलायम लग रहा था। मैं खुश लग रही थी लेकिन मेरे हाव-भाव में कुछ ऐसी उदासी थी कि मेरे चेहरे से हँसी तुरन्त गायब हो गई। मैं खुश नहीं हूँ, क्योंकि मुझे लगता है कि पीटर मेरे बारे में नहीं सोच रहा है। फिर भी मैं यह महसूस कर सकती हूँ कि उसकी खूबसूरत आँखें मुझको घूर रही हैं और उसके ठंडे मुलायम गाल मेरे गालों से सटे हुए हैं...ओह पीटर, पीटर, मैं कैसे तुम्हारी छवि से मुक्त हो पाऊँगी ? कोई भी जो तुम्हारी जगह लेगा क्या वह तुम्हारे मुकाबले कमजोर विकल्प नहीं होगा ? मैं तुमको इस हद तक प्यार करती हूँ कि वह केवल मेरे दिल में फलता-फूलता नहीं रह सकता, उसे अपने पूरे विस्तार में खुलकर आना ही था।

एक सप्ताह पहले, यहाँ तक कि एक दिन पहले भी अगर तुमने मुझसे पूछा होता कि मुझको अपने किस दोस्त से शादी करनी चाहिए मैं जवाब देती, सैली, क्योंकि उसके साथ मुझे अच्छा लगता है, वह शान्त और सुरक्षित है। लेकिन अब मैं चिल्लाकर कहूँगी पीटर, क्योंकि उसे मैं अपने दिल और अपनी आत्मा से प्यार करती हूँ। मैंने स्वयं को पूरी तरह से समर्पित कर दिया है ! सिवाय एक चीज के : वह मेरा चेहरा तो छू सकता है लेकिन बस वहीं तक।

आज सुबह मैंने कल्पना की कि मैं सामनेवाली अटारी में पीटर के साथ हूँ, फर्श पर खिड़की के सामने बैठी, कुछ देर तक बातें करने के बाद हम दोनों रोने लगे। कुछ क्षणों के बाद मैंने उसके चेहरे और खूबसूरत कपोलों को महसूस किया ! ओ, पीटर, मेरे पास आ जाओ। मेरे बारे में सोचो, मेरे प्यारे पीटर !

बुधवार, 12 जनवरी 1944

प्यारी किटी,

बेप दो सप्ताह पहले लौटकर आ गई है, हालाँकि उसकी बहन को अगले सप्ताह तक स्कूल जाने की इजाजत नहीं है। तेज जुकाम के कारण बेप को दो दिन बिस्तर में बिताने पड़े। मीप और जान भी पेट खराब होने के कारण दो दिनों से नहीं आ रहे हैं।

आजकल मुझे नाचने और बैले का बुखार चढ़ा हुआ है और मैं बड़ी मेहनत से हर शाम नाचने का अभ्यास कर रही हूँ। मैंने माँ के एक लेसवाले लेवेंडर पेटीकोट से आधुनिक नृत्य-पोशाक बनाई है। उसके ऊपरी हिस्से में रिबन फीता लगा है जिसे मैं अपने वक्षस्थल से थोड़ा ऊपर पहनती हूँ। गुलाबी रंग का रिबन उस परिधान को पूर्णता दे देता है। मैंने चाहा कि जिम जाने वाले अपने जूतों को बैले के चप्पल की तरह इस्तेमाल करूँ, लेकिन इसमें सफलता नहीं मिली। मेरे पैर जो अकड़ गए थे, अब उनमें लोच आ गई है। फर्श पर बैठकर अपने पंजों पर बल देकर दोनों पाँवों को हवा में उठाना एक जबरदस्त व्यायाम है। मुझे कुशन पर बैठना पड़ता है, नहीं तो मेरी पीठ में दर्द उखड़ जाता है।

यहाँ हर कोई *सैल्यूट टू फ्रीडम* नामक पुस्तक पढ़ रहा है। माँ को यह बहुत अच्छा इसलिए लगा क्योंकि इसमें कैशोर्य से सम्बन्धित काफी सारी समस्याओं के बारे में बताया गया है। मैंने कुछ विडंबना से अपने आप में सोचा कि आप अपने कैशोर्य में पहले दिलचस्पी क्यों नहीं लेतीं !

मुझे लगता है कि माँ यह सोचती हैं कि मेरा और मारगोट का अपने माता-पिता से दूसरे की तुलना में कहीं बेहतर सम्बन्ध है, और यह भी कि कोई भी माँ उस तरह से अपने बच्चों के जीवन में दिलचस्पी नहीं लेती है जिस तरह से वह लेती हैं। उनके दिमाग में जरूर मेरी बहन रही होगी, क्योंकि मुझे नहीं लगता कि मारगोट की भी वही समस्याएँ और विचार हैं जो मेरे हैं। मेरे लिए माँ को यह कहना बड़ी बात होगी कि एक बेटी उनकी वैसी नहीं है जैसी कि वह सोचती हैं। वे हक्का-बक्का हो जातीं, और वैसे भी वे कभी बदलने वाली नहीं हैं, इसलिए मैं उनको इस दुख से बचा लेना चाहती हूँ, विशेषकर तब जबकि मैं यह जानती हूँ कि सब कुछ वैसे का वैसा रहने वाला है। माँ इस बात को समझती हैं कि मारगोट उनको मुझसे ज्यादा प्यार करती हैं लेकिन उनको लगता है कि मैं एक खास दौर से गुजर रही हूँ।

मारगोट अधिक अच्छी है। वे उससे अधिक अलग दिखाई देती है जैसी वह हुआ करती थी। आजकल वह वैसी कटखनी नहीं रह गई है और वास्तविक सहेली बन गई है। वह इन दिनों मुझे छोटी बच्ची नहीं समझती जिसका कोई महत्त्व नहीं होता।

यह मजेदार है, लेकिन कभी-कभी मैं खुद को उस तरह से देखती हूँ जिस तरह से अन्य लोग मुझको देखते हैं। मैं इत्मीनान से 'अने फ्रांक' नामक व्यक्ति को देखती हूँ जैसे किसी अजनबी की जिन्दगी के पन्नों पर निगाह डाल रही हूँ।

यहाँ आने से पहले मैं चीजों के बारे में उस तरह से नहीं सोचती थी, जिस तरह

से अब सोच पा रही हूँ, कभी-कभी मुझे ऐसा लगता है जैसे मैं मारगोट, माँ और पिता की कुछ भी नहीं लगती हूँ और हमेशा अजनबी ही रहनेवाली हूँ। कभी तो छह-छह महीने तक मुझे यह लगता रहता है कि मैं अनाथ हूँ। फिर मैं अपने आपको इस तरह से सोचने के लिए सजा देती हूँ, जबकि मैं हमेशा से ही बड़ी भाग्यशाली रही हूँ। उसके बाद मैं कुछ समय के लिए खुद को दोस्ताना व्यवहार के लिए तैयार कर लेती हूँ, हर सुबह जब मुझे सीढ़ियों पर कदमों की आहट सुनाई देती है, तो मुझे लगता है कि माँ मुझे सुप्रभात कहने आ रही हैं। मैं उनका अच्छी तरह से अभिवादन करती क्योंकि सचमुच मैं उनकी ओर प्यार भरी नजर से देखने लगती। लेकिन वे मुझे किसी पर कोई टीका-टिप्पणी करने के लिए अगर डाँट देतीं, तो मैं फिर बहुत ही हतोत्साहित होकर स्कूल जाती। घर जाते हुए रास्ते में मैं उनके लिए तरह-तरह के बहाने सोचती, खुद से कहती रहती कि माँ को कितनी परेशानियाँ रहती हैं। मैं घर चहकती हुई पहुँचती, जब सुबह की घटनाएँ फिर से दोहराई जातीं तो मैं हाथों में बस्ता और चेहरे पर उदासी के साथ कमरे से निकल जाती। कभी-कभी मैं यही सोचती कि खूब नाराज रहना है, लेकिन स्कूल से आने के बाद अक्सर मुझे इतनी बातें करनी होती थीं कि मैं अपने इस संकल्प को भूल जाती और यही चाहती कि माँ जो कुछ भी कर रही हों उसको छोड़कर मेरी बातों पर कान दें। फिर ऐसा समय भी आता कि मैं सीढ़ियों पर चलने की आहट न सुनना चाहती और मुझे अकेला लगने लगता, फिर मैं हर रात अपने तकिए में खूब रोती।

यहाँ हर चीज अधिक खराब हो चुकी है। लेकिन तुम तो यह सब जानती ही हो। अब भगवान ने किसी को मेरी मदद के लिए भेजा है : पीटर को। मैं अपने गले में लटकती माला से खेलने लगती हूँ, उसे अपने होठों से लगाकर सोचती हूँ—मैं किसकी परवाह करूँ ! पीटर मेरा है और कोई इस बात को जानता नहीं है। इस बात को ध्यान में रखते हुए मैं हर बुरी टिप्पणी से बच निकलूँगी। यहाँ कौन यह सन्देह करेगा कि इस किशोरी के दिमाग में क्या कुछ चल रहा है ?

शनिवार, 15 जनवरी 1944

प्यारी किटी,

इसका कोई कारण मुझे समझ नहीं आता है कि अपने सभी वाद-विवादों का मैं विस्तार से यहाँ वर्णन करूँ। तुमको यही बताना काफी है कि हम लोगों ने मांस, तेल, वसा आदि का बँटवारा कर लिया है और अपने आलू खुद भून रहे हैं। अभी हम कुछ अधिक पावरोटी खा रहे हैं, क्योंकि चार बजने तक हम इतने भूखे हो जाते हैं कि अपने पेट की गुड़गुड़ाहट पर काबू नहीं रख पाते।

माँ का जन्मदिन नजदीक आ रहा है। उनको मिस्टर कूगलर की ओर से अतिरिक्त चीनी मिली है, इससे फॉन डॉन दम्पति में कुछ ईर्ष्या भाव जग गया है, क्योंकि मिसेज फॉन डॉन को अपने जन्मदिन पर कुछ भी अतिरिक्त नहीं मिला था। लेकिन इस तरह

के कटु वचनों, झगड़ों और आँसुओं से तुमको उबाने का कोई मतलब नहीं है जबकि तुम जानती हो कि वे हमें इससे भी अधिक बोर करते हैं।

माँ ने एक संकल्प लिया है जिसके जल्दी पूरा होने की कोई उम्मीद दिखाई नहीं देती है, संकल्प यह है कि वे मिस्टर फॉन डॉन का चेहरा दो सप्ताहों तक नहीं देखनेवाली हैं। मुझे लगता है कि यहाँ रहनेवाले सभी लोग आज न कल एक दूसरे के खिलाफ उठ खड़े होंगे। या फिर यह बुरे सितारों का दौर है ? खाने के समय, जब डुसेल रस से आधे भरे हुए बर्तन का एक चौथाई हिस्सा ले लेते हैं और हमें उससे वंचित कर देते हैं तो मेरी भूख मर जाती है, मेरा मन होता है कि मैं अपने पैरों पर कूदने लगूँ, उसको कुर्सी से गिरा दूँ और कमरे से बाहर फेंक दूँ।

क्या ज्यादातर लोग ऐसे ही कंजूस और स्वार्थी होते हैं ? मैंने मानव स्वभाव के सम्बन्ध में यहाँ आने के बाद काफी कुछ सीखा है, जोकि अच्छा है, लेकिन अभी के लिए यह काफी हो चुका है। पीटर भी यही कहता है।

युद्ध हमारे झगड़ों तथा स्वतन्त्रता और स्वच्छ हवा की हमारी चाह के बावजूद जारी है, इसलिए हमें यहाँ के प्रवास का अच्छे से अच्छा इस्तेमाल करना चाहिए।

मैं उपदेश दे रही हूँ, लेकिन मेरा यह भी मानना है कि अगर मुझे यहाँ अधिक दिन तक रहना है तो मैं रूखी टहनी हो जाऊँगी। मैं सचमुच यह चाहती हूँ कि एक ईमानदार और अच्छी किशोरी बनूँ।

तुम्हारी, अने

बुधवार शाम, 19 जनवरी 1944

प्यारी किटी,

पता नहीं मुझे क्या हो गया है, लेकिन मेरे (मैं एक बार फिर गई थी) सपने इसी बात की गवाही देते रहते हैं कि मैं कितनी बदल गई हूँ। बहरहाल, मैंने कल रात पीटर के बारे में फिर सपना देखा और एक बार मुझे फिर उसकी आँखें बेधती हुई लगीं, लेकिन यह सपना उतना विस्तृत और सुन्दर नहीं था जितना कि पिछला।

तुम तो जानती हो कि मैं मारगोट के पिता के साथ सम्बन्धों को लेकर हमेशा से ईर्ष्यालु रही हूँ। लेकिन अब उस ईर्ष्या का कोई निशान नहीं बचा है; मुझे अब भी तभी ज्यादा बुरा लगता है जब पिता का व्यवहार मेरे प्रति उचित नहीं होता है, लेकिन फिर मैं सोचती हूँ कि मैं उनको उनके व्यवहार के लिए दोषी नहीं ठहरा सकती। वे बच्चों और किशोरों के दिमाग को लेकर बातें तो बहुत करते हैं लेकिन उनके बारे में एक भी चीज नहीं जानते हैं। मैं पिता के प्यार के लिए, उनके आलिंगन और चुम्बन के लिए बेहद तरसती रहती हूँ। क्या यह मेरे लिए भयानक नहीं है कि मैं आपको लेकर इतनी बेचैन रहूँ ? क्या यह बेहतर नहीं है कि मैं यदि अच्छी बनना चाहती हूँ तो उनको पहले क्षमा कर दूँ ? मैंने मारगोट को भी माफ कर दिया है, लेकिन जब भी वह कोई व्यंग्यपूर्ण

टिप्पणी करती है या मेरे ऊपर हँसती है, तो मैं केवल यही कर सकती हूँ कि अपने ऊपर नियंत्रण रखूँ।

मैं यह जानती हूँ कि मैं उससे काफी दूर हूँ जैसा मुझे होना चाहिए : क्या कभी हो भी पाऊँगी ?

अने फ्रांक

नोट : पिता ने मुझसे पूछा कि 'मैंने तुमको केक के बारे में बता दिया है कि नहीं।' माँ के जन्मदिन के लिए उनको दफ्तर की ओर से युद्ध से पहले के दिनों के स्वादवाला केक मिला। वह सचमुच अच्छा दिन था। लेकिन इस समय मेरे दिमाग में इस तरह की चीजों के लिए समय नहीं है।

शनिवार, 22 जनवरी 1944

प्यारी किटी,

क्या तुम मुझे यह बता सकती हो कि लोग अपनी अन्तरात्मा को छिपाने के लिए क्यों इतनी दूर तक चले जाते हैं ? या क्यों जब मैं दूसरे लोगों के साथ होती हूँ तो अलग तरह से व्यवहार करने लगती हूँ ? लोगों में एक दूसरे पर इतना कम विश्वास क्यों हो गया है ? मैं जानती हूँ कि इसका कोई तो कारण होगा, लेकिन मुझे यह सब भयानक लगता है कि आप अपने नजदीकी लोगों से भी सब कुछ नहीं बता सकते हैं।

ऐसा लगता है कि मैं उस रात के बाद काफी बड़ी हो गई हूँ जिस रात मैंने सपना देखा था, मानो मैं कुछ अधिक स्वतंत्र हो गई हूँ। तुम्हें यह जानकर आश्चर्य होगा कि फॉन डॉन दम्पति के प्रति मेरा व्यवहार भी बदल गया है। मैंने सारे वाद-विवादों को अपनी पारिवारिक पूर्वग्रहग्रस्त निगाहों से देखना बन्द कर दिया है। ऐसा आमूल-चूल परिवर्तन कैसे आ गया ? देखो, अचानक मुझे यह बात समझ में आ गई है कि यदि मेरी माँ इससे अलग स्वभाव की होतीं, अगर वे सचमुच की माँ मेरे लिए साबित हुई होतीं, तो हमारे सम्बन्ध काफी अलग होते। इसमें कोई शक नहीं कि मिसेज फॉन डॉन अच्छी इंसान नहीं हैं, उस बहस को आधा तो किया ही जा सकता है, जो माँ तब उनसे करती हैं जब वे भी किसी नाजुक मसंले को लेकर प्रकट होती हैं, माँ किसी मसले से निपटने के मामले में कुछ रूखे स्वभाव की हैं। मिसेज फॉन डॉन का यह एक अच्छा पहलू है कि उनसे बात की जा सकती है। वे कंजूस, स्वार्थी और चतुर-चालाक हो सकती हैं, लेकिन वे तब तक नहीं उखड़ती हैं जब तक कि कोई उनका जीना ही न दूभर कर दे। यह चाल हमेशा तो नहीं चलती है, लेकिन अगर आपके अन्दर धैर्य है, तो आप प्रयास करके देख सकते हैं।

बच्चों के लालन-पालन को लेकर, उनके सिर चढ़ाने को लेकर, खाने को लेकर, सब कुछ को लेकर, सचमुच सब कुछ को लेकर होनेवाली बातचीत का रुख ही कुछ और

होता अगर हम लोगों के स्वभाव में खुलापन और दोस्ती का भाव होता, बजाय इसके कि हम हमेशा ही एक दूसरे के खिलाफ रहें।

मैं बिलकुल जानती हूँ, किटी कि तुम क्या कहनेवाली हो, 'लेकिन अने, क्या ये शब्द सचमुच तुम्हारे होठों से आ रहे हैं ? वह भी तुमसे, जिसे ऊपर जाने कितने प्रतिकूल शब्दों के साथ रहना पड़ता है ? तुमसे, जो सारे अन्याय देख चुकी है ?'

फिर भी मैं इस तरह कह रही हूँ। मैं हर चीज को नए तरीके से देखकर अपना एक नजरिया बनाना चाहती हूँ, केवल अपने माता-पिता की नकलची नहीं बनना चाहती जैसी कि कहावत है—सेब कभी भी पेड़ से नहीं गिरते हैं। मैं फॉन डॉन दम्पति का भी पुनर्परीक्षण करना चाहती हूँ और खुद यह तय करना चाहती हूँ कि क्या सही है और किस बात को बढ़ा-चढ़ा दिया गया, अगर इस प्रयास में मुझे निराशा हाथ लगी तो मैं हमेशा अपने माता-पिता का पक्ष लेनेवाली हूँ। लेकिन अगर नहीं, तो मैं उनके व्यवहार को बदलने का प्रयास करूँगी। लेकिन अगर यह भी नहीं होता तो मैं अपनी राय और विचार पर अड़ी रहनेवाली हूँ। मैं पूरा प्रयास करूँगी कि मिसेज फॉन डॉन से अपने अनेक मतभेदों के बारे में बातचीत करूँ, बावजूद इसके कि मेरी पहचान एक चतुर-चालाक बच्ची के रूप में है, मैं खुलकर अपनी बातों को रखने की कोशिश करूँगी। मैं अपने परिवार के बारे में कुछ भी नकारात्मक नहीं कहूँगी, लेकिन इसका मतलब यह नहीं है कि तब मैं उनकी तरफदारी नहीं करूँगी जब कोई और उनके बारे में नकारात्मक टिप्पणी कर रहा हो, और आज मेरे लिए डींगें हाँकना गुजरे जमाने की बात हो गई है।

अब तक तो मैं इस बात को पूरी तरह मान चुकी थी कि फॉन डॉन दम्पति ही झगड़े के जिम्मेदार रहे हैं, लेकिन अब मुझको पूरा भरोसा हो गया है कि गलती ज्यादातर हमारी ही होती थी। हम लोग मुद्दों के मामले में तो सही हो सकते थे, लेकिन बुद्धिमान लोगों (जैसे हम लोग) में दूसरों से निपटने की सूझबूझ अधिक होनी चाहिए।

मुझे लगता है कि मेरे अन्दर वह क्षमता कुछ-कुछ आ गई है, और मैं मौका निकालकर उसका बेहतर इस्तेमाल करूँगी।

तुम्हारी, अने

सोमवार, 24 जनवरी 1944

मेरे साथ बड़ी विचित्र घटना घटी है (वास्तव में 'घटी' कहना उपयुक्त नहीं रहेगा)।

मेरे यहाँ आने से पहले जब भी कोई घर में या स्कूल में सेक्स को लेकर बातचीत करता था, तो वह या तो गुपचुप होता था या वीभत्स। सेक्स को लेकर जो भी बातचीत की जाती थी वह फुसफुसाहट भरे शब्दों में होती थी जो उसे नहीं जान रहे होते थे, उस पर हँसते भी थे। यह बात मुझे बुरी लगती थी। मुझे यह अक्सर लगता था कि जब लोग इस विषय को लेकर बात कर रहे होते हैं तो वे इतने रहस्यमय या घिनौने क्यों हो जाते हैं ? लेकिन चूँकि मैं चीजों को बदल नहीं सकती, मैंने अपनी सहेलियों से भी

इस विषय में कुछ अधिक जानने की कोशिश नहीं की।

जब मैंने काफी कुछ सीख लिया तो माँ ने एक बार मुझसे कहा, अने मैं तुमको कुछ अच्छी सलाह देना चाहती हूँ, कभी इस तरह की बातें लड़कों से मत करना, अगर वे इस विषय पर बात करना चाहें तो जवाब नहीं देना।

मुझे अपना जवाब एकदम सही-सही आज भी याद है, 'नहीं, एकदम नहीं,' मैंने जवाब दिया। 'सोचो,' और फिर कोई बात नहीं हुई। जब हम पहले छिपने आए थे तो पिता मुझे इन चीजों के बारे में बताते रहते थे, जो मैंने ज्यादा अपनी माँ से सुना था, और कुछ किताबों से पढ़ा और कुछ बातचीत से समझा था।

पीटर फॉन डॉन इस विषय को लेकर स्कूल के बाकी बच्चों की तरह घिनौना नहीं था। शायद शुरू के एक या दो बार छोड़कर उसने इस विषय पर मुझसे बात करने की कभी कोशिश नहीं की। मिसेज फॉन डॉन ने एक बार हमें बताया था कि उन्होंने इस विषय को लेकर पीटर से कभी बात नहीं की, और जहाँ तक उनकी जानकारी थी, उनके पति ने भी नहीं की। शायद वे नहीं जानती हैं कि पीटर इस सबके बारे में कितना कुछ जानता है।

कल जब मारगोट, पीटर और मैं आलू छील रहे थे, तो अचानक बातचीत बोशे को लेकर होने लगी। हमें अभी तक यह नहीं पता है कि बोशे नर है या मादा ? मैंने पूछा।

'हमें पता है,' उसने तुरन्त कहा कि वह नर है।

मैंने हँसते हुए कहा कि कहीं इस नर को गर्भ न ठहर जाए।

पीटर और मारगोट भी इस हँसी में शामिल हो गए। तुमको पता है, एक या दो महीने पहले पीटर ने हमें बताया था कि बोशे को जल्दी ही बच्चा होने वाला है, क्योंकि उसका पेट फूल गया था। बहरहाल, बोशे के फूले पेट का राज जल्दी ही खुल गया, वह चुराई हुई हड्डियों के कारण था। अन्दर कोई बच्चा नहीं पल रहा था, पैदा होने की बात तो दूर।

पीटर को मेरे आरोप का जवाब देना जरूरी लगा। उसने कहा कि 'चलो मेरे साथ, अपनी आँखों से खुद देख लो। वह एक पूरे दिन इसके पीछे पड़ा रहा और पता लगा लिया है कि वह नर है।'

अपनी उत्सुकता को न छिपा पाने के कारण मैं उसके साथ भंडारघर गई। हालाँकि उस समय बोशे मेजबानी को तैयार नहीं था, और उसका कोई अता-पता नहीं था। हम लोगों ने कुछ देर तक इन्तजार किया, लेकिन जब वह नहीं आया तो हम ऊपर आ गए।

मैंने सुना कि बाद में उस दोपहर पीटर दूसरी बार नीचे गया था। मैंने भी उस शान्त घर को पार करके भंडारघर जाने का तय किया। बोशे पैकिंग करने वाली मेज पर बैठे पीटर के साथ खेल रहा था, जो उसको मशीन पर चढ़ाकर उसका वजन कर रहा था।

'तुम देखना चाहती हो ?' बिना कुछ पूछे उसने बिल्ली को पकड़कर उल्टा लटका दिया और बताना शुरू किया–'यह उसका पुरुष जननांग है, ये कुछ बाल हैं, और यह उसका पिछला हिस्सा है।'

बिल्ली अपने को छुड़ाकर सफेद पैरों पर खड़ी हो गई।

अगर किसी और लड़के ने मुझे पुरुष जननांग के बारे में बताया होता तो मैंने दूसरी बार उसकी तरफ देखा भी न होता। लेकिन पीटर बहुत सहज अंदाज में इस बारे में बात करता चला गया जिसको आमतौर पर बहुत ही विचित्र विषय माना जाता है। उसका कोई और मकसद नहीं था। जब तक उसकी बात समाप्त हुई, मैं इतनी सहज महसूस करने लगी कि उससे सामान्य तरीके से व्यवहार भी करने लगी। हम बोशे के साथ खेलते रहे, कुछ देर तक बातें करते रहे और आखिरकार भंडारघर के लम्बे गलियारे से दरवाजे की ओर बढ़ने लगे।

'क्या तुम तब वहाँ थे जब मौश्चे को बधिया किया गया था ?'

'हाँ, एकदम। इसमें ज्यादा समय नहीं लगा। सामान्य तौर पर वे बिल्ली को बेहोशी की दवा दे देते हैं।'

'क्या उन्होंने कुछ बाहर भी निकाला ?'

'नहीं डॉक्टर ने कुछ अन्दर डाल दिया। बाहर देखने लायक कुछ भी नहीं था।'

मैंने कुछ साहस करके एक सवाल पूछा, क्योंकि यह उतना सामान्य नहीं था जितना कि मैं सोच रही थी। मैंने पूछा कि जर्मन में एक शब्द होता है गोस्चलेचूसटेल जिसका मतलब होता है—जननेन्द्रिय। फिर पुरुष और महिलाओं के जननांगों के नाम अलग-अलग क्यों होते हैं ?

'मैं वह जानता हूँ।'

'महिलाओं के जननांग को योनि कहते हैं, लेकिन मैं यह नहीं जानती कि पुरुषों के जननांग को क्या कहते हैं।'

'हुँह।'

'अच्छा ठीक है,' मैंने कहा 'वैसे हम इन शब्दों के बारे में जान भी कैसे सकते हैं ? आप ज्यादातर इनके बारे में दुर्घटनावश ही जान जाते हैं।'

'इन्तजार किस बात का ? मैं अपने माता-पिता से पूछूँगा। उनकी जानकारी मुझसे भी ज्यादा है और वे अनुभवी भी हैं।'

हम लोग सीढ़ियों पर आ चुके थे, इसलिए ज्यादा बातचीत नहीं हुई।

हाँ, यह सचमुच घटित हुआ। मैंने अपनी किसी सहेली से भी इस विषय को लेकर इतनी सहज भाषा में बात नहीं की थी। मैं यह भी जानती थी कि जब माँ ने यह कहा था कि लड़कों से इस विषय में चर्चा नहीं करना, तो उनका मतलब तो यह नहीं था।

साथ ही, सारे दिन मैं सामान्य नहीं रह सकी। जब मैं अपनी बातचीत के बारे में सोचती तो मुझे बड़ा अजीब लगता, लेकिन यह बात मुझे समझ में आई कि विपरीत लिंगों के लोगों से भी इस विषय में खुलकर बातचीत की जा सकती है, और वे मजाक भी नहीं करते।

क्या पीटर सचमुच अपने माता-पिता से खूब सारे सवाल पूछेगा ? जिस तरह से कल वह बात कर रहा था उससे तो यही लगता है कि वह जरूर करेगा ? ओह, मैं क्या जानती हूँ !!

तुम्हारी, अने

रॉबर्ट अपने भाई ओटो फ्रांक के साथ जर्मन सेना में, 1916

एडिथ और ओटो फ्रांक की शादी, आखन, जर्मनी, 1925

मारगोट और अने
अपने पिता के साथ
फ्रैंकफर्ट, जर्मनी में,
1930

अने (दायीं ओर)
अपनी दोस्त जाने
लेडरमान के साथ,
एम्स्टरडम, 1935

अने, आखन, जर्मनी में,
1934

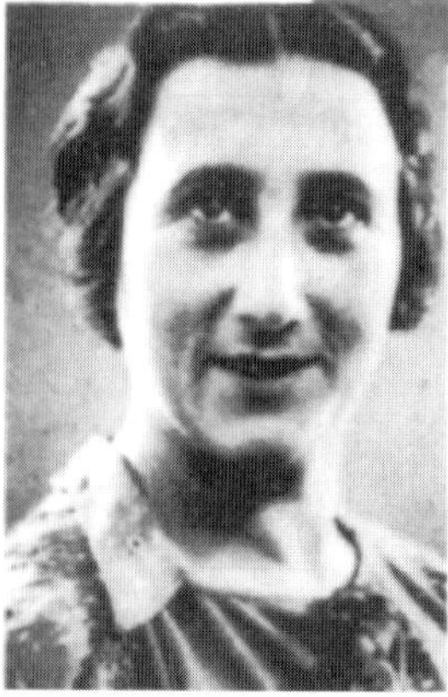

एडिथ फ्रांक, मई 1935

ओटो फ्रांक, मई 1936

अने का दसवाँ जन्मदिन। 12 जून 1939। बाएँ से दाएँ : लूसी फान डाइक, अने, ज़ाने लेडरमान, हनेली गोस्लर, यूल्ये केटेलापर, कैथे एग्यूडी, मरी बोस, लेत्ये स्विलंस, मार्था फॉन डेन बेर्ग

मारगोट, अने और नानी होलेंडर, जांटफोर्ट, हॉलैंड, 1939

263, प्रिंजनख्राख्ट, एम्स्टरडम, सामने से ली गई तस्वीर

263, प्रिंजनख्राख्ट, एम्स्टरडम, पिछला हिस्सा। कोर्टयार्ड बगीचे से दिखता गुप्त एनेक्सी–ऊपरी दो मंजिलें।

योहानेस क्लाइमन युद्धोपरांत अल्मारी के साथ।

पीटर फॉन डॉन, जगह और तारीख अज्ञात।

अल्बर्ट डुसेल, जगह और तारीख अज्ञात।

मीप गीस और बेप फोस्क्यूल,
एम्स्टरडम, 1945

योहानेस क्लाइमन और विक्टर कूगलर,
एम्स्टरडम, 1945

बडी एलियस, एने और मारगोट के भतीजे उनके लिए लगाई जा रही शिला को बेर्गन-वेल्ज़न में 1999 में निहारते हुए । शिला पर लिखा है : ''मनुष्य की आत्मा ईश्वर की रोशनी है।''

शुक्रवार, 28 जनवरी 1944

प्यारी क़िटी,

हाल के हफ्तों में मेरे अन्दर राजपरिवारों की वंश-परम्परा को लेकर काफी दिलचस्पी जगी है। मैं इस नतीजे पर पहुँची कि अगर एक बार आप ढूँढ़ना आरम्भ कर दें, तो आपको उतना ही अतीत की गहराइयों में उतरना होगा, जिससे कई मजेदार बातें पता चलती हैं।

यद्यपि जहाँ तक स्कूल की पढ़ाई का मामला है तो मैं बहुत ही अध्यवसायी हूँ, मैं रेडियो पर बीबीसी के घरेलू प्रसारण को सुन सकती हूँ और रविवार को मैं फिल्म कलाकारों की तस्वीरें भी काटती हूँ जिनकी संख्या अब काफी अधिक हो चुकी है। मिस्टर कूगलर हर सोमवार *सिनेमा एंड थिएटर* पत्रिका की प्रति लाकर मुझे खुश कर देते हैं। हमारे परिवार के कुछ कम दुनियादार लोग इस तरह के शौकों को फिजूलखर्ची मानते हैं, तो भी वे इस बात पर आश्चर्यचकित हुए बिना नहीं रह पाते कि किसी भी फिल्म के अभिनेताओं की सूची मैं कितनी जल्दी बना देती हूँ, यहाँ तक कि एक साल के बाद भी। बेप छुट्टी वाले दिन अपने प्रेमी के साथ सिनेमा देखने जाती है, वह शनिवार को ही मुझे उस फिल्म का नाम बता देती है जो वे देखनेवाले हैं, फिर वह उसके प्रमुख कलाकारों के नाम बताने लगती है और उस फिल्म की समीक्षा भी कर देती है। मम्मी ने हाल में ही यह टिप्पणी की थी कि बाद में मुझे सिनेमा देखने की जरूरत नहीं होगी क्योंकि मैं सारी कहानियाँ, अभिनेता-अभिनेत्रियों के नाम और फिल्म की समीक्षा दिल से जानती हूँ।

जब भी मैं किसी नए हेयरस्टाइल की बात करती हूँ तो मुझे उनके चेहरों पर असहमति दिखाई दे जाती है और मैं यह बात पक्के तौर पर कह सकती हूँ कि कोई न कोई यह पूछेगा कि मैं किस फिल्म अभिनेत्री की नकल करने की कोशिश कर रही हूँ। मेरे इस जवाब पर कि यह मेरी अपनी ईजाद है, सन्देह व्यक्त किया जाएगा। जहाँ तक बालों का सवाल है, वह अपने उस रूप में आधे घंटे से ज्यादा देर तक नहीं रहते। तब तक मैं उनकी टीका-टिप्पणियों से इतना चिढ़ चुकी होती हूँ कि मैं बाथरूम में जाकर बालों को खुद ही ठीक कर लेती हूँ।

तुम्हारी, अने

शुक्रवार, 28 जनवरी 1944

प्यारी किटी,

आज सुबह मैं यह सोच रही थी कि तुमने कभी खुद को गाय की तरह महसूस किया है, जिसे मेरे बासी समाचारों की जुगाली करनी पड़ती हो और जो इसकी एकरसता से इस कदर ऊब चुकी हो कि जम्हाई लेने लगती हो और यह उम्मीद करती हो कि अने

कुछ नया सुनाए।

माफ करना, मैं जानती हूँ कि तुमको यह सब तालाब के पानी की तरह बासी लगता है लेकिन जरा मेरी कल्पना करो कि रोज-रोज वही-वही बातें कर-करके मैं कितना थक और ऊब चुकी हूँ। अगर खाने के समय चर्चा राजनीति या अच्छे खाने को लेकर नहीं होती तो माँ और मिसेज फॉन डॉन अपने बचपन के किस्से सुनाने लगती हैं, जो हम पहले भी हजारों बार सुन चुके हैं या डुसेल रेस में दौड़ने वाले सुन्दर-सुन्दर घोड़ों के बारे में शुरू हो जाते हैं, शार्लोट के खूबसूरत कपड़ों के बारे में, छेद वाली नावों के बारे में, चार साल की उम्र में तैरनेवाले बच्चों के बारे में, दुखती मांसपेशियों और घबड़ाए मरीजों के बारे में वे बातें करते ही चले जाते हैं। इन सब बातों का निचोड़ ये है कि : हम आठों में से जब भी कोई कुछ कहने के लिए मुँह खोलता है, बाकी सात उसकी कहानी को पूरी कर देते हैं। हम हर चुटकुले को सुनाए जाने से पहले ही जान रहे होते हैं, इसलिए जो भी उसे सुना रहा होता है उसे अकेले हँसने के लिए छोड़ दिया जाता है। दो पूर्व गृहणियों के सम्पर्क में आनेवाले अनेक ग्वालों, कुँजड़ों की इतनी बार तारीफ हो चुकी है या वे हमारे सामने से इतनी बार गुजर चुके हैं कि उनकी उम्र हमारी कल्पनाओं में बहुत बड़ी हो चुकी है। कुछ भी नया कहा-सुना जा सके—इस बात की सम्भावना यहाँ न के बराबर रह गई है।

यह सब फिर भी सहनीय होता अगर बुजुर्ग लोग इस कहानी को दोहराने की बीमारी से ग्रस्त न होते, जो हम मिस्टर क्लाइमान, जान या मीप से सुन चुके होते हैं। हर बार वे उसमें अपना भी कुछ वृत्तांत जोड़ देते हैं। इसलिए कई बार मैं खुद को मेज के नीचे चिकोटी काट के रोके रखती हूँ। अने जैसे बच्चों को कभी इस तरह के सुधार नहीं करने चाहिए, चाहे वे कितनी ही गलतियाँ कर रहे हों या कितना ही कल्पना का सहारा ले रहे हों।

जान और मिस्टर क्लाइमान वैसे लोगों के बारे में बातें करना पसन्द करते हैं जो अज्ञातवास में चले गए हैं, वे यह समझते हैं कि हम इस बारे में जानने के लिए बेताब हैं और उन लोगों से सहानुभूति रखते हैं जो गिरफ्तार किए गए हैं या उन कैदियों की खुशी से खुश होंगे जिनको छोड़ दिया गया है।

अज्ञातवास में चले जाना या छिपकर रहना कुछ उसी तरह से दिनचर्या का हिस्सा बन चुका है जिस तरह से कोई आदमी दिन भर के काम के बाद घर लौटता है। अनेक प्रतिरोधी गुट बने हुए हैं जिनमें एक मुक्त नीदरलैंड है, जो जाली पहचान-पत्र बनाता है, छिपकर रहनेवालों को आर्थिक मदद उपलब्ध करवाता है, छिपने के स्थल उपलब्ध करवाता है और अज्ञातवास में जानेवाले युवा ईसाइयों के लिए काम ढूँढ़ता है। यह आश्चर्यजनक है कि कैसी उदारता से ये निस्वार्थ लोग अपनी जान जोखिम में डालकर दूसरों की जान बचाते हैं।

इसके बेहतरीन उदाहरण हमारे अपने मददगार हैं जो हमें यहाँ तक ले आए और शायद जो हमें सुरक्षित किनारे तक भी ले आएँगे, अन्यथा उनका भी वही भाग्य होता जो उनका होगा जिनको वे बचाने की कोशिश कर रहे हैं। कभी उन्होंने हम लोगों को

बोझ नहीं समझा, कभी भी उन्होंने यह नहीं कहा कि हम उनको परेशान करते हैं। वे रोज ऊपर आते हैं और यहाँ के पुरुषों से राजनीति और व्यवसाय के बारे में बाते करते हैं, महिलाओं से भोजन और युद्ध की समस्याओं के बारे में बातें करते हैं तथा बच्चों से किताबों और समाचारपत्रों के बारे में। वे खुशी-खुशी मिलते हैं, जन्मदिन और विशेष अवसरों पर फूल और तोहफे लेकर आते हैं और हमेशा वह करने में तत्पर रहते हैं जो वे कर सकते हैं। यह बात हमें कभी नहीं भूलनी चाहिए; जबकि बाकी लोग लड़ाई में जर्मन सेना के खिलाफ लड़ने में अपनी महानता दिखा रहे हैं, हमारे मददगार हर रोज उसी तरह अपना उत्साह और लगाव दिखा रहे हैं।

तरह-तरह की कहानियाँ प्रचलित हैं और उनमें से ज्यादातर सही भी हैं। उदाहरण के लिए, मिस्टर क्लाइमान ने इस सप्ताह बताया कि गेल्दरलैंड प्रांत में एक फुटबॉल मैच का आयोजन किया गया था जिसमें एक तरफ वे लोग थे जो अज्ञातवास में थे और दूसरी ओर ग्यारह सैन्य पुलिस के लोग। हिल्वेरसम में नए पंजीकरण पत्र बाँटे गए हैं। इसलिए छिपकर रह रहे लोगों को नए राशनकार्ड लेने के लिए कहा गया। (आप यह कार्ड दिखाकर अपनी राशन पुस्तिका ले सकते हैं अन्यथा एक पुस्तिका के 60 गिल्डर भुगतान करने होंगे।) पंजीकार ने जिले में छिपकर रह रहे लोगों को एक खास समय में आकर अपने-अपने कार्ड ले जाने को कहा है, जब एक अलग मेज पर कागजात प्राप्त किए जा सकते हैं।

इसी तरह आपको जोखिम उठाते हुए इन अफवाहों के प्रति सावधानी बरतनी भी जरूरी होती है ताकि इसकी भनक जर्मन कानों तक नहीं पहुँच जाए।

तुम्हारी, अने

रविवार, 30 जनवरी 1944

मेरी प्यारी किटी,

एक और रविवार आ गया है; अब मुझे रविवार उतने बुरे नहीं लगते हैं जितने पहले लगते थे, लेकिन वे काफी बोरियत भरे होते हैं।

मैं अब तक भंडारघर नहीं गई हूँ, लेकिन शायद जल्दी ही जाऊँ। कल रात मैं खुद ही नीचे अँधेरे में गई थी, उसके कुछ दिनों पहले मैं वहाँ पिता के साथ उतरी थी। मैं सीढ़ियों के ऊपर खड़ी रही जबकि जर्मन जहाज आ-जा रहे थे और जानती थी कि औरों से मदद की उम्मीद नहीं कर सकती। मेरा डर जाता रहा। मैंने ऊपर आकाश में देखा और भगवान पर भरोसा जताया।

मुझे अकेले रहने की गहरी इच्छा हो रही है। पिता ने इस बात को समझ लिया है कि मैं अपने आप में नहीं हूँ, लेकिन मैं उनसे यह नहीं बता सकती हूँ कि मुझे कौन-सी

बात परेशान कर रही है। मैं तो बस चिल्ला-चिल्लाकर कहना चाहती हूँ कि मुझे अकेला छोड़ दो।

कौन जानता है कि एक दिन ऐसा भी आए जब मैं उतनी अकेली हो जाऊँ जितनी कि कभी अपेक्षा नहीं की।

अने फ्रांक

गुरुवार, 3 फरवरी 1944

प्यारी किटी,

आक्रमण का बुखार देश भर में रोज-रोज बढ़ता जा रहा है।

यदि तुम यहाँ होती तो मेरी कई तरह की तैयारियों को देखकर हैरान होती। हालाँकि तुम्हें हमारी नौटंकियों को देखकर हँसी ही आती। कौन जानता है, यह सब कुछ निरर्थक हो जाए !

समाचार-पत्र आक्रमण की खबरों से भरे पड़े हैं और हर कोई इसी तरह की बातें करता है : हालैंड में ब्रिटिश अगर आए तो जर्मन देश को अंग्रेजों से बचाने के लिए कुछ भी कर सकते हैं; यहाँ तक कि आवश्यकता पड़ने पर उसको बाढ़ में भी डुबो सकते हैं। उन्होंने हालैंड के नक्शे प्रकाशित किए हैं जिनमें बाढ़ वाले सम्भावित इलाकों को दर्शाया गया है। चूँकि इसमें एम्सटर्डम के बड़े हिस्से को दिखाया गया है, इसलिए हमारा पहला सवाल यही था कि सड़क पर पानी कमर से ऊपर तक बहने लगे तो हम लोगों को क्या करना चाहिए ? इस चालाकी भरे सवाल के अनेक तरह के जवाब मिले–

'सड़कों पर चलना या साईकिल चला पाना असम्भव हो जाएगा, इसलिए हमें पानी के बीच से चलना पड़ेगा।'

'फालतू की बातें मत करो। हम लोगों को तैरने की कोशिश करनी पड़ेगी। हम अपने नहाने के अधिक से अधिक कपड़े पहन लेंगे ताकि कोई यह न समझ सके कि हम यहूदी हैं।'

'बकवास ! मैं कल्पना कर सकता हूँ कि महिलाएँ तैर रही हैं और चूहे उनके पैरों को काट खा रहे हैं (निश्चय ही वह एक पुरुष है, हम देखेंगे कि कौन सबसे अधिक जोर से चिल्लाता है)।'

'हम तो घर से भी नहीं निकल पाएँगे। भंडारघर तो इतना कमजोर है कि बाढ़ के आने से गिर ही जाएगा।'

'सुनो, मजाक छोड़ो, हम लोगों को यह कोशिश करनी चाहिए कि एक नाव कहीं से मिल जाए।'

'चिन्ता क्यों करते हो ? मेरे पास एक अच्छा खयाल है। हममें से प्रत्येक ऊपर से पैकिंग करने का एक बक्सा ले लेगा और लकड़ी के फट्टे के सहारे तैर लेंगे।'

'मैं तो पैर में बाँस लगाकर चलने लगूँगा, मैं जब युवा था तो इसमें बहुत माहिर था।'

'जान गीज को इसकी जरूरत नहीं पड़ेगी। वह अपनी पत्नी को सूअर की पीठ पर लाद लेगा और फिर मीप बाँस पर चलेगा।'

तो अब तुमको यह अनुमान तो मोटामोटी हो ही गया होगा कि क्या कुछ चल रहा है, किट। यह हास-परिहास बड़ा रोचक है। लेकिन सचाई इससे कुछ उलट ही साबित होगी। आक्रमण से जुड़ा यह सवाल भी उठना ही था कि तब हम क्या करेंगे जब जर्मन एम्सटर्डम को खाली कर देंगे ?

'औरों के साथ शहर को छोड़ देना चाहिए। अधिक से अधिक अपने आपको छिपाए रखने का प्रयास करें।'

'जो भी हो, बाहर नहीं जाना है। सबसे अच्छा यहीं रहना है। जर्मन इस मामले में सक्षम हैं कि वे हालैंड के सारे लोगों को भगाकर जर्मनी ले जाएँ जहाँ वे सब के सब मर जाएँ।'

'निश्चय ही हम लोग यहीं रहेंगे। यही सबसे सुरक्षित जगह है। हम लोग कोशिश करेंगे कि क्लाइमान और उनका परिवार भी यहीं आकर रहे। हम कहीं से लकड़ी की छीलन ले आएँगे ताकि फर्श पर सो सकें। मीप और क्लाइमान से कहते हैं कि कुछ कंबल ला दे, क्या पता जरूरत पड़ जाए। हमारे पास जो पैंसठ पौंड पड़े हुए हैं उससे कुछ और अनाज मँगवा लेंगे। जान कोशिश करके कुछ फलियाँ और ला देगा। अभी हमारे पास पैंसठ पौंड फलियाँ हैं और दस पौंड दाल है। और यह मत भूलो कि पचास टीन सब्जियाँ भी हैं।'

'बाकी क्या है, माँ ? ताजा स्थिति बताओ।'

'दस टीन मछली है, चालीस टीन दूध है, बीस पौंड पावडर वाला दूध है, तीन बोतल तेल है, चार पीपे मक्खन के हैं, चार पीपे मांस के, दो बड़े पीपे स्ट्राबेरी के, दो पीपे रसभरी के, बीस पीपे टमाटर, दस पौंड जौ का तेल, नौ पौंड चावल है, बस।'

हमारी आपूर्ति व्यवस्था ठीक चल रही है। साथ ही, हमें दफ्तर के लोगों को भी खिलाना पड़ता है जिसका मतलब है हमारे भंडार का खाली होते जाना, इसलिए इसे उतना पर्याप्त नहीं कहा जा सकता जितना कि यह लगता है। हमारे पास कोयला, लकड़ी, मोमबत्तियाँ तो खूब हैं।

'हम सब लोग अपने कपड़ों में छिपे हुए छोटे-छोटे थैले बना लेते हैं ताकि अगर जाने की जरूरत पड़ी तो हम अपने पैसे ले जा सकेंगे।'

'हम ऐसे सामान की एक सूची बना सकते हैं जिसे भागने की स्थिति में पहले ले जा सकें, इसलिए उनको अभी से बाँधकर रख भी लेना चाहिए।'

'समय आने पर हम दो लोगों को देखने के काम पर लगा देंगे, एक आदमी सामने वाली दीर्घा में रहेगा और दूसरा आदमी पीछे रहेगा।'

'ठहरो, इतने अधिक भोजन का क्या मतलब है जब पानी, गैस और बिजली पर्याप्त नहीं हो ?'

हम लोगों को भोजन स्टोव पर बनाना होगा। पानी को छानकर उबाल लेंगे। हम कुछ बड़े बर्तनों को साफ करके उनमें पानी भर लेंगे। हम उन तीन बर्तनों में भी पानी

भर लेंगे जिनका इस्तेमाल सामान रखने के लिए करते हैं और नहाने के टीन के टब में भी।'

'इसके अलावा, हमारे पास अभी भी दो सौ तीस पौंड सर्दियों के आलू मसालों वाले भंडार में पड़े हैं।'

सारा-सारा दिन मैं यही सुनती रही। आक्रमण, आक्रमण, इसके अलावा कुछ भी नहीं। भूख, मृत्यु, बमों, आग, सोने के बैग, पहचान पत्र, जहरीली गैस आदि-आदि को लेकर बहसें, जो खुशनुमा नहीं कही जा सकती हैं।

पुरुषों को किस तरह के अंदेशे हो रहे हैं इसका एक अच्छा उदाहरण जान के साथ यह बातचीत है :

एनेक्सीवासी—हमें डर है कि जब जर्मन जाएँगे तो वे अपने साथ समूची आबादी को ले जाएँगे।

जान—यह असम्भव है। उनके पास पर्याप्त ट्रेनें नहीं हैं।

एनेक्सीवासी—ट्रेन ? क्या तुमको ऐसा लगता है कि वे नागरिकों को ट्रेन में लाद लेंगे ? एकदम नहीं। सबको दौड़कर जाना पड़ेगा।

जान—मैं यह नहीं मान सकता। आप हमेशा अँधेरे पक्ष की ओर देखते रहते हैं। इसकी क्या वजह हो सकती है कि वे सभी नागरिकों को यहाँ से अपने साथ ले जाएँगे ?

एनेक्सीवासी—तुमको याद नहीं है कि गोएबल्स ने क्या कहा था, अगर जर्मनों को जाना पड़ा तो वे अपने अधिकार वाले इलाकों के सारे दरवाजे बन्द करके चले जाएँगे ?

जान—उन्होंने तो काफी कुछ कहा है।

एनेक्सीवासी—क्या तुमको यह लगता है कि जर्मन बड़े मानवीय या भले लोग हैं जो ऐसा नहीं करेंगे ? उनका तर्क इस मामले में साफ है—अगर हम रसातल में जाएँगे तो सबको लेकर जाएँगे।

जान—आपको जो भी कहना है कहिए, लेकिन मैं इस बात को नहीं मान सकता।

एनेक्सीवासी—यह तो वही पुरानी कहानी हो गई। खतरे को कोई तब तक नहीं देखना चाहता जब तक कि वह उनके सामने नहीं आ जाता।

जान—लेकिन आप पक्के तौर पर तो कुछ भी नहीं जानते। आप महज एक अनुमान लगा रहे हैं।

एनेक्सीवासी—क्योंकि हम लोग इन सारी परिस्थितियों से पहले ही गुजर चुके हैं। पहले जर्मनी में, फिर यहाँ। तुमको क्या लगता है कि रूस में क्या हो रहा है ?

जान—आपको इसमें यहूदियों को नहीं शामिल करना चाहिए। मुझे नहीं लगता है कि कोई यह जानता भी है कि रूस में क्या हो रहा है। ब्रिटिश और रूसी लोग बस प्रचार-प्रसार के खयाल से स्थितियों को बढ़ा-चढ़ाकर रख रहे हैं, एकदम जर्मन लोगों की तरह।

एनेक्सीवासी—एकदम नहीं। बीबीसी ने हमेशा ही सत्य कहा है, और अगर खबरें थोड़ी बढ़ा-चढ़ाकर भी बताई जा रही हैं तो भी हालात तो खराब हो ही चले हैं। तुम इस बात से इंकार नहीं कर सकते कि पोलैंड और रूस के लाखों शान्तिप्रिय लोगों को

या तो मार दिया गया है या गैस में डाल दिया गया है।

मैं बाकी सारी बातचीत छोड़ती हूँ। मैं एकदम शान्त हूँ और इस सारे बतंगड़ पर कोई ध्यान नहीं दे रही। मैं उस मुकाम पर पहुँच चुकी हूँ जहाँ वास्तव में इस बात से कोई फर्क नहीं पड़ता है कि मर जाऊँ या जीऊँ। दुनिया मेरे बिना भी चलती रहेगी, और वैसे भी बदलाव की दिशा में कुछ भी कर पाना मेरे बस में नहीं है। मैं बस घटनाक्रम को देख रही हूँ और अपनी पढ़ाई पर ध्यान दे रही हूँ, उम्मीद करती हूँ कि अन्त में सब कुछ सामान्य हो जाएगा।

तुम्हारी, अने

मंगलवार, 8 फरवरी 1944

प्यारी किटी,

मैं तुमको बता नहीं सकती कि कैसा महसूस कर रही हूँ। एक क्षण को तो मैं शान्ति और अकेलापन चाहती हूँ और दूसरे ही पल मेरा मन होता है कि खूब मजे करूँ। हम हँसना भूल गए हैं—मेरा मतलब है कि खूब खुलकर हँसना। आज सुबह मैं हहा-ठीठी कर रही थी, वैसे ही जैसे कि हम लोग स्कूल में करते थे। मारगोट और मैं एकदम किशोरों की तरह हहा-ठीठी कर रही थीं।

कल रात माँ के साथ एक और माजरा हुआ। मारगोट अपने चारों ओर कंबल लपेट रही थी कि अचानक वह बिस्तर से उठ पड़ी और ध्यान से कंबल को देखने-परखने लगी। तुमको क्या लगता है कि उसको क्या मिला ? एक सूई ! माँ ने कंबल को सिला था और सूई निकालना भूल गई। पिता ने कुछ समझने की मुद्रा में सिर हिलाया और टिप्पणी भी की कि वे कितनी लापरवाह हैं। इसके बाद माँ बाथरूम से निकल कर आईं, तो उनको चिढ़ाने के खयाल से मैंने कहा, कि तुम कितनी क्रूर हो।

जाहिर है, उन्होंने मुझसे पूछा कि मैंने ऐसा क्यों कहा, तब हम लोगों ने उनको सूई के बारे में बताया कि किस तरह उन्होंने उसे कंबल में छोड़ दिया था। उन्होंने तुरन्त अभिमान के साथ कहना शुरू कर दिया, तुम खूब बात कर रही हो ! जब तुम कुछ सीने बैठती हो, तो सारा का सारा फर्श सुइयों से भर जाता है, और देखो, तुमने नाखून काटने का सारा सामान बिखरा छोड़ दिया है। तुम इसे कभी नहीं हटाती हो !

मैंने कहा कि मैंने नहीं किया है और मारगोट इसमें मेरी तरफदारी करने लगी, क्योंकि इसमें उसका दोष था। माँ यह कहती रही कि मैं पहले भी कितनी गंदी रहती थी, और फिर थोड़ी रुखाई से बोलीं, 'मैंने तो तुमको कभी लापरवाह भी नहीं कहा। मैं हमेशा दूसरों की गलती के लिए दोषी ठहराई जाती हूँ !'

माँ खामोश हो गई और एक मिनट के अन्दर ही मैंने उनका चुम्बन लेकर शुभरात्रि कहा। यह घटना हो सकती है कि उतनी महत्त्वपूर्ण न हो, लेकिन आजकल कुछ भी हो मेरी धमनियों में चढ़ जाता है।

ऐसा लगता है कि मैं इस समय अन्तर्मंथन के दौर से गुजर रही हूँ, और इधर-उधर हर चीज पर नजर दौड़ा रही हूँ। मैं अचानक माता-पिता की शादी के बारे में सोचने लगी। इसे मेरे सामने हमेशा ही आदर्श विवाह की तरह पेश किया गया है। कभी झगड़ा नहीं हुआ, कभी एक दूसरे से गुस्सा नहीं हुए, अद्‌भुत सामंजस्य, आदि-आदि।

मैं अपने पिता के अतीत के बारे में कुछ बातें जानती हूँ और जो नहीं जानती उसे मैंने गढ़ लिया है, मुझे यह लगता रहा है कि पिता ने माँ से शादी इसलिए की क्योंकि उनको लगा कि वे उपयुक्त पत्नी साबित होंगी। मुझे यह स्वीकार कर लेना चाहिए कि जिस तरह से माँ ने पत्नी की भूमिका निभाई और जहाँ तक मुझे पता है, न तो कभी उन्होंने कोई शिकायत की, न ही उनको किसी बात से ईर्ष्या हुई। एक प्यार करनेवाली पत्नी के लिए यह जान पाना कभी आसान नहीं होता कि वह अपने पति के लिए अब भी प्यार का कारण बनी हुई है और माँ इस बात को जानती थी। पिता सचमुच माँ के व्यवहार की प्रशंसा करते हैं और मानते हैं कि उनका व्यक्तित्व बहुत ऊँचा है। किसी और से शादी क्यों करें ? उनके आदर्श खंड-खंड हो गए और उनका यौवन पूरा हो गया। यह किस तरह का विवाह साबित हुआ ? न कोई झगड़ा, न किसी बात पर मतभेद लेकिन शायद ही इसे आदर्श विवाह कहा जा सके। पिता माँ का सम्मान करते हैं और प्यार भी, लेकिन इसे उस तरह का प्यार नहीं कहा जा सकता है जिस तरह के प्यार की उम्मीद मैं विवाह से करती हूँ। पिता माँ को समझते हैं, कभी-कभी उससे चिढ़ भी जाते हैं, लेकिन कोशिश करते हैं कि कम से कम कहना पड़े क्योंकि वह यह जानते हैं कि किस तरह के त्याग माँ को करने पड़े हैं।

पिता हमेशा माँ से व्यवसाय के मामले में, लोगों के बारे में, अन्य तरह के मामलों में हर तरह की चीजों के बारे में कोई राय नहीं लेते। वे उसे सब कुछ बताते भी नहीं क्योंकि वे जानते हैं कि माँ कुछ ज्यादा ही भावुक, आलोचनात्मक और पूर्वग्रह से ग्रस्त हैं। पिता प्यार में नहीं हैं। वे माँ को भी वैसे ही चूमते हैं जैसे हम लोगों को चूमते हैं। वे अपने आपको कभी उदाहरण की तरह नहीं रखते क्योंकि वे नहीं रख सकते। वे माँ को चिढ़ाने के ढंग से, मजाकिया ढंग से तो देखते हैं लेकिन प्यार से कभी नहीं देखते हैं। शायद माँ के महान त्याग ने उनको अपने आसपास रहनेवालों के प्रति रूखा और असहमत रहनेवाला बना दिया है, लेकिन यह पक्का है कि उनके प्रति प्यार से वे डिगे नहीं हैं और एक दिन पिता को इस बात का अंदाजा होना ही है कि ऊपर से माँ ने भले ही उनका पूरा प्यार नहीं माँगा लेकिन अन्दर ही अन्दर वह टूटती रहीं। माँ पिता को उनसे भी ज्यादा प्यार करती हैं और यह देखना दुखद है कि इस तरह के प्यार का प्रतिदान न मिले।

इसलिए क्या मेरे अन्दर माँ के प्रति अधिक सहानुभूति होनी चाहिए ? क्या मुझे उनकी मदद करनी चाहिए ? और पिता ?—मैं नहीं कर सकती, मैं हमेशा एक और माँ की कल्पना करती रही हूँ। मैं कर ही नहीं सकती—मैं कैसे कर सकती हूँ ? उसने मुझे अपने

बारे में कुछ भी नहीं बताया है, और मैंने कुछ पूछा भी नहीं। एक दूसरे के विचारों के बारे में हम जानते ही क्या हैं ? मैं उनसे बात नहीं कर सकती, मैं उनकी ठंडी आँखों में प्यार से नहीं देख सकती, मुझसे नहीं होगा। कभी नहीं !—अगर उनमें समझदार माँ का एक भी गुण होता, सौम्यता, मित्रतापूर्ण रवैया या धैर्य ही, तो मैं उनके नजदीक आने की कोशिश करती। लेकिन इस असंवेदनशील, हास्यास्पद व्यक्ति को झेलना दिनानुदिन और अधिक असम्भव होता जा रहा है !

तुम्हारी, अने

शनिवार, 12 फरवरी 1944

प्यारी किटी,

सूरज चमक रहा है, आकाश गहरा नीला है, बड़ी अच्छी हवा चल रही है, और मैं हर एक चीज के लिए तरस रही हूँ : बातचीत, स्वतन्त्रता, मित्रता और अकेलेपन के लिए। मैं रोने के लिए तरस रही हूँ ! मुझे ऐसा महसूस हो रहा है जैसे मैं फट पड़ूँगी हूँ। मैं जानती हूँ कि रोने से जी कुछ हल्का हो जाएगा, लेकिन मैं रो नहीं सकती हूँ। मेरी बेचैनी बढ़ती जा रही है। मैं एक कमरे से दूसरे कमरे में घूमती रहती हूँ, खिड़कियों के पल्ले में नाक सटाकर साँस लेती रहती हूँ, दिल की धड़कनों को महसूस करते हुए मानो यह कहती हूँ कि अब तो मेरी इच्छाओं को पूरा करो।

मुझे लगता है कि मेरे अन्दर वसन्त उतर गया है। मैं वसन्त का जगना महसूस कर सकती हूँ अपने पूरे शरीर में, अपनी पूरी आत्मा में। मुझे अपने आपको सामान्य दिखाने के लिए कोशिश करनी पड़ती है। मैं ऊहापोह की स्थिति में हूँ। नहीं जानती कि क्या पढ़ना है, क्या लिखना है, क्या करना है। मैं केवल इतना ही जानती हूँ कि मैं किसी चीज के लिए तरस रही हूँ...

तुम्हारी, अने

सोमवार, 14 फरवरी 1944

प्यारी किटी,

शनिवार से मेरे लिए काफी कुछ बदल चुका है। जो हुआ वह यह है : मैं किसी चीज के लिए तरस रही थी (और अब भी तरस रही हूँ), लेकिन समस्या के छोटे...बेहद छोटे हिस्से का निराकरण हो गया है।

रविवार की सुबह तुमको सच-सच बताऊँ तो मुझे यह जानकर बहुत खुशी हुई कि पीटर मेरी ओर देख रहा था। सामान्य दिनों की तरह से नहीं। पता नहीं, मैं नहीं बता सकती हूँ, लेकिन अचानक मुझे यह पता चला कि वह मारगोट को उस तरह से प्यार

नहीं करता है जिस तरह से मैं सोचती थी। सारे दिन मैंने यह कोशिश की कि उसकी ओर अधिक नहीं देखूँ क्योंकि जैसे ही मैं उधर देखती तो पाती कि वह भी मेरी ओर देख रहा है—और फिर मुझे अन्दर से बहुत ही अच्छा लगा, यह कोई वैसी भावना नहीं जो मुझे अक्सर होती हो।

रविवार की शाम मुझे और पिम को छोड़कर हर कोई रेडियो के इर्द-गिर्द बैठा था 'जर्मन संगीतकारों के महान संगीत' को सुनने के लिए। डुसेल उसकी सूई को इधर-उधर घुमा रहा था जिससे पीटर और बाकी लोग भी चिढ़ गए। आधे घंटे तक अपने ऊपर काबू रखने के बाद पीटर ने आखिर यह कह ही दिया कि वे रेडियो से छेड़छाड़ करना बन्द करेंगे या नहीं। डुसेल ने घमंड भरी आवाज में जवाब दिया—यह मैं तय करूँगा ! पीटर गुस्सा हो गया और उसने कुछ गुस्ताख बात कह दी। मिस्टर फॉन डॉन ने भी उसकी तरफदारी की और डुसेल को पीछे हट जाना पड़ा। यह किस्सा रहा।

मतभेद का यह कारण अपने आपमें मजेदार नहीं है, लेकिन पीटर ने बात को दिल पर ले लिया क्योंकि आज सुबह जब मैं बक्सा भर किताबें लिए अटारी में घूम रही थी तो पीटर ने ऊपर आकर मुझे बताना शुरू कर दिया कि क्या हुआ था। मैं इसके बारे में कुछ भी नहीं जानती थी, लेकिन पीटर को जब यह लगा कि उसे कोई सुनने वाला मिल गया है तो वह अपनी बात बताने लगा।

'देखो, ऐसे हुआ सब,' उसने कहा, 'मैं आमतौर पर ज्यादा बात नहीं करता, चूँकि मैं पहले से जानता था इसलिए मैंने यह सोचा था कि एकदम खामोश रहूँगा। क्योंकि बात करते हुए मैं घबराने लगता हूँ, शरमाने लगता हूँ, शब्दों को इधर से उधर घुमाने लगता हूँ और आखिरकार मुझे रुकना पड़ता है क्योंकि सही शब्द मिलते ही नहीं हैं। कल भी यही हुआ। मैं कुछ एकदम ही अलग कहना चाहता था, लेकिन एक बार मैंने जब बोलना शुरू किया तो सब गड़बड़ हो गया। यह भयानक है। पहले मेरे अन्दर एक बड़ी खराब आदत थी और कभी-कभी तो मुझे लगता है कि अब भी है : जब भी मैं किसी से नाराज होता तो बहस करने की बजाय मैं उसे पीटने लगता था। मैं जानता हूँ कि यह तरीका मुझे कहीं भी नहीं ले जानेवाला, और इसीलिए मैं तुम्हारी प्रशंसा करता हूँ। तुमको कभी शब्दों की कमी नहीं पड़ती है, तुम एकदम वही कहती हो जो तुमको कहना होता है और कहने में कभी भी शर्माती नहीं हो।'

'ओह, तुम इस मामले में गलत हो,' मैंने जवाब दिया। 'मैं ज्यादातर बातें जो करती हूँ वे अक्सर उससे काफी अलग हो जाती हैं, जिस तरह से मैंने उनके बारे में सोचा होता है। साथ ही, मैं बहुत अधिक और बहुत देर तक बोलती हूँ ! यह भी उतना ही बुरा है।'

'लेकिन तुम में ये अच्छी बात तो है ही कि कोई यह नहीं समझ पाता कि तुम शरमा रही हो। न तो तुम शरमाती हो, न ही टूटती हो।'

मैं अन्दर ही अन्दर उसकी बातों से प्रभावित हुए बिना नहीं रही। बहरहाल, चूँकि मैं यह चाहती थी कि वह अपने बारे में बातें करता रहे, मैं अपनी हँसी को रोककर फर्श पर बिछे कुशन पर बैठकर घुटनों के चारों ओर हाथ लपेटे उसकी ओर ध्यान लगाए

उसकी बातें सुनती रही।

मुझे इस बात की खुशी है कि इस घर में कोई तो है जो मेरी ही तरह गुस्सैल है। पीटर को इस बात पर संतोष हुआ कि वह बिना इस बात की चिन्ता किए डुसेल की आलोचना कर सकता है कि मैं उससे कह दूँगी। जहाँ तक मेरी बात है, मुझे भी खुशी हो रही है क्योंकि मुझे उस तरह का दोस्ताना अनुभव हो रहा है जिस तरह का अपनी सहेलियों के साथ होता था।

तुम्हारी, अने

मंगलवार, 15 फरवरी 1944

डुसेल के साथ छोटी-सी झड़प की बड़ी भारी प्रतिक्रिया हुई जिसके लिए केवल उन्हें ही दोषी ठहराया जा सकता है। सोमवार की शाम डुसेल माँ को देखने आए और विजयी भाव से माँ से कहा कि पीटर ने उनसे सुबह आकर पूछा कि क्या मुझे अच्छी तरह से नींद आई थी, और फिर उसने कहा कि उसे उस बात का बहुत अफसोस है जो रविवार की शाम को हुआ–उसका सचमुच वह मतलब नहीं था जो उसने कहा था। डुसेल ने उसे आश्वस्त किया कि उसने इस बात को दिल पर नहीं लिया। अब सब कुछ रात गई बात गई की तरह सामान्य है। माँ ने यह कहानी मुझे सुनाई, और मुझे अन्दर ही अन्दर बहुत आश्चर्य हो रहा था क्योंकि पीटर वैसे तो डुसेल को लेकर बड़े गुस्से में था, इतना झुक कैसे गया, जबकि बातें तो वह एकदम उससे उल्टी कर रहा था।

मैं पीटर के सामने इस बात की चर्चा करने से खुद को रोक नहीं पाई और उसने तुरन्त जवाब दिया कि डुसेल झूठ बोल रहा था। तुमने पीटर का चेहरा देखा होता। काश मेरे पास कैमरा होता ! गुस्सा, खीज, अनिश्चय जैसे अनेक भाव उसके चेहरे पर कुछ ही देर में आते-जाते रहे।

उस शाम मिस्टर फॉन डॉन और पीटर ने सचमुच डुसेल को खूब सुनाई। लेकिन यह इससे ज्यादा खराब नहीं हो सकता क्योंकि पीटर को आज फिर से दाँत दिखवाना है।

वास्तव में, वे एक दूसरे से कभी भी बात नहीं करना चाहते थे।

बुधवार, 16 फरवरी 1944

पीटर और मैंने दिन भर आपस में बातचीत नहीं की सिवाय कुछ फालतू बातों के। ऊपर अटारी में जाने के लिहाज से काफी ठंड हो चुकी थी, और वैसे भी आज मारगोट का जन्मदिन था। साढ़े बारह बजे वह उपहारों को देखने के इरादे से आया और इस बार उसने कुछ ज्यादा देर तक बातचीत की, कुछ ऐसा जो इससे पहले कभी नहीं किया था।

लेकिन मुझे दोपहर में मौका मिल गया। चूँकि मेरा मन कर रहा था कि मारगोट को उसके जन्मदिन पर कुछ खिझाऊँ, पहले मैं कॉफी लाने गई और फिर आलू लाने। जब मैं पीटर के कमरे में आई तो उसने तुरन्त ही कागज सीढ़ियों से उठा लिए और मैंने यह पूछा कि क्या मुझे अटारी का दरवाजा बन्द कर देना चाहिए।

'हाँ,' उसने कहा। 'चली जाओ। जब तुमको वापस आना हो तो दरवाजे पर दस्तक देना, मैं खोल दूँगा।'

मैंने उसे धन्यवाद दिया, ऊपर गई और दस मिनट तक पीपे में छोटे-छोटे आलू खोजती रही। मेरी पीठ में दर्द होने लगा, अटारी में ठंड थी। स्वाभाविक रूप से, मुझे खटखटाने की बजाय खुद ही खोलने की सूझी। लेकिन सौजन्यतावश वह उठ गया और मेरे हाथ से बर्तन ले लिया।

'मैंने बड़ी कोशिश की, पर मुझे छोटे आलू नहीं मिले।'

'तुमने बड़े पीपे में देखा था ?'

'हाँ, मैंने उसमें भी देखा था।'

तब तक मैं सीढ़ियों के नीचे उतर चुकी थी, उसने अपने हाथ के बर्तन का परीक्षण करते हुए कहा, 'लेकिन ये ठीक है'—और मैंने उसके हाथ से बर्तन लेते हुए उसका शुक्रिया अदा किया।

ऐसा कहते हुए उसने मेरे ऊपर ऐसी उष्मापूर्ण और प्यार भरी नजर डाली कि मैं अन्दर से दमकने लगी। मैं कह सकती हूँ कि वह मुझे खुश करना चाहता था लेकिन वह लम्बी-चौड़ी बातें बोल नहीं सकता था, इसलिए उसने सब कुछ अपनी आँखों से ही कह दिया। मैं उसे अच्छी तरह समझ गई और उसकी कृतज्ञ भी हुई। उन शब्दों और उन नजरों को याद करके मुझे अभी भी खुशी होती है।

जब मैं नीचे गई तो माँ ने कहा कि उसे और आलू चाहिए, इस बार रात के खाने के लिए, इसलिए मैंने वापस ऊपर जाने का तय किया। जब मैंने पीटर के कमरे में प्रवेश किया तो दुबारा उसे परेशान करने के लिए माफी माँगी। जब मैं सीढ़ियों से ऊपर चढ़ रही थी, वह सीढ़ियों और दीवार के बीच खड़ा हो गया और उसने मेरा हाथ पकड़कर मुझे रोकने की कोशिश की।

'मैं भी चलूँगा'—उसने कहा। 'मुझे तो वैसे भी ऊपर ही जाना है।' मैंने जवाब दिया कि यह वास्तव में जरूरी नहीं है क्योंकि इस बार मैं केवल छोटे आलू ही लाने नहीं जा रही थी। विश्वास हो जाने पर उसने मेरा हाथ छोड़ दिया। लौटते समय, उसने दरवाजा खोल दिया और फिर मेरे हाथ से बर्तन ले लिया। दरवाजे पर खड़े-खड़े मैंने पूछा—'तुम आजकल किस चीज पर काम कर रहे हो ?'

'फ्रेंच'—उसने जवाब दिया।

मैंने उससे पूछा कि क्या मैं उसके पाठ पर एक नजर डाल सकती हूँ। फिर मैंने जाकर हाथ धोए और दीवान पर उसके सामने बैठ गई।

जब मैंने कुछ फ्रेंच समझा दी तो हम लोग बातचीत करने लगे। उसने मुझे बताया कि युद्ध के बाद वह डच ईस्ट इंडीज जाकर रबड़ के खेतों में रहना चाहता है। उसने

अपने घर के जीवन के बारे में बात की, काला बाजार की बात की और अपने बारे में भी कि किस तरह का नाकारा वह हो चुका है। मैंने उससे कहा कि उसके अन्दर बड़ी हीन भावना है। उसने युद्ध के बारे में बात करते हुए कहा कि रूस और इंग्लैंड को तो एक दूसरे के खिलाफ युद्ध में आना ही था और फिर उसने यहूदियों के बारे में बात की। उसने कहा कि जीवन कुछ आसान होता अगर वह ईसाई होता या वह युद्ध के बाद ईसाई हो जाए। मैंने उससे पूछा कि क्या वह अपना बपतिस्मा करवाना चाहता है लेकिन उसका यह मतलब तो नहीं ही था। उसने कहा कि वह कभी भी खुद को ईसाई नहीं महसूस कर सकता लेकिन युद्ध के बाद वह यह पक्का करेगा कि किसी को भी इस बात का पता न चल सके कि वह यहूदी है। मुझे यह बात क्षणिक उबाल की तरह लगी। यह कितने शर्म की बात है कि अभी भी उसके अन्दर एक तरह की बेईमानी का भाव है।

पीटर ने जवाब दिया, 'यहूदी हमेशा से चुने हुए लोग रहे हैं और रहेंगे।'

मैंने जवाब दिया कि इस बार के बाद शायद उनको कुछ अच्छे कामों के लिए चुना जाए !

हम लोग काफी सहज भाव से पिता के बारे में, मानव स्वभाव की समझ के बारे में और इसी तरह की और चीजों के बारे में बातें करते रहे, इतनी तरह की बातों के बारे में कि मुझे याद भी नहीं है।

मैं सवा पाँच बजे निकली क्योंकि बेप आ चुकी थी।

उस शाम उसने कुछ और बात भी कही जो मुझे अच्छी लगी। हम एक फिल्मी सितारे के पोस्टर के बारे में बात कर रहे थे, जो मैंने एक बार उसको दिया था, जो उसके कमरे में कम से कम डेढ़ साल से टँगा है। उसे यह इतना अच्छा लगा कि मैंने उससे कहा कि मैं उसको कुछ और दूँगी।

'नहीं'—उसने जवाब दिया, 'बल्कि मैं इसी को सँभालकर रखूँगा। मैं इसे रोज देखते हुए यह याद करूँगा कि इसके माध्यम से कैसे लोगों से मेरी दोस्ती हुई ?'

अब यह बात मेरी समझ में आ गई कि क्यों वह मौश्चे को इस तरह अपने से लिपटाता है। जाहिर है वह भी प्यार चाहता है। एक और बात तो बताना ही भूल गई जो वह अपने बारे में बता रहा था। 'नहीं, मुझे डर नहीं लगता है, सिवाय तब के जब बात खुद मुझपे आती है, लेकिन मैं उसे ठीक करने में लगा हूँ।'

पीटर के अन्दर बहुत बड़ी हीन भावना है। उदाहरण के लिए, वह हमेशा यह सोचता है कि वह बड़ा मूर्ख है और हम लोग बड़े होशियार हैं। जब मैं फ्रेंच पढ़ने में उसकी मदद करती हूँ तो वह कम से कम हजार बार मुझे धन्यवाद देता है। एक रोज मैं उससे कहनेवाली हूँ कि 'यह सब छोड़ो, तुम गणित और अंग्रेजी में कहीं बेहतर हो।'

अने फ्रांक

गुरुवार, 17 फरवरी 1944

प्यारी किटी,

मैं आज सुबह ऊपर थी क्योंकि मैंने मिसेज फॉन डी. से वादा किया था कि उनको अपनी कुछ कहानियाँ पढ़कर सुनाऊँगी। मैंने शुरुआत इवा के सपने से की जो उनको काफी पसन्द आई, फिर मैंने उनको कुछ अंश गुप्त आवास के पढ़कर सुनाए जिससे उनको हूक-सी उठी। पीटर ने भी उसके कुछ हिस्से सुने और मुझसे कहा कि क्या मैं उसके कमरे में आकर उसको कुछ और हिस्से सुना सकती हूँ। मैंने उसी समय उसको सुनाने का फैसला कर लिया, इसलिए अपनी अभ्यास पुस्तिका का वह हिस्सा उसे पढ़ने के लिए दे दिया जिसमें कैडी और हांस ईश्वर के बारे में बातें कर रहे थे। मैं ठीक-ठीक नहीं बता सकती कि उस पर किस तरह का प्रभाव पड़ा। उसने कुछ कहा, क्या कहा, यह तो मुझे ठीक से याद नहीं, वह अच्छे होने को लेकर नहीं था, बल्कि पाठ के पीछे के विचार को लेकर था। मैंने बताया कि मैं उसको बस यही तो दिखाना चाहती थी कि मैं केवल मजेदार चीजें ही नहीं लिखती हूँ। उसने सिर हिलाया और मैं कमरे से बाहर निकल गई। अगर मुझे कुछ और पीटर ने बताया तो मैं उसकी भी चर्चा करूँगी।

तुम्हारी, अने फ्रांक

शुक्रवार, 18 फरवरी 1944

मेरी प्यारी किटी,

मैं सीढ़ियाँ चढ़कर इसीलिए ऊपर जाती हूँ ताकि उसको देख सकूँ। अब मेरे पास करने के लिए कुछ तो है, अब मेरे यहाँ के जीवन में बड़ा सुधार आया है।

कम से कम मेरे सामने दोस्ती का लक्ष्य तो है ही और मुझे अपने दुश्मनों से डरने की जरूरत भी नहीं है (सिवाय मारगोट के)। यह मत समझना कि मुझे प्यार हो गया है क्योंकि वह मुझे नहीं हुआ है लेकिन मुझे ऐसा लग रहा है कि पीटर और मेरे दरम्यान कुछ बड़ा ही सुन्दर होने वाला है, एक तरह की दोस्ती और विश्वास का रिश्ता। मुझे जब भी मौका मिलता है मैं उससे जाकर मिल लेती हूँ और यह अब वैसा नहीं है जैसा कि पहले था, जब उसे मेरे बारे में यह नहीं पता था कि क्या करना चाहिए। इसके विपरीत अब वह तब भी बात करता रहता है जब मैं दरवाजे से बाहर निकल रही होती हूँ। माँ को मेरा ऊपर जाना पसन्द नहीं है। वह हमेशा कहती रहती हैं कि मैं पीटर को परेशान कर रही हूँ और मुझे उसको अकेला छोड़ देना चाहिए। क्या वे मुझ पर शक करने लगी हैं ? वे अक्सर उस समय मुझे बुरी तरह से घूरने लगती हैं जब मैं पीटर के कमरे में जा रही होती हूँ। जब मैं नीचे उतरकर आती हूँ तो वे मुझसे पूछती हैं कि मैं कहाँ थी। यह भयानक है, मैं उनसे फिर घृणा करने लगी हूँ !

तुम्हारी, अने

शनिवार, 19 फरवरी 1944

प्यारी किटी,

आज फिर शनिवार है और इसी से तुमको सारी बातें समझ में आ जानी चाहिए। आज सुबह सब कुछ शान्त था। मैंने ऊपर करीब एक घंटा मांस के गोले बनाते हुए बिताया, लेकिन 'उससे' चलते-फिरते ही बात की।

जब ढाई बजे सब लोग ऊपर पढ़ने या दिन की झपकी लेने चले गए, तब मैं नीचे अपने कंबल के साथ मेज पर बैठकर पढ़ने या लिखने के खयाल से चली गई। लेकिन यह सब ज्यादा देर नहीं चल पाया, मैं अपनी बाँहों में सिर छिपाकर फूट-फूटकर रोने लगी। आँसू मेरे गालों पर बहने लगे और मुझे महसूस हुआ कि मैं कहीं गहरे उदास हूँ। ओह, केवल 'वही' मुझे ढाँढ़स बँधाने आया होता।

चार से ज्यादा बज चुके थे जब मैं फिर से ऊपर गई। पाँच बजे जब मैं आलू लाने वाली थी, इस उम्मीद में कि शायद हम एक बार और मिल सकें लेकिन मैं बाथरूम में अपने बाल बनाने में ही लगी थी कि वह बोशे से मिलने चला गया।

मैं मिसेज फॉन डी. की मदद करना चाहती थी और इसलिए मैं ऊपर अपनी किताबों के साथ चली गई। लेकिन अचानक मुझे लगा कि आँसू फिर से आ रहे हैं। मैं रास्ते में शीशा लेते हुए नीचे शौचालय की तरफ भागी। मैं वहाँ कमोड पर भरे-पूरे कपड़ों में बैठी रही, काफी देर बाद मैंने देखा कि मेरे आँसुओं से मेरे लाल रंग के एप्रेन पर गहरा धब्बा पड़ रहा था। मुझे बहुत खराब लगा।

मेरे दिमाग में यह सब चल रहा था : ओह, मैं पीटर तक इस तरह कभी नहीं पहुँच पाऊँगी। कौन जानता है, वह शायद मुझे प्यार भी नहीं करता हो और उसे अपने राज बताने के लिए किसी की जरूरत ही न हो। शायद वह मेरे बारे में यों ही सोच रहा हो। मुझे फिर से अकेलेपन में चले जाना होगा, बिना किसी को अपना राजदार बनाए, बिना पीटर के, बिना उम्मीद के, बिना सुख के और बिना कुछ आगे देखे। ओह, काश मैं किसी तरह अपने सिर को अपने कंधों पर आराम से रहने देती और इस तरह नाउम्मीद होकर एकाकी और परित्यक्त नहीं महसूस करती। कौन जानता है, वह मेरी परवाह ही न करता हो और दूसरों को भी इसी प्यार से देखता हो। हो सकता है कि यह सब मैंने अपने बारे में खास तौर से सोच लिया हो। ओह, पीटर तुम मुझे सुन और समझ पाते ! अगर सच निराश करने वाला है तो मैं उसे सुन नहीं पाऊँगी।

कुछ देर बाद मैं फिर उम्मीदों से भर उठी—हालाँकि मेरे आँसू फिर भी अन्दर ही अन्दर बह रहे थे।

तुम्हारी, अने एम. फ्रांक

रविवार, 20 फरवरी 1944

अन्य लोगों के घरों में जो काम सप्ताह के बाकी दिनों में होता है वही यहाँ हमारे गुप्त आवास में रविवार को होता है। बाकी लोग इस दिन अच्छे-अच्छे कपड़े पहनकर धूप में घूमने निकलते हैं जबकि हम साफ-सफाई में लगे रहते हैं।

आठ बजे—हालाँकि हममें से ज्यादातर लोग तो लेटे रहना ही पसन्द करते हैं लेकिन डुसेल आठ बजे ही उठ जाते हैं। वे पहले शौचालय जाते हैं, फिर नीचे जाते हैं, फिर एक बार और शौचालय जाते हैं जहाँ वे पूरा एक घंटा साफ-सफाई में लगाते हैं।

साढ़े नौ बजे—स्टोव जल चुके हैं, ब्लैक आउट का परदा हटा लिया गया है और मिस्टर फॉन डॉन शौचालय की ओर जा रहे हैं। रविवार की सुबह का एक काम मेरा यह होता है कि मैं लेटी रहती हूँ और डुसेल को प्रार्थना करते हुए पीछे से देखती रहती हूँ। मैं जानती हूँ कि यह विचित्र है लेकिन प्रार्थना करता हुआ डुसेल देखने लायक होता है। ऐसा नहीं है कि वह भावुक हो जाता है या रोने लगता है, एकदम नहीं, बल्कि वह पूरे पन्द्रह मिनट तक ऊपर-नीचे हिलता रहता है। आगे-पीछे-आगे। यह चलता रहता है और अगर मैं अपनी आँखें जोर से बन्द नहीं कर लूँ तो मेरा सिर चकराने लगता है।

सवा दस बजे—फॉन डॉन ने सीटी बजाई, शौचालय खाली हो चुका है। फ्रांक परिवार के ठिकाने से सोते चेहरे तकिए से निकलने लगे हैं। फिर सब कुछ बड़ी ही तेजी से होने लगता है। मारगोट और मैं सफाई में लग जाती हूँ। चूँकि नीचे काफी ठंडक रहती है इसलिए हम पूरे पैर की पैंट पहनकर और कान में चादर लपेटकर नीचे जाते हैं। इस बीच, पिता शौचालय में व्यस्त रहते हैं। मारगोट या मेरा शौचालय जाने का क्रम 11 बजे के करीब आता है, फिर हम लोग साफ-सुथरे होते हैं।

साढ़े ग्यारह बजे—नाश्ता। मैं इस विषय में बात नहीं करूँगी क्योंकि बिना इस विषय को उठाए खाने को लेकर काफी चर्चा हो चुकी है।

सवा बारह बजे—हम सब अपने-अपने रास्ते हो लेते हैं। पिता अपना लबादा पहनकर हाथों और घुटनों के बल कालीन की इस तरह से सफाई कर रहे हैं कि कमरे में धूल का गुबार भरा हुआ है। मिस्टर डुसेल बिस्तर समेट रहे हैं (जाहिर है, सब गलत) और जब भी वे कोई काम कर रहे होते हैं बीथोवन की एक ही धुन गुनगुनाते रहते हैं। माँ को अटारी में चलते सुना जा सकता है क्योंकि वह कपड़े सुखा रही होती हैं। मिस्टर फॉन डॉन अपनी हैट पहनकर नीचे गायब हो जाते हैं, सामान्य तौर पर पीटर और मौश्चे उनका अनुसरण करते हैं। मिसेज फॉन डॉन लम्बा एप्रेन डालकर, काला ऊनी जैकेट पहनकर, सिर में लाल रंग का स्कार्फ लपेटकर गंदे कपड़ों के साथ नीचे का रुख कर रही हैं। मारगोट और मैं बर्तन-भांडे और कमरे की साफ-सफाई का काम कर रही हूँ।

बुधवार, 23 फरवरी 1944

मेरी प्यारी किटी,

मौसम कल से बड़ा सुहावना बना हुआ है और मैं कुछ खिल उठी हूँ। मेरा लेखन, जोकि मेरे पास सबसे अच्छी चीज है, बढ़िया चल रहा है। मैं अपने फेफड़ों में ताजा हवा भरने के खयाल से रोज सुबह अटारी पर जाती हूँ। आज सुबह जब मैं वहाँ गई तो पीटर साफ-सफाई में लगा था। उसने जल्दी-जल्दी समाप्त किया और फर्श पर मेरे पास मेरी पसन्दीदा जगह पर आकर बैठ गया। हम दोनों नीले आकाश, ओस में भीगे चाँदी की तरह चमकते पेड़ों, हवा में तैरते सीगल और अन्य चिड़ियाओं को देखने लगे, और यह सब कुछ इतना अच्छा लग रहा था कि हम अभिभूत होकर मौन हो गए। वह एक मोटी शहतीर से टिककर खड़ा रहा, जबकि मैं बैठी रही। हम हवा में साँस लेते रहे, बाहर देखते रहे और दोनों ने यह महसूस किया कि हमें शब्दों से यह खामोशी नहीं तोड़नी चाहिए। हम काफी देर तक इसी अवस्था में रहे, और वह ऊपर दीर्घा में लकड़ी काटने चला गया, मैं जानती हूँ कि वह अच्छा और सौम्य लड़का है। वह सीढ़ियाँ चढ़कर ऊपर दीर्घा में चला गया, पीछे-पीछे मैं भी गई; 15 मिनट तक वह लकड़ियाँ काटता रहा, हमने एक शब्द भी नहीं बोला।

मैं जहाँ खड़ी थी वहाँ से उसे देख रही थी, मैं देख सकती थी कि वह अपनी ओर से पूरी कोशिश कर रहा था कि सही तरीके से काटे और उसके लिए पूरी ताकत भी दिखा रहा था। लेकिन मैं खुली खिड़की से बाहर भी झाँककर देख रही थी, छत से पूरे एम्सटर्डम का नजारा दिखाई दे रहा था। सामने छतें थीं, अनन्त क्षितिज था। क्षितिज की नीली रेखा इतनी धूमिल थी कि दिखाई नहीं दे रही थी।

मैंने सोचा कि जब तक यह सब है, सूरज की रोशनी, बादल रहित खुला आकाश, और जब तक मैं इसका आनन्द उठा रही हूँ तो मैं उदास कैसे हो सकती हूँ ?

जो लोग अकेलापन महसूस करते हों, भयभीत महसूस करते हों या उदास हों तो उनके लिए सबसे अच्छा इलाज यह है कि वे बाहर निकलें, किसी ऐसी जगह जहाँ वे प्रकृति, आकाश और ईश्वर के साथ अकेले कुछ समय बिता सकें। तब जाकर और केवल तभी आपको समझ आएगा कि हर चीज वैसी ही है जैसी होनी चाहिए और यह कि ईश्वर चाहता है कि लोग प्रकृति की सुन्दरता और सादगी के बीच खुश रह सकें।

जब तक यह है, और इसको सदा रहना चाहिए, मैं जानती हूँ कि हर दुख का इलाज सम्भव है किसी भी हालत में। मेरा यह मानना है कि प्रकृति, जो पीड़ा में होते हैं, उनको राहत देती है।

ओह, कौन जानता है, कि कितने समय बाद मैं इस खुशी को उसके साथ साझा कर सकूँगी जो इसी तरीके से सोचता होगा।

तुम्हारी, अने

नोट : पीटर के बारे में खयाल

मैं यहाँ काफी समय से कई चीजों की बेहद...बेहद कमी महसूस कर रही हूँ। मैं भी

उतना ही महसूस करती हूँ जितना कि तुम करते हो। मैं बाहरी चीजों के बारे में नहीं बात कर रही हूँ क्योंकि यह सब हमें उपलब्ध करवाया जा रहा है, मैं अन्दरूनी बात कर रही हूँ। तुम्हारी तरह, मैं आजादी और खुली हवा के लिए तरसती रहती हूँ लेकिन मुझे लगता है कि काफी हद तक इसकी पूर्ति तो हो जाती है। मेरा मतलब, अन्दरूनी जरूरतों से है।

आज सुबह जब मैं खिड़की के सामने बैठकर बाहर प्रकृति और कुदरत का नजारा ले रही थी तो मैं खुश थी, बस खुश। पीटर, जब इस तरह की खुशी लोग अपने अन्दर महसूस करते हैं तो प्रकृति के आनन्द और स्वास्थ्य के अलावा वे हमेशा उस खुशी को सँजोना चाहेंगे।

धन, सम्मान सब कुछ खो सकता है लेकिन तुम्हारे दिल में जो खुशी का भाव होता है वह केवल मंद पड़ सकता है; लेकिन वह हमेशा वहाँ रहेगा, जब तक आप जीवित रहते हैं ताकि आप फिर से खुश हो सकें।

जब भी तुम अकेला या उदास महसूस करो तो किसी सुन्दर दिन अटारी में जाओ और बाहर की तरफ देखो। घरों और छतों को नहीं, आसमान को। जब तक तुम भयमुक्त होकर आसमान में देख सकते हो, तुमको अपना अन्तरंग शुद्ध होता दिखाई देगा और तुम एक बार फिर खुशी महसूस करोगे।

रविवार, 27 फरवरी 1944

मेरी प्यारी किटी,

तड़के से लेकर देर रात तक मैं पीटर के बारे में ही सोचती रहती हूँ। सोते समय मेरी आँखों में उसकी तस्वीर होती है, उसी के सपने मुझे आते हैं और जब मैं सोकर उठती हूँ तो उसे अपनी तरफ ताकते देखती हूँ।

मैं अब यह बात पूरी शिद्दत से महसूसती हूँ कि पीटर और मैं किसी भी तरह से अलग नहीं हैं जैसा कि ऊपर-ऊपर दिखाई देता है, और मैं इसका कारण बताती हूँ कि क्यों—क्योंकि माँ न मेरी है, न पीटर की। उसकी माँ तो काफी झूठी हैं, फरेब करती रहती हैं और उसको इस बात की ज्यादा परवाह नहीं रहती कि पीटर के दिमाग में क्या चल रहा है। मेरी माँ मेरी जिन्दगी में भरपूर रुचि लेती हैं, लेकिन न तो उनमें माँ जैसी संवेदना है, न ही ममत्वपूर्ण समझदारी।

पीटर और मैं दोनों ही अपनी आंतरिक भावनाओं से संघर्ष कर रहे हैं। हम लोग अपने आप को लेकर अभी भी अनिश्चय की अवस्था में हैं, भावनात्मक रूप से हम इतने कमजोर हैं कि कोई भी आकर हमसे रूखा व्यवहार कर लेता है। जब भी यह होता है तो मेरा मन होता है कि कहीं भाग जाऊँ या अपनी भावनाओं को छिपा लूँ। ऐसे में मैं थाली-बर्तन पटकने लगती हूँ, पानी उछालने लगती हूँ और शोर मचाने लगती हूँ, ताकि हर कोई चाहे कि मैं कोसों दूर चला जाऊँ। पीटर की प्रतिक्रिया यह होती है कि वह खामोश हो जाता है, कम बोलने लगता है, गुमसुम हो जाता है, यह सब करके वह अपने

असली रूप को छिपा रहा होता है।

लेकिन कैसे और कब हम आखिर एक दूसरे तक पहुँच पाएँगे ?

मैं नहीं जानती कि कब तक मैं अपने आप पर काबू रख पाऊँगी ?

तुम्हारी, अने

सोमवार, 28 फरवरी 1944

मेरी प्यारी किटी,

यह एक बुरे सपने जैसा है जो मेरे जागने के बाद भी चलता रहता है। मैं उसे दिन के करीब हर घंटे देखती हूँ लेकिन मैं उसके साथ नहीं होती हूँ। मुझे इस तरह से व्यवहार करना होता है कि कोई समझे नहीं, मुझे खुश भी बने रहना होता है हालाँकि मेरा दिल धड़क रहा होता है।

पीटर स्किफ और पीटर फॉन डॉन मिलकर एक पीटर हो गए हैं, जो अच्छा और भला है और जिसके लिए मैं दिलोजान से तड़पती रहती हूँ। माँ भयानक है, पिता अच्छे, जिससे उसे और चिढ़ मचती रहती है। मारगोट तो सबसे खराब है जो मेरे मुस्कराते चेहरे से यह समझ लेती है मानो वह उसी के लिए हो जबकि मैं तो यह चाहती हूँ कि मुझे अकेले छोड़ दिया जाए।

पीटर मेरे साथ अटारी में तो नहीं आया लेकिन कोठे पर बढ़ईगिरी के ख्याल से चला गया। उसके हथौड़े की हरेक चोट के साथ मेरी हिम्मत टूटती रही। और मैं कुछ और उदास हो गई। दूर एक घड़ी धड़क-धड़क कर कह रही थी कि 'दिल और मन से शुद्ध रहो !'

मैं जानती हूँ मैं भावुक हूँ। मैं निराशावादी और बेवकूफ हूँ, मैं यह भी जानती हूँ।

ओह, मेरी मदद करना !

तुम्हारी, अने एम. फ्रांक

बुधवार, 1 मार्च 1944

प्यारी किटी,

एक बार फिर चोरी होने के कारण मेरे अपने काम पीछे चले गए। मैं इस बार-बार की चोरी से तुम्हें उबा चुकी हूँ लेकिन मैं क्या कर सकती हूँ जब बार-बार चोर गीज एंड कम्पनी में आकर उसको ही सम्मानित कर आनंदित होते हैं ? यह घटना उससे कहीं ज्यादा उलझी हुई है जो जुलाई 1943 में हुई थी।

कल रात साढ़े सात बजे मिस्टर फॉन डॉन हमेशा की तरह मिस्टर कूगलर के दफ्तर की ओर जा रहे थे कि उन्होंने देखा कि दोनों शीशे के दरवाजे और दफ्तर के दरवाजे

खुले हुए थे। वे हतप्रभ रह गए, फिर भी आगे बढ़ते रहे। वे आश्चर्य में पड़ गए जब उन्होंने देखा कि गलियारे का दरवाजा भी खुला हुआ था और सामने के दफ्तर में सामान जबरदस्त तरीके से बिखरा हुआ था। उनके दिमाग में तुरन्त कौंधा कि 'यहाँ चोरी हुई है।' लेकिन इसे पक्का करने के इरादे से जब वे नीचे मुख्य दरवाजे की ओर गए तो उन्होंने पाया कि वहाँ ताला सही-सलामत था। 'बेप और पीटर ने आज शाम बहुत लापरवाही से काम किया,' फॉन डॉन इस नतीजे पर पहुँचे। वे कुछ देर मिस्टर कूगलर के दफ्तर में बैठे रहे, वहाँ की बत्ती बुझाई और खुले दरवाजों और बिखरे सामानों की परवाह किए बिना ऊपर चले गए।

आज सुबह पीटर ने यह बताने के लिए दरवाजा खटखटाया कि बाहर का दरवाजा पूरा खुला था और प्रोजेक्टर तथा मिस्टर कूगलर का नया ब्रीफकेस अलमारी से गायब है। पीटर को कहा गया कि दरवाजा बन्द कर ले। मिस्टर फॉन डॉन ने रात की घटनाओं के बारे में बताया तो हम सब काफी चिंतित हो गए।

इसकी केवल यही व्याख्या हो सकती है कि चोरों के पास डुप्लीकेट चाबी रही होगी क्योंकि दरवाजे को तोड़कर अन्दर आने का कोई संकेत नहीं था। वह जरूर शाम को जल्दी आ गया होगा, आने के बाद उसने दरवाजा बन्द कर लिया होगा, मिस्टर फॉन डॉन की आहट पाकर छुप गया होगा, जब फॉन डॉन ऊपर गए होंगे तो चोरी का सामान लेकर भाग गया होगा। मिस्टर फॉन डॉन जल्दबाजी में दरवाजा खुला ही छोड़ आए होंगे।

किसके पास हो सकती है हमारी चाबी ? वह चोर भंडारघर तक क्यों नहीं गया ? क्या वह हमारे अपने भंडारघर का कोई कर्मचारी हो सकता है, और क्या वह हमें पकड़वा सकता है क्योंकि उसने तो मिस्टर फॉन डॉन को सुना है, हो सकता है कि देखा भी हो !

यह बड़ा डरावना है क्योंकि हम यह नहीं जानते कि चोरों के दिमाग में क्या है, शायद वह फिर इधर का रुख करें। या वह किसी और को इस इमारत में पाकर इतना चौंक गया है कि दोबारा इधर का रुख नहीं करने वाला ?

तुम्हारी, अने

नोट : हम बड़े खुश होंगे अगर तुम किसी जासूस को खोजने में हमारी मदद कर सको। शर्त केवल यही है कि वह इतना भरोसेमंद होना चाहिए कि छिपे हुए लोगों की बात को जगजाहिर न करे।

गुरुवार, 2 मार्च 1944

प्यारी किटी,

मारगोट और मैं आज अटारी में साथ-साथ थे। मैं उसके साथ वहाँ उस तरह सहज नहीं हो सकती हूँ जैसे पीटर या किसी और के साथ होने की कल्पना करती हूँ। मैं जानती हूँ कि वह भी मेरी ही तरह कई चीजों को लेकर सोचती है।

हाथ-मुँह धोते समय बेप ने माँ और मिसेज फॉन डॉन से यह बताना शुरू कर दिया कि वह कितनी हतोत्साहित हो जाती है। वे दोनों उसके लिए क्या कर सकते थे ? हमारी सीधी माँ। उसके हाथों में पड़कर तो काम बहुत ही खराब हो सकता है। तुम जानती हो कि उन्होंने क्या सलाह दी ? उन्होंने कहा कि संसार में पीड़ा भोग रहे अन्य इंसानों के बारे में उसे सोचना चाहिए।

अगर आप दूसरों के दुख देखने लगे तो उससे अपने दुख दूर करने में किस तरह की मदद मिलेगी ? मैंने कहा। इस पर जाहिर है कि मुझे जवाब मिला कि इस तरह की बातचीत से मुझे दूर रहना चाहिए।

बड़े लोग भी कितने अहमक होते हैं ! मानो पीटर, मारगोट, बेप और मुझमें ऐसी भावनाएँ ही नहीं होती हैं। लेकिन केवल एक चीज होती है जो राहत देती है, वह है माँ का प्यार और एक खूब अन्तरंग दोस्त। लेकिन ये दोनों माएँ हमारे बारे में एक चीज भी नहीं समझती हैं। शायद मिसेज फॉन डॉन माँ से कुछ ज्यादा समझती हैं। ओह, काश मैं बेचारी बेप से कुछ कह पाती, ऐसा कुछ जो मैं अपने अनुभव से जानती हूँ, जो उसके काम की होती। लेकिन पिता मुझे एक ओर करते हुए हमारे बीच आ गए। ये सारे कितने बेवकूफ हैं !

मैंने मारगोट से अपने माता और पिता के बारे में भी बात की, यह कि यहाँ रहना कितना अच्छा लगता अगर वे इतने टोकाटाकी वाले नहीं होते। हम लोग शाम को आपस में बैठकर किसी विषय पर चर्चा कर पाते। लेकिन हम लोग इन सबसे ऊपर उठ चुके हैं। मेरे लिए उस पर यहाँ बात करना असम्भव है। फॉन डॉन विरोध में आ जाते हैं, माँ व्यंग्य करने लगती हैं, कुछ भी सामान्य आवाज में नहीं बोलती हैं, पिता और मिस्टर डुसेल उसमें भाग ही नहीं लेते, मिसेज फॉन डॉन का अक्सर कोई न कोई झगड़ा हुआ रहता है, वे अक्सर मुँह लाल किए बैठी रहती हैं। और हमारे अपने बारे में ? हमें कोई राय रखने का अधिकार नहीं है ! लोग आपको चुप करा सकते हैं लेकिन अपनी राय रखने से नहीं रोक सकते। आप किसी को अपनी राय रखने से नहीं रोक सकते, चाहे वे कितने ही छोटे क्यों न हों। बेप, मारगोट, पीटर और मुझे जिस एक चीज की यहाँ सबसे ज्यादा जरूरत है वह है प्यार, जो हमें नहीं मिलता। हमें कोई भी यहाँ समझने को तैयार नहीं है।

प्यार क्या होता है ? मुझे नहीं लगता है कि उसे शब्दों में व्यक्त किया जा सकता है। प्यार किसी को समझना होता है, उसके सुख-दुख में साझा करना होता है। इसमें शारीरिक प्यार भी शामिल होता है। तुमने कुछ साझा किया है, कुछ दिया है तो बदले में कुछ पाया भी है। चाहे आप शादीशुदा हों या न हों। चाहे आपके बच्चे हों या न हों, शुचिता को भंग करना कोई मायने नहीं रखता है, जब तक आप यह जानते हैं कि जब तक आप रहेंगे कोई होगा जो आपके साथ खड़ा रहेगा, आपको समझता होगा और जिसे आपको किसी अन्य के साथ साझा नहीं करना पड़ेगा।

तुम्हारी, अने एम. फ्रांक

इस समय माँ मुझ पर फिर भुनभुना रही हैं, साफ है कि उनको इस बात से ईर्ष्या हो गई है कि मैं उनसे ज्यादा मिसेज फॉन डॉन से बात करती हूँ। मैं क्या परवाह करूँ !

आज दोपहर मैं पीटर को पकड़ पाने में सफल हुई और हम लोगों ने 45 मिनट तक बातचीत की। वह अपने बारे में कुछ कहना चाहता था लेकिन यह आसान नहीं था। आखिरकार उसने बताया जिसमें काफी वक्त लगा। सचमुच मैं नहीं समझती कि मुझे रहना चाहिए था या नहीं। लेकिन मैं उसकी मदद ही करना चाहती थी। मैंने उससे बेप के बारे में बताया और यह भी कि हमारी माताएँ कितनी फूहड़ हैं। उसने बताया कि उसके माता-पिता सारा समय राजनीति, सिगरेट आदि के बारे में बातें करते रहते हैं। जैसा कि मैंने तुमको पहले ही बताया है कि पीटर बहुत शर्मीला है लेकिन शर्मीला होते हुए भी उसने यह बताया कि उसे इस बात की बड़ी खुशी होगी अगर वह अपने माता-पिता को साल-दो साल तक न देखे। 'मेरे पिता उतने अच्छे नहीं हैं जितने कि वह दिखते हैं।' उसने बताया, 'लेकिन सिगरेट के मामले में माँ एकदम सही हैं।'

मैंने भी उसे अपनी माँ के बारे में बताया। लेकिन वह पिता की तरफदारी करने लगा। उसके अनुसार वे बड़े अच्छे आदमी हैं।

आज रात मैं जब साफ-सफाई करके अपना एप्रेन टाँग रही थी, उसने मुझे ऊपर बुलाकर कहा कि उसके माता-पिता में फिर से झगड़ा हुआ है और उनमें बातचीत बन्द है। उसने यह बात किसी से नहीं कहने के लिए कहा। मैंने वादा किया, वैसे मैं मारगोट को बता चुकी थी, मैं जानती हूँ कि वह बात को आगे नहीं फैलाएगी।

'निश्चिंत रहो, पीटर, यह मेरी आदत नहीं है कि जो कुछ भी सुना उसे सबको बता दूँ। मैं तुम्हारी बात किसी को नहीं बताऊँगी'—मैंने कहा।

उसे यह सुनकर बड़ी खुशी हुई। मैंने उसे यह भी बताया कि हम किस तरह की गप्पें मारा करते हैं, और कहा कि, 'मारगोट जब यह कहती है तो काफी सही होती है कि मैं ईमानदार नहीं हो सकती, मैं जब गप्पें हाँकना छोड़ने की बात करती हूँ तो मिस्टर डुसेल की चर्चा करने लगती हूँ।'

'यह अच्छा है जो तुमने यह बात मान ली'—कहकर वह शरमा गया और उसकी इस ईमानदार टिप्पणी को सुनकर मैं भी शरमा गई।

फिर हमने ऊपर और नीचे के बारे में खूब बातें की। पीटर को यह जानकर थोड़ा आश्चर्य हुआ कि हम उसके माता-पिता को पसन्द नहीं करते हैं। मैंने पीटर से कहा कि मैंने तुमसे सदा ईमानदार रहने की बात की है, इसलिए यह बात भी मुझे तुमको बता देनी चाहिए कि हम उनकी गलतियाँ भी देखते हैं।

मैंने और आगे कहा—'पीटर मैं तुम्हारी मदद करना चाहती हूँ। क्या तुम मुझे इसकी अनुमति दोगे ? तुम एक विचित्र स्थिति में फँस गए हो, और मैं जानती हूँ कि तुम कुछ कहते तो नहीं हो, पर यह बात तुमको परेशान करती है।'

'ओह, तुम्हारी मदद का तो मैं स्वागत करूँगा'—पीटर ने कहा।

'यह शायद तुम्हारे लिए ज्यादा बेहतर होगा कि तुम पापा से बात कर लो। तुम

उनसे कुछ भी कहोगे तो वे किसी को नहीं बताएँगे।'

'मैं जानता हूँ। वे सच्चे दोस्त हैं।'

'तुम उनको काफी पसन्द करते हो, नहीं ?' पीटर ने सहमति में सिर हिलाया और मैंने आगे कहा–'वे भी तुमको चाहते हैं, तुम जानते हो न !'

उसने मुझे देखा और शरमा गया। मुझे यह देखकर बहुत अच्छा लगा कि इन कुछ शब्दों ने उसे कितनी खुशी पहुँचाई।

'तुम ऐसा सोचती हो ?' उसने पूछा।

'हाँ' मैंने कहा। 'वे बीच-बीच में जैसा अपनापन जताते हैं उसके आधार पर ऐसा कहा जा सकता है।'

तभी मिस्टर फॉन डॉन आ गए और कुछ नसीहतें देने लगे। पीटर एक शानदार लड़का, अपने पिता की तरह।

तुम्हारी, अने

शुक्रवार, 3 मार्च 1944

प्यारी किटी,

आज रात जब मैंने मोमबत्ती की रोशनी में खुद को देखा तो शान्त और फिर से खुश लगी। ऐसा लगता है कि उस मोमबत्ती में दादी माँ हों, जो मेरे ऊपर कृपा-दृष्टि रखकर मेरी रक्षा करती हैं और जिन्होंने मुझे फिर से खुश कर दिया है। लेकिन कोई और भी है जिसने मेरे मन पर राज कर लिया है और वह...पीटर है। आज मैं ऊपर आलू लाने गई थी और जब मैं सीढ़ियों पर आलू का बर्तन लिये खड़ी थी, उसने पूछा–तुमने दोपहर के भोजन के समय क्या किया ?

मैं सीढ़ियों पर बैठ गई और बातें करने लगी। आलू रसोई तक साढ़े पाँच बजे से पहले नहीं पहुँच पाए (एक घंटे पहले मैं आलू लाने निकली थी)। पीटर ने अपने माता-पिता के बारे में और कुछ नहीं बताया, हम बस किताबों और पिछले जीवन के बारे में बातें करते रहे। ओह, जब वह मुझे देखता है तो उसकी आँखों में इतनी उष्मा होती है कि मुझे नहीं लगता है कि उसके प्यार में पड़ने में मुझे ज्यादा समय लगेगा।

उसने बातचीत के लिए आज शाम का विषय उठाया। मैं आलू छीलने के बाद उसकी अटारी में गई और कहा कि गर्मी काफी है। 'तुम मारगोट और मुझे देखकर तापमान का अंदाजा लगा सकते हो, क्योंकि जब ठंड होती है तो हम सफेद पड़ जाती हैं और जब गर्मी पड़ती है तो हम लाल हो जाती हैं'–मैंने कहा।

'प्यार में,' उसने कहा।

'मैं क्यों प्यार में पड़ने लगी ?' यह बड़ा मूर्खतापूर्ण जवाब था।

'क्यों नहीं ?' उसने कहा, और फिर रात के खाने का समय हो गया।

उसका मतलब क्या था ? आज मैंने किसी तरह उससे पूछ ही लिया कि क्या मेरी

बकवास उसको खराब लगी। उसने कहा—'यह मेरे लिए ठीक है।' मैं बता नहीं सकती कि उसके इस जवाब में कितनी शर्म छिपी हुई थी।

किटी, ऐसा लगता है कि जैसे मैं प्यार में पड़ गई हूँ और केवल अपने प्रिय प्रेमी के बारे में बातें करती रहती हूँ। और पीटर, वह मेरा प्यार है। क्या मैं उसे कभी बता पाऊँगी ? केवल तभी यदि वह भी मेरे बारे में यही सोचता हो लेकिन मुझे तो बच्चा समझा जाता है, यह बात भी मैं खूब जानती हूँ। और वह चाहता है कि उसे अकेले छोड़ दिया जाए, इसलिए मैं यह नहीं जानती हूँ कि वह मुझे कितना प्यार करता है। वैसे इधर हम लोग एक दूसरे को बेहतर तरीके से जानने लगे हैं। काश हमने कुछ अधिक कहने का साहस दिखाया होता ! लेकिन कौन जानता है कि वह दिन, जैसा मैंने सोचा है, उससे पहले ही आ जाए। दिन में एक-दो बार वह मेरे ऊपर अर्थपूर्ण निगाह डालता है, बदले में मैं भी मुस्करा देती हूँ और फिर हम दोनों खुश हो जाते हैं। वैसे उसकी खुशी की बात करना तो पागलपन लगता है, फिर भी मुझे यही लगता है कि वह भी उसी तरीके से सोचता है जिस तरह से मैं सोचती हूँ।

तुम्हारी, अने एम. फ्रांक

शनिवार, 4 मार्च 1944

प्यारी किटी,

महीने का यह पहला शनिवार है जब न तो थकान है न ऊब। इसका कारण पीटर है। आज सुबह मैं अटारी में अपना एप्रेन सूखने के लिए डालने जा रही थी, पिता ने मुझसे पूछा कि क्या मैं ऊपर रुककर फ्रेंच का अभ्यास करना चाहती हूँ। मैंने हाँ कर दिया। हम कुछ देर तक साथ-साथ फ्रेंच बोलते रहे, फिर मैंने पीटर को कुछ चीजें समझाईं, फिर हम अपनी अंग्रेजी पर काम करने लगे। पिता ने डिकेंस के किसी उपन्यास का अंश जोर-जोर से पढ़ना शुरू किया और मैं जैसे सातवें आसमान पर थी, क्योंकि मैं पिता की कुर्सी पर पीटर की बगल में बैठी थी।

मैं पौने ग्यारह बजे नीचे उतरी। जब मैं साढ़े ग्यारह बजे फिर ऊपर गई तो पीटर सीढ़ियों पर मेरा इन्तजार कर रहा था। हम पौने एक बजे तक बातें करते रहे। जब भी मैं कमरे से बाहर जाती तो पीटर कहता, 'अच्छा अने बाद में मिलते हैं।'

ओह, मैं कितनी खुश हूँ। मुझे यह सोचकर हैरानी होती है कि आखिरकार वह मेरे प्यार में पड़ने वाला है। वैसे भी, वह अच्छा लड़का है, और तुम्हें अंदाजा नहीं कि उसके साथ बात करके कितना अच्छा लगता है !

मिसेज फॉन डी. सोचती हैं कि यह मेरे लिए अच्छा है कि मैं पीटर से बात करूँ, लेकिन आज उन्होंने मुझे छेड़ते हुए कहा, 'क्या मैं ऊपर तुम दोनों पर भरोसा कर सकती हूँ ?'

'बिलकुल'—मैंने विरोध किया। मुझ पर भरोसा न करना मेरा अपमान होगा।

सुबह...दोपहर...शाम...मैं पीटर को ही देखना चाहती हूँ।

तुम्हारी, अने एम. फ्रांक

नोट : इससे पहले कि मैं भूल जाऊँ, कल रात की बर्फबारी में सब कुछ ढँक गया था। अब वह बर्फ पूरी तरह पिघल चुकी है और जरा भी नहीं बची है।

सोमवार, 6 मार्च 1944

प्यारी किटी,

जब से पीटर ने अपने माता-पिता के बारे में बताया है, मैं उसके प्रति एक खास तरह की जिम्मेदारी का अनुभव कर रही हूँ—तुमको यह विचित्र नहीं लगता ? यह कुछ इस तरह का है कि उनके झगड़े अब मेरे भी हैं। फिर भी मैं उस पर बात करने की कोशिश नहीं करती क्योंकि मुझे लगता है कि यह उसे बेचैन कर देगा। मैं इसमें टाँग नहीं घुसाना चाहती, संसार भर की दौलत के बदले भी।

पीटर का चेहरा देखकर मैं कह सकती हूँ कि उसे भी ये बातें कहीं उतने ही गहरे मथती हैं। कल रात मैं चिढ़ गई जब मिसेज फॉन डी. ने कहा—'चिंतक।' पीटर शरमा सा गया और परेशान नजर आने लगा। मेरा तो जैसे दिमाग फिर गया।

ये लोग अपनी जुबान बन्द क्यों नहीं रखते ? तुम इस बात की कल्पना नहीं कर सकती कि अलग-थलग कर दिए जाने पर कैसा लगता है और यह देखना कि वह कितना एकाकी है, उसके पास करने के लिए कुछ नहीं है। मैं कल्पना कर सकती हूँ कि उसकी जगह अगर मैं होती तो कितना पराजित महसूस करती ! इन झगड़ों के कारण कभी-कभी वह कितना हताश महसूस करता होगा ! और प्यार के बारे में। बेचारा पीटर, उसे प्यार की बहुत जरूरत है।

जब उसने कहा कि उसे किसी दोस्त की जरूरत नहीं है तब बड़ा ठंडा दिख रहा था। ओह, वह गलत है, मुझे नहीं लगता है कि वह इसका कुछ मतलब भी समझता है। वह अपने पौरुष, अपने अकेलेपन और अपनी उदासीनता से जुड़े रहना चाहता है ताकि अपनी भूमिका निभाता रहे और उसे कभी किसी से अपनी भावनाएँ न प्रकट करनी पड़ें। बेचारा पीटर, कब तक यह सब चलाए रख सकता है ? क्या वह अपने महामानवीय प्रयास से फट नहीं पड़ेगा ?

ओह पीटर, काश मैं तुम्हारी मदद कर पाती, अगर तुम मुझे करने दो, हम दोनों अपना-अपना अकेलापन मिटा सकते हैं।

मैं सोच तो काफी रही हूँ, लेकिन कह कुछ भी नहीं रही हूँ। मैं उसको देखकर खुश हो जाती हूँ, जब हम दोनों साथ-साथ होते हैं और सूरज चमकता रहता है, तो मैं कुछ और खुश हो जाती हूँ! मैंने कल अपने बाल धोए और चूँकि मैं यह जानती थी कि वह बगलवाले कमरे में है इसलिए थोड़ी उत्तेजित भी थी। मैं इससे अपने आपको रोक नहीं

सकती, मैं अन्दर से जितनी धीर-गम्भीर होती जाती हूँ, बाहर मेरी चंचलता बढ़ती जाती है। मेरे इस कवच को कौन पहले-पहल भेदेगा ?

संयोगवश फॉन डॉन दम्पति को कोई लड़की नहीं है, मेरी जीत कभी इतनी चुनौतीपूर्ण नहीं होती, इतनी खूबसूरत और किसी समलिंगी के साथ इतनी अच्छी !

तुम्हारी, अने एम. फ्रांक

नोट : तुम जानती हो कि मैं तुम्हारे साथ हमेशा ईमानदार रही हूँ, इसलिए सोचती हूँ कि मुझे बता देना चाहिए कि मैं एक से दूसरी मुठभेड़ के बीच जी रही हूँ। मैं इस उम्मीद में हूँ कि एक दिन मुझे पता चले कि वह मुझे देखने के लिए मरा जा रहा है, और मुझे लगता है कि उसे अपने आपको उसी तरह अभिव्यक्त कर पाने में सक्षम होना चाहिए जैसी कि मैं हूँ, वह शायद यह नहीं जानता है कि यह उसका बेढबपना है जो मुझे सबसे ज्यादा छूता है।

मंगलवार, 7 मार्च 1944

प्यारी किटी,

जब मैं पीछे मुड़कर अपने 1942 के जीवन के बारे में सोचती हूँ तो सब कुछ कितना अवास्तविक लगता है। वह अने फ्रांक जिसने उस स्वर्गिक अस्तित्व का आनन्द उठाया था इस अने फ्रांक से तो पूरी तरह अलग है जो इन दीवारों के पीछे वयस्क हुई है। सचमुच वह सब स्वर्गिक था। हर चौक पर पाँच चाहनेवाले, बीसियों दोस्त, अपने ज्यादातर अध्यापकों की चहेती, माता-पिता के लाड़-प्यार में पली, खूब सारी मिठाइयों से भरे थैले और ढेर सारे पैसे। इसके सिवा किसी को और चाहिए भी क्या ?

तुमको शायद यह आश्चर्यजनक लगे कि मैंने इतने सारे लोगों को किस तरह प्रभावित किया। पीटर का कहना है कि इसका कारण मेरा आकर्षक होना है, लेकिन केवल यही एकमात्र कारण नहीं है। शिक्षक मेरे बेहतर जवाब, मेरी हाजिरजवाबी, मेरे हँसमुख चेहरे और आलोचनात्मक मस्तिष्क से प्रभावित और खुश थे। यह सब मैं थी—खतरनाक फ्लर्ट, नखरेबाज और मजा लेनेवाली। सभी मेरी कुछ अच्छाइयों की वजह से प्रसन्न रहते थे। मेरे अन्दर कुछ ऐसे पहलू थे जो सबको अच्छे लगते थे—मैं मेहनती थी, ईमानदार और उदार थी। मैं किसी को भी अपने जवाब देखने से मना नहीं करती थी, मैं अपनी मिठाइयाँ भी सबको उदारता से खिलाती थी। और मैं चिपकू नहीं थी।

क्या इन सारी प्रशंसाओं ने मुझे अति आत्मविश्वास से भर दिया था ? अच्छी बात यह रही कि जब मैं प्रसिद्धि के शिखर पर थी तभी अचानक मुझे सचाई की तरफ धकेल दिया गया। बिना किसी प्रशंसा के काम चलाने की आदत पड़ते-पड़ते मुझे एक साल से भी अधिक का समय लग गया।

वे स्कूल में मुझे किस तरह देखते थे ? क्लास में सबको हँसाने वाली, कभी भी बुरे

मिजाज में नहीं रहने वाली, कभी न रोने वाली लड़की। कोई आश्चर्य नहीं कि हर कोई मेरे साथ साईकिल से स्कूल जाना चाहता था या मेरे लिए छोटे-मोटे काम करना चाहता था।

लेकिन उस अने फ्रांक को पीछे मुड़कर देखती हूँ तो वह मुझसे एकदम अलग दिखाई देती है। मेरे बारे में पीटर का क्या कहना था ? 'जब भी मैं तुमको देखता, तुम लड़कियों की भीड़ में कम से कम दो लड़कों से तो घिरी ही होती थी, तुम हमेशा हँसती रहती थी और सबके आकर्षण के केन्द्र में बनी रहती थी।' वह सही था।

उस अने फ्रांक का क्या बचा है ? ओह ! मैं अब भी फिकरे कसना और हँसना नहीं भूली हूँ। मैं अब भी अच्छी हूँ, भले ही उससे बेहतर नहीं। यदि मैं चाहूँ तो अब भी लोगों को अपने इशारे पर नचा सकती हूँ, फ्लर्ट कर सकती हूँ और मजे कर सकती हूँ।

लेकिन एक बात और है। मैं पूरी तरह से कुछ शाम, कुछ दिन, सप्ताह भर स्वच्छंद, उन्मुक्त और सुखी जीवन जीना चाहती हूँ। उस सप्ताह के अन्त में मैं थक जाऊँ, और उसके बाद मैं उस व्यक्ति की आभारी होऊँगी जो मुझसे सार्थक बातचीत करेगा। मैं दोस्त चाहती हूँ, प्रशंसक नहीं। ऐसे लोग जो मेरे चरित्र और काम की वजह से मुझे सम्मान दें, न कि मेरी फरेबी मुस्कान के कारण। मेरे आसपास कम लोग हों, लेकिन उससे कोई फर्क नहीं पड़ता जब कि वे सच्चे हों।

सब कुछ के बावजूद मैं 1942 में खुश नहीं थी। मैं अक्सर अकेलापन महसूस करती थी, लेकिन चूँकि सारा दिन मैं इधर-उधर भागती-फिरती थी इसलिए मुझे इस बारे में सोचने का मौका ही नहीं मिल पाता था। मैं अधिक से अधिक मजे लूटने की कोशिश करती थी, अपनी शून्यता को चुटकुलों से भरने की कोशिश करती थी।

पीछे देखने पर लगता है कि मेरे जीवन के उस दौर पर विराम-सा लग गया है, मेरे स्कूल जाने के खुशनुमा दिन एक तरह से समाप्त हो गए हैं। मैं उनकी कमी भी महसूस नहीं करती हूँ। मैं उन सबसे बाहर निकल गई हूँ। मैं अधिक दिन तक चंचल नहीं बनी रह सकती क्योंकि अब मेरा गम्भीर पहलू हमेशा साथ रहता है।

1944 के नए वर्ष तक के अपने जीवन को मैं इस तरह देख रही हूँ जैसे किसी सूक्ष्मदर्शी से देख रही होऊँ। जब मैं घर में थी, मेरा जीवन चमक-दमक से भरा था। फिर 1942 के मध्य सब कुछ रातोरात बदल गया। झगड़े, आरोप—मैं यह सब सह नहीं पाई। मैं इस तरह के हालात में आ गई कि अपनी तकलीफों से उबरने का और कोई रास्ता नहीं दिखा, सिवा इसके कि मैं भी जवाब दूँ।

1943 के पूर्वार्द्ध में रोना-चीखना चलता रहा, अकेलेपन का दौर रहा, फिर धीरे-धीरे मुझे अपनी गलती और कमियाँ समझ में आने लगीं जो असंख्य थीं तथा और भी अधिक लगती थीं। मैं दिन भर बतकही करने लगी, पिम को नजदीक लाने की कोशिश की, मगर असफल रही। इस कारण यह जिम्मेदारी मेरे ही ऊपर आ पड़ी कि अपने आपको सुधारूँ क्योंकि मैं बेहद हताश रहने लगी थी।

1943 का उत्तरार्द्ध कुछ बेहतर हो गया। मैं किशोर हो गई लेकिन मेरे साथ इस तरह से बर्ताव किया जाने लगा मानो मैं बड़ी हो गई होऊँ। मैं तमाम चीजों के बारे में

सोचने लगी और कहानियाँ लिखने लगी क्योंकि मैं इस नतीजे पर पहुँच चुकी थी कि उनका मेरे साथ कोई लेना-देना नहीं है। उनको इसका कोई हक नहीं है कि वे मुझे घड़ी की सूई की तरह आगे-पीछे घुमाएँ। मैं खुद को अपने तरीके से बदलना चाहती थी। मुझे इसका अन्दाजा था कि मैं अपनी माँ के बिना रह सकती थी, पूरी तरह, और मुझे तकलीफ हुई। लेकिन इससे भी ज्यादा जिस बात का मुझ पर अधिक प्रभाव पड़ा वह यह कि मैं अपने पिता को कभी अपना राजदार नहीं बना सकती। मैं अपने अलावा किसी पर विश्वास नहीं करती।

नए साल के बाद दूसरा बदलाव हुआ : मेरा सपना पूरा हुआ—ब्वायफ्रेंड का सपना जिसकी तलाश मुझे काफी समय से थी। मैंने अपनी अन्दरूनी खुशी भी प्राप्त कर ली। पहले मैं चुप रहती थी। लेकिन अब मैं बस पीटर के लिए ही जीती हूँ क्योंकि मेरा भविष्य क्या होनेवाला है, यह बहुत कुछ उसी पर निर्भर करता है।

रात को मैं बिस्तर पर अपनी प्रार्थना इन शब्दों के साथ समाप्त करती हूँ : *हे ईश्वर ! सुन्दर, प्रिय और अच्छी चीजों के लिए शुक्रिया,* और मैं आनन्द से भर जाती हूँ। मैं छिपकर रहने, अपने स्वास्थ्य, अपने बारे में सोचने लगती हूँ, पीटर का प्यार (जो अभी इतना नया है और इतना नाजुक कि उसके बारे में हम खुलकर बातें भी नहीं कर सकते), भविष्य, खुशियाँ और प्यार, प्रिय की श्रेणी में आता है संसार, प्रकृति और चीजों की सुन्दरता, जो कुछ भी अच्छा है—उसके बारे में सोचने लगती हूँ।

ऐसे मौकों पर मैं परेशानियों के बारे में नहीं सोचती हूँ बल्कि उस सौन्दर्य के बारे में सोचती हूँ जो अब भी बचा हुआ है। इसी मामले में मैं माँ से अलग हूँ। उदासी के समय वे सलाह देती हैं : 'संसार की सारी परेशानियों के बारे में सोचो और इस बात का शुक्रिया अदा करो कि वह सब तुम्हारे साथ घटित नहीं हो रहा है।' मेरा मानना है : 'देश से बाहर जाओ, सूर्य और प्रकृति की तमाम चीजों का आनन्द उठाओ और खुश रहो।'

मुझे नहीं लगता कि माँ की सलाह सही हो सकती है क्योंकि अगर आप पीड़ा का हिस्सा हो गए तो आप कर ही क्या सकते हैं? आप तो पूरी तरह बर्बाद हो जाएँगे। इसके विपरीत, सौन्दर्य बना रहता है, बुरे से बुरे समय में भी। अगर आप केवल उसके बारे में सोचें तो आप अधिक से अधिक खुशी और अपना सन्तुलन वापस पा सकते हैं। जो आदमी खुश होता है वही दूसरों को खुश कर पाएगा; जिस आदमी में साहस और विश्वास हो वह कभी तंगहाली में नहीं मरेगा !

तुम्हारी, अने एम. फ्रांक

बुधवार, 8 मार्च 1944

मारगोट और मैंने एक दूसरे को कुछ टिप्पणियाँ लिखकर दी हैं, जाहिर है, मजे के लिए।

अने—यह अजीब है, रात में घटी घटना को ही मैं बाद में दिन में याद कर सकती हूँ। उदाहरण के लिए, अचानक मुझे याद आया कि मिस्टर डुसेल

कल रात जोर-जोर से खर्राटे भर रहे थे। (अभी दोपहर के पौने तीन बजे हैं और मिस्टर डुसेल फिर से खर्राटे भर रहे हैं, जाहिर है, इसी से मेरे दिमाग में यह बात कौंधी)। जब मुझे पॉटी करने जाना होता है तो मैं जान-बूझकर ज्यादा आवाज करती हूँ, ताकि खर्राटों की आवाज बंद हो सके।

मारगोट—बेहतर क्या है, खर्राटे भरना या हवा के लिए छटपटाना ?

अने—खर्राटे ही बेहतर हैं क्योंकि मेरे शोर करने से वह रुक सा जाता है, बिना उस आदमी को जगाए।

जो बात मैंने मारगोट को नहीं लिखी, लेकिन तुम्हें बताना चाहूँगी, प्यारी किटी, वह यह कि मुझे पीटर के सपने खूब आ रहे हैं। परसों रात मैंने सपना देखा कि मैं यहाँ अपनी बैठक में स्केटिंग कर रही हूँ। मेरे साथ अपोलो स्केटिंग रिंक का वह छोटा-सा लड़का भी है, उसके साथ उसकी बहन है जिसकी छरहरी टाँगें हैं और जो हमेशा वही नीली पोशाक पहनती है। मैंने अपना परिचय दिया और उसका नाम पूछा। उसका नाम पीटर था। मैं सपने में भी हैरान हो गई कि असल में मैं कितने पीटर को जानती थी !

फिर मैंने सपना देखा कि हम लोग पीटर के कमरे में खड़े थे, सीढ़ियों के पीछे एक दूसरे के सामने। मैंने उससे कुछ कहा; उसने मुझे चूमा, लेकिन यह जवाब भी दिया कि वह अब मुझे उतना प्यार नहीं करता और यह कि मुझे खिलवाड़ नहीं करना चाहिए। मैंने जैसे विनती भरे स्वर में कहा, 'मैं खिलवाड़ नहीं कर रही, पीटर !'

जब मेरी नींद खुली तो मुझे इस बात की खुशी थी कि पीटर ने ऐसा कुछ कहा नहीं था।

कल रात मैंने सपना देखा कि हम लोग एक दूसरे को चूम रहे हैं, लेकिन पीटर के गालों में वह मुलायमियत नहीं थी। वह काफी कुछ पिता के गालों की तरह था—उस आदमी के गालों की तरह जो दाढ़ी बनाता हो।

शुक्रवार, 10 मार्च 1944

मेरी प्यारी किटी,

यह मुहावरा कि 'दुर्भाग्य कभी अकेले नहीं आता' आज सचमुच लागू हुआ। पीटर ने अभी यही कहा। मैं पहले तुमको यह बता दूँ कि आज क्या-क्या भयानक हुआ जो अभी भी हमारे सिर के ऊपर मँडरा रहा है।

एक, मीप बीमार है जो कल रात की हेंक और अग्जेदा के विवाह का नतीजा है। उसे वहाँ ठंड लग गई। दूसरे, मिस्टर क्लाइमान तब से काम पर नहीं लौटे हैं, जब पिछली बार उनके पेट से खून आने लगा था, इसलिए बेप के ऊपर ही सारी जिम्मेदारियाँ आ पड़ी हैं। तीसरे, पुलिस ने एक आदमी को गिरफ्तार किया है जिसका नाम मैं नहीं लिखूँगी। यह उसके लिए तो भयानक है ही, हमारे लिए भी खतरनाक है क्योंकि वह हमें आलू, मक्खन, जैम दिया करता था। मिस्टर एम., जैसा कि मैं उनको बुलाऊँगी, को

तेरह साल से कम उम्र के पाँच बच्चे हैं और एक और होने वाला है।

कल रात हम थोड़ा-बहुत फिर से डर गए; हम लोग रात का खाना खा ही रहे थे कि किसी ने दूसरी तरफ से दरवाजे को खटखटाया। उसके बाद सारी रात हम घबड़ाए हुए रहे।

बाद में, यहाँ जो कुछ घट रहा है उसके बारे में लिखने का मेरा मन भी नहीं हुआ। मैं अपने आप में कुछ और सिमट गई हूँ। मुझे गलत मत समझना जो कुछ बेचारे सहृदय मिस्टर एम. के साथ हुआ उसका मुझे बड़ा अफसोस है, लेकिन उनके लिए मेरी डायरी में ज्यादा जगह नहीं है।

मंगलवार, बुधवार और गुरुवार को मैं साढ़े चार बजे से सवा पाँच बजे तक पीटर के कमरे में थी। हमलोग अपनी फ्रेंच सुधारते रहे और इधर-उधर की बातें भी करते रहे। मैं सचमुच दोपहर के उस समय का इंतजार करती रहती हूँ लेकिन सबसे बड़ी बात यह है कि पीटर मुझे देखकर ही खुश हो जाता है।

तुम्हारी अने एम. फ्रांक

शनिवार, 11 मार्च 1944

प्यारी किटी,

जमकर बैठ पाने का समय ही नहीं मिल पाता। मैं ऊपर-नीचे, नीचे-ऊपर करती रहती हूँ। मुझे पीटर से बातें करना अच्छा लगता है, लेकिन मैं बदनामी से डरती हूँ। उसने मुझे अपने अतीत के बारे में बताया, अपने माता-पिता और अपने बारे में लेकिन यह काफी नहीं है, और हर पाँच मिनट में मुझे इस बात पर आश्चर्य होता है कि मैं क्यों और अधिक के लिए तड़पती हूँ। वह सोचता था कि मैं तो बड़ी परेशान करनेवाली हूँ, और मैं भी यही सोचती थी। मैंने तो अपनी सोच बदल ली है लेकिन यह कैसे पता चले कि उसने अपनी बदली या नहीं ? मुझे लगता है उसने भी बदल ली है, लेकिन इसका यह मतलब नहीं कि हमें एक दूसरे का सबसे अच्छा दोस्त साबित होना ही है। जहाँ तक मेरा सवाल है तो इससे यहाँ समय अच्छा बीत जाता है। लेकिन मैं इसके पीछे पागल नहीं होनेवाली। मैं उसके बारे में सोचने में इतना समय बिताती हूँ, और तुम्हें बताती भी नहीं तो इसका कारण यह है कि मैं बहुत परेशानी में घिरी हूँ।

रविवार, 12 मार्च 1944

प्यारी किटी,

दिन-ब-दिन यहाँ हालात पागलपन के हो रहे हैं। पीटर ने कल से मेरी ओर देखा

भी नहीं। वह इस तरह बर्ताव कर रहा है जैसे उसके साथ मेरा कोई झगड़ा हो। मैं अपनी ओर से पूरा प्रयास कर रही हूँ कि उसके पीछे नहीं भागूँ और उससे कम से कम बातें करूँ लेकिन यह आसान नहीं है। यह हो क्या रहा है, ऐसा क्या है कि एक बार तो वह मेरे करीब आता है और फिर पीछे हट जाता है ? शायद मैं, जो है उससे बुरे की कल्पना कर रही हूँ। शायद वह भी मेरी ही तरह मनमौजी है और शायद कल सब कुछ ठीक हो जाए।

जब मैं बहुत उदास और खिन्न महसूस कर रही होती हूँ तब मुझे सामान्य दिखने में काफी मशक्कत करनी पड़ती है। मुझे बात करनी पड़ती है, घर के कामकाज में हाथ बँटाना पड़ता है, औरों के साथ बैठना पड़ता है, और सबसे बढ़कर हँसमुख दिखना पड़ता है। सबसे ज्यादा मैं बाहर की दुनिया की कमी महसूस करती हूँ और एक ऐसे स्थान की कमी महसूस करती हूँ जहाँ मैं जितनी देर अकेली रहना चाहूँ, रह सकूँ। मुझे लगता है सब कुछ गड्डमड्ड हो चुका है किटी, लेकिन मैं बड़े ऊहापोह की स्थिति में हूँ : एक तरफ तो मैं उसके लिए इस कदर पागल हो चुकी हूँ कि उसके साथ एक ही कमरे में बिना उसे देखे रह नहीं सकती, दूसरी ओर, मुझे इस बात पर आश्चर्य होता है कि वह क्यों मेरे लिए इतना मायने रखता है और मैं फिर से शान्त क्यों नहीं हो पाती !

दिन-रात, जब भी मैं जगी होती हूँ, कुछ और नहीं करती, बस अपने आप से पूछती हूँ, 'क्या तुमने उसे अकेले होने का पर्याप्त मौका दिया है ? क्या तुम ऊपर बहुत ज्यादा समय बिता रही हो ? क्या तुम ऐसी गम्भीर चर्चा कुछ ज्यादा कर रही हो, जिसके बारे में वह अभी बात नहीं करना चाहता ? क्या पता, वह तुमको उतना पसन्द भी न करता हो ? क्या यह सब तुम्हारी कपोल-कल्पना है ? लेकिन फिर उसने तुमको अपने बारे में इतना कुछ बताया क्यों ? क्या उसे इसका अफसोस है ?' और भी इसी तरह की तमाम बातें।

कल दोपहर बाहर की उदास खबरों से मैं इतनी विषण्ण हो गई कि दीवान पर झपकी लेने के लिए लेट गई। मैं बस सोना चाहती थी, कुछ सोचना नहीं। मैं वहाँ चार बजे तक सोई, फिर मुझे बगल के कमरे में जाना पड़ा। माँ के सारे सवालों के जवाब दे पाना और पिता को सोने का कारण समझा पाना आसान नहीं था। मैंने सिरदर्द की शिकायत की, जोकि झूठ नहीं था, क्योंकि मुझे दर्द तो था ही...आंतरिक दर्द।

साधारण लोगों को, सामान्य लड़कियों को, मेरी तरह के किशोरों को शायद यह आत्मदया कुछ पागलपन लगे। लेकिन यह है। मैं अपना कलेजा निकालकर रख देती हूँ, और मस्तमौला बने रहने की कोशिश में लगी रहती हूँ।

मारगोट बड़ी दयालु है और चाहती है कि मैं उसे अपना राजदार बनाऊँ लेकिन उसे मैं सब कुछ तो नहीं बता सकती। वह मुझे काफी गंभीरता से लेती है, काफी ज्यादा गम्भीरता से, वह ज्यादा समय अपनी गुमसुम बहन के बारे में सोचती रहती है, जब भी मैं मुँह खोलती हूँ तो वह आश्चर्य से देखती रहती है कि कहीं यह कोई नाटक तो नहीं कर रही है या सचमुच इसका कोई मतलब है ?

इसका कारण यह है कि हम लोग हमेशा साथ होते हैं, मैं यह नहीं चाहती कि जिसे

मैं अपना विश्वस्त बनाऊँ वह हमेशा मेरे आसपास रहे।

कब मैं अपने खयालों की उलझन को सुलझा पाऊँगी ? कब मुझे फिर से आन्तरिक शान्ति मिलेगी ?

तुम्हारी, अने

मंगलवार, 14 मार्च 1944

प्यारी किटी,

तुमको यह जानकर आश्चर्य होगा (मुझे नहीं) कि आज हम लोग क्या खानेवाले हैं, सफाईवाली नीचे काम कर रही है, इसलिए इस समय मैं फॉन डॉन दम्पति के तेल सने टेबल पर बैठी हूँ और नाक पर रूमाल लगा रखा है जिसमें युद्ध से पहले के इत्र की कुछ बूँदें पड़ी हैं। तुमको शायद इस बात का हल्का-सा भी आभास न हो कि मैं क्या कह रही हूँ इसलिए मुझे शुरुआत से शुरू करने दो। वह आदमी जो हमें राशन के कूपन बेचा करता था गिरफ्तार हो गया है, इसलिए अब हमारे पास कालाबाजार से ली गई केवल पाँच पुस्तिकाएँ ही शेष हैं—न कोई कूपन, न वसा, न तेल। चूँकि मीप और क्लाइमान फिर से बीमार पड़ गए हैं, इसलिए बेप अकेले खरीदारी के काम को सँभाल नहीं सकती है। खाने के साथ-साथ हम भी बर्बाद हो गए हैं। कल से हमारे पास वसा, मक्खन कुछ भी नहीं रहने वाला। हमलोग नाश्ते में भुने हुए आलू तो नहीं खा सकते इसलिए दलिया खा रहे हैं, और चूँकि मिसेज फॉन डी. को लगता है कि हम भूखे रह जाते हैं इसलिए हमने कुछ दूध और मक्खन खरीदा है। आज दिन के खाने में आलू का चोखा और करमसाग का अचार है। इससे नाक पर रूमाल रखने का कारण समझ में आ जाता है। तुम इस बात में यकीन नहीं करोगी कि करमसाग जब कुछ साल पुराना हो जाता है तो कितना महकता है। रसोई में सड़े आलूबुखारे और सड़े अंडों की मिली-जुली गन्ध भरी है। उनको खाने के बारे में सोचकर ही लगता है कि मैं बीमार पड़नेवाली हूँ। इसके अलावा, हमारे आलुओं को कोई विचित्र बीमारी लग गई है जिस कारण हर दो में से एक बाल्टी आलू को कचरे में फेंकना पड़ता है। हम लोग इस बारे में बातें करके मजे लेते हैं कि आलुओं को आखिर क्या बीमारी हो गई और हम इस नतीजे पर पहुँचे हैं कि उनको कैंसर, चेचक और इसी तरह की बीमारियाँ हो गई हैं। ईमानदारी से बताऊँ तो युद्ध के चौथे साल में छिपकर रहना कोई पिकनिक मनाना नहीं है। काश यह गन्ध, यह बदबू दूर हो जाती।

मैं तुमको सच बताऊँ, मेरे लिए भोजन उतना मायने नहीं रखता, अगर जिन्दगी दूसरे तरीके से खुशनुमा हो जाए। लेकिन यही है : इस तरह के जीवन के कारण हम सब एक दूसरे से असहमत होते जा रहे हैं। पाँचों बड़ों के विचार प्रस्तुत हैं। (बच्चों को अपनी राय व्यक्त करने की आज्ञा नहीं है और इस बार मैं इसका पालन सख्ती से कर रही हूँ) :

मिसेज फॉन डॉन : 'मैंने रसोई की महारानी बनने के बारे में सोचना छोड़ दिया है। लेकिन बिना कुछ किए बैठे रहना उबाऊ हो जाता है, इसलिए मैंने फिर से खाना पकाना शुरू कर दिया। फिर भी, मैं शिकायत करने से खुद को नहीं रोक सकती : बिना तेल के खाना पकाना असम्भव है और तरह-तरह की गन्ध से तो मुझे उबकाई आने लगती है। इसके अलावा, मुझे अपने तमाम प्रयासों के बदले क्या मिलेगा ? कड़ी और रूखी टिप्पणियाँ। मुझे हमेशा से ही बलि का बकरा बनाया जाता है; हर चीज का दोषी ठहराया जाता है। और क्या, मेरे खयाल से युद्ध बड़ी धीमी प्रगति कर रहा है। आखिर में जर्मन ही जीतेंगे। मैं तो इस बात से घबराई हूँ कि हम लोग भूखों मरनेवाले हैं और जब मेरा मिजाज खराब होता है, तो हर चीज पर बिफर पड़ती हूँ जो मेरे सामने आती है।'

मिस्टर फॉन डॉन : 'मैं बस सिगरेट पीता हूँ और बस पीता ही रहता हूँ। फिर न तो खाना, न राजनीतिक हालात, न ही कर्ली का मिजाज—कुछ भी बुरा नहीं लगता। कर्ली बड़ी प्यारी है। अगर मेरे पास पीने के लिए सिगरेट नहीं हो तो मैं अपने को बीमार महसूस करने लगता हूँ, फिर मुझे मांस खाने की जरूरत होती है, जीना असह्य हो जाता है, और फिर सिगरेट लेनी ही पड़ती है। मेरी कर्ली बेवकूफ है।'

मिसेज फ्रांक : ' ''खाना'' कोई खास मायने नहीं रखता लेकिन मुझे पावरोटी का एक टुकड़ा अभी तुरन्त चाहिए क्योंकि मुझे बड़ी भूख लगी है। अगर मिसेज फॉन डॉन के स्थान पर मैं होती तो मैंने काफी पहले मिस्टर फॉन डॉन का सिगरेट पीना छुड़वा दिया होता। लेकिन मुझे अभी सिगरेट की बड़ी तलब हो रही है क्योंकि मेरा सिर चक्कर खा रहा है। फॉन डॉन दम्पति भयानक लोग हैं; ब्रिटिश काफी गलतियाँ कर सकते हैं लेकिन लड़ाई जारी है। मुझे अपना मुँह बन्द कर लेना चाहिए और इस बात का शुक्रिया अदा करना चाहिए कि मैं पोलैंड में नहीं हूँ।'

मिस्टर फ्रांक : 'सब कुछ ठीक है, मुझे कुछ भी नहीं चाहिए। शान्ति बनाए रखो, हमारे पास काफी समय है। मुझे मेरे हिस्से का आलू दे दो, और मैं खामोश रहूँगा। मेरे हिस्से का कुछ राशन बेप के लिए निकाल दो। राजनीतिक हालात सुधर रहे हैं, मेरी उम्मीद काफी बढ़ गई है।'

मिस्टर डुसेल : 'मुझे अपने लिए नियत किया गया काम पूरा कर लेना चाहिए। सब कुछ समय पर अवश्य पूरा हो जाना चाहिए। राजनीतिक हालात सुधर रहे हैं, हमारे लिए पकड़ा जाना असम्भव है। मेरा, मेरा, मेरा...'

तुम्हारी, अने

गुरुवार, 16 मार्च 1944

प्यारी किटी,

वाह ! कुछ समय के लिए दुखों और परेशानियों से मुक्ति। आज मैं सुन रही हूँ : अगर ऐसा हुआ तो हम परेशानी में पड़नेवाले हैं, अगर वह— वह बीमार पड़ा, तो हमें

अपना प्रबंध खुद करना होगा, और अगर...

खैर, तुम तो हमारे इस ठिकाने के लोगों से अच्छी तरह वाकिफ हो, इसलिए समझ सकती हो कि वे क्या बातें कर रहे होंगे।

इस सारे अगर-मगर का कारण यह है कि मिस्टर कूगलर को छह दिनों के कार्य-विवरण के साथ बुलाया गया है, बेप को जुकाम हो गया है और मिस्टर क्लाइमान के पेट से इतना खून निकला है कि वे अचेत हो गए हैं। दुखों की कथा कितनी लम्बी है !

हमारे खयाल से मिस्टर कूगलर को किसी विश्वस्त डॉक्टर से खराब स्वास्थ्य का प्रमाण-पत्र बनवा लेना चाहिए जिसे वे हिल्वरसम के टाउनहॉल में प्रस्तुत कर सकें। गोदाम के कर्मचारियों को कल के दिन की छुट्टी दी गई है, इसलिए बेप दफ्तर में अकेली रह जाएगी। अगर (एक और 'अगर') बेप को घर पर रहना पड़ा तो दरवाजे पर ताला लगाकर रखना पड़ेगा और हमें चूहों की तरह शान्त रहना होगा ताकि केग कम्पनी के लोग हमें न सुन पाएँ। एक बजे जान हम बेचारों को उसी तरह देखने आएगा जिस तरह चिड़ियाघर का रखवाला आता है।

आज दोपहर, काफी समय के बाद जान ने हमें बाहरी समाचारों से अवगत कराया। तुमने देखा होगा कि हम लोग किस तरह उसे घेरकर बैठे थे। यह बिलकुल उस तस्वीर की तरह लग रहा था : 'दादी माँ के कदमों में।'

उसने हमें तरह-तरह के भोजन के बारे में बताकर तृप्त किया। मिसेज पी., मीप की एक सहेली ने उसके लिए खाना बनाया था। परसों उसने गाजर और हरे मटर खाए थे, कल बचा-खुचा खाना खाया था, आज वो बड़े दानोंवाली मटर बना रही थीं और कल वो बची हुई गाजरों और आलुओं की सब्जी बनाएगी। किस तरह वह रोज विविध व्यंजन बनाकर खा रही हैं !

हमने मीप के डॉक्टर के बारे में पूछा।

'डॉक्टर!' जान बोला। 'कैसा डॉक्टर ! मैंने आज सुबह उसे फोन किया था और पहले उसकी रिसेप्शनिस्ट ने फोन उठाया। मैंने उससे फ्लू की दवा के बारे में पूछा तो उसने कहा कि कल सुबह आठ से नौ बजे के बीच आकर ले जाऊँ। अगर ज्यादा बुखार है तो डॉक्टर खुद फोन पर आकर कहता है, अपनी जीभ बाहर निकालकर कहो, आह ! फिर वह कहता है, मुझे सुनाई दे रहा है कि तुम्हारे गले में संक्रमण है। मैं दवा लिख देता हूँ, खुद ले लेना। शुभ दिन। और बस हो गया। वह फोन से ही इलाज कर देता है। लेकिन मैं इसका दोष डॉक्टर को नहीं दे सकती। आखिर, किसी आदमी के दो ही हाथ होते हैं और आजकल बीमार ज्यादा हैं, डॉक्टर कम।'

खैर, जान की इस फोन वाली बात पर हम खूब हँसे। मैं कल्पना कर सकती हूँ कि किसी डॉक्टर का प्रतीक्षालय इन दिनों कैसा लगता होगा। डॉक्टर अब गरीबों की ओर ध्यान नहीं देते, बल्कि उनकी ओर ध्यान देते हैं जिन्हें हल्की-फुल्की बीमारी हो। वे सोचते हैं, 'ऐ तुम क्या कर रहे हो, कतार की आखिर में जाओ, असली मरीजों को पहले आने दो।'

तुम्हारी, अने

गुरुवार, 16 मार्च 1944

प्यारी किटी,

मौसम बड़ा प्यारा हो गया है। कुछ देर में मैं अटारी पर जानेवाली हूँ। अब समझ गई हूँ कि क्यों मैं पीटर से अधिक बेचैन हूँ।

उसके पास रहने के लिए अपना कमरा है जहाँ वह काम कर सकता है, सपने देख सकता है, सोच सकता है और सो सकता है। मुझे लगातार इस कोने से दूसरे कोने में धकेला जाता है। मैं उस कमरे में कभी अकेली नहीं रह सकती जिसे मैं मिस्टर डुसेल के साथ साझा करती हूँ जबकि अकेले होने का मेरा इतना मन करता है। यह भी एक कारण है कि मैं अटारी में शरण लेती हूँ। जब मैं वहाँ होती हूँ या तुम्हारे साथ तो थोड़ी देर के लिए ही सही, अपने साथ रह सकती हूँ। मैं साहसी होना चाहती हूँ।

खैर, इस सबमें अच्छी बात यह है कि दूसरे मेरे अन्दरूनी भावों को नहीं पढ़ पाते सिवाय इसके कि मैं माँ के प्रति कुछ अधिक दयानतदार होती जा रही हूँ, पिता के प्रति मेरा लगाव कम होता जा रहा है तथा मारगोट के साथ अब मैं कुछ भी साझा नहीं करती; मैंने किसी डिब्बे की तरह अपने आपको अन्दर से बन्द कर लिया है। सबसे बढ़कर मुझे अपना आत्मविश्वास बनाए रखना है। यह किसी को पता नहीं चलना चाहिए कि मेरे दिल और दिमाग में लगातार द्वन्द्व चल रहा है। अब तक तो हमेशा तर्क की ही जीत होती रही है लेकिन क्या कभी मेरी भावनाओं की जीत होगी? कभी-कभी मुझे लगता है कि होगी, लेकिन अक्सर मैं यह उम्मीद करती हूँ कि ऐसा हो जाए।

ओह, यह कितना मुश्किल है कि पीटर से इस सारे मसले को लेकर बात न की जाए लेकिन मैं चाहती हूँ कि शुरुआत वह करे; दिन के वक्त इसका सामना कितना कठिन होता है कि जो कुछ मैंने सपने में देखा या कहा, वह कभी घटित ही नहीं हुआ था। किटी, अने तो पागल है लेकिन यह पागलपन का दौर है और उससे भी अधिक पागल कर देनेवाले हालात हैं।

अच्छी बात यह है कि मैं अपने विचारों और भावनाओं को लिख लेती हूँ। नहीं तो अन्दर ही अन्दर घुट जाती। मैं सोचती हूँ कि पीटर इन सब चीजों को लेकर क्या सोचता होगा ? मैं सोचती रहती हूँ कि एक दिन ये सारी बातें उससे कर पाऊँगी। उसने मेरे अन्दरूनी भावों के बारे में कुछ न कुछ जरूर अंदाजा लगाया होगा क्योंकि वह शायद उस अने से तो प्यार नहीं ही कर सकता था जिसे वह ऊपरी तौर पर जान सका है ! कैसे पीटर जैसा शान्त और अकेला रहनेवाला लड़का मेरे शोर-शराबे को झेल सकता है ? क्या वह पहला और अंतिम व्यक्ति होगा जो मेरे मुखौटे को उतारकर देख पाएगा ? क्या इसमें उसे समय लगेगा। एक पुरानी कहावत है न कि प्यार करना बर्बादी जैसा होता है ? क्या वही यहाँ नहीं चल रहा है ? क्योंकि मैं अक्सर उसे भी उतना ही कोसती हूँ जितना कि खुद को !

सचमुच मैं नहीं जानती कि शुरुआत कैसे की जाए, एकदम नहीं, तो पीटर से कैसे

उम्मीद कर सकती हूँ ? अगर उसे लिख पाती तो कम से कम वह जान पाता कि मैं क्या कहना चाह रही हूँ, यह सब कह पाना कितना मुश्किल होता है !

तुम्हारी, अने एम. फ्रांक

शुक्रवार, 17 मार्च 1944

मेरी प्यारी डार्लिंग,

आखिर में सब कुछ ठीक-ठाक ही रहा; बेप का बस गला खराब था, फ्लू नहीं था, और मिस्टर कूगलर को स्वास्थ्य प्रमाण-पत्र मिल गया जिससे कार्य-विवरण देने से उनको छुट्टी मिल गई। एनेक्सी के सारे लोगों ने राहत की साँस ली। यहाँ सब कुछ ठीक है, सिवाय इसके कि मैं और मारगोट अपने माता-पिता से कुछ ऊब चले हैं।

मुझे गलत मत समझो। मैं अब भी पिता को उतना ही प्यार करती हूँ और मारगोट माता-पिता दोनों को प्यार करती है। जब तुम हम लोगों की तरह बड़ी हो जाओगी तो तुम्हें कुछ निर्णय केवल अपने लिए लेने ही पड़ सकते हैं, उनके चंगुल से निकलने का मन कर सकता है। जब भी मैं ऊपर जाती हूँ, वे पूछते हैं, मैं कहाँ जा रही हूँ, क्या करने जा रही हूँ। वे तो मुझे खाने में अपनी मर्जी से नमक भी नहीं डालने देते। माँ हर शाम सवा आठ बजे मुझसे कहती हैं कि अब नाईटी पहनने का समय हो गया है। मैं जो भी किताब पढ़ती हूँ वह भी उनकी अनुमति। मैं इस बात को स्वीकार करती हूँ कि वे इस मामले में उतने सख्त नहीं हैं और मुझे लगभग हर चीज पढ़ने देते हैं, लेकिन मारगोट और मैं उनके तानों-शिकवों से परेशान हो चुकी हूँ।

इसके अलावा भी कुछ और है जो उनको परेशान करता है; सुबह, दोपहर, शाम उनको चुम्बन देने का मेरा मन नहीं करता। छोटे घरेलू नाम लेना मुझे अच्छा नहीं लगता। और पापा का हवा छोड़ना, उसके विषय में बात करना तथा शौच जाने की बातें करना भद्दा लगता है। मुझे उनसे कुछ देर अलग रहना बड़ा अच्छा लगता है और वे इसे नहीं समझ पाते। ऐसा नहीं है कि मैंने या मारगोट ने उनको इस बारे में कुछ कहा न हो। लेकिन कोई फायदा नहीं। वे वैसे भी नहीं समझ सकते।

कल रात मारगोट ने कहा, 'मुझे जो बात परेशान करती है वह यह कि अगर तुम अपना सिर हाथों में लेकर उबासी भी लो, तो वे तत्काल पूछने लगेंगे कि तुम्हारे सिर में दर्द तो नहीं है या तुम्हारी तबियत खराब तो नहीं है ?'

हम दोनों के लिए इस बात को समझना काफी बड़ा झटका है कि हमारे उस पुराने आत्मीय परिवार का अनुराग काफी कम बाकी रह गया है। इसका कारण यहाँ दिखाई देने लगा है। इस अर्थ में कि बाहरी मामलों में हमें बच्चा समझा जाता है, लेकिन अन्दरूनी तौर पर हम अपनी उम्र की लड़कियों से अधिक वयस्क हैं। वैसे तो मैं केवल 14 साल की हूँ, मगर जानती हूँ कि मुझे क्या चाहिए, मैं जानती हूँ कि कौन सही है और कौन गलत, मेरे अपने विचार, अपने सिद्धान्त हैं, भले एक किशोरी के मुँह से यह

सुनना गलत लगे, मुझे लगता है कि मैं बच्ची नहीं हूँ—मुझे लगता है कि दूसरों से मैं एकदम स्वतंत्र हूँ। मैं जानती हूँ कि माँ से अच्छी तरह से बहस कर सकती हूँ, मैं ज्यादा बढ़ा-चढ़ाकर नहीं कहती, पर मेरे हाथ माँ से ज्यादा सुघड़ हैं, और इसी कारण मुझे लगता है कि मैं कई मामलों में उनसे बढ़-चढ़कर हूँ। किसी को प्यार करने के लिए उस आदमी के प्रति प्रशंसा और सम्मान का भाव अपने अन्दर होना चाहिए, लेकिन माँ के लिए न तो मेरे अन्दर प्रशंसा का भाव है, न ही सम्मान का।

सब कुछ ठीक हो जाए, अगर मुझे पीटर मिल जाए क्योंकि मैं कई कारणों से उसकी प्रशंसा करती हूँ। वह बेहद जहीन और काबिल है।

तुम्हारी, अने एम. फ्रांक

शनिवार, 18 मार्च 1944

प्यारी किटी,

मैंने तुमको किसी भी जीवित आदमी से ज्यादा अपने बारे में और अपनी भावनाओं के बारे में बताया है, इसलिए उसमें सेक्स को क्यों न शामिल किया जाए ?

माता-पिता और आमतौर पर सामान्य लोग सेक्स के मामले में बड़े निराले होते हैं। बजाय इसके कि अपने लड़के-लड़कियों को 12 साल की उम्र में सब कुछ बता दें, वे इससे सम्बन्धित मुददा उठने पर बच्चों को कमरे से बाहर भेज देते हैं और इस तरह उनको सब कुछ खुद से पता करने के लिए छोड़ देते हैं। बाद में, माता-पिताओं को यह पता चलता है कि उनके बच्चों को इसके बारे में जरूरत से ज्यादा (या कम) पता है उनके सचमुच करने की तुलना में। इसलिए क्यों नहीं वे बच्चों से बात करके उसे सही-सही बताकर उस ज्ञान को पक्का कर देते ?

वयस्कों के साथ एक और बड़ी अड़चन है—जो मेरी नजर में एक कंकड़ से ज्यादा नहीं है—उन्हें एक बड़ा डर इससे लगता है कि एक बार अगर बच्चों को इस बारे में पता चल गया कि शुचिता फिजूल की बात है तो वे विवाह को पवित्र बन्धन नहीं मानेंगे। जहाँ तक मेरा सवाल है, तो विवाह से पहले थोड़ा-बहुत अनुभव पा लेना कोई बुरी बात नहीं है। आखिरकार, इसका विवाह से कोई सम्बन्ध नहीं होता, होता है क्या ?

जब मैं 11 साल की हुई तो उन्होंने मुझे माहवारी के बारे में बताया, लेकिन तब भी मुझे इस बात का तो बिलकुल अंदाजा नहीं था कि खून कहाँ से आता है और यह क्यों निकलता है। जब मैं साढ़े बारह साल की हुई तो मैंने थोड़ा-बहुत जैकी से जाना जो मेरी तरह अनजान नहीं थी। मैंने अपनी सूझ से जाना कि आदमी और औरत जब साथ होते हैं तो क्या करते हैं, पहले तो यह बड़ा अजीब लगा लेकिन जब जैकी ने इस बात की पुष्टि कर दी तो मुझे स्वयं पर बड़ा गर्व हुआ कि मैंने इस बात को जान लिया।

यह बात भी मुझे जैकी ने बताई कि बच्चे अपनी माँ के पेट से नहीं आते। उसने इसे ऐसे बताया, 'क्या चीज कहाँ जाती है और तैयार होकर बाहर आती है।' जैकी और

मैंने सेक्स शिक्षा की एक किताब से हाइमेन (योनिच्छद) और कुछ अन्य चीजों के बारे में जानकारी प्राप्त की। मैं यह भी जान गई कि आप चाहें तो आपके बच्चे नहीं भी हो सकते हैं, लेकिन यह सब शरीर के अन्दर किस तरह घटित होता है, यह एक रहस्य ही रहा। जब मैं यहाँ आई तो पिता ने मुझे वेश्याओं के बारे में बताया, लेकिन कुल मिलाकर अभी भी अनेक ऐसे सवाल हैं जिनके जवाब नहीं मिले हैं।

अगर माँएँ अपने बच्चों को सब कुछ नहीं बताती हैं, तो वे इधर-उधर से सुनते हैं, जिसे सही नहीं कहा जा सकता।

हालाँकि यह शनिवार का दिन है, लेकिन मैं बोर नहीं हो रही हूँ। कारण यह है कि मैं अटारी में पीटर के साथ थी। मैं वहाँ आँखें बन्द करके सपने देखती रही और इसमें बड़ा मजा आया।

तुम्हारी, अने एम. फ्रांक

शनिवार, 18 मार्च 1944

प्यारी किटी,

कल का दिन मेरे लिए बड़ा महत्त्वपूर्ण रहा। दिन के भोजन के बाद सब कुछ सामान्य था। पाँच बजे मैंने आलू लिये, और माँ ने मुझे कुछ सॉसेज दिए कि मैं पीटर के पास ले जाऊँ। पहले तो मैं नहीं जाना चाहती थी, पर आखिरकार गई। उसने सॉसेज नहीं लिये, इस पर हमारे बीच कुछ बहस हुई। अचानक मेरी आँखों से आँसू बहने लगे। बिना कुछ कहे मैंने प्लेट माँ को लौटा दी और खुलकर रोने के लिए शौचालय चली गई। उसके बाद मैंने तय किया कि पीटर से बातें कर ली जाए। रात के खाने से पहले हम चारों वर्ग पहेली सुलझाने में उसकी मदद करते रहे, इसलिए मैं कुछ भी नहीं कह सकी। लेकिन जब हम खाने के लिए बैठे तो मैंने उससे फुसफुसाकर कहा, 'पीटर, क्या आज रात तुम शॉर्टहैंड का अभ्यास करनेवाले हो ?'

'नहीं,' उसने जवाब दिया।

'मैं तुमसे बाद में बात करना चाहती हूँ।'

वह मान गया।

हाथ-मुँह धोने के बाद मैं उसके कमरे में गई और पूछा कि क्या उसने सॉसेज लेने से पिछली बार के झगड़े के कारण मना कर दिया था ! सौभाग्य से, कारण यह नहीं था, उसे लगा कि ज्यादा तत्परता दिखाना कहीं गलत न मान लिया जाए। नीचे बहुत गर्मी थी और मेरा चेहरा समुद्री झींगे की तरह लाल हो गया था। इसलिए मारगोट के लिए पानी ले जाने के बाद मैं वापस ताजा हवा के लिए आ गई, दिखावे के लिए मैं पहले फॉन डॉन की खिड़की के पास खड़ी रही, फिर पीटर के कमरे में गई। वह खुली खिड़की के बाईं ओर खड़ा था इसलिए मैं दाईं ओर चली गई। खुली खिड़की के हल्के धुँधलके में बात करना दिन की रोशनी में बात करने से ज्यादा अच्छा रहता है, शायद पीटर को

भी ऐसा ही लगता होगा। हमने एक दूसरे से इतना कुछ कहा, जिसे दोहरा नहीं सकती। लेकिन यह अच्छा लगा, वह इस एनेक्सी में मेरी सबसे अच्छी शाम रही। मैं तुमको संक्षेप में बता देती हूँ कि हमने किन-किन विषयों को लेकर बातें की।

पहले हमने अपने झगड़ों के बारे में बातें की और मैंने बताया कि किस तरह मैं इस सबको अलग तरीके से देखने लगी हूँ और फिर हमने इस पर चर्चा की कि किस तरह हम अपने माता-पिताओं से दूर हो गए हैं। मैंने पीटर को माँ, पिता, मारगोट और अपने बारे में बताया। एक बार उसने पूछा कि, 'तुम लोग रात को सोते समय एक-दूसरे को चूमते हो या नहीं ?

'एक नहीं दर्जन बार ! तुम नहीं चूमते ?'

'नहीं, मैंने किसी का चुंबन नहीं लिया है।'

'जन्मदिन पर भी नहीं ?'

'हाँ, जन्मदिन पर लिया था।'

हमने इस बारे में बात की कि किस तरह हम दोनों ही अपने माता-पिता पर भरोसा नहीं करते, और यह कि उसके माता-पिता एक-दूसरे को कितना प्यार करते हैं और चाहते हैं कि हम उनमें विश्वास करें लेकिन वह करना नहीं चाहता है। किस तरह मैं अपने बिस्तर में मुँह ढककर रोती हूँ। किस तरह मैंने और मारगोट ने एक-दूसरे को हाल ही में जाना है, फिर भी हम लोग एक दूसरों को कम ही बात बताते हैं क्योंकि हम हमेशा साथ होते हैं। हमने हर उस चीज के बारे में बात की जिसके बारे में हम सोच सकते थे, विश्वास के बारे में, भावना के बारे में और अपने बारे में। ओह, किटी, वह वैसा ही है जैसा मैंने सोचा था।

फिर हमने 1942 के साल के बारे में बात की कि किस तरह तब हमारा जीवन अलग था, उस दौर से तो हम अपने आपको पहचान भी नहीं सकते। किस तरह हम एक दूसरे को देखना नहीं चाहते थे। वह सोचता कि मैं शोर मचानेवाली लड़की हूँ और मैंने तुरंत ही यह समझ लिया था कि उसमें कुछ भी खास नहीं है। मैं यह नहीं समझ पाई कि उसने मेरे साथ इश्कबाजी क्यों नहीं की लेकिन अब मैं खुश हूँ। उसने यह भी बताया कि किस तरह वह बार-बार अपने कमरे में भाग जाता था। मैंने कहा कि मेरी बतकही और उसकी चुप्पी असल में एक ही सिक्के के दो पहलू हैं और यह कि मुझे भी शान्ति और खामोशी पसन्द है, लेकिन मैं कुछ भी केवल अपने लिए नहीं चाहती, सिवाय डायरी के, और हर कोई मेरे पीछे मेरे बारे में बात करता है। डुसेल से लेकर हर कोई; और यह कि मैं हमेशा अपने माता-पिता के साथ नहीं बैठना चाहती हूँ। हमने इस पर भी चर्चा की कि मेरे माता-पिता अपनी संतानों से कितने खुश हैं और मैं उनसे कितनी खुश हूँ। अब मैं समझ गई कि किस तरह उसे पीछे हटने की जरूरत है और कैसे उसके अपने माता-पिता से सम्बन्ध हैं, और मैं उसकी कितनी मदद करना चाहती हूँ जब उन दोनों में बहस होती है।

'लेकिन तुमने हमेशा मेरी मदद की है।' उसने कहा।

'किस तरह ?' मैंने कुछ आश्चर्य से पूछा।

'खुश रहकर।'

उस शाम उसने सबसे अच्छी बात यही कही। उसने मुझे यह भी बताया कि मेरा उसके कमरे में आना अब उसे बुरा नहीं लगता जैसा पहले लगता था, बल्कि उसे अच्छा लगने लगा है। मैंने उसे भी बताया कि माँ-पिता के प्यार के सभी नाम निरर्थक हैं, यहाँ-वहाँ चुम्बन लेने भर से अपने आप विश्वास पैदा नहीं हो जाता। हमने अपने-अपने तरीके से काम करने के बारे में भी बात की, डायरी, अकेलेपन, आंतरिक और बाहरी आत्म के बारे में बात की, अपने मुखौटों के बारे में बातें की, आदि-आदि।

यह सब बड़ा अच्छा था। उसे दोस्त की तरह प्यार करना आना चाहिए, और फिलहाल यही काफी है। मैं इतनी कृतज्ञ और खुश हूँ कि शब्दों में बयान नहीं कर सकती। मुझे तुमसे माफी माँग लेनी चाहिए किटी, क्योंकि आज मैं अपने स्वाभाविक ढंग से नहीं लिख पा रही हूँ। जो भी मेरे दिमाग में आता गया, मैंने लिख डाला।

मुझे लगने लगा है कि पीटर और मैं एक रहस्य को साझा करने लगे हैं। जब भी वह मुझे उन आँखों से, उस मुस्कुराहट के साथ देखता है तो ऐसा लगता है जैसे मेरे अन्दर रोशनी-सी जल उठती है। मुझे लगता है कि हालात ऐसे ही बने रहेंगे और हम काफी सारे घंटे साथ-साथ हँसी-खुशी बिताएँगे।

तुम्हारी कृतज्ञ और खुश अने

सोमवार, 20 मार्च 1944

प्यारी किटी,

आज सुबह पीटर ने मुझसे पूछा कि क्या मैं फिर शाम को आऊँगी, उसने कसम खाकर कहा कि मैं उसे परेशान नहीं करती हूँ, फिर उसने कहा कि जहाँ एक के लिए कमरा है वहाँ दो आदमियों के लिए भी कमरा हो सकता है। मैंने कहा कि हर शाम तो मैं नहीं आ सकती क्योंकि मेरे माता-पिता को यह अच्छा नहीं लगता लेकिन उसे लगता है कि मुझे इस बारे में नहीं सोचना चाहिए। इसलिए मैंने उससे कहा कि मैं किसी शनिवार की शाम आ सकती हूँ और यह भी पूछा कि वह मुझे यह भी बता दे कि हम लोग चाँद कब देख सकते हैं?' 'ठीक है,' उसने कहा 'हम लोग नीचे जाकर चाँद को वहाँ से देख सकते हैं। 'मैं मान गई,' मुझे चोर-डाकुओं का इतना डर नहीं होता।

इस बीच, मेरी खुशी पर एक छाया पड़ गई। काफी समय से मैं यह महसूस करती हूँ कि मारगोट पीटर को पसन्द करती है। कितना, यह तो मुझे नहीं पता, पर कुल मिलाकर स्थिति नाज़ुक है। अब मैं जब भी पीटर से मिलने जाती हूँ उसे पीड़ा होती है, निरर्थक। सबसे मजेदार यह कि वह इसे जताती नहीं है। मैं जानती हूँ कि मैं बड़ी ईर्ष्यालु हो जाऊँगी लेकिन मारगोट यही कहती है कि मुझे उसके लिए अफ़सोस नहीं करना चाहिए।

'मुझे यह अच्छा नहीं लगा कि तुमको बाहर रहना पड़ा,' मैंने जोड़ा।

'मैं इसकी आदी हूँ,' उसने कुछ रुखाई से जवाब दिया।

मैंने पीटर को यह बात नहीं बताई। शायद बाद में बताऊँ लेकिन हम दोनों को उससे पहले काफी बातें करनी हैं।

माँ ने मुझे कल चेतावनी दी जो मुझे मिलनी चाहिए थी। उसके प्रति मुझे अपनी उपेक्षा को इतनी दूर तक नहीं ले जाना चाहिए। इस सबके बावजूद, मुझे एक बार फिर से दोस्ताना होने और टिप्पणियों को अपने तक ही रखने की कोशिश करनी चाहिए।

यहाँ तक कि पिता भी पहले की तरह अच्छे नहीं रह गए हैं। वे कोशिश करते रहते हैं कि मेरे साथ बच्चों-सा बर्ताव न करें, लेकिन अब वे काफी ठंडे हो गए हैं। हमें बस यह देखना होगा कि इससे क्या निकलकर आता है। उन्होंने मुझे चेतावनी दी है कि अगर मैंने अपना बीजगणित ठीक नहीं किया तो युद्ध के बाद मुझे अतिरिक्त ट्यूशन नहीं मिलनेवाली। मैं तो बस इंतजार कर सकती हूँ कि क्या होनेवाला है लेकिन अगर मुझे नई किताबें मिल गईं, तो मैं फिर से शुरुआत करना चाहूँगी।

अभी के लिए इतना ही काफी है। मैं इसके सिवाय कुछ और नहीं करती कि पीटर को देखती रहूँ, मैं ऊपर तक भर चुकी हूँ।

तुम्हारी, अने ए. फ्रांक

मारगोट की अच्छाई का सबूत। यह मुझे आज 20 मार्च, 1944 को प्राप्त हुआ :

अने, जब कल मैंने कहा कि मैं तुमसे जल नहीं रही तो मैं पूरी तरह ईमानदार नहीं थी। वास्तविकता यह है कि न मुझे तुमसे ईर्ष्या है न पीटर से। मुझे इस बात का दुख है कि मुझे अभी तक कोई ऐसा नहीं मिल पाया है जिसके साथ मैं अपने विचारों और अपनी भावनाओं को साझा कर सकूँ और निकट भविष्य में कोई मिलने वाला भी नहीं है। इसीलिए मैं तहेदिल से यह चाहती हूँ कि तुम दोनों का एक दूसरे के प्रति विश्वास बने। यहाँ वैसे भी तुम काफी चीजों से वंचित हो जो दूसरे लोगों को यूँ ही मिल जाती हैं।

दूसरी ओर, मैं यह बात पक्के तौर पर जानती हूँ कि मैं पीटर के साथ बहुत आगे नहीं जा सकती क्योंकि मेरे लिए यह बहुत जरूरी है कि जिस आदमी के साथ मैं अपने खयालों का साझा करूँ वह मेरे बहुत नजदीक हो। मैं चाहती हूँ कि वह बिना कहे ही मेरी भावनाओं को समझ सके। इसी कारण मैं चाहती हूँ कि वह आदमी मुझसे बौद्धिक तौर पर श्रेष्ठ हो, और पीटर वैसा नहीं है, लेकिन मैं उससे जुड़ी तुम्हारी भावनाओं को समझती हूँ।

इसलिए तुम्हें परेशान होने की कोई जरूरत नहीं, अगर तुमको ऐसा लगता है कि तुम कुछ ऐसा ले रही हो, जो मेरे लिए था तो यह सच नहीं है। तुम्हें और पीटर को इस दोस्ती से हर तरह का फायदा होगा।

मेरा जवाब :

प्यारी मारगोट,

तुम्हारी चिट्ठी बड़ी प्यारी थी लेकिन मुझे इस हालात में अच्छा नहीं लग रहा है, और मुझे नहीं लगता कि कभी अच्छा लगेगा भी।

इस समय मैं और पीटर एक-दूसरे पर उतना विश्वास नहीं करते जितना कि तुमको लगता है। यह कुछ ऐसा ही है कि धुँधलके में आप खुली खिड़की के सामने खड़े होकर सूर्य की रोशनी के मुकाबले एक दूसरे से ज्यादा कुछ कह सकते हैं। अपनी भावनाओं को फुसफुसाकर बताना छत से चिल्लाकर बताने से अच्छा ही होता है। मुझे लगता है कि तुम्हारे मन में पीटर को लेकर बहनवाली भावनाएँ आ गई हैं और तुम उसी तरह उसकी मदद करना चाहती हो जैसे मैं करना चाहती हूँ। शायद तुम किसी दिन यह कर पाओ, लेकिन हमारे दिमाग में विश्वास को लेकर ऐसी कोई बात नहीं है। मेरा मानना है कि विश्वास दोनों तरफ से पैदा होता है, यही कारण है कि पापा और मैं कभी भी उतने नजदीक नहीं आ पाए। लेकिन इसके बारे में अब और बात नहीं करते। अगर तुम सचमुच किसी और बात को लेकर चर्चा करना चाहती हो तो कृपया मुझे लिखो क्योंकि आमने-सामने बात करने से मेरे लिए ज्यादा आसान कागज पर लिखना है। तुम जानती हो कि मैं तुम्हारी कितनी अधिक प्रशंसा करती हूँ और केवल यह उम्मीद करती हूँ कि तुम्हारी और पापा की कुछ अच्छाई मेरे अन्दर भी आ जाए क्योंकि एक तरह से तुम दोनों एक जैसे हो।

तुम्हारी, अने

बुधवार, 22 मार्च 1944

प्यारी किटी,

यह पत्र कल रात मुझे मारगोट से प्राप्त हुआ :

प्यारी अने,

तुम्हारे कल के पत्र से मुझे लगा कि जब भी तुम पीटर के पास काम से या बात करने जाती हो तो तुम्हारी अन्तरात्मा तुम्हें कचोटती है, इसका कोई कारण मुझे लगता नहीं है। मैं अपने दिल में यह जानती हूँ कि कहीं कोई है जिसे मेरे विश्वास की जरूरत है (और मुझे भी) और मैं उस जगह पर पीटर को तो नहीं ही देख सकती।

जैसा तुमने लिखा है, मैं पीटर को भाई के रूप में देखती हूँ, छोटे भाई के रूप में; अभी तो हम एक-दूसरे को इसके संकेत दे रहे हैं। हो सकता है कि बाद में भाई-बहन का यह रिश्ता कायम हो अथवा नहीं लेकिन अभी तक यह रिश्ता उस दौर में नहीं पहुँचा है। इसलिए तुम्हें मेरे लिए परेशान होने की जरूरत नहीं है। अब तुमको संग-साथ मिल

गया, इसका जितना लुत्फ उठा सकती हो, उठा लो।

इस बीच, यहाँ हालात दिन पर दिन बेहतर होते जा रहे हैं। मुझे लगता है किटी, कि एनेक्सी में सच्चा प्रेम विकसित हो रहा है। इसको लेकर चुटकुले कि अगर हम यहाँ अधिक दिन तक रहे तो पीटर से मुझे शादी करनी पड़ेगी, उतने बुरे भी नहीं लगते। इससे कहीं तुम यह मत समझ लेना कि मैं पीटर से शादी करने के बारे में सोच रही हूँ। मैं तो यह भी नहीं जानती कि बड़ा होने पर वह कैसा लगेगा ? या यह कि तब तक हम लोगों में ऐसा प्यार विकसित हो सकेगा या नहीं कि हम शादी कर लें ?

मैं इस बात को लेकर निश्चिन्त हूँ कि पीटर भी मुझे प्यार करता है। मैं यह तो नहीं जानती हूँ कि किस तरह से। मैं यह नहीं बता सकती कि वह केवल एक दोस्त ही बने रहना चाहता है, या वह लड़की होने के कारण मेरी ओर आकर्षित है या मुझे अपनी बहन के रूप में देखता है। जब उसने कहा कि मैंने हमेशा उसकी मदद की है, जब उसके माता-पिता झगड़ रहे होते हैं तो मुझे बहुत खुशी हुई। इससे उसकी दोस्ती में मेरा विश्वास बढ़ा। कल मैंने उससे पूछा कि ऐसे में वह क्या करेगा जब दर्जन भर अने उससे मिलने की जुगत करेंगी। उसका जवाब था 'अगर वे सब तुम्हारी तरह हुईं तो यह उतना बुरा नहीं होगा।' वह बड़ा ही आतिथ्य-कुशल है और मुझे लगता है कि मुझसे मिलना सचमुच उसे अच्छा लगता है। इस बीच, वह फ्रेंच सीखने में बड़ी मेहनत कर रहा है, यहाँ तक कि सवा दस बजे तक वह बिस्तर में पढ़ता रहता है।

ओह, जब मैं शनिवार की रात के बारे में सोचती हूँ, अपने शब्दों, अपनी आवाज के बारे में, तो पहली बार मैं अपने आपको संतुष्ट पाती हूँ, मैं इसमें विश्वास करती हूँ कि बिना बदले यही बात दुबारा भी कह सकती हूँ। वह कितना सुदर्शन है चाहे वह मुस्कुरा रहा हो या चुप हो। मेरे बारे में जब उसे लगा कि मैं बनावटी नहीं हूँ तो उसे बड़ा आश्चर्य हुआ, बल्कि उसे अपनी ही तरह अने सपनों में जीने वाली और उतनी ही परेशानियों से घिरी मिली।

कल रात हाथ-मुँह धोने के बाद मैं इस बात का इंतजार करती रही कि वह मुझे ऊपर चलने के लिए कहे। पर कुछ नहीं हुआ, और मैं चली गई। उसने नीचे आकर डुसेल से कहा कि रेडियो सुनने का समय हो गया है और बाथरूम के आसपास कुछ देर मँडराता रहा लेकिन जब डुसेल को देर होने लगी तो वह वापस ऊपर चला गया। अपने कमरे में वह जल्दी ही सोने चला गया।

पूरी शाम मैं इतनी बेचैन रही कि बार-बार बाथरूम जाकर अपने चेहरे पर ठंडा पानी छिड़कती रही। मैंने थोड़ी पढ़ाई की, कुछ देर तक दिवास्वप्न देखे, घड़ी देखती और इंतजार करती रही, करती रही, करती रही कि अचानक उसकी पदचाप सुनाई दी। थक-हार कर मैं जल्दी सोने चली गई।

आज रात मुझे नहाना है, और कल ?

कल तो बहुत दूर है !

तुम्हारी, अने एम. फ्रांक

मेरा जवाब :

प्यारी मारगोट,

मुझे लगता है कि सबसे अच्छा है, इंतजार किया जाए और यह देखा जाए कि क्या होता है। जल्दी ही पीटर और मुझे यह तय करना पड़ सकता है कि हमें इस रास्ते से पीछे हट जाना है या कुछ और करना है। मैं नहीं जानती कि यह किस तरह से हो पाएगा लेकिन मैं अपनी नाक से ज्यादा दूर तक देख भी तो नहीं सकती हूँ।

लेकिन एक चीज को लेकर मैं निश्चिंत हूँ, अगर पीटर और मैं दोस्त हुए तो मैं उसे जरूर यह बतानेवाली हूँ कि तुम भी उसे काफी पसन्द करती हो और अगर उसे जरूरत हुई तो मदद करने के लिए भी तुम तैयार हो। तुम नहीं चाहती, मैं इस बात को जानती हूँ पर मैं इसकी परवाह नहीं करती, मुझे पता नहीं कि पीटर तुम्हारे बारे में क्या सोचता है, लेकिन समय आने पर उससे यह बात मैं पूछूँगी। इसमें कुछ भी बुरा नहीं है। इसके विपरीत, तुम हमें परेशान नहीं करोगी क्योंकि हम लोगों में यह अबोला समझौता है कि हम केवल शाम के अँधेरे में ही बात करेंगे।

अपनी हिम्मत बनाए रखो। मैं पूरी कोशिश कर रही हूँ, हालाँकि यह हमेशा आसान नहीं होता। तुम्हारा समय तुम्हारे सोचने से पहले भी आ सकता है।

तुम्हारी, अने

गुरुवार, 23 मार्च 1944

प्यारी किटी,

हालात यहाँ सामान्य हो चले हैं। ईश्वर का शुक्रिया कि हमें कूपन देने वाले लोग जेल से छूट गए हैं।

मीप कल से लौट आई है, लेकिन आज उसके पति के बिस्तर पकड़ने की बारी थी जिसे जाड़ा-बुखार हो गया है जो कि फ्लू के लक्षण हैं। बेप पहले से बेहतर है हालाँकि उसको अभी भी कफ है और मिस्टर क्लाइमान को काफी समय तक घर पर रहना होगा।

कल पास ही एक विमान दुर्घटनाग्रस्त हो गया। चालक दल समय पर पैराशूट खोल पाने में सफल रहा। वह एक स्कूल के ऊपर दुर्घटनाग्रस्त हुआ लेकिन सौभाग्य से अन्दर कोई बच्चा नहीं था। थोड़ी आग लग गई और कुछ लोग मारे भी गए। हवाबाज जब नीचे उतर रहे थे तो जर्मनों ने उनको गोलियों से छलनी कर डाला। एम्सटर्डमद।सियों ने जब इस कायरतापूर्ण कार्रवाई को देखा तो गुस्से से भर उठे। हम महिलाएँ भी काफी डर गईं। मुझे तो बन्दूक की आवाज से ही नफरत है।

अब अपने बारे में।

कल मैं पीटर के साथ थी, और किसी तरह, मुझे सचमुच पता नहीं किस तरह,

हमारी बातचीत सेक्स को लेकर होने लगी। मैंने काफी पहले मन ही मन यह तय कर रखा था कि उससे कुछ बातें पूछनी हैं। वह सब कुछ जानता है, जब मैंने उसे बताया कि मैं और मारगोट इस बारे में ज्यादा कुछ नहीं जानते तो उसे बहुत आश्चर्य हुआ। मैंने उसे मारगोट और अपने बारे में, माता-पिता के बारे में काफी कुछ बताया और बाद में यह भी बताया कि मैं उनसे कुछ भी पूछने का साहस नहीं कर पाती। उसने कहा कि वह मुझे बता सकता है, तो मैंने सहर्ष मान लिया : उसने बताया कि किस प्रकार से गर्भनिरोधक काम करते हैं और मैंने बड़े साहसपूर्वक पूछा कि लड़के कैसे बता सकते हैं कि वे सचमुच बड़े हो गए हैं। उसने कुछ देर सोचा, फिर कहा कि रात को बताएगा। मैंने उसे बताया कि जैकी के साथ क्या हुआ था, और यह भी कि मजबूत लड़कों के सामने लड़कियाँ रक्षाविहीन हो जाती हैं। 'तुम्हें मुझसे डरने की जरूरत नहीं है,' उसने कहा।

जब मैं शाम को दोबारा आई तो उसने बताया कि लड़कों में यह किस तरह से होता है। थोड़ी शर्म तो आई, पर उसके साथ इस तरह की चर्चा करना अच्छा लगा। न उसने, न ही मैंने कभी यह सोचा था कि किसी विपरीतलिंगी से हम खुलकर इस विषय पर चर्चा कर सकेंगे, विशेषकर इस तरह के अन्तरंग मसलों पर। मुझे लगता है अब मैं सब कुछ जानती हूँ। उसने मुझे रोग निरोधक के बारे में बहुत-सी बातें बताईं।

उस रात बाथरूम में मारगोट और मैं, उसके दो दोस्तों ब्रेम और ट्रीस के बारे में बातें करते रहे।

आज सुबह मैं उस समय हतप्रभ रह गई जब नाश्ते के बाद पीटर ने सीढ़ियों पर मुझे रोककर कहा, 'मेरे साथ जो खेल रही हो, वह गंदा खेल है।' उसने आगे कहा, 'तुम और मारगोट कल बाथरूम में जो बातें कर रही थीं, मैंने सुन लिया। मुझे लगता है कि तुम यह पता करना चाहती थी कि पीटर कितना जानता है, ताकि उसकी हँसी उड़ा सकें।'

मैं अवाक् रह गई। मैंने पूरी कोशिश की कि इस बुरे खयाल को वह दिमाग से निकाल दे, मैं समझ सकती थी कि उसे कैसा लगा होगा, पर यह सच नहीं था।

'नहीं पीटर,' मैंने कहा। 'मैं कभी इतनी गिर नहीं सकती। मैंने तुमसे कहा था कि मैं तुम्हारी कही कोई बात किसी को नहीं बताऊँगी और मैंने नहीं बताया। पहले तो इस तरह की बातें करना और फिर जानबूझकर धोखा देना...। ईमानदारी से, मैंने ऐसा कुछ भी नहीं कहा। तुम्हें मेरा विश्वास नहीं है ?' उसने मुझे विश्वास दिला दिया कि उसे यकीन हो गया है, लेकिन मुझे लगता है कि इस बात को लेकर हमें बाद में फिर चर्चा करनी होगी। मैं पूरा दिन इसी के बारे में सोचती रही। शुक्र है कि उसने अपने दिल की बात बता दी। कल्पना करो कि वह इसके बारे में सोचता ही रहता, तो कितना बुरा होता ! वह बड़ा प्यारा है !

अब मुझे उसे सब कुछ बताना होगा !

तुम्हारी, अने

शुक्रवार, 24 मार्च 1944

प्यारी किटी,

मैं अक्सर रात के खाने के बाद पीटर के कमरे में ठण्डी हवा में साँस लेने चली जाती हूँ। अँधेरे में गम्भीर चर्चा ज्यादा अच्छी तरह से की जा सकती है बजाय तब के जब सूर्य आपके चेहरे पर चमक रहा हो। उसके पीछे कुर्सी पर बैठकर बाहर देखना बड़ा अच्छा लगता है। जैसे ही मैं उसके कमरे में जाती हूँ, फॉन डॉन और डुसेल छींटाकशी करने लगते हैं। 'अने का दूसरा घर' वे कहते हैं, या यह कि 'क्या यह किसी नौजवान के लिए उचित कहा जा सकता है कि वह रात के वक्त बत्तियाँ बुझाकर किसी युवती का स्वागत करे ?' इस तथाकथित मजाकियापन के विपरीत पीटर में गजब का प्रत्युत्पन्नमतित्व है। प्रसंगवश, मेरी माँ भी यह जानने के लिए व्याकुल रहती हैं कि हम लोग आखिर बातें क्या करते हैं, लेकिन अन्दर-ही-अन्दर डरती भी हैं कि कहीं बताने से मना न कर दूँ। पीटर कहता है कि बड़े लोग इस बात से ईर्ष्या रखते हैं कि हम युवा हैं, इसलिए उनकी छींटाकशी को दिल पर नहीं लेना चाहिए।

कभी-कभी जब वह नीचे मुझे लेने आता है, लेकिन वैसे भी यह थोड़ा अजीब लगता है क्योंकि तमाम सावधानी के बावजूद उसका चेहरा लाल पड़ जाता है और शायद ही उसके मुँह से कोई शब्द निकलता हो। मुझे खुशी है कि कम से कम मैं नहीं शर्माती, नहीं तो बड़ा बुरा हो सकता है।

इसके अलावा, जो बात मुझे परेशान करती है वह यह कि मारगोट नीचे अकेली बैठी रहती है और ऊपर मैं पीटर के साथ होती हूँ। लेकिन इसमें मैं क्या कर सकती हूँ? वह अगर आए तो मुझे बुरा नहीं लगेगा पर वह अलग-थलग ही रहना चाहती है।

हमारी इस अचानक की दोस्ती को लेकर मुझे काफी कुछ सुनना पड़ता है। मैं बता नहीं सकती कि खाने के दौरान कितनी बार बातचीत एनेक्सी में शादी को लेकर होने लगती है कि अगर यह लड़ाई पाँच साल और खिंच गई तो...। हमें माता-पिताओं की इस बातचीत पर कोई ध्यान देना चाहिए ? शायद ही, क्योंकि यह बकवास है। क्या हमारे माता-पिता इस बात को भूल गए हैं कि वे भी कभी जवान थे ? शायद भूल गए हैं। कैसे भी हो जब हम गम्भीर होते हैं तो वे हमारा मजाक उड़ाते हैं, जब हम हँसी-मजाक करते हैं तो वे गम्भीर हो जाते हैं।

पता नहीं, आगे क्या होने वाला है। हम इन स्थितियों से बाहर निकल सकेंगे या नहीं ! लेकिन अगर इसी तरह चलता रहा तो हम बिना बातचीत किए साथ रहेंगे। उसके माता-पिता विचित्र ढंग से व्यवहार करना छोड़ दें तभी हालात सुधरेंगे शायद। इसका कारण शायद यह है कि वे मुझे पसंद नहीं करते हैं। पीटर और मैं उनको निश्चित रूप से यह नहीं बताने वाले कि हमारी बातें किस बारे में होती हैं। सोचो, अगर उनको पता चल जाए कि हम अंतरंग चीजों के बारे में बातचीत करते हैं तो !

मैं पीटर से यह पूछना चाहती हूँ कि क्या उसे पता है कि लड़कियों के 'नीचे' का हिस्सा कैसा दिखाई देता है। मुझे नहीं लगता कि लड़के उतने जटिल होते हैं जितनी

लड़कियाँ होती हैं। आप चित्रों में पुरुषों की नग्न तस्वीरों में उनका सब कुछ साफ तौर पर देख सकते हैं, लेकिन महिलाओं के मामले में यह भिन्न होता है। महिलाओं के जननांग या आप चाहे उसे जो कहें, उनकी टाँगों के बीच छिपे होते हैं। पीटर ने शायद कभी किसी लड़की को इतने नजदीक से न देखा हो। सच बताऊँ, तो मैंने भी नहीं देखा। लड़कों की बनावट सरल होती है। लड़की के गुप्तांगों के बारे में मैं कैसे बता सकती हूँ ? उसने जो बताया उसके अनुसार मैं तुम्हें बताती हूँ, हालाँकि उसे भी ठीक-ठीक पता नहीं कि ये आपस में किस प्रकार से जुड़ी होती हैं, वह अन्दरूनी झिल्लियों के बारे में बता रहा था, लेकिन वह तो अन्दर होता है दिखाई नहीं देता है। हम औरतों में सब कुछ बड़े करीने से होता है। जब तक मैं ग्यारह या बारह साल की थी, तब मुझे इसका अन्दाजा भी नहीं था कि भगोष्ठों का एक जोड़ा अन्दर भी होता है, क्योंकि वह दिखाई नहीं देता है। इससे भी मजेदार यह है कि मुझे लगता था कि पेशाब भग के रास्ते बाहर आता है। मैंने एक बार माँ से पूछा था हल्के उभार के बारे में, और उन्होंने कहा कि वे नहीं जानतीं। वे जब चाहती हैं अनजान बनने का अभिनय करने लगती हैं।

अब फिर विषय पर लौटें। जब आपके सामने इस धरती पर कोई प्रारूप ही नहीं हो तो आप किस तरह से यह बता सकते हैं कि 'वह' कैसा दिखाई देता है, क्या मैं कोशिश करूँ ? ठीक है, यह इस तरह से है...

जब तुम खड़ी होती हो तो सामने से केवल बाल दिखाई देते हैं। तुम्हारी टाँगों के बीच दो मुलायम चीजें और होती हैं, जो बालों से ढँकी होती हैं और तुम्हारे खड़े होने पर वे आपस में जुड़ जाती हैं, इसलिए तुम यह नहीं देख सकती कि अन्दर क्या है। तुम्हारे बैठते ही वे अलग हो जाती हैं, और वह अन्दर से लाल और मांसल दिखाई देती है। ऊपर की तरफ बाहरी भगोष्ठों के बीच चमड़े की एक परत होती है, दूसरी तरह सोचो तो यह फफोले की तरह दिखती है, इसे भगांकुर कहते हैं। अब भीतरी भगोष्ठ की बात करें, यह भी आपस में इस तरह जुड़ी होती हैं जैसे सिलवट पड़ी हो। जब तुम इसे खोलोगी तो एक छोटा-सा उभार दिखाई देगा जो मेरे अँगूठे से बड़ा नहीं होगा। इसके ऊपरी हिस्से में छोटा-सा छिद्र होता है, जहाँ से पेशाब बाहर निकलता है। नीचे का हिस्सा ऊपर से तो मांसल दिखाई देता है, लेकिन वास्तव में योनि यहीं होती है। तुम्हें वह शायद ही दिखाई दे क्योंकि चमड़ियों की परत के नीचे उसका सिरा छिपा होता है। वह छिद्र इतना छोटा होता है कि इसकी कल्पना भी नहीं की जा सकती कि किस तरह कोई आदमी वहाँ प्रवेश कर सकता है, उससे भी मुश्किल यह कल्पना करना है कि वहाँ से कोई बच्चा बाहर आ सकता है। अपनी छोटी अंगुली को भी उसके अन्दर घुसा पाना मुश्किल होता है। बस इतना-सा होता है, तो भी इसकी इतनी महत्त्वपूर्ण भूमिका मानी जाती है।

तुम्हारी, अने एम. फ्रांक

शनिवार, 25 मार्च 1944

प्यारी किटी,

तुमको पता नहीं चलता है कि यह सब होने के बाद तुम्हारे अन्दर कितना बदलाव आ जाता है। मैं पूरी तरह बदल चुकी हूँ, मेरे बारे में सब कुछ बदल चुका है, मेरे खयाल, विचार, मुखर व्यक्तित्व। अन्दर-बाहर कुछ भी पहले जैसा नहीं रहा। मैं यह भी बता दूँ क्योंकि यह सही भी है कि यह बदलाव मेरी बेहतरी के लिए हुआ है। मैंने तुमसे एक बार कहा था कि बड़ों की डाँट-फटकार का सामना कर पाना मेरे लिए मुश्किल हो जाता है। लेकिन इसके लिए ज्यादा जिम्मेदार मेरे माता-पिता ही कहे जा सकते हैं। घर में तो वे चाहते थे कि मैं अपने जीवन का आनन्द उठाऊँ जो ठीक था, लेकिन यहाँ उनको हर वक्त मुझे इसके लिए नहीं उकसाना चाहिए था कि मैं हर झगड़े, कहा-सुनी में उनकी तरफदारी करूँ। काफी पहले मैंने पाया था कि इस मामले में दोनों ही तरफ से आधा-आधा वाला मामला है। मैं जानती हूँ कि यहाँ बच्चों-बड़ों दोनों से ही बड़ी-बड़ी भूलें हुई हैं। माँ-पिता की फॉन डॉन परिवार के साथ रिश्ते में बड़ी कमी यह रही कि वे कभी भी उनके प्रति दोस्ताना नहीं रहे। (मैं मानती हूँ कि यह दोस्ती टूट जाएगी।) सबसे बढ़कर, मैं शान्ति चाहती हूँ, न झगड़ा-टंटा, न कहा-सुनी। माता-पिता के साथ यह कोई मुश्किल नहीं है। मुश्किल माँ के साथ है लेकिन मुझे इस बात की खुशी है कि उनकी ओर से कभी-कभी शाबासी मिल जाती है। मिस्टर फॉन डॉन को आप अपनी ओर बड़ी आसानी से उनसे सहमति जताकर, उनको चुपचाप सुनकर, और सबसे बड़ी बात कुछ भी न बोलकर, उनके तीखे चुटकुलों का जवाब चुटकुलों से देकर कर सकते हैं। मिसेज फॉन डॉन से खुलकर बात करने पर और जहाँ भी गलती हो उसे मान लेने पर उन्हें अपनी ओर किया जा सकता है। वह भी अपनी खामियाँ खुलकर स्वीकार करती हैं जो उनमें कई हैं भी। मैं यह भी अच्छी तरह से जानती हूँ कि वे मेरे बारे में उतना बुरा नहीं सोचतीं जितना कि शुरुआत में सोचती थीं। और इसका सीधा कारण यही है कि मैं ईमानदार हूँ और लोगों के मुँह पर जो मैं सोचती हूँ बोल देती हूँ, चाहे अप्रीतिकर ही क्यों न हो। मैं ईमानदार रहना चाहती हूँ क्योंकि यह आपको आगे ले जाता है और इससे आप अपने बारे में अच्छा महसूस करने लगते हैं।

कल मिसेज फॉन डी. उस चावल के बारे में पूछ रही थीं जो हमने मिस्टर क्लाइमान को दिया। 'हम तो बस देते जा रहे हैं, देते जा रहे हैं, देते जा रहे हैं। लेकिन कभी-कभी मुझे लगने लगता है कि अब बहुत हो चुका। अगर कष्ट उठा लें, तो मिस्टर क्लाइमान अपना चावल खुद पा सकते थे। हम अपनी सारी आपूर्ति क्यों देते फिरें ? हमें भी उनकी जरूरत उतनी ही बुरी तरह से है।'

'नहीं, नहीं मिसेज फॉन डॉन,' मैंने जवाब दिया। 'मैं आपसे सहमत नहीं हूँ। मिस्टर क्लाइमान थोड़ा चावल ले पाने में सफल हो सकते हैं, लेकिन वे इसके लिए परेशान होना नहीं चाहते। जो लोग हमारी मदद करते हैं हमें उनकी आलोचना नहीं करनी चाहिए। जो कुछ सम्भव हो हमें उनको देते रहना चाहिए। सप्ताह में एक प्लेट कम चावल खाने

से ज्यादा फर्क तो नहीं पड़ेगा। हम हमेशा बीन खा सकते हैं।'

मिसेज फॉन डी. इस मामले में मुझसे सहमत नहीं दिखीं, लेकिन इस मामले में उन्होंने आगे कुछ नहीं कहा। और यह मामला तो बिलकुल अलग ही था।

अच्छा, मैं काफी कह चुकी। कभी-कभी मैं जानती हूँ कि मेरी जगह कहाँ है और कभी-कभी मुझे इसको लेकर सन्देह होता है, लेकिंन आखिरकार मैं वहीं पहुँचती हूँ, जहाँ मुझे जाना है, मैं जानती हूँ मैं वहाँ पहुँच जाऊँगी। खासकर अब जबकि मेरी मुश्किलों में मदद करने वाला पीटर मिल गया है।

ईमानदारी से कहूँ तो मैं यह नहीं जानती कि वह मुझे कितना प्यार करता है और न यह जानती हूँ कि हम कभी चुम्बन तक भी बढ़ पाएँगे या नहीं, वैसे इस बात को लेकर मैं ज्यादा जोर नहीं देना चाहती। मैंने पिता को बता दिया कि मैं अक्सर पीटर से मिलने जाती हूँ तो उन्होंने सहमति जता दी।

अब तक जो बातें मैं अपने तक ही रखती आई थी उन्हें अब पीटर को बता पाना आसान हो गया है, उदाहरण के लिए, मैंने उसे बताया कि बाद में मैं लिखना चाहती हूँ और अगर मैं लेखक नहीं बन पाई तो अपने काम के बाद लिखूँगी।

धन या सांसारिक चीजों के मामले में मेरे पास कुछ भी नहीं है, न तो मैं सुन्दर हूँ, न चालाक या होशियार, लेकिन मैं खुश हूँ और इसी तरह रहना चाहती हूँ। मैं जन्म से ही खुश पैदा हुई थी, मैं लोगों को प्यार करती हूँ, मेरा स्वभाव विश्वास करने वाला है, और मैं यह चाहती हूँ कि सब खुश रहें।

तुम्हारी विश्वासी मित्र,
अने एम. फ्रांक

चाहे साफ और चमकीला हो एक खाली दिन
होता है किसी रात की तरह ही काला

(मैंने इसे कुछ सप्ताह पहले लिखा, और इसे मैंने यहाँ इसलिए शामिल कर लिया है क्योंकि मैं कविताएँ कभी-कभार ही लिखती हूँ।)

सोमवार, 27 मार्च 1944

प्यारी किटी,

हमारे अज्ञातवास के जीवन का कम से कम एक लम्बा अध्याय राजनीति पर होना चाहिए, लेकिन इस विषय से मैं बचती रही हूँ क्योंकि इसमें मेरी ज्यादा रुचि नहीं है। हालाँकि, आज का मेरा पूरा पत्र राजनीति को समर्पित है।

जाहिर तौर पर, इस विषय पर अनेक मत हो सकते हैं और युद्ध के समय इसकी अक्सर चर्चा हो यह आश्चर्यजनक भी नहीं है, लेकिन...राजनीति को लेकर इतनी बकझक करना मुझे बकवास लगता है। उनको जो मन में आए करने दो पर बहस मत करने दो, क्योंकि इससे स्थितियाँ और खराब हो जाती हैं। बाहर से आनेवाले लोगों ने

हमें ऐसी अनेक सूचनाएँ दीं जो बाद में गलत साबित हुईं जबकि हमारे रेडियो ने अब तक कोई भी बात झूठी नहीं कही है। जान, मीप, मिस्टर क्लाइमान, बेप और मिस्टर कूगलर के राजनीतिक विचारों में उतार-चढ़ाव आता रहता है, वैसे जान इन सबमें काफी हटकर है।

यहाँ एनेक्सी में तो मिजाज कभी बदलता ही नहीं है। युद्ध के बारे में आक्रमण, हवाई हमले, भाषण आदि पर अलग-अलग तरह की अन्तहीन चर्चाएँ होती रहती हैं। वे सब ऐसे बातें करते हैं जैसे सच वही जानते हों। आशावादी और निराशावादी लोगों की सचाई पर तो बात ही मत करो, वे अपने-अपने विचारों को भरपूर जोश और ताकत के साथ सुनाते हैं जैसे सचाई उन्हीं की बातों में है। किसी की पत्नी इस बात से चिढ़ जाती है कि उसके पति को ब्रिटिश राज में भरोसा है, तो किसी का पति अपनी पत्नी से इसलिए नाराजगी जता रहा है कि वह उसके मातृदेश के प्रति अच्छी धारणा नहीं रखती।

सुबह से लेकर शाम तक यही सब चलता रहता है, और मजेदार बात यह है कि वे इससे थकते नहीं हैं। मैंने एक तरीका ढूँढ़ निकाला है जिसका प्रभाव जबरदस्त है, जैसे किसी को सूई चुभाकर उसके उछलने का तमाशा देखें। वह तरीका यह है : मैं राजनीति के बारे में बात करना शुरू कर देती हूँ। यह बस एक सवाल होता है, एक शब्द या एक वाक्य और देखते-देखते उसमें सारा पारिवार शामिल हो जाता है।

लगता है जर्मन 'वेहरमाख्त न्यूज' और 'बीबीसी' काफी नहीं हैं, उन्होंने हवाई हमलों की विशेष उद्घोषणाएँ शुरू कर दी हैं। एक शब्द में कहूँ, तो शानदार। जबकि सिक्के का दूसरा पहलू यह है कि ब्रिटिश वायु सेना इसके पीछे दिन-रात काम कर रही है। यह कोई जर्मन प्रचार-तन्त्र की तरह नहीं है जो चौबीसों घंटे झूठ फैलाता रहता है।

इसलिए रेडियो अगर पहले नहीं तो हर सुबह आठ बजे खोल लिया जाता है और रात के नौ-दस-ग्यारह बजे तक हर घंटे हम उसे सुनते हैं। यह इस बात का सबसे अच्छा प्रमाण है कि हमारे बुजुर्गों में किस हद तक धैर्य है, इनमें से कुछ के तो दिमाग सड़ चुके हैं। एकाध बार समाचार सुन लेना सारे दिन के लिए काफी होता है, लेकिन ये उसे सुनते रहेंगे...मैं तो पहले ही बता चुकी हूँ। 'काम के दौरान संगीत' इंग्लैंड से यह डच प्रसारण आता है, फ्रांक फिलिप्स और क्वीन वेल्हेलमिना इन सबको सुननेवाले भी मिल जाते हैं। अगर बड़े लोग खा या सो नहीं रहे हों, तो वे रेडियो के आसपास बैठकर खाते, सोते और राजनीति के बारे में बातें करते रहते हैं।

अब एक अच्छी बात, हमारे प्यारे विंस्टन चर्चिल का एक भाषण।

रविवार शाम को नौ बजे, मेज पर चाय का सामान सजा है और कमरे में मेहमान का आगमन होता है। डुसेल रेडियो की बाईं ओर, मिस्टर फॉन डी. उसके सामने और पीटर उसकी बगल में बैठ जाते हैं। माँ मिस्टर फॉन डी. की बगल में बैठी है, मिसेज फॉन डी. पीछे बैठी हैं। मारगोट और मैं पिछली कतार में हैं और पिम टेबल पर। मुझे लगता है कि यह हमारे बैठने के तौर-तरीके का सही विवरण नहीं है लेकिन इससे फर्क नहीं पड़ता है। पुरुषों ने सिगरेट पीना शुरू कर दिया है, पीटर की आँखें सुनते-सुनते

मुँद रही हैं। माँ गहरे रंग की लंबी नेगलेजी पहनी हैं और मिसेज फॉन डी. हवाई जहाज की आवाज सुनकर काँप रही हैं। भाषण पर शायद ही किसी का ध्यान हो, हवाई जहाज ऐक्सेन की तरफ गरजते हुए बढ़ रहे हैं, पिता चाय पीने में व्यस्त हैं। मैं और मारगोट सटकर बैठी हैं और मौश्ची हमारे घुटनों पर सो रही है। मारगोट के बालों में कर्लर लगा हुआ है और मैंने जो नाइट ड्रेस पहन रखी है वह बेहद चुस्त और छोटी है। यह सब सचमुच बड़ा आत्मीय, शान्तिपूर्ण और सुखद लग रहा है। और सच यही है। जबकि मैं धीरज के साथ भाषण के समाप्त होने की प्रतीक्षा कर रही हूँ। उनमें धैर्य नहीं है, वे एक और बहस की शुरुआत करनेवाले हैं। जैसे कोई बिल्ली किसी चूहे को बिल में से बाहर निकलने के लिए लालच देती है। ये सब एक दूसरे को लड़ने के लिए उत्तेजित करते हैं और फिर चूहे-बिल्लियों की तरह लड़ते हैं।

तुम्हारी, अने

मंगलवार, 28 मार्च 1944

मेरी प्यारी किटी,

ज्यादा से ज्यादा मैं राजनीति पर लिखना चाहती हूँ, पर मुझे और भी चीजों के बारे में आज बताना है। पहला, माँ ने मुझे पीटर से मिलने के लिए ऊपर जाने से मना कर दिया है क्योंकि उनके अनुसार मिसेज फॉन डॉन ईर्ष्यालु हो रही हैं। दूसरे, पीटर ने मारगोट को भी ऊपर हमारे साथ बैठने के लिए बुलाया है। अब वह इस मामले में गम्भीर है या ऐसा केवल सौजन्यतावश कह रहा है, मैं नहीं जानती। तीसरे, मैंने पापा से पूछा कि क्या मुझे मिसेज फॉन डॉन की ईर्ष्या को गम्भीरता से लेना चाहिए तो उन्होंने कहा कि इसकी कोई जरूरत नहीं।

अब मुझे क्या करना चाहिए ? माँ नाराज हैं, वह नहीं चाहतीं कि मैं ऊपर जाऊँ, वे चाहती हैं कि मैं डुसेल के साथ अपने कमरे में बैठकर होमवर्क पूरा करूँ। उन्हें खुद ही ईर्ष्या हो रही है। पिता उन घंटों को लेकर कतई परेशान नहीं हैं और उनको लगता है कि यह ठीक ही है कि हमारे बीच अच्छी छनने लगी है। मारगोट भी पीटर को पसन्द करती है, लेकिन तीन लोगों में वह बातचीत नहीं हो सकती जो दो लोगों में हो सकती है।

इससे भी बढ़कर, माँ को यह भी लगता है कि पीटर मुझे प्यार करता है। सच बताऊँ, तो मुझे लगता है कि काश वह मुझे प्यार करता, तब एक दूसरे को जानना और अधिक आसान हो जाता। उनका यह भी कहना है कि वह हर वक्त मुझे देखता रहता है। ठीक है, मुझे लगता है कि हम कभी-कभार एक-दूसरे की ओर देख लेते हैं। लेकिन अगर वह मेरे गालों में पड़ने वाले गड्ढों (डिंपल) की तारीफ करता है, तो इसमें मैं क्या कर सकती हूँ ?

मैं काफी मुश्किल में हूँ। माँ मेरे खिलाफ हैं और मैं माँ के। पिता माँ और मेरे बीच चलनेवाली उस खामोश लड़ाई के मूक दर्शक बने रहते हैं। माँ इसको लेकर उदास रहती

हैं क्योंकि वे मुझे अब भी प्यार करती हैं, लेकिन मैं इससे दुखी नहीं क्योंकि वे अब मेरे लिए मायने नहीं रखतीं।

जहाँ तक पीटर की बात है, तो मैं उसे छोड़ना नहीं चाहती। वह बेहद प्यारा है और मैं उसे बेहद पसन्द करती हूँ। जब हम दोनों के बीच काफी अच्छी निभ सकती है तो इन बूढ़े लोगों को हमारे इस कार्य-व्यापार में नाक डालने की क्या जरूरत आन पड़ी है ? सौभाग्य से, मुझे अपनी भावनाओं को छिपाना आता है, इसलिए मैं यह छिपा लेती हूँ कि उस पर मैं कितनी फिदा हूँ। क्या वह कभी कुछ कहनेवाला है ? क्या मैं कभी उसके गालों को अपने गालों के पास उसी तरह महसूस कर पाऊँगी जिस तरह सपने में महसूस करती हूँ ? ओह, पीटर तुम दोनों ही एक समान हो। वे हमें नहीं समझते। वे इस बात को कभी भी नहीं समझ पाएँगे कि हम बिना कुछ बोले एक दूसरे के साथ बैठकर ही खुश हैं। उनको इस बात का कोई पता नहीं है कि हमें क्या चीज पास ले आती है ! ओह, इन मुश्किलों से हम कब पार पा सकेंगे ? और यह अच्छा है कि हमें उनका सामना करना है, इससे अन्त और भी अच्छा हो सकता है। जब वह अपनी बाँहों पर सिर रखकर आँखें बन्द कर लेता है, तो बच्चा ही लगता है, जब वह मौश्चे के साथ खेलता है या उससे बातें करता है तो बड़ा प्यारा लगता है, जब वह आलू या कुछ भी भारी उठा रहा होता है, तो मजबूत दिखाई देता है, जब वह अँधेरे घर में डाकुओं की तलाश में घूम रहा होता है तो साहसी दिखाई देता है। मैं चाहती हूँ कि वह हर चीज में मुझसे बेहतर लगे या दिखे।

हम अपनी दोनों माँओं की कितनी परवाह करते हैं? काश, वह मुझे इस बारे में कुछ बताए।

पिता हमेशा कहते हैं कि मैं घमंडी हूँ, लेकिन मैं नहीं हूँ, मैं तो बस अभिमानी हूँ। ऐसे लोग बहुत नहीं हैं जो कहें कि मैं सुन्दर हूँ, सिवाय स्कूल के उस लड़के के जिसने कहा था कि जब मैं हँसती हूँ तो बड़ी सुन्दर लगती हूँ। कल पीटर ने मुझे बड़ी अच्छी बात कही, बस मजे के लिए मैं तुमको अपनी बातचीत का सार दे देती हूँ।

पीटर अक्सर कहता है, 'हँसो,' मुझे बड़ा अजीब लगता था सो कल मैंने उससे पूछा कि 'वह हमेशा यह क्यों चाहता है कि मैं हँसती रहूँ ?'

'क्योंकि तुम्हारे गालों में गड्ढे पड़ते हैं। तुम यह कैसे कर लेती हो ?'

'मैं इसी के साथ पैदा हुई हूँ। मेरे पास सुन्दरता का बस यही खजाना है।'

'नहीं, यह सही नहीं है।'

'हाँ, यही सच है। मैं जानती हूँ कि मैं सुन्दर नहीं हूँ। न कभी रही हूँ, न कभी हो पाऊँगी।'

'मैं इससे सहमत नहीं हूँ। मुझे लगता है कि तुम सुन्दर हो।'

'मैं नहीं हूँ।'

'मैं कहता हूँ कि तुम हो और इस मामले में तुमको मेरी बात माननी ही पड़ेगी।'

जाहिर है, फिर मैंने भी उसके बारे में यही बात कही।

तुम्हारी, अने एम. फ्रांक

बुधवार, 29 मार्च 1944

प्यारी किटी,

कैबिनेट मंत्री मिस्टर बोल्केस्तिन ने लन्दन के डच प्रसारण में कहा कि युद्ध के बाद डायरी और पत्रों का संकलन प्रकाशित किया जाएगा। जाहिर है, हर कोई मेरी डायरी की बात कर रहा है। जरा सोचो, यह कितना मज़ेदार रहे अगर मैं इस गुप्त आवास के बारे में उपन्यास प्रकाशित करवाऊँ। उसके शीर्षक से लोगों को लगेगा कि यह कोई जासूसी कथा है।

सचमुच, युद्ध के दस साल बाद लोगों को यह पढ़कर बड़ा आश्चर्य होगा कि हम किस प्रकार रहते थे, हम क्या खाते थे और क्या बातें करते थे। वैसे तो अपने जीवन के बारे में मैंने तुमको काफी कुछ बता दिया है, मगर तुम अब भी हमारे बारे में बहुत कम जानती हो। किस तरह हवाई हमलों से औरतें घबरा जाती हैं। पिछले रविवार जब 350 ब्रिटिश हवाई जहाजों ने इज्मुइडेन पर 550 टन बम बरसाया तो हमारे घर घास की पत्तियों की तरह काँप रहे थे या और कई तरह की महामारियाँ यहाँ पसरी हैं।

तुम इस बारे में कुछ नहीं जानती हो। और अगर मैं विस्तार से बताने लगूँ तो पूरा एक दिन लग जाएगा। लोगों को सब्जियों और सामान के लिए क्यू में लगना पड़ता है, डॉक्टर अपने मरीजों को देख नहीं पाते क्योंकि जैसे ही वे मुड़े उनकी कारें अथवा गाड़ियाँ चुरा ली जाएँगी। चोरी और राहजनी इतनी बढ़ गई है कि डच लोगों में अँगूठी पहनने का रिवाज ही खत्म हो गया है। आठ और ग्यारह वर्ष के छोटे-छोटे बच्चे लोगों के घरों की खिड़कियाँ तोड़कर घुस जाते हैं और जो भी मिलता है उठा ले जाते हैं। पाँच मिनट के लिए भी लोग अपना घर छोड़ नहीं सकते क्योंकि वापस लौटने पर उन्हें घर साफ मिलेगा। आए दिन अखबारों में चोरी गए टाइपराइटरों, ईरानी कालीनों, बिजली से चलनेवाली घड़ियों, कपड़ों आदि को लौटाने के लिए विज्ञापन पढ़ने को मिलते हैं। लोग गली के नुक्कड़ों पर लगी विद्युत घड़ियाँ उतार ले गए और सार्वजनिक टेलीफोनों का आखिरी तार भी गायब हो गया है।

डच लोगों की नैतिकता अच्छी नहीं हो सकती, सभी भूखे हैं। नकली कॉफी के अलावा एक हफ्ते का राशन दो दिन भी नहीं चल पाता। पता नहीं, क्या-क्या देखना बाकी है। पुरुषों को जर्मनी भेजा जा रहा है, बच्चे बीमार हैं अथवा भूख से बेहाल हैं। सब लोग फटे-पुराने कपड़े और घिसे-पिटे जूते पहन रहे हैं। चोरबाजारी में जूते का एक नया तल्ला 7.50 गिल्डर का मिलता है। इसके अलावा बहुत कम मोची मरम्मत का काम करते हैं। यदि करते भी हैं तो तुम्हें अपने जूते के लिए चार महीने इंतजार करना होगा। इस बीच हो सकता है, जूते गायब मिलें।

इसका एक फायदा भी हुआ है, खाना जितना खराब होता है, बिक्री भी उतनी ही बढ़ती है। सरकारी लोगों पर हमले की घटनाएँ बढ़ती जा रही हैं। खाद्य कार्यालय, पुलिस अधिकारी सभी या तो अपने जान-पहचान के नागरिकों की मदद करते हैं अथवा

कोई-न-कोई आरोप मढ़कर जेल भेज देते हैं। सौभाग्य से बहुत कम डच लोग गलत के पक्ष में हैं।

तुम्हारी, अने

शुक्रवार, 31 मार्च 1944

प्यारी किटी,

कल्पना करो कि अभी भी काफी ठंड है और ज्यादातर लोग बिना कोयले के एक महीने से रह रहे हैं। भयानक लगता है, नहीं ? रूस के मोर्चे पर आशा जगी है क्योंकि वहाँ लड़ाई बढ़िया चल रही है। मैं अक्सर राजनीतिक हालात नहीं लिखती हूँ, पर मुझे यह जरूर तुम्हें बताना चाहिए कि इस समय रूसी कहाँ हैं। वे रूमानिया में प्रुत नदी के किनारे पोलैंड की सीमा तक पहुँच चुके हैं। वे ओडेस्सा के एकदम निकट हैं और उन्होंने तेरनोपोल को घेर लिया है। हर रात हम स्तालिन से एक और सूचना की उम्मीद करते रहते हैं।

मॉस्को में इतनी सलामी दागी जा रही है कि, शहर दिनभर कँपकँपाता रहता होगा। या तो वे यह जताना चाहते हैं कि लड़ाई नजदीक है या फिर उनके खुशी प्रकट करने का कोई और तरीका नहीं है, पता नहीं।

हंगरी पर जर्मन सेना ने कब्जा कर लिया है। करीब दस लाख यहूदी वहाँ अभी भी हैं। यह उनका दुर्भाग्य है।

यहाँ कुछ खास नहीं हो रहा है। आज मिस्टर फॉन डॉन का जन्मदिन है। उनको दो पैकेट तंबाकू, एक कॉफी, जो उनकी पत्नी ने किसी तरह बचा ली थी, मिस्टर कूगलर उनके लिए लेमन पंच लाए थे, मीप ने सार्डिन मछली, हम लोगों ने यूडीकोलोन दिया, और एक स्वादिष्ट केक भी।

पीटर और मुझे लेकर होने वाली सारी चर्चा थम गई है। वह आज रात मुझे लेने आ रहा है। तुमको नहीं लगता, उसकी तरफ से यह अच्छी पहल है क्योंकि वह ऐसा करने से नफरत करता है। हम बड़े अच्छे दोस्त हैं। हमने काफी समय साथ गुजारा है और कल्पना की जा सकनेवाली हर बात पर चर्चा की है। यह अच्छा लगता है कि संवेदनशील मुद्दों पर बात करते हुए अन्य लड़कों की तरह उससे मुझे झेंपना नहीं पड़ता। उदाहरण के लिए, हम लोग खून की चर्चा कर रहे थे और चर्चा माहवारी पर आ गई। वह सोचता है औरतें मजबूत इसलिए होती है कि वे खून के इस नुकसान को सह लेती हैं और मैं भी औरत हूँ। पता नहीं क्यों ?

मेरी जिन्दगी अब अच्छी हो गई है, बहुत अच्छी। ईश्वर ने हमें छोड़ा नहीं है, वह छोड़ेगा भी नहीं।

तुम्हारी, अने एम. फ्रांक

शनिवार, 1 अप्रैल 1944

मेरी प्यारी किटी,

अब भी हर चीज मुश्किल बनी हुई है। तुम समझ रही हो मैं क्या कह रही हूँ, नहीं ? मैं तरसती रहती हूँ कि वह मेरा चुम्बन ले, पर वह चुम्बन अपना प्यारा समय ले रहा है। क्या वह मुझे अब भी अपना दोस्त समझता है ? क्या मैं इससे कुछ अधिक की उम्मीद नहीं कर रही हूँ ?

हम (तुम और मैं) दोनों जानती हैं कि मैं बड़ी मजबूत हूँ, और मैं ज्यादातर बोझ खुद ही उठा सकती हूँ। मैंने अपने दुख कभी किसी से साझा नहीं किए, मैंने कभी माँ को नहीं ढूँढ़ा लेकिन उसके कंधे पर सिर रखकर चुपचाप बैठना मुझे अच्छा लगेगा।

मैं पीटर के गाल के उस सपने को कभी नहीं भूल सकती जब सब कुछ बेहद अच्छा था। क्या उसको भी यही तड़प होती होगी ? क्या वह इतना शर्मीला है कि मुझसे प्यार के दो शब्द नहीं कह सकता ? क्यों वह मुझे अपने आसपास देखना चाहता है ? ओह, वह कुछ कहता क्यों नहीं है ?

मुझे रुकना पड़ेगा। शान्त होना होगा। मैं फिर से मजबूत होने की कोशिश करूँगी, अगर मुझमें धीरज आ गया तो सब कुछ अपने आप हो जाएगा। लेकिन बुरा यह है कि ऐसा लग रहा है जैसे मैं उसका पीछा कर रही होऊँ। मैं ही हमेशा ऊपर जाती हूँ, वह नहीं आता है। लेकिन यह कमरों के कारण है, और वह समझता है कि मैं मना क्यों करती हूँ। ओह, मुझे लगता है वह उससे ज्यादा समझता है जितना मैं सोचती हूँ।

तुम्हारी, अने एम. फ्रांक

सोमवार, 3 अप्रैल 1944

मेरी प्यारी किटी,

अपने सामान्य व्यवहार के विपरीत इस बार मैं तुमको भोजन की स्थिति का विस्तृत विवरण देने जा रही हूँ, क्योंकि यह मुश्किल और महत्त्वपूर्ण मसला बनता जा रहा है, केवल हमारी अपनी इस एनेक्सी में ही नहीं, बल्कि पूरे हालैंड, समूचे यूरोप और उसके भी पार।

हमें यहाँ रहते हुए 21 महीने हो गए, इस बीच हमारे कई 'भोजन-चक्र' चले, तुम समझ जाओगी कि इसका अभी क्या मतलब है। 'भोजन चक्र' का मतलब होता है एक ऐसा समय जिसमें खास तरह का भोजन या सब्जी ही हम खाते हैं। बहुत समय तक हमने कासनी के अलावा कुछ नहीं खाया। आलू के साथ कासनी, भून कर कासनी आदि-आदि। इसके बाद अलग-अलग चीजों के साथ हम पालक खाने लगे।

यह कोई मजेदार बात नहीं कि आपको हर रोज दिन और रात के खाने में एक ही चीज खानी पड़े, लेकिन जब आप भूखे होते हैं तो काफी कुछ करते हैं। लेकिन हम

इस समय अब तक के सबसे कठिन दौर से गुजर रहे हैं क्योंकि अब कोई सब्जी नहीं बची है।

हमारे साप्ताहिक भोजन में भूरे बीन और आलू के ही तरह-तरह के व्यंजन रहते हैं तो ईश्वर की कृपा से शलजम का सिरा या सड़ी हुई गाजरें और फिर से भूरे बीन से ही काम चलाते हैं। पाव रोटी की कमी के कारण हम लोग नाश्ते से लेकर हर भोजन में आलू ही खाते हैं, बाद में हम उसे भून भी लेते हैं। सूप बनाने के लिए हम लोग बीन सूप, चिकेन सूप और शाकाहारी सूप के पैकेटों का इस्तेमाल करते हैं। भूरे बीन तो हर चीज में मिले होते हैं, यहाँ तक कि पावरोटी में भी। रात के खाने में हम रसदार आलू खाते हैं—ईश्वर का धन्यवाद कि सलाद के साथ वह हमें अब भी मिल जाता है। मैं तुम्हें मालपुए के बारे में बताती हूँ। हम लोग उसे सरकारी आटे, पानी और खमीर के साथ बनाते हैं। वे इतने चिपचिपे और सख्त होते हैं कि लगता है जैसे पेट में चट्टान हो, लेकिन ऐसा है नहीं।

हमारे साप्ताहिक भोजन की सबसे अच्छी चीज गुर्दे का सॉसेज और जैम लगी हुई पावरोटी होती है। लेकिन हम लोग अभी भी जिन्दा हैं और अब तो इसका स्वाद अच्छा भी लगता है।

तुम्हारी, अने एम. फ्रांक

बुधवार, 5 अप्रैल 1944

मेरी प्यारी किटी,

काफी समय से पता नहीं क्यों मैं अपने स्कूल के होमवर्क को लेकर परेशान रहती थी। युद्ध की समाप्ति तो परीकथा की तरह लगने लगी है। अगर सितम्बर तक युद्ध समाप्त नहीं हुआ तो मैं स्कूल नहीं जाऊँगी क्योंकि मैं दो साल पीछे नहीं होना चाहती।

पीटर ने मेरे दिन बना दिए हैं, किसी और ने नहीं पीटर ने, शनिवार की रात तक सपने और खयाल थे, जब मुझे बहुत बुरा लग रहा था, यह सब बड़ा भयानक था। जब मैं पीटर के साथ थी तो मेरे आँसू रुके रहते थे, फॉन डॉन के साथ लेमन पंच पीते हुए खुलकर हँस रही थी, लेकिन जैसे ही मैं अकेली हुई समझ गई कि आँखें फाड़कर रोनेवाली हूँ। मैं अपनी नाईटी में फर्श पर बैठ गई और भक्तिभाव से प्रार्थना में लग गई। फिर मैंने अपने घुटनों को छाती से सटा लिया, अपना सिर बाँहों में गड़ाकर वहीं नंगे फर्श पर बैठकर रोने लगी। जब बड़े जोर की हिचकी उठी, तो मैं जमीन पर लेट गई, मैंने अपने आँसुओं को रोका क्योंकि मैं नहीं चाहती थी कि बगल के कमरे में कोई सुन ले। बार-बार मैं सोचती रही कि मुझे स्थिति पर काबू पाना ही होगा। इसी स्थिति में मैं बिस्तर पर आ गई और साढ़े दस बजे के करीब सो गई। यह सब खत्म हो चुका था।

और अब तो यह सचमुच हो चुका है ! अब मुझे समझ में आ गया है कि जीवन

में आगे बढ़ने के लिए, अज्ञानता से बचने के लिए, अपना सपना पूरा करने के लिए, पत्रकार बनने के लिए यह जरूरी है कि मैं अपनी स्कूल की पढ़ाई पूरी करूँ क्योंकि मैं पत्रकार ही बनना चाहती हूँ। मैं जानती हूँ कि मैं लिख सकती हूँ। मेरी कुछ कहानियाँ अच्छी हैं, गुप्त ठिकाने का मेरा वर्णन हास्यकर है। मेरी डायरी ज्यादातर जीवंत है... लेकिन यह देखना रह गया है कि सचमुच मुझमें प्रतिभा है या नहीं।

'इवा'ज ड्रीम' मेरी सबसे अच्छी परीकथा है। और जो बुरी बात है वह यह कि इसका मुझे जरा भी अंदाजा नहीं है कि यह कहानी आई कहाँ से। 'कैडी'ज लाईफ' के कुछ हिस्से भी अच्छे हैं, लेकिन कुल मिलाकर उसमें कुछ खास नहीं है। मैं अपनी बड़ी कटु आलोचक हूँ। मैं यह जानती हूँ कि क्या अच्छा है और क्या नहीं। जब तक तुम खुद नहीं लिखो, पता नहीं चल सकता कि यह कितना आनन्ददायक होता है। मैं अक्सर इस बात का रोना रोती रहती थी कि मैं नहीं लिख सकती, लेकिन अब मुझे इस बात की बड़ी खुशी होती है कि कम से कम मैं लिख सकती हूँ। और अगर मेरे अन्दर किताब या समाचार पत्रों में लेख लिखने की क्षमता नहीं है तो मैं अपने लिए तो हमेशा लिख ही सकती हूँ। लेकिन मैं इससे ज्यादा हासिल करना चाहती हूँ। मैं माँ, मिसेज फॉन डॉन या अन्य औरतों जैसा जीवन जीने के बारे में सोच भी नहीं सकती, जो अपना काम करती रह जाती हैं और भुला दी जाती हैं। मेरे पास पति और बच्चे के अलावा भी कुछ ऐसा होना चाहिए जिसके लिए मैं अपने आपको समर्पित कर सकूँ। मैं इस तरह का जीवन नहीं जीना चाहती जैसा कि ज्यादातर लोग जीते हैं। मैं एक ऐसा जीवन जीना चाहती हूँ जिससे दूसरे लोगों को फायदा हो, उनको भी, जिनसे मैं नहीं मिली। मैं मरने के बाद भी जीना चाहती हूँ। और इसीलिए मैं ईश्वर की कृतज्ञ हूँ कि उन्होंने मुझे यह तोहफा दिया जिसे मैं विकसित कर सकती हूँ और अपने अन्दर जो है उसको अभिव्यक्त कर सकती हूँ।

जब मैं लिखती हूँ तो किसी की परवाह नहीं करती हूँ। मेरे दुख भाग जाते हैं, उत्साह जग जाता है। लेकिन बड़ा सवाल यह है कि क्या मैं कभी कुछ ऐसा लिख पाऊँगी, जो महान हो, क्या मैं कभी पत्रकार या लेखक बन पाऊँगी ?

मैं इसकी बहुत ज्यादा उम्मीद करती हूँ क्योंकि लेखन मुझे यह आजादी देता है कि मैं उसमें कुछ भी दर्ज कर सकूँ, अपने सारे खयाल, अपने सारे सपने।

मैंने 'कैडी'ज लाईफ' पर काफी समय से कोई काम नहीं किया है। मेरे खयाल से मैंने लिखा तो ठीक है, लेकिन कहानी बन नहीं पाई है। मैं शायद इसे कभी पूरा न कर पाऊँ और इसे कचरे या आग के हवाले कर दूँ। यह सोचना वैसे तो बड़ा बुरा लगता है लेकिन मैं अपने आप से कहती हूँ, '14 साल की उम्र में इतने कम अनुभव की बदौलत आप दर्शन पर तो नहीं ही लिख सकते।'

इसलिए नए उत्साह के साथ यह सब काम करना होगा क्योंकि मैंने पक्का कर लिया है कि लिखना है।

तुम्हारी, अने एम. फ्रांक

गुरुवार, 6 अप्रैल 1944

प्यारी किटी,

तुमने मेरी रुचियों और शौक के बारे में पूछा था, मैं उसका जवाब देना चाहती हूँ लेकिन इस बात के लिए पहले ही चेता दूँ कि मेरे बहुत से शौक हैं, इसलिए आश्चर्यचकित नहीं होना।

सबसे पहले, लेखन, लेकिन मुझे नहीं लगता है कि यह कोई शौक है।

मेरा दूसरा शौक है वंशावलियाँ बनाना। मैं हर अखबार, पुस्तक, दस्तावेजों में ढूँढ़ती रहती हूँ कि फ्रेंच, जर्मन, स्पेनिश, इंग्लिश, आस्ट्रियाई, रूसी, नार्वे और डच राजपरिवारों के वंशवृक्ष के बारे में कुछ मिल जाए। इनमें से कई में मैंने काफी प्रगति कर ली है क्योंकि काफी समय से मैं जीवनी या इतिहास की पुस्तक पढ़ते हुए नोट लेती रही हूँ। यहाँ तक कि इतिहास की पुस्तकों से मैं काफी कुछ अनुच्छेद उतार भी लेती हूँ।

इसलिए मेरा तीसरा शौक इतिहास है और पिता ने मेरे लिए इसकी काफी पुस्तकें खरीद भी रखी हैं। मैं उस दिन का इन्तजार कर रही हूँ जब मैं सार्वजनिक पुस्तकालय में जाकर अपने काम की सूचना ले पाऊँगी।

मेरा चौथा शौक है ग्रीक और रोमन मिथक। मेरे पास इस विषय से सम्बन्धित भी कई किताबें हैं। मैं नौ कलादेवियों और देवराज के सात प्यार के नाम बता सकती हूँ। मेरे पास इसके अलावा हरक्यूलीस की पत्नी आदि-आदि के नाम भी हैं।

मेरे अन्य शौक हैं फिल्मी सितारों की और पारिवारिक तस्वीरें इकट्ठा करना। पढ़ने और किताबों का मुझे नशा है। कला के इतिहास में मेरी बड़ी दिलचस्पी है, विशेषकर तब जब इसका सम्बन्ध लेखकों, कवियों और चित्रकारों से हो; संगीतज्ञ बाद में आता है। अंकगणित, ज्यामिति जैसे विषय मुझे पसन्द नहीं हैं। मुझे स्कूल में पढ़ाए जानेवाले सभी विषय बहुत पसन्द हैं लेकिन इतिहास मेरा पसन्दीदा विषय है।

तुम्हारी, अने एम. फ्रांक

मंगलवार, 11 अप्रैल 1944

मेरी प्यारी किटी,

मेरा सिर चकरा रहा है, समझ नहीं आ रहा कि कहाँ से शुरू करूँ ! मंगलवार (जब मैंने पिछली बार तुमको लिखा था।) को सब कुछ सामान्य था। शुक्रवार की दोपहर हमने मोनोपाली का खेल खेला; शनिवार की दोपहर को भी। दिन बड़ी तेजी से गुजर रहे हैं। शनिवार को करीब 2 बजे जबरदस्त गोलाबारी होने लगी। बाकी सब शान्त था।

रविवार की दोपहर पीटर मेरे बुलावे पर साढ़े चार बजे मुझसे मिलने आया। सवा पाँच बजे हम सामनेवाली अटारी में चले गए जहाँ छह बजे तक रहे। रेडियो पर छह से सवा सात बजे मोजार्ट का संगीत बज रहा था, मुझे 'रात्रि राग' बहुत अच्छा लगा। मैं

रसोई में तो सुन ही नहीं पाती क्योंकि अच्छा संगीत मेरी अन्तरात्मा तक को झकझोर कर रख देता है। रविवार शाम पीटर नहा नहीं पाया क्योंकि टब दफ्तर की रसोई में रखा था और उसमें गंदे कपड़े थे। हम दोनों सामने की अटारी में साथ-साथ गए और आराम से बैठने के खयाल से जो एकमात्र कुशन मुझे कमरे में मिला, मैं साथ ले गई। एक ही कुशन पर साथ-साथ बैठने के कारण हम बहुत करीब थे, मौश्चे भी हमारे साथ थी, इसलिए हम बिना संरक्षक के वहाँ नहीं थे। अचानक पौने नौ बजे मिस्टर फॉन डॉन ने सीटी बजाते हुए यह जानना चाहा कि क्या हमारे पास मिस्टर डुसेल का कुशन है। हम लोग उछल पड़े और उस कुशन, बिल्ली और मिस्टर फॉन डॉन के साथ नीचे चले गए। यह कुशन बड़े विवाद का कारण बना। डुसेल इसलिए नाराज थे क्योंकि जो कुशन मैंने लिया था, उसका इस्तेमाल वे तकिए की तरह करते थे और उनको डर था कि कहीं उसमें कीड़े न लग जाएँ; उन्होंने पूरा घर सिर पर उठा रखा था। बदले में, पीटर और मैंने दो सख्त ब्रश उनके बिस्तर में छिपा दिए लेकिन फिर निकाल लेना पड़ा, क्योंकि अप्रत्याशित रूप से डुसेल ने अपने कमरे में बैठने का फैसला किया। हम लोग खूब हँसे।

लेकिन हमारी यह मौज-मस्ती कुछ ही देर की रही। साढ़े नौ बजे पीटर ने दरवाजा खटखटाकर पिता को ऊपर बुलाया और अंग्रेजी के एक मुश्किल वाक्य का मतलब बताने को कहा।

'यह सब कुछ चक्कर लग रहा है,' मैंने मारगोट से कहा। 'जरूर कोई और बात है, जिस तरह से आदमी लोग बात कर रहे हैं उससे लगता है कि चोरी हुई है।' मैं सही थी। उसी समय भंडारघर में कोई घुस आया था। पिता, फॉन डॉन और पीटर नीचे थे। मारगोट, माँ, मिसेज फॉन डी. और मैं ऊपर इन्तजार करती रहीं। चार डरी हुई औरतें बात कर रही थीं कि अचानक नीचे धम्म की आवाज हुई। इसके बाद सब शान्त हो गया। घड़ी ने पौने दस बजाए। हमारे चेहरों की रंगत उतर गई लेकिन हम शान्त बने रहे, हालाँकि हम डरे हुए थे। आदमी लोग कहाँ थे ? आवाज कैसी थी ? क्या चोरों से उनकी लड़ाई हो रही थी ? हम लोग सोच-सोच कर डरे हुए थे; हम बस इन्तजार कर सकते थे।

दस बजे सीढ़ियों पर पदचाप सुनाई दी। घबड़ाहट से पीले पड़े पापा अन्दर आए, पीछे-पीछे फॉन डॉन। 'बत्ती बुझाओ। ऊपर जमा हो जाओ। हमें पुलिस का अन्देशा है।'

वह डरने का समय नहीं था। बत्तियाँ बुझा दी गईं और मैंने फटाफट जैकेट उठाई और हम ऊपर चले गए।

'क्या हुआ ? हमें जल्दी-जल्दी बताओ।'

कोई बतानेवाला नहीं था, आदमी लोग नीचे गए हुए थे। वे चारों दस बजकर दस मिनट तक ऊपर नहीं आए। दो लोग पीटर की खुली खिड़की पर देखने के लिए खड़े हो गए। नीचे का दरवाजा बन्द कर दिया गया, बुककेस बन्द कर दिया गया। हमने रात की बत्ती के ऊपर स्वेटर डाल दिया, और फिर उन्होंने हमें बताया कि क्या हुआ था :

पीटर नीचे था जब हमें दो आवाजें सुनाई दीं। हम नीचे गए और पाया कि भंडारघर के दरवाजे का एक चौखट गायब है। उसने ऊपर आकर 'होम गार्ड्स' को

सावधान किया और वे चारों नीचे भागे। जब वे भंडारघर में पहुँचे तो चोर अपने काम में लगे थे। बिना कुछ समझे मिस्टर फॉन डॉन के मुँह से निकला–पुलिस। पदचाप सुनकर चोर भाग गए। दरवाजे में लकड़ी डाल दी गई। ताकि पुलिस को दरार न दिखाई पड़े, लेकिन बाहर से एक हल्का-सा धक्का लगा और वह लकड़ी का टुकड़ा फर्श पर आ गिरा। चोरों की इस ढिठाई पर उनको बड़ा आश्चर्य हुआ। पीटर और मिस्टर फॉन डॉन पर तो जैसे खून सवार हो गया। मिस्टर फॉन डॉन ने फर्श पर कुल्हाड़ी पटकी और फिर सब कुछ शान्त हो गया। एक बार फिर उस चौखट को लगा दिया गया और एक बार फिर यह प्रयास बेकार गया। बाहर से एक आदमी और औरत ने दरारों से टॉर्च की रोशनी फेंकी और सारा भंडारघर रोशन हो गया। 'क्या है...' एक आदमी बुदबुदाया लेकिन अब उनकी भूमिकाएँ बदल चुकी थीं। पुलिस की जगह वे चोर फिर आ गए। चारों ऊपर भागे। डुसेल और मि. फॉन डॉन ने डुसेल की किताबें समेटीं, पीटर ने रसोई और प्राइवेट आफिस का दरवाजा और खिड़कियाँ खोली, फोन को नीचे पटका और सामान समेटते हुए चारों बुककेस के पीछे आ गए।

खंड एक की समाप्ति

इस बात की पूरी सम्भावना थी कि टॉर्च वाले आदमी और औरत ने पुलिस को बता दिया हो। यह रविवार था, ईस्टर का रविवार। सोमवार को दफ्तर बन्द रहनेवाला था जिसका मतलब था कि मंगलवार की सुबह तक हम घूम-फिर नहीं सकते। जरा सोचो, इस तरह भयभीत अवस्था में एक दिन और दो रातों तक बैठे रहना। हम कुछ नहीं सोच पा रहे थे, बस वहाँ घुप्प अँधेरे में बैठे रहे–भय के मारे मिसेज फॉन डी. ने बत्ती बुझा दी थी। हम फुसफुसाने लगते जब भी कोई आवाज आती, कोई श ! श !! करने लगता।

साढ़े दस, फिर ग्यारह। कोई आवाज नहीं। पिता और मिस्टर फॉन डॉन हमारे पास ऊपर आए। फिर सवा ग्यारह बजे नीचे एक आवाज हुई। तुम ऊपर सारे परिवार को उसाँसें भरते देख सकती थी। कोई नहीं हिला-डुला। पदचाप की आवाज घर में, निजी दफ्तर में, रसोई में, फिर...सीढ़ियों पर। साँसों की आवाज भी नहीं आ रही थी, सीढ़ियों पर खटर-पटर। इस क्षण का तो वर्णन ही नहीं किया जा सकता।

'हम लोग पकड़े गए,' मैंने कहा। मुझे ऐसा लगने लगा कि आज रात ही हम पन्द्रह लोग पकड़ लिये जाएँगे, गेस्तापो द्वारा।

बुक़केस पर कुछ और खड़-खड़ हुई, दो बार। फिर हमें पदचापों के वापस जाने की आवाज सुनाई दी। अब तो कम से कम हम खतरे से बाहर हो चुके थे। हमारे शरीर में कँपकँपाहट दौड़ गई, कई दाँतों के बजने की आवाजें आईं, मगर किसी ने भी एक शब्द नहीं कहा। हम लोग इसी तरह साढ़े ग्यारह बजे तक रहे।

घर में किसी तरह की आवाज तो नहीं आ रही थी लेकिन बुककेस के ठीक सामने रोशनी चमक रही थी। क्या यह इस कारण था कि यह पुलिस को सन्देहास्पद लग रहा था या वे भूल गए थे ? क्या कोई आकर इसे बुझानेवाला है ? हमें अपनी आवाज वापस सुनाई दी। इमारत के अन्दर तो कोई भी नहीं था लेकिन शायद बाहर कोई निगरानी

के लिए खड़ा हो। फिर हमने तीन काम किए : यह अंदाजा लगाने की कोशिश की कि क्या चल रहा है, भय से कँपकँपाने लगे और शौचालय गए। चूँकि सारी बाल्टियाँ अटारी में थीं इसलिए हमने पीटर के कूड़ेदान से काम चलाया। मिस्टर फॉन डॉन पहले गए, फिर पापा, लेकिन माँ को शर्म आ रही थी। पापा उस कूड़ेदान को उठाकर बगल के कमरे में ले आए जहाँ मारगोट, मिसेज फॉन डॉन और मैंने उसका इस्तेमाल किया। माँ ने भी आखिरकार अपना इरादा छोड़ दिया। कागज की बड़ी माँग थी और संयोग से मेरी जेब में कुछ थे।

कूड़ेदान महकने लगा, हम थक चुके थे। रात आधी बीत चुकी थी।

'फर्श पर ही लेटो और सो जाओ।' मारगोट और मुझे एक कंबल और तकिया दिया गया। मारगोट खाने की आलमारी के पास सो गई और मैंने अपना बिस्तर मेज के पायों के बीच लगाया। दुर्गंध फर्श पर सोते हुए इतनी ज्यादा तो नहीं लग रही थी लेकिन मिसेज फॉन डॉन ने कुछ ब्लीच पाउडर लाकर शौचालय पर डाल दिया और एक छोटा तौलिया फैला दिया ताकि दुर्गंध जाती रहे।

बातचीत, फुसफुसाहटें, भय, बदबू और लोगों का लगातार शौचालय जाना—इस सबके बीच सोने की कोशिश ! ढाई बजे तक मैं इतनी थक चुकी थी कि सो गई और साढ़े तीन बजे तक मुझे कुछ भी सुनाई नहीं दिया। मेरी नींद तब खुली जब मिसेज फॉन डी. ने अपना सिर मेरे पैरों पर रख दिया।

'भगवान के लिए, मुझे कुछ पहनने के लिए दो !' मैंने कहा। मुझे कुछ कपड़े दिए गए लेकिन यह मत पूछो क्या : पाजामे के ऊपर पहनने के लिए ऊनी स्लैक्स का जोड़ा, लाल जंफर और एक काली स्कर्ट, सफेद स्टॉकिंग्स और फटे मोजे।

मिसेज फॉन डी. वापस कुर्सी पर बैठ गईं और फॉन डी. मेरे पैरों पर सिर रखकर लेट गए। साढ़े तीन बजे से मैं विचारों में खो गई, और इस तरह काँपती रही कि मिस्टर फॉन डॉन सो नहीं पाए। मैं स्वयं को पुलिस के वापस आने के लिए तैयार करती रही। हम उनको बता देंगे कि हम छिपकर रह रहे थे, अगर वे लोग अच्छे हुए तो हम सुरक्षित बच जाएँगे, अगर वे नाजियों से सहानुभूति रखनेवाले हुए तो हम उन्हें घूस देने की कोशिश कर सकते हैं।

'हमें अपना वायरलेस सेट छिपा देना चाहिए !' मिसेज फॉन डी. फुसफुसाईं।

'ठीक है, स्टोव में,' मिस्टर फॉन डी. ने जवाब दिया। 'अगर वे हमें ढूँढ़ लेते हैं तो शायद वायरलेस को भी ढूँढ़ लें !'

'फिर वे अने की डायरी भी ढूँढ़ लेंगे,' पिता ने जोड़ा।

'इसलिए इसे जला दें,' समूह के सबसे भयभीत सदस्य ने सुझाव दिया।

इससे और बुककेस पर पुलिस की खटखट के वक्त मैं ज्यादा भयभीत हो गई थी। ओह, अपनी डायरी के लिए नहीं; अगर मेरी डायरी जाती है, तो मैं भी चली जाऊँगी ! शुक्र है पापा ने इस विषय में और कुछ भी नहीं कहा।

जो बातचीत हमारे बीच हुई थी उसको पुनः याद करने का कोई मतलब नहीं; इतना कुछ कहा जा चुका है। मैंने मिसेज फॉन डॉन को समझाना शुरू किया, वह काफी डरी

हुई थीं। हमने भागने और गेस्तापो द्वारा पूछताछ किए जाने के बारे में बातचीत की, मिस्टर क्लाइमान को फोन किया और कुछ साहस दिखाया।

'हमें सिपाहियों की तरह व्यवहार करना चाहिए, मिसेज फॉन डॉन, अगर हमारा समय आ ही गया है, तो ठीक है, यह हमारी रानी और देश के लिए तथा स्वतंत्रता, सचाई और न्याय के लिए होगा। बुरी बात केवल यही है कि हमारे साथ और लोग भी फँस जाएँगे।'

एक घंटे के बाद मिस्टर फॉन डॉन ने अपनी पत्नी के साथ फिर से जगह बदल ली और पिता मेरे पास आकर बैठ गए। पुरुष लोग सिगरेट पर सिगरेट पीते रहे, कुछ राहत-सी लग रही थी, कोई फिर से शौचालय गया और बस सब कुछ फिर से शुरू हो गया।

चार बजे, पाँच बजे, साढ़े पाँच बजे। मैं पीटर के साथ उसकी खिड़की के पास बैठकर सुनने का प्रयास करने लगी, इतने नजदीक कि हम एक दूसरे के बदन की कँपकँपाहट तक महसूस कर सकते थे, हमने समय-समय पर कुछेक बातचीत भी की। बगल के कमरे में उन्होंने ब्लैक आउट का परदा हटा दिया। वे हर उस चीज की सूची बना रहे थे जो मिस्टर क्लाइमान को फोन पर बतानेवाले थे क्योंकि वे सात बजे उनको फोन करके यह बतानेवाले थे कि किसी को यहाँ भेज दें। वे बड़ा खतरा मोल ले रहे थे, क्योंकि दरवाजे का प्रहरी या भंडारघर में खड़ा प्रहरी उसको सुन सकता था लेकिन सबसे बड़ा खतरा यह था कि पुलिस वापस आ सकती थी।

मैं उनकी सूची यहाँ दे रही हूँ, लेकिन साफ-सुथरा लगे इसलिए उसकी नकल यहाँ दे रही हूँ।

चोरी : पुलिस इमारत में ऊपर बुककेस तक आ गई, लेकिन उससे आगे नहीं। चोर भंडारघर में घुस आए, फिर बगीचे के रास्ते भाग गए, मुख्य दरवाजा बन्द था; कूगलर जरूर दूसरा दरवाजा खुला छोड़ गए होंगे।

टाईपराइटर और गिनती वाली मशीन निजी दफ्तर की काली तिजोरी में सुरक्षित है।

मीप या बेप रसोई में सफाई कर रही हैं।

केवल बेप या कूगलर के पास ही दूसरे दरवाजे की चाबी है; ताला शायद तोड़ा गया हो।

जान को चेताने की कोशिश करें और चाबी ले लें, दफ्तर की देखभाल करें, बिल्ली को भी खाना खिला दें।

बाकी सब योजना के अनुसार ही हुआ। मिस्टर क्लाइमान को फोन किया गया, दरवाजे से पाये हटा लिए गए, टाईपराइटर को वापस तिजोरी में रख दिया गया। फिर हम सब गोल घेरा बनाकर मेज के चारों ओर बैठकर जान या फिर पुलिस की प्रतीक्षा करने लगे।

पीटर सोने चला गया तथा मैं और मिस्टर फॉन डॉन फर्श पर लेटे थे कि नीचे पदचाप सुनाई दी। मैं तुरन्त उठ गई—'यह जान है।'

'नहीं, नहीं, यह पुलिस है।' सबने कहा।

बाहर बुककेस पर दस्तक हुई। मीप ने सीटी बजाई। मिसेज फॉन डॉन की हालत खराब थी जो अपनी कुर्सी में बैठे-बैठे सफेद पड़ गई थीं। अगर यह तनाव एकाध मिनट और चला होता तो वे बेहोश हो गई होतीं।

जान और मीप आए और उनको बड़ा अजीब दृश्य देखने को मिला। सिर्फ मेज की स्थिति ही तस्वीर लेने लायक थी : *सिनेमा एंड थिएटर* की एक प्रति, उस पर खाने-पीने का सामान, सिगरेट, तंबाकू, ऐश ट्रे, किताबें, एक जोड़ा पैंट, टॉर्च, मिसेज फॉन डॉन की कंघी, टॉयलेट पेपर सब उस पर बिखरा पड़ा था।

जान और मीप का स्वागत गर्मजोशी और आँसुओं से किया गया। जान ने दरवाजे की दरार में एक तख्ता ठोंक दिया और मीप के साथ पुलिस को इस चोरी के बारे में बताने चला गया। मीप को भंडारघर के दरवाजे के पास पहरेदार *स्लीजर्स* का लिखा नोट भी मिला, जिसने इस छेद को देखा था और पुलिस को इसकी सूचना दे दी। जान भी स्लीजर्स से मिलने की योजना बना रहा था।

इस तरह हमारे पास आधा घंटा था, घर और खुद को ठीक-ठाक करने के लिए। मैंने महज आधे घंटे में ऐसा रूपांतरण नहीं देखा था। मारगोट और मैंने नीचे का बिस्तर ठीक किया, शौचालय गए, दाँत साफ किए, हाथ-मुँह धोए और कंघी भी की। फिर मैंने कमरे को कुछ ठीक-ठाक किया और वापस ऊपर चली गई। मेज साफ की जा चुकी थी, हम कुछ पानी लेकर आए, कॉफी और चाय बनाई, दूध उबाला और मेज पर रख दिया। पिता और पीटर पाखाने को साफ करने में लग गए। गर्म पानी से पोंछकर उस पर ब्लीच डाला।

11 बजे जान लौट आया और वह हमारे साथ मेज पर बैठा। धीरे-धीरे सबने चैन की साँस ली। जान के पास सुनाने को यह कहानी थी :

मिस्टर स्लीजर्स सोए हुए थे लेकिन उनकी पत्नी ने बताया कि उनके पति को उस दरार का पता तब चला जब वे चक्कर लगा रहे थे, उन्होंने पुलिस को बुलाया और दोनों ने इमारत की तलाशी ली। मिस्टर स्लीजर्स रात के पहरेदार के रूप में हर रात उस इलाके में अपनी साईकिल से पहरेदारी करते हैं। उनके साथ दो कुत्ते भी होते हैं। वे और उसकी पत्नी मंगलवार को आकर मिस्टर कूगलर को बाकी बातें बताएँगे। पुलिस स्टेशन में इस चोरी के बारे में कोई नहीं जानता था लेकिन उन्होंने यह दर्ज कर लिया कि मंगलवार की सुबह वे सबसे पहले यही देखने आएँगे।'

लौटते हुए रास्ते में जान ने हमारे आलू-प्रदाता मिस्टर फॉन होवेन को जाकर इस चोरी के बारे में बताया। 'मैं जानता हूँ' मिस्टर फॉन होवेन ने आहिस्ता-से जवाब दिया।

'कल रात जब मैं अपनी पत्नी के साथ तुम्हारी इमारत के सामने से गुजर रहा था तो मैंने दरवाजे में एक दरार देखी। मेरी पत्नी तो अन्दर जाना चाहती थी लेकिन मैंने टॉर्च जलाकर अन्दर देखा तभी चोर वहाँ से भाग गए। सुरक्षा के खयाल से मैंने पुलिस को नहीं बुलाया। मुझे लगा कि तुम्हारे मामले में यह सही नहीं होगा। मैं कुछ जानता तो नहीं हूँ, पर मुझे शंका है।' जान ने उसे धन्यवाद दिया और चला गया। फॉन होवेन को जरूर इस बात का शक है कि हम यहाँ रह रहे हैं क्योंकि वह हमेशा आलू देने दोपहर

के खाने के समय आता है। भला आदमी।

जान के जाते और हमारे तैयार होते-होते एक बज गया। हम आठों उसके बाद सोने चले गए। मेरी आँख पौने तीन बजे खुली और मैंने पाया कि मिस्टर डुसेल पहले से जगे हुए थे। मेरे चेहरे पर नींद दिखाई दे रही थी, ब्राथरूम में मेरी पीटर से मुलाकात हुई, उसके बाद वह नीचे चला गया। हमने नीचे दफ्तर में मिलना तय किया। मैं थोड़ा हाथ-मुँह धोकर नीचे गई।

'इस सबके बावजूद क्या तुम अब भी सामने वाली अटारी में जाने का साहस करोगी ?' उसने पूछा। मैंने सिर हिलाया, चारों ओर से कपड़ा लपेटा हुआ अपना तकिया लिया और फिर हम साथ-साथ ऊपर गए, मौसम बड़ा अच्छा था लेकिन जल्द ही हवाई हमले का सायरन बजने लगा, हम वहीं रहे जहाँ थे। पीटर ने मेरे कंधे पर हाथ रख दिया, मैंने उसके कंधे पर और हम चार बजे तक, जब मारगोट हमें कॉफी पीने के लिए बुलाने आई, इसी तरह बैठे रहे।

हमने पावरोटी खाई, लेमोनेड पी और हँसी-मजाक किया और फिर सब कुछ सामान्य हो गया। उस शाम मैंने पीटर का धन्यवाद किया क्योंकि वह हम सबसे बहादुर था।

हम लोग इतने खतरे में कभी नहीं रहे, जितने पिछली रात। ईश्वर सचमुच हमें ऊपर से देख रहा था। जरा सोचो, पुलिस ऊपर बुककेस तक आई थी, बिजली जली हुई थी, फिर भी किसी को हमारे छिपने के ठिकाने का पता नहीं चला। 'अब हम पकड़े जाने वाले हैं।' मैं फुसफुसाई, लेकिन एक बार फिर उस बातचीत से हमें बाहर ही रखा गया। आक्रमण और बमबारी की हालत में तो हर आदमी को अपनी चिन्ता होगी, लेकिन इस समय तो हमें अपने मददगार इन अच्छे ईसाइयों की चिन्ता हो रही है।

'हम बच गए, इसी तरह बचाते रहिए !' हम तो बस यही कह सकते हैं।

इस घटना से कई तरह के बदलाव आए। अब से डुसेल अपना काम बाथरूम में करेंगे और पीटर साढ़े आठ से साढ़े नौ बजे के बीच घर में चहलकदमी करेगा। पीटर को अब अपनी खिड़की खोलने की इजाजत नहीं है क्योंकि केग में काम करने वाले किसी व्यक्ति का ध्यान इस ओर जा चुका था कि वह खुली थी। हम लोग रात में साढ़े नौ बजे के बाद फ्लश का इस्तेमाल नहीं कर सकते हैं। मिस्टर स्लीजर्स को रात में पहरेदारी के लिए रख लिया गया है और आज रात गुप्त स्थान से बढ़ई आकर सब ठीकठाक भी कर जाएगा। हमारी इस एनेक्सी में खूब बहस चल रही है। मिस्टर कूगलर ने हमें हमारी लापरवाही के लिए लताड़ा। जान ने भी कहा कि हमें नीचे कभी भी नहीं जाना चाहिए। अब हमें यह तय करना है कि क्या स्लीजर्स का विश्वास किया जा सकता है, क्या किसी को दरवाजे के पीछे पाकर कुत्ते भौंकने तो नहीं लगेंगे, किस तरह की बाड़ बनाई जाए, आदि-आदि...

हम लोगों को इस बात का बखूबी पता है कि हम बंधन में बँधे यहूदी हैं, अधिकार कोई नहीं, मुमानियत हजारों। हमें अपनी भावनाओं को परे रखकर साहसी और मजबूत

होना है। सारी असुविधाओं को बिना किसी शिकायत के सहना है, जो भी हमारी शक्ति में है, उसे करें और ईश्वर में भरोसा रखें। एक दिन यह भयानक युद्ध समाप्त हो जाएगा। वह समय भी आएगा जब हम केवल यहूदी नहीं, इंसान होंगे !

किसने इसे हमारे ऊपर थोपा ? किसने हमें सबसे अलग कर दिया ? किसने हमें इस तरह की पीड़ा में डाला ? ईश्वर ने हमें इस तरह के हालात में डाला है, वही हमें इससे उबारेगा भी। दुनिया की निगाहों में हम बर्बाद हो गए लेकिन तमाम चीजों के बावजूद अगर यहूदी बचे रह गए तो लोग यहूदियों को उदाहरण के रूप में प्रस्तुत करेंगे। कौन जानता है कि हमारा धर्म संसार को पाठ पढ़ाएगा और दुनिया के लोगों को बता देगा कि यह अच्छाई है जिसके कारण हमें भुगतना पड़ा है। हम कभी डच नहीं हो सकते, ना ही अंग्रेज, या कुछ भी, हम हमेशा यहूदी ही कहलाएँगे। हमें यहूदी ही बने रहना होगा, हम बनना भी चाहेंगे।

साहसी बनो ! अपने कर्त्तव्यों को समझो और बिना किसी शिकायत के उसका निर्वाह करो। इससे निकलने का कोई रास्ता भी होगा। ईश्वर अपने लोगों को नहीं छोड़ता है। युगों से यहूदियों का शोषण होता रहा, लेकिन युगों-युगों तक वे रहनेवाले हैं और शताब्दियों की पीड़ा ने उनको और मजबूत ही बनाया है। कमजोर मर जाते हैं लेकिन मजबूत संघर्ष करते हैं और कभी नहीं हारते।

उस रात मुझे सचमुच लगा कि मैं मरने जा रही हूँ, मैं पुलिस का इन्तजार कर रही थी और मरने के लिए तैयार थी, जैसे युद्ध के मैदान में कोई सैनिक होता है। मैंने खुशी-खुशी अपना जीवन देश को दे दिया होता। लेकिन अब जबकि मैं बच गई हूँ, युद्ध समाप्ति के बाद मेरी पहली इच्छा यह है कि मैं डच नागरिक बन जाऊँ। मैं डच को प्यार करती हूँ, मैं इस देश को प्यार करती हूँ, इस भाषा को प्यार करती हूँ और यहाँ काम करना चाहती हूँ। और अगर मुझे रानी को लिखना ही पड़ा तो मैं तब तक नहीं छोड़ूँगी जब तक कि मुझे मेरा लक्ष्य न मिल जाए।

मैं अपने माता-पिता से अधिक से अधिक स्वतंत्र हो गई हूँ। जवान तो मैं हूँ ही, मैं जीवन का सामना अधिक साहस के साथ करती हूँ और मेरे अन्दर माँ से अधिक न्याय-अन्याय की समझ है। मैं जानती हूँ कि मैं क्या चाहती हूँ। मेरा कोई लक्ष्य है, मेरी अपनी राय है, धर्म है और प्यार है। मैं अपने आप में बनी रहूँ, इतने में ही सन्तुष्ट हो जाऊँगी। मैं यह जानती हूँ कि मैं एक औरत हूँ, अन्दर से मजबूत और साहसी।

अगर ईश्वर ने मुझे जीने का मौका दिया तो मैं उससे काफी ज्यादा पाऊँगी जितना कि माँ ने कभी पाया होगा, मैं अपनी आवाज पैदा करूँगी, मैं संसार में मानवता के लिए काम करूँगी।

मैं अब जानती हूँ कि साहस और खुशी की जरूरत पहले है।

तुम्हारी, अने एम. फ्रांक

शुक्रवार, 14 अप्रैल 1944

प्यारी किटी,

यहाँ हर कोई बहुत तनाव में है। पिता तो जैसे फट पड़ने को हैं; मिसेज फॉन डॉन जुकाम के मारे बिस्तर में कुनमुनाती पड़ी हुई हैं; मिस्टर फॉन डी. सिगरेट के बिना पीले पड़ते जा रहे हैं; डुसेल को अपनी बहुत सारी सुविधाएँ छोड़नी पड़ी हैं और वह हर किसी के ऊपर झल्ला रहा है। भाग्य लगता है हमारा साथ छोड़ रहा है। शौचालय रिसने लगा है, और नल जाम हो गया है। अपने अनेक परिचितों का शुक्रिया कि यह जल्दी ही ठीक कर दिया जाएगा।

मैं कभी-कभार भावुक हो जाती हूँ; जैसाकि तुम जानती हो पर समय-समय पर मेरे पास इसका कारण होता है; जब पीटर और मैं साथ-साथ बैठे हों, लकड़ी के तख्ते पर, धूल-मिट्टी के बीच, हमारी बाँहें एक दूसरे को घेरे हों, पीटर मेरे बालों से खेल रहा हो, चिड़िया चहचहा रही हों, पेड़ झूम रहे हों, जब सूरज की रोशनी हो और आसमान नीला हो—ओह, तब मैं बड़ी भावुक हो जाती हूँ, ऐसे क्षण के लिए बड़ा मन होने लगता है।

मेरे चारों ओर उदास, म्लान लोग रहते हैं, आहें भरते, शिकायतें करते। तुम सोच सकती हो कि हमारी जिन्दगी ने कैसी पलटी खाई है। ईमानदारी से कहूँ तो चीजें उतनी ही बुरी होती हैं जितना कि आप उनको बनाते हैं। यहाँ तो कोई अच्छा बनने की चेष्टा भी नहीं करता। हर किसी को खुद ही तय करना पड़ता है कि अपने मिजाज को बेहतर बनाने के लिए क्या करे।

हर दिन यही सुनते हैं कि काश यह खत्म हो जाए।

काम, प्यार, साहस और उम्मीद,
मुझे अच्छा बनाओ और लड़ने में मदद करो।

मुझे लगता है, किट कि आज मैं कुछ उखड़ी-उखड़ी हूँ, पता नहीं क्यों मेरा सारा लेखन गड्डमड्ड है, मैं एक चीज से दूसरी पर जा रही हूँ और कभी-कभी तो मैं गम्भीरता से सोचती हूँ कि इस बकबक में क्या कभी किसी की दिलचस्पी होगी भी। वे शायद इसे 'एक बदसूरत बत्तख की डायरी' नाम दें। मेरी टिप्पणियाँ निश्चित रूप से न तो मिस्टर बोल्केस्तिन न ही मिस्टर गेरब्रांडी के काम की होंगी।

तुम्हारी, अने एम. फ्रांक

शनिवार, 15 अप्रैल 1944

प्यारी किटी,

'एक से बढ़कर एक बुरी बातें हो रही हैं। यह सब कब समाप्त होगा ?' तुम उसे फिर से कह सकती हो। अंदाजा लगाओ, अब क्या हुआ होगा ? पीटर सामने का

दरवाजा खोलना भूल गया। नतीजा, मिस्टर कूगलर और भंडारघर के कर्मचारी अन्दर नहीं आ सके। वह केग के पास गए, फिर हमारे दफ्तर की रसोई की खिड़की के रास्ते अन्दर आ गए। हमारी एनेक्सी की खिड़की खुली थी, केग के लोगों ने उसे भी देख लिया होगा। वे क्या सोच रहे होंगे ? और फॉन मारीना ? मिस्टर कूगलर गुस्से में हैं। हम उनको दोषी ठहराते रहते हैं कि दरवाजा वापस लगवाने के लिए वे कुछ भी नहीं करते और फिर हमने इस तरह की बेवकूफी कर दी। पीटर बड़ा दुखी है। मेज पर, माँ ने कहा कि उनको किसी चीज से भी ज्यादा अफसोस पीटर के लिए है, और वह लगभग रो पड़ीं। हम सब भी उतने ही दोषी हैं क्योंकि उसे कहते तो हम ही हैं करने के लिए। शायद मैं बाद में जाकर उसको सांत्वना दूँ। मैं उसकी पूरी मदद करना चाहती हूँ।

पिछले कुछ सप्ताह में हमारी इस गुप्त एनेक्सी के जीवन का लेखा-जोखा इस तरह से है :

एक सप्ताह पहले शनिवार को बोशे बीमार पड़ गया। वह शान्त पड़ गया और चिल्लाने लगा। मीप ने तुरन्त उसे उठा लिया, तौलिए में लपेटा और खरीदारी के थैले में डालकर कुत्ते-बिल्लियों के अस्पताल ले गई। बोशे को आँतों की थोड़ी समस्या है, डॉक्टर ने उसको दवाई दी है। पीटर ने कुछेक बार उसे दवाई दी लेकिन अब वह उसे डराने लगा है। मैं शर्तिया कह सकती हूँ कि बाहर वह अपनी प्रेमिका से मेल-मिलाप करने गया था। अब उसकी नाक फूली हुई है—उठाने पर कुनमुनाने लगता है, वह शायद कहीं किसी के यहाँ खाना चुरा रहा था और किसी ने इसकी पिटाई कर दी। मौश्चे की आवाज कुछ दिनों से चली गई है। उसे डॉक्टर के यहाँ ले जाने के बारे में हम सोच ही रहे थे कि वह ठीक होने लगी।

हम अटारी की खिड़की हर रात थोड़ी-सी खोल लेते हैं। पीटर और मैं वहाँ अक्सर शाम को बैठते हैं।

रबर, सीमेंट और ऑयल पेंट की बदौलत हमारा शौचालय जल्दी चालू हो गया। टूटा नल बदल गया है।

सौभाग्य से, मिस्टर क्लाइमान बेहतर महसूस कर रहे हैं। वे एक विशेषज्ञ से जल्दी ही मिलनेवाले हैं। हम तो केवल यही कामना कर सकते हैं कि उनको ऑपरेशन की जरूरत न पड़े।

इस महीने हमने आठ राशन कार्ड प्राप्त किए। अगले कुछ सप्ताहों तक बीन की आपूर्ति नहीं होगी। खीरे और सरसों की चटनी ही बची है हमारे पास खाने को।

सब्जियाँ आजकल मुश्किल से मिल रही हैं। केवल सलाद ही सलाद है। हमारे खाने में आलू के अलावा केवल रस होता है।

रूस ने आधे से ज्यादा क्रीमिया पर अधिकार कर लिया है। ब्रिटिश कैस्सिनो से आगे नहीं बढ़ पा रहे हैं। हमें पश्चिमी दीवार पर नजर रखनी होगी। काफी जबरदस्त हवाई हमले हो रहे हैं। हेग में केन्द्रीय पंजीकरण कार्यालय पर बम गिराया गया है। सभी डच लोगों को नए राशन कार्ड दिए जाएँगे।

आज बस इतना ही।

तुम्हारी, अने एम. फ्रांक

रविवार, 16 अप्रैल 1944

मेरी प्यारी किटी,

कल की तारीख याद करो क्योंकि वह मेरे लिए लाल रंग से घेरने लायक है। क्या हर लड़की के लिए वह दिन महत्त्वपूर्ण नहीं होता जब उसे पहला चुम्बन मिलता है ? तो फिर यह मेरे लिए कम महत्त्वपूर्ण नहीं है। जब ब्राम ने मुझे दायें गाल पर चुम्बन लिया था या मिस्टर वुदस्त्रा ने मेरे दायें हाथ को चूमा था, उसका कोई महत्त्व नहीं था। लेकिन यह चुम्बन की बात मैंने अचानक कैसे उठाई ? मैं तुमको बताऊँगी।

कल रात आठ बजे मैं पीटर के साथ उसके दीवान पर बैठी थी, उसने थोड़ी ही देर बाद मेरे गिर्द अपनी बाँहें फैलाईं (क्योंकि वह शनिवार का दिन था इसलिए उसने अपना लबादा नहीं पहन रखा था)। 'हम थोड़ा आगे क्यों नहीं खिसक जाते,' मैंने कहा, 'ताकि मेरा सिर अलमारी से न टकराए।'

वह इतना आगे खिसक गया कि किनारे चला गया। मैंने पीछे से उसके गिर्द बाँह डाल दीं और उसने मेरे कंधे पर अपनी बाँह रखी, इस तरह हम बहुत नजदीक आ गए। हम इस तरह पहले भी बैठे थे लेकिन इतने नजदीक कभी नहीं जितने कि पिछली रात। उसने मुझे बड़ी जोर से भींच रखा था, मेरा बायाँ भाग उसकी छाती से सटा था, मेरी धड़कन बढ़ गई थी लेकिन अभी काफी कुछ होना था। उसे तब तक चैन नहीं मिला जब तक मेरी गर्दन उसके कंधों पर नहीं लुढ़क गई, और उसकी मेरे ऊपर। मैं पाँच मिनट के बाद पूर्ववत बैठ गई लेकिन उसने तुरंत ही मेरे सिर को हाथों में लेकर अपनी तरफ खींच लिया। ओह, कितना सुन्दर था यह सब ! मैं बता नहीं सकती कि कितना सुख मिल रहा था; उसने मेरे गालों, मेरी बाँहों को सहलाया; मेरे बालों से खेलता रहा। ज्यादातर समय हमारे सिर टकराते रहे।

मैं तुमको बता नहीं सकती किटी कि किस तरह की अनुभूति मुझे हुई। हम दोनों इतने खुश थे कि उसे शब्दों में नहीं बताया जा सकता।

साढ़े नौ बजे हम उठ खड़े हुए। पीटर ने दौड़नेवाले जूते डाल लिये, ताकि जब वह मकान का रात्रि-चक्कर लगाए तो उसके चलने की आवाज न सुनाई दे और मैं उसके बगल में खड़ी थी।

अचानक क्या हुआ, मुझे पता नहीं, लेकिन जब नीचे जाने के लिए मैंने कदम बढ़ाए, तो उसने चूमा, आधा गाल पर आधा कान पर। मैं बिना पीछे देखे नीचे दौड़ पड़ी और आज मैं उसके लिए इतना तरस रही हूँ।

रविवार की सुबह, ग्यारह बजे से ठीक पहले।

तुम्हारी, अने एम. फ्रांक

सोमवार, 17 अप्रैल 1944

प्यारी किटी,

क्या तुमको लगता है कि मेरी उम्र की किसी लड़की के माता-पिता इस बात को स्वीकार करेंगे कि वह दीवान पर बैठकर साढ़े सत्रह साल के किसी लड़के को चूमे ? मुझे शक है, लेकिन इस मामले में मुझे अपने निर्णय पर भरोसा रखना है। उसकी बाँहों में लेटकर सपने देखना कितना सुरक्षित और शान्त लगता है, उसके गालों को अपने गालों के पास महसूस करना कितना उत्तेजक लगता है, यह जानकर कितना अच्छा लगता है कि कोई है जो मेरा इन्तजार कर रहा है ! लेकिन सवाल यह है कि क्या पीटर इसे यहीं छोड़ना चाहता है ? मैं उसका वादा नहीं भूली हूँ, लेकिन...वह एक लड़का है !

मैं जानती हूँ कि मैंने काफी कम उम्र में शुरुआत की है। 15 की भी नहीं हुई हूँ और इतनी स्वतन्त्रता–यह बाकी लोगों के लिए समझना कुछ मुश्किल है। मैं यह बात पूरी तौर पर मानती हूँ कि मारगोट किसी लड़के को तब तक नहीं चूमेगी जब तक कि सगाई या विवाह की बात न हो। न तो पीटर की और न ही मेरी ऐसी कोई योजना है। मुझे पूरा विश्वास है कि माँ ने पापा से मिलने से पहले किसी पुरुष को छुआ तक नहीं होगा। मेरी सहेलियाँ या जैकी क्या कहेगी, जब उनको पता चलेगा कि मैं पीटर की बाँहों में उसके सीने से अपना दिल सटाए, उसके कंधे पर सिर रखे और उसके चेहरे के सामने अपना चेहरा सटाकर बैठती हूँ।

ओह, अने, कितना भयानक है ! लेकिन सच कहूँ तो मुझे नहीं लगता कि यह सब इतना भयानक है; हम लोग यहाँ संसार से कटकर रह रहे हैं, चिन्तित और सहमे हुए, खासकर इन दिनों। जब हम एक दूसरे से प्यार करते हैं तो अलग क्यों रहें ? ऐसे समय में हम क्यों नहीं एक दूसरे का चुम्बन लें ? किसी उपयुक्त उम्र तक पहुँचने का इन्तजार क्यों करें ? हम किसी की आज्ञा क्यों लें ?

मैंने तय कर लिया है कि मैं अपनी रुचियों पर ध्यान दूँगी। वह न तो मुझे कभी चोट पहुँचाना चाहता है और न कभी दुखी करना। फिर मैं वह क्यों नहीं करूँ जो मेरा दिल कहता है और हम दोनों को खुश रखता है ?

फिर भी मेरा खयाल है, किटी, कि तुम मेरी शंका को समझ सकती हो। हमारे आसपास जो हो रहा है उसमें मेरी ईमानदारी ही मुझे बचाए हुए है। क्या तुम्हें लगता है कि पापा को सब कुछ बताना मेरा फर्ज है ? क्या तुम्हें लगता है कि हमारे रहस्यों को जाननेवाला कोई तीसरा व्यक्ति भी होना चाहिए ? ज्यादातर सौन्दर्य समाप्त हो जाएगा, लेकिन क्या इससे मुझे अन्दर से अच्छा महसूस होगा ? मैं उसके सामने यह मसला उठाऊँगी।

अरे हाँ, मुझे उससे काफी कुछ कहना-सुनना है क्योंकि सिर्फ चिपका-चिपकी में मुझे कुछ दिखाई नहीं देता है। एक दूसरे के विचारों को साझा करने में बहुत विश्वास की जरूरत होती है लेकिन इससे हम दोनों ही मजबूत होंगे !

तुम्हारी, अने एम. फ्रांक

नोट : कल हम लोग सुबह 6 बजे ही उठ गए क्योंकि हमारे पूरे परिवार ने घुसपैठ की आवाज सुनी। इस बार भुक्तभोगी हमारा कोई पड़ोसी था। सात बजे हमने जाँच-परख की, शुक्र है कि हमारे दरवाजे बन्द थे।

मंगलवार, 18 अप्रैल 1944

प्यारी किटी,

यहाँ सब कुछ ठीक है। कल रात बढ़ई फिर चौखट पर लोहे की चादरें लगाने आया था। पिता ने कहा कि उनको निश्चय ही लगता है कि 20 मई से पहले रूस और इटली में पश्चिम की तरह ही बड़े पैमाने पर कार्रवाई होने वाली है; जब तक यह युद्ध चलेगा, यहाँ से मुक्त हो पाने के बारे में सोच पाना भी मुश्किल है।

कल पीटर और मैंने वह बातचीत की जिसे हम पिछले दस दिनों से टाले जा रहे थे। मैंने उससे बिना किसी झिझक के लड़कियों के बारे में तमाम अन्तरंग बातें की। मुझे यह बात बड़ी मजेदार लगी कि वह सोचता है कि स्त्रियों के शरीर का वह भाग रेखा-चित्रों में यूँ ही छोड़ दिया जाता है। वह इसकी कल्पना भी नहीं कर सकता कि 'वह' वास्तव में औरत के पैरों के बीच अवस्थित होता है। उस शाम का समापन हमने परस्पर मुँह के पास चुम्बन ले-देकर किया, यह सचमुच ही अच्छी अनुभूति है।

शायद मैं अपनी 'पसन्दीदा उद्धरणों की पुस्तिका' कभी अपने साथ ले जाऊँ ताकि पीटर और मैं चीजों को और गहराई से समझ सकें। मुझे नहीं लगता कि इस तरह रोज-रोज एक दूसरे की बाँहों में लेटे रहने में बड़ी सन्तुष्टि है, और मुझे उम्मीद है कि वह भी ऐसा ही महसूस करता होगा।

हल्के जाड़े के बाद बड़ा ही सुन्दर वसन्त आया है। अप्रैल बड़ा अच्छा है, न अधिक ठंडा, न अधिक गर्म, कभी-कभार हल्की बारिश हो जाती है। खुबानी के पेड़ों में पत्ते आ गए हैं, और कहीं-कहीं कुछ छोटे-छोटे फूल भी दिखने लगे हैं।

बेप ने हमें शनिवार को फूलों के चार गुलदस्ते दिए : तीन गुलदस्ते डेफोडिल के और एक अंगूरी संबूल का। मिस्टर कूगलर हमें अधिक से अधिक समाचार पत्र दे रहे हैं।

अंकगणित पढ़ने का समय हो गया है, किटी। खुश रहो।

तुम्हारी, अने एम. फ्रांक

19 अप्रैल 1944

डियरेस्ट डार्लिंग,

(यह एक फिल्म का नाम है जिसमें डोरित क्रेयश्लर, इडा वुस्त और हैराल्ड पॉलसन कलाकार थे।)

इससे बेहतर और क्या हो सकता है कि खुली खिड़की के सामने बैठकर प्रकृति का आनन्द लें ! चिड़ियों का गान सुनें, अपने गालों पर सूरज की रोशनी को महसूस करें और आपकी बाँहों में एक प्यारा लड़का हो ? मैं उसकी बाँहों में बेहद शान्ति और सुरक्षा महसूस करती हूँ, जब वह पास होता है हमें बात करने की आवश्यकता नहीं पड़ती, यह बुरा कैसे हो सकता है जब इसने मेरा इतना भला किया है ? ओह, कोई हमें तंग न करे, मौश्चे भी नहीं।

तुम्हारी, अने एम. फ्रांक

21 अप्रैल 1944

मेरी प्यारी किटी,

कल मेरा गला खराब था और मैं बिस्तर में ही पड़ी रही लेकिन चूँकि मैं पहले ही दोपहर में बेहद बोर हो गई थी और अब मुझे बुखार भी नहीं है, इसलिए आज मैं उठ खड़ी हुई। मेरे गले की खिचखिच लगभग दूर हो चुकी है।

कल, जैसा कि हमें पहले से ही पता चल चुका था हमारे फुएरर (सम्राट) का 55वाँ जन्मदिन था। आज यॉर्क की राजकुमारी एलिजाबेथ का 18वाँ जन्मदिन है। बीबीसी ने अपनी रपट में बताया कि उनकी उम्र अभी तक घोषित नहीं की गई है जबकि राजपरिवार के बच्चे की उम्र आमतौर पर घोषित कर दी जाती है। हम लोग कयास लगाते रहते हैं कि किस राजकुमार से वे इस सुन्दरी की शादी करेंगे, लेकिन किसी उपयुक्त व्यक्ति के बारे में सोच नहीं पाए, शायद उसकी बहन राजकुमारी मार्गरेट रोज बैल्जियम के राजकुमार ब्यूदोइन से ब्याही जाएँ।

यहाँ हम लोग एक हादसे के बाद दूसरे हादसे से गुजरते रहते हैं। अभी हमने बाहरी दरवाजे की मरम्मत करवाई ही थी कि फॉन मारीन ने फिर से ताक-झाँक शुरू कर दी। इस बात की पूरी-पूरी सम्भावना है कि उसी ने आलू का आटा चुराया होगा और अब वह इस बात का इल्जाम बेप पर डालना चाहता है। इसलिए आश्चर्य नहीं कि हमारी इस एनेक्सी में एक बार फिर घमासान हो। बेप अलग गुस्से में है। शायद मिस्टर कूगलर का व्यक्तित्व भी इसी तरह का हो जाए।

बीथोवन स्त्रात का एप्रेजर आज सुबह यहाँ आया था। वह हमारे संदूक की कीमत 400 गिल्डर लगा रहा था; हमारे हिसाब से उसके लगाए बाकी दाम भी काफी कम थे।

मैं 'द प्रिंस' नामक पत्रिका से यह पूछना चाहती हूँ कि क्या वे मेरी एकाध परीकथा छद्म नाम से प्रकाशित करेंगे लेकिन अब तक मेरी सारी परीकथाएँ लम्बी होती आई हैं, इसलिए मुझे ज्यादा उम्मीद नहीं लगती।

अगली बार तक के लिए, प्यारी।

तुम्हारी, अने एम. फ्रांक

मंगलवार, 25 अप्रैल 1944

प्यारी किटी,

पिछले दस दिनों से डुसेल की बातचीत मिस्टर फॉन डॉन से बन्द है, जिसका कारण है सेंध के बाद किए गए सुरक्षा उपाय। जिनमें से एक यह भी है कि उन्हें शाम को नीचे जाने की इजाजत नहीं मिलती है। पीटर और मिस्टर फॉन डॉन हर रात साढ़े नौ बजे आखिरी बार एक चक्कर मार आते हैं, और उसके बाद फिर कोई भी नीचे नहीं जा सकता। हम लोग शौच के बाद न तो रात के आठ बजे के बाद फ्लश चलाते हैं और न ही सुबह आठ बजे के बाद। खिड़कियाँ सुबह उसी वक्त खोली जा सकती हैं जब मिस्टर कूगलर के दफ्तर की बत्तियाँ जल जाती हैं और अब किसी भी तरह उनको रात को डंडे से खोला नहीं जा सकता। इसी आखिरी कारण से डुसेल परेशान हो रहे हैं। उनका कहना है कि ऐसा मिस्टर फॉन डॉन ने उनको लक्ष्य करके कहा है, लेकिन उसके दोषी वे स्वयं ही कहे जा सकते हैं। वे कहते हैं कि भोजन के बिना तो वे रह सकते हैं, हवा के बिना नहीं, और उन्हें ऐसा कोई तरीका निकालना चाहिए कि खिड़कियाँ खुली रहें।

'मुझे इसके लिए मिस्टर कूगलर से बात करनी होगी,' उन्होंने मुझसे कहा।

मैंने उनसे कहा कि इस तरह के मसले हम मिस्टर कूगलर के साथ नहीं, आपस में सुलझाते हैं।

हमेशा 'मेरी पीठ के पीछे सब कुछ होता है। मुझे इसके बारे में तुम्हारे पिता से बात करनी पड़ेगी।'

उन्हें शनिवार और रविवार की दोपहर मिस्टर कूगलर के दफ्तर में बैठने की इजाजत भी नहीं है क्योंकि केग का मैनेजर उन्हें सुन सकता है जो बगल में ही होता है। खैर, डुसेल तब भी वहाँ नियमित रूप से जाकर बैठते रहे। मिस्टर फॉन डॉन गुस्से में थे और पिता नीचे डुसेल से बात भी करने गए तो उन्होंने कोई बहाना बनाया पर पिता उनके चक्कर में नहीं आए। अब पिता डुसेल से कम ही संपर्क रखते हैं क्योंकि डुसेल ने उनका अपमान किया था। उन्होंने क्या कहा, यह तो हम में से किसी को पता नहीं पर यह सचमुच भयानक रहा होगा।

और जरा सोचो कि इस घिनौने आदमी का जन्मदिन अगले सप्ताह है। जब आप रूठे हुए हों तो अपना जन्मदिन किस तरह मना सकते हैं। आप कैसे उन लोगों से उपहार ले सकते हैं जिनसे आप बात भी नहीं करते ?

मिस्टर फोस्क्यूल का स्वास्थ्य तेजी से गिर रहा है। पिछले दस से भी ज्यादा दिनों से उनका बुखार 104 डिग्री के आसपास बना हुआ है। डॉक्टरों ने उम्मीद छोड़ दी है; उनको लगता है कि कैंसर फेफड़ों तक फैल चुका है। बेचारे, हम लोग उनकी इतनी मदद करना चाहते थे पर अब तो उनकी मदद भगवान ही कर सकता है।

मैंने एक बड़ी सुन्दर कहानी लिखी है, 'ब्लरी-अभियानकर्ता', जो मेरे तीनों श्रोताओं

को पसन्द आई है।

मुझे अभी भी बड़ा तेज जुकाम है जिसका संक्रमण मारगोट, माँ और पिता को भी हो गया है। कहीं पीटर को भी न हो जाए। वह चूमने पर जोर दे रहा था, तो मैंने उसे मना कर दिया। किसी को ऐसे साफ नहीं मना करना चाहिए, बेचारा ! वैसे वह बड़ा प्यारा है !

तुम्हारी, अने एम. फ्रांक

गुरुवार, 27 अप्रैल 1944

प्यारी किटी,

मिसेज फॉन डॉन आज सुबह गुस्से में थीं। वे सिर्फ शिकायत करने में लगी रहीं, पहले उन्होंने अपने जुकाम की शिकायत की कि कफ की दवा नहीं ले पा रही हैं और इस पीड़ा के बारे में कि उनको हर समय अपनी नाक सुड़कनी पड़ती है। फिर उन्होंने इसका रोना रोया कि सूरज नहीं चमक रहा है, आक्रमण अभी तक आरम्भ नहीं हुआ है, हम लोगों को खिड़की से बाहर देखने की इजाजत नहीं है, आदि-आदि। हम उनके ऊपर हँसने से खुद को रोक नहीं पाए लेकिन इसका उतना बुरा उन्होंने नहीं माना क्योंकि वे भी उसमें जल्दी ही शामिल हो गईं।

आलू से बनने वाले कुगेल नामक व्यंजन में थोड़ा-सा बदलाव इसलिए करना पड़ा, क्योंकि प्याज कम थे :

> 'छीले हुए आलुओं को अच्छी तरह पीसकर उसमें थोड़ा-सा सरकारी सूखा आटा और नमक मिला लें। फिर इसको ढाई घंटे तक ओवेन में पकाएँ। सूखे स्ट्रॉबेरी के साथ इसको परोसें। (प्याज नहीं है। पकाने के लिए तेल भी नहीं है।)'

इस समय मैं सम्राट चार्ल्स पंचम पढ़ रही हूँ, *गोट्टिंजेन* विश्वविद्यालय के एक प्रोफेसर ने इसे लिखा है; उसने इस किताब को लिखने में 40 साल लगाए हैं। 50 पृष्ठ पढ़ने में ही मुझे पाँच दिन लगे। मैं इससे ज्यादा नहीं पढ़ सकती। पुस्तक में कुल 598 पृष्ठ हैं, तुम अंदाजा लगा सकती हो कि इस पुस्तक को पढ़ने में मुझे कितना समय लगनेवाला है। और इसमें इसका दूसरा खंड शामिल भी नहीं है। लेकिन...बड़ा ही मजेदार है।

दिन भर के समय में एक स्कूल जानेवाली लड़की को कितना कुछ करना पड़ता है। मेरा ही उदाहरण लो, प्रथम, मैंने नेल्सन की आखिरी लड़ाई के एक अनुच्छेद का डच से अंग्रेजी में अनुवाद किया। फिर, मैंने उत्तरी युद्ध (1700-1721) के बारे में आगे पढ़ा जिसमें पीटर महान, चार्ल्स 12वें, ऑगस्टस शक्तिशाली, स्तानिस्लावस लेजिंस्की, माजेप्पा, वान गोर्ज, ब्रांडेनबर्ग, पश्चिमी पोमेरिना, पूर्वी सोमेरेना और डेनमार्क शामिल थे, इसकी सामान्य तिथियों की जानकारी भी ली। इसके बाद, मैं ब्राजील पर ठहरी, जहाँ

मैंने बाहिया तंबाकू, कॉफी की बहुलता, रियो द जनेरियो के पाँच लाख नागरिकों, परनामब्यूको और साओ पाओलो और आखिर में आमेजन नदी के बारे में पढ़ा। फिर वहाँ के हब्शियों, गोरों, निरक्षरता दर, जोकि 50 प्रतिशत तक है और मलेरिया के बारे में पढ़ा। चूँकि मेरे पास कुछ समय था इसलिए मैंने वंशावलियों पर भी नजर डाली : जॉन द ओल्ड, विलियम लुईस, एनैस्ट कासिमिर 1, हेनरी कासिमिर 1 से लेकर छोटी मार्गरिट फ्रांसिस्का (जन्म 1943-ओट्टावा) तक।

बारह बजे : मैंने अटारी में अपनी पढ़ाई शुरू कर दी, प्राध्यापकों, पुजारियों, मंत्रियों, पोपों के बारे में पढ़ती रही...और अब एक बज गया है।

दो बजे यह बेचारी बच्ची काम पर लौट आई। आगे पुराने और नए संसार के बन्दरों की बारी थी। किटी, मुझे फटाफट बताओ कि हिप्पोपोटामस की कितनी उंगलियाँ होती हैं ?

फिर बाइबिल का क्रम आया, नोह के आर्क, हैम और जापेथ का क्रम आया। उसके बाद चार्ल्स पंचम का। फिर पीटर के साथ कर्नल के बारे में थैकरे की अंग्रेजी किताब पढ़ी। फ्रेंच का एक अभ्यास, फिर मिसीसिपी और मिसौरी नदी की तुलना।

आज के लिए इतना ही काफी है। विदा !

तुम्हारी, अने एम. फ्रांक

शुक्रवार, 28 अप्रैल 1944

प्यारी किटी,

मैं पीटर शिकफ के सपनों को कभी नहीं भूल पाई (जनवरी की शुरुआत की डायरी देखो)। मैं अब भी उसके गालों को अपने गालों के पास महसूस कर सकती हूँ, और उसकी चमक को भी। कभी-कभी इस पीटर के साथ भी मुझे ऐसा महसूस होता है, लेकिन उतना गहरा नहीं...कम से कम पिछली रात तक। हम लोग हमेशा की तरह एक दूसरे की बाँहों में दीवान पर बैठे थे। अचानक रोज वाली अने का स्थान एक और अने ने ले लिया। दूसरी अने, जो न तो जरूरत से ज्यादा आत्मविश्वासी है, न ही मजेदार, वह तो केवल प्यार करना चाहती है और नेक है।

मैं उसके साथ सटकर बैठी रही और महसूस किया कि भावनाओं का ज्वार मेरे ऊपर हावी हो रहा है। मेरी आँखों से आँसू निकलने लगे; मेरी बाईं आँख से बहनेवाले आँसू उसके कपड़ों पर गिरे, और दाईं आँख से बहनेवाले आँसू मेरी नाक से होकर पहलेवाले के पास आकर गिर गए। क्या उसने इसको समझा ? उसने ऐसा कुछ भी नहीं किया जिससे यह लगे कि उसने कुछ समझा भी है। क्या उसने उसी तरह से महसूस किया जिस तरह से मैंने किया ? उसने शायद ही कुछ कहा हो। क्या वह इस बात को समझ पाया कि उसकी बगल में दो अने थीं ? मेरे सवाल का कोई जवाब नहीं मिला।

साढ़े आठ बजे मैं उठकर खिड़की के पास चली गई, जहाँ हम हमेशा गुडबॉय कहते

थे। मैं अब भी काँप रही थी, मैं अब भी अने नम्बर दो बनी हुई थी। वह मेरे पास आया, मैंने अपने हाथ उसकी गर्दन के चारों ओर डाल दिए और उसके बाएँ गाल को चूमने लगी। मैं उसके दूसरे गाल को चूमने ही वाली थी कि मेरा मुँह उसके मुँह से सट गया, और हमने होठों से होंठ सटा दिए। जैसे हम जड़ हो गए हों, हम बार-बार चिपकने लगे, कभी नहीं रुकने के लिए, ओह !

पीटर को थोड़ा कोमल होने की जरूरत है। जीवन में उसे पहली बार कोई लड़की मिली है; पहली बार उसने पाया कि 'सबसे बड़ी मुसीबत' की भी अन्तरात्मा होती है और दिल भी, और वे पूरी तरह बदल जाते हैं जब आपके साथ अकेली होती हैं। अपने जीवन में पहली बार उसने किसी को अपना आप और अपनी दोस्ती दी है। पहले उसका कोई दोस्त नहीं था, न लड़का न लड़की। अब हम दोनों ने एक दूसरे को पा लिया है। जहाँ तक मेरा सवाल है, तो मैं उसे जानती भी नहीं थी, वह कभी वैसा नहीं था जिसे मैं अपना राजदार बना पाती, फिर भी यह सब हुआ...

यह सवाल मुझे परेशान करता रहता है : 'क्या यह सही है ? इतनी जल्दी अपने आपको सौंप देना क्या मेरे लिए सही है, मेरे लिए क्या यह सही है कि इतनी उत्साही बन जाऊँ, मेरे अन्दर भी वैसी ही इच्छा और भावना है जैसी पीटर के अन्दर, क्या यह सही कहा जा सकता है ? क्या एक लड़की होने के बावजूद इस सीमा तक जाना मेरे लिए सही है ?'

इसका बस एक ही जवाब सम्भव दिखता है : 'मैं इतने समय से इस सबके लिए इतना अधिक तड़प रही थी। मैं इतनी अकेली हूँ और मुझे आराम मिल गया है।'

सवेरे हमने सामान्य तरीके से व्यवहार किया, दोपहर में भी, सिवाय कभी-कभार को छोड़कर। लेकिन शाम में दिन भर की दबी भावनाएँ, सारे समय की खुशियाँ जैसे सतह पर आ गईं, और हम बस एक दूसरे के बारे में सोचने लगे। हर रात, हमारे आखिरी चुम्बन के बाद, मुझे लगा कि मैं उससे दूर चली जाऊँ और फिर कभी उसकी आँखों में न देखूँ। दूर...बहुत दूर अँधेरे और अकेले में।

और उन चौदह सीढ़ियों के नीचे मेरी प्रतीक्षा में होती है : तेज रोशनियाँ, सवाल और हँसी। मुझे सामान्य तरीके से व्यवहार करना होता है और मैं यह उम्मीद करती हूँ कि वे कुछ भी न समझ पाएँ।

मेरा दिल अभी भी बड़ा नाजुक है, इतना नाजुक कि कल रात के झटके से वह इतनी जल्दी नहीं उबर सकता। विनम्र अने अब कभी-कभार ही दिखती है और अब की आने के बाद उसे लौटाना आसान नहीं है। पीटर मेरे जीवन में उतनी जगह बना चुका है जितनी इससे पहले किसी ने भी नहीं बनाई, सपनों को छोड़कर। उसने मेरे ऊपर काबू कर लिया है और मेरे अन्तरंग को बाहर ला दिया है। क्या हर आदमी को फिर से सही होने में थोड़े शान्त समय की जरूरत नहीं होती ? ओह, पीटर, यह तुमने मुझे क्या कर दिया ? तुम मुझसे चाहते क्या हो ?

यह सब मुझे कहाँ ले जाएगा ? ओह, अब मैं बेप को समझने लगी हूँ। अब मैं खुद इन सबसे गुजर रही हूँ तो उसकी शंकाओं को समझने लगी हूँ; अगर मैं बड़ी हुई और उसने मुझसे शादी करने की बात की तो मेरा जवाब क्या होने वाला है ? अने, ईमानदारी से सोचो ! तुम उससे शादी नहीं कर पाओगी क्योंकि यह बड़ा मुश्किल लगता है। पीटर का चरित्र अभी भी छोटा है, उसका साहस और उसकी संकल्प शक्ति भी कमजोर है। वह अभी भी बच्चा ही है, भावनात्मक रूप से वह उतना ही बड़ा है, जितनी कि मैं हूँ; उसे बस सुख और दिमागी सुकून की जरूरत है। क्या मैं सचमुच केवल 14 साल की हूँ ? क्या मैं सचमुच एक स्कूल जानेवाली किशोरी हूँ ? क्या मैं सचमुच एक स्कूली बच्ची ही हूँ ? मेरे अन्दर यहाँ के ज्यादातर लोगों से ज्यादा अनुभव हैं; मैं इतनी अनुभवी हूँ जितनी कि मेरी उम्र की कम ही लड़कियाँ होती हैं।

मैं अपने आपसे डरने लगी हूँ, मेरी इच्छाओं ने मुझे इतना अधीर बना दिया है कि मैं डरने लगी हूँ। बाद में अन्य लड़कों के साथ यह कभी किसी तरह सहज हो पाएगा ? ओह, यह कितना मुश्किल है, दिल और दिमाग के बीच चलनेवाला शाश्वत संघर्ष। दोनों के लिए ही एक निश्चित समय होता है लेकिन मैं इस मामले में कैसे पक्की हो सकती हूँ कि मैंने सही समय का चुनाव किया है ?

तुम्हारी, अने एम. फ्रांक

मंगलवार, 2 मई 1944

प्यारी किटी,

शनिवार रात मैंने पीटर से यह पूछा कि क्या उसको लगता है कि मुझे पापा से हमारे बारे में बात करनी चाहिए। इस पर हमारी चर्चा के बाद उसने कहा कि उसे लगता है मुझे बता देना चाहिए। मैं खुश हुई, इससे लगता है कि वह बुद्धिमान है और संवेदनशील भी। जल्दी ही मैं नीचे आई और पिता के साथ पानी लेने गई। जब हम सीढ़ियों पर ही थे, मैंने कहा, 'पापा, मुझे लगता है कि जब पीटर और मैं साथ होते हैं, तो हम कमरे में दो अलग-अलग छोरों पर नहीं बैठते हैं। आपको लगता है कि यह गलत है ?'

पिता जवाब देने से पहले कुछ ठिठके : 'नहीं, मुझे नहीं लगता कि यह गलत है। लेकिन अने, जब तुम हम लोगों के साथ रहती हो तो तुमको सावधान रहना चाहिए।' उन्होंने इस बारे में कुछ और बातें कहीं और फिर हम ऊपर चले आए।

रविवार की सुबह उन्होंने मुझे अपने पास बुलाया और कहने लगे, 'अने मैं उस बारे में सोच रहा था जो तुमने कहा था।' (ओह, ओह, मैं जानती थी कि अब वह क्या कहनेवाले थे !) 'यहाँ इस छोटी-सी जगह पर यह अच्छा नहीं लगता है। मुझे लगा कि तुम दोनों बस दोस्त हो। क्या पीटर तुमसे प्यार करता है ?'

'बिलकुल नहीं,' मैंने जवाब दिया।

'खैर, तुम यह जानती हो कि मैं तुम दोनों को समझता हूँ। लेकिन तुमको प्रतिरोध दिखाना होगा; छत पर ज्यादा मत जाओ और उसे ज्यादा बढ़ावा मत दो। इस तरह के मसलों में हमेशा आदमी ही पहल करता है और यह औरत पर होता है कि वह सीमा तय करे। बाहर की दुनिया में जहाँ तुम आजाद होती हो, चीजें खासी अलग होती हैं। तुम बाकी लड़के-लड़कियों से मिलती हो, बाहर जाती हो, खेलती-कूदती हो। लेकिन यहाँ अगर तुम दोनों ज्यादा साथ-साथ रहते हो और कभी दोनों अकेले होना चाहो तो ऐसा नहीं कर सकते। तुम एक-दूसरे को हर घंटे मिलते हो—दरअसल हर वक्त होशियार रहो, अने और इस मामले को इतनी गम्भीरता से मत लो !'

'मैं नहीं लेती, पापा, लेकिन पीटर एक अच्छा लड़का है।'

'हाँ, लेकिन उसके पास चरित्र-बल नहीं है। उसे अच्छे या बुरे काम के लिए उकसाया जा सकता है। मैं उम्मीद करता हूँ कि वह अच्छा बना रहे क्योंकि वाकई वह अच्छा लड़का है।'

हमने कुछ और बातें की और फिर इस बात पर सहमति बनी कि पापा भी उससे बात करेंगे।

रविवार दोपहर जब हम लोग छत पर सामने की तरफ बैठे थे, पीटर ने पूछा, 'तुमने अपने पिता से बात कर ली, अने ?''

'हाँ,' मैंने जवाब दिया, 'इस बारे में मैं तुमको बताऊँगी। उनको यह बुरा नहीं लगता है लेकिन उनका कहना है कि यहाँ जहाँ हम इस तरह एक-दूसरे के इतने नजदीक रहते हैं, इससे परेशानियाँ खड़ी हो सकती हैं।'

'हमने पहले से ही यह तय कर लिया है कि झगड़ा नहीं करेंगे और मेरी योजना अपनी बात पर खरा उतरने की है।'

'मेरी भी, पीटर। लेकिन पापा को नहीं लगता कि हम गम्भीर हैं, उनको लगता है कि हम केवल दोस्त हैं। तुमको लगता है कि हम अब भी जीवनसाथी बन सकते हैं ?'

'हाँ, मैं तैयार हूँ। तुम्हारा क्या खयाल है।'

'मैं भी। मैंने भी पापा से कहा कि मैं तुम पर भरोसा करती हूँ। और मुझे लगता है कि तुम मेरे भरोसे के लायक हो। तुम हो न, नहीं ?'

'मुझे लगता है।' (वह शरमा रहा था, उसके गाल लाल हो रहे थे।)

'मैं तुम पर विश्वास करती हूँ, पीटर, मैंने आगे कहा, 'मुझे लगता है कि तुम्हारा चरित्र अच्छा है और तुम इस संसार में कामयाबी पाओगे।'

उसके बाद हम बाकी चीजों को लेकर बातें करते रहे। बाद में मैंने कहा, 'हमको जब भी यहाँ से बाहर निकलने का मौका मिला तो तुम मेरे बारे में सोचोगे भी नहीं।'

वह नाराज हो गया। 'यह कोई बात नहीं है, अने। नहीं, मैं तुमको अपने बारे में इस तरह से सोचने भी नहीं दे सकता।'

तभी किसी ने हमें आवाज दी।

पिता ने उससे बात की थी, उसने सोमवार को मुझे बताया। 'तुम्हारे पापा को यह लगता

है कि हमारी दोस्ती प्यार में बदल सकती है,' उसने कहा। 'लेकिन मैंने कहा कि हम अपने पर नियंत्रण रखेंगे।'

वो चाहते हैं कि मैं इस तरह से बार-बार छत पर न जाऊँ। लेकिन मैं जाना चाहती हूँ। केवल इसलिए नहीं कि मुझे पीटर का साथ अच्छा लगता है, बल्कि इसलिए भी कि मैं कह चुकी हूँ कि मैं उस पर विश्वास करती हूँ। मैं उस पर विश्वास करती हूँ, और यह बात मैं उन्हें साबित भी कर देना चाहती हूँ। लेकिन मैं ऐसा कभी नहीं कर पाऊँगी, अगर इसी तरह अविश्वास में नीचे बैठी रही।

नहीं, मैं जा रही हूँ।

इस बीच डुसेल का नाटक खत्म हो गया। शनिवार की रात खाते समय उन्होंने बड़ी सुन्दर डच बोलते हुए क्षमा माँगी। मिस्टर फॉन डॉन ने भी तुरन्त समझौता कर लिया। डुसेल ने जरूर सारे दिन भाषण देने का अभ्यास किया होगा।

रविवार को उनका जन्मदिन था, जो बिना किसी विशेष घटना के गुजर गया। हम लोगों ने उन्हें 1919 की बढ़िया वाइन की बोतल दी, और फॉन डॉन दम्पति (जिन्हें आखिरकार उपहार देना ही पड़ा) ने एक बोतल अचार और एक पैकेट रेजर ब्लेड का दिया और मिस्टर कूगलर ने उनको नींबू के रस की एक बोतल दी, मीप ने एक किताब दी—*लिटिल मार्टिन* और बेप ने एक पौधा दिया। उन्होंने सबको अंडे खिलाए।

तुम्हारी, अने एम. फ्रांक

बुधवार, 3 मई 1944

प्यारी किटी,

पहले कुछ साप्ताहिक समाचार ! इन दिनों हमें राजनीति से राहत मिली है। बताने लायक सचमुच कुछ भी नहीं है। धीरे-धीरे मुझे यह विश्वास हो चला है कि आक्रमण होने वाला है। आखिरकार, वे रूसियों को सब कुछ गन्दा नहीं करने दे सकते। असल में रूसी लोग इस वक्त कुछ भी नहीं कर रहे हैं।

मिस्टर क्लाइमान हर सुबह दफ्तर आने लगे हैं। वे पीटर के दीवान के लिए स्प्रिंग के नए जोड़े लेकर आए हैं, अब पीटर को दीवान की मरम्मत करनी होगी। इस बात पर हैरत नहीं है कि वह पूरी तरह से अपनी लय में नहीं है। मिस्टर क्लाइमान बिल्लियों के लिए पिस्सू का चूरा भी लेकर आए हैं।

मैंने तुमको बताया कि हमारी बोशे गायब है ? हमने पिछले गुरुवार से न तो उसकी आवाज सुनी है, न ही उसे देखा है। हो सकता है वह बिल्लियों के स्वर्ग में पहुँच चुकी हो क्योंकि संभव है जानवरों के किसी प्रेमी ने उसका शानदार भोज कर लिया है। शायद कोई साधन-सम्पन्न लड़की, बोशे के रोएँ से बनी टोपी पहन रही हो। पीटर का दिल

टूट चुका है।

पिछले दो सप्ताहों से शनिवार के दिन हम लोग दिन में साढ़े ग्यारह बजे खाना खाने लगे हैं; सवेरे हम लोगों को एक कप दलिये से काम चलाना पड़ता है। कल से यह हर दिन होगा; इससे एक समय के भोजन की बचत होगी। सब्जियाँ अभी भी बड़ी मुश्किल से मिल रही हैं। आज दोपहर हमने उबली सूखी सलाद खाई। सामान्य सलाद, पालक और उबले हुए सलाद, यह सब उसमें होता है। इसमें भुरभुरे आलू मिला दें, तो राजाओं के खाने लायक खाना तैयार हो गया !

दो महीने से अधिक समय से मेरी माहवारी नहीं हुई थी लेकिन पिछले रविवार से शुरू हो गई। परेशान तो बहुत हुई लेकिन खुशी इस बात की है कि इसने मेरा साथ नहीं छोड़ा।

जैसा कि निस्संदेह तुम सोच सकती हो, हम लोग अक्सर निराशा में कहते हैं, युद्ध का मतलब क्या है ? क्यों नहीं लोग आपस में शान्ति से रह सकते हैं ? इतना विनाश क्यों होता है ?'

सवाल समझने लायक है लेकिन अभी तक किसी को इसका संतोषजनक जवाब नहीं सूझा है। क्यों इंग्लैंड बड़े-बड़े जहाज और बम बना रहा है तथा दूसरी ओर पुनर्निर्माण के लिए घर भी बना रहा है ? क्यों हर दिन युद्ध पर लाखों रुपए खर्च किए जाते हैं, जबकि आयुर्विज्ञान, कलाकारों और गरीबों के लिए एक पैसा भी उपलब्ध नहीं करवाया जाता। लोगों को भूखे क्यों मरना पड़ता है जबकि पहाड़ों जितना भोजन संसार के दूसरे हिस्सों में बर्बाद चला जाता है ? ओह, लोग इतने पागल क्यों हैं ?

मुझे ऐसा नहीं लगता है कि युद्ध केवल नेताओं और पूँजीपतियों की कारस्तानी होती है। नहीं, इसके लिए सामान्य आदमी भी उतना ही जिम्मेदार है; नहीं तो लोग और राष्ट्र काफी पहले इससे विद्रोह कर चुके होते। लोगों में विनाश की इच्छा होती है, क्रोध और हत्या की इच्छा होती है। और जब तक बिना किसी अपवाद के यह पूरी मानवता रूपांतरित नहीं हो जाती, इसी तरह लड़ाइयाँ होती रहेंगी, सब कुछ पूरी तरह समाप्त करके ही नई शुरुआत की जा सकती है।

मैं अक्सर उदास हो जाती हूँ, पर अधीर नहीं होती। मैं तो अपने इस गुप्त जीवन को बड़ा रोचक अनुभव मानती हूँ, खतरों और रोमांस से भरपूर, और हर मुश्किल को डायरी में दर्ज करती चलती हूँ। मैंने अपना मन बना लिया है कि अन्य लड़कियों से अलग जीवन जिऊँगी, न कि बाद में सामान्य गृहिणी बन जाऊँगी। मैं यहाँ एक मनोरंजक जीवन की अच्छी शुरुआत का अनुभव कर रही हूँ और केवल यही कारण है कि ज्यादातर खतरनाक चीजों को लेकर मुझे हँसी आती है।

मैं जवान हूँ और मेरे अन्दर काफी गुण छिपे हैं; मैं जवान हूँ और मजबूत हूँ मगर बड़े खतरनाक दौर से गुजर रही हूँ; मैं इसके बीच हूँ और सारा दिन यह शिकायत करते हुए नहीं गुजार सकती कि खुश रहना असम्भव हो गया है। मुझे कई खूबियाँ प्राप्त हैं :

खुशी, प्रसन्न मन और शक्ति। हर रोज मैं स्वयं को वयस्क होता महसूस कर रही हूँ। मैं स्वतन्त्रता महसूस कर रही हूँ, और प्रकृति की सुन्दरता और लोगों की अच्छाई को अनुभव कर सकती हूँ। हर दिन मैं यही सोचती हूँ कि कितना मजेदार अनुभव है यह सब। इन सबके होते हुए मुझे क्यों निराश होना चाहिए ?

तुम्हारी, अने एम. फ्रांक

शुक्रवार, 5 मई 1944

प्यारी किटी,

पापा मुझसे नाराज हैं। रविवार को जब हमारी बात हुई थी तो उनको लगा कि मैं हर शाम ऊपर जाना छोड़ दूँगी। वे ये सब गलबहियाँ नहीं चलने देना चाहते। मैं इसको बर्दाश्त नहीं कर सकती। इस बारे में बात करना ही बुरा है—वे मुझे भी क्यों बुरा महसूस करवाना चाहते हैं। मैं आज उनसे बात करूँगी। मारगोट ने मुझे कुछ अच्छी सलाह दी है। नीचे कुल मिलाकर वही सब है जो मैं उनसे कहना चाहती हूँ :

> मुझे लगता है कि आप मुझसे कुछ बातों की सफाई चाहते हैं, पापा, सो मैं आपको दूँगी। आप मुझसे नाउम्मीद हो चले हैं, आप मुझ पर अधिक बंदिश लगाना चाहते हैं, निस्संदेह आप चाहते हैं कि मैं उस तरह से व्यवहार करूँ, जिस तरह से किसी 14 वर्ष की बच्ची को करना चाहिए। लेकिन यहीं आप गलत हैं।
>
> हम लोग चूँकि यहाँ पर जुलाई 1942 से रह रहे हैं लेकिन पिछले कुछ हफ्तों को छोड़ दें तो मेरे लिए यह यह समय इतना आसान नहीं था। अगर केवल आप यह समझ पाते कि रातों को मैं कितना रोती रही हूँ, कितनी उदास और कितना अकेलापन महसूस करती थी, तो आप मेरे ऊपर जाने की इच्छा को समझ पाते। अब मैं उस बिन्दु पर पहुँच चुकी हूँ जहाँ न तो मुझे माँ की मदद की जरूरत है, न ही किसी और की। यह सब एक रात में नहीं हुआ। आज जितनी स्वतंत्र मैं हूँ इसके लिए मैंने लम्बा संघर्ष किया है, आँसू गिराए हैं। आप हँस सकते हैं और मेरी बातों पर विश्वास करने से मना कर सकते हैं, लेकिन मैं इन सबकी परवाह नहीं करती। मैं एक स्वतंत्र व्यक्ति हूँ और मुझे नहीं लगता कि मुझे अपने किसी कार्य के लिए आपके प्रति जवाबदेह होने की जरूरत है। मैं यह आपको केवल इसलिए बता रही हूँ, ताकि आप यह न सोच लें कि मैं आपकी पीठ पीछे कुछ कर रही हूँ। लेकिन अगर मैं किसी के प्रति जवाबदेह हूँ, तो अपने प्रति।
>
> जब मैं परेशान थी तो, सबने—जिसमें आप भी शामिल थे—अपने आँख-कान मूँद लिए थे और मेरी मदद नहीं की। जबकि इसके विपरीत,

मुझे यही चेतावनी मिलती थी कि शोर मत मचाओ। मैं अपने आप को हमेशा अवसाद से बचाने के लिए ही शोर मचाती रहती थी। मुझे इस बात का पूरा विश्वास था कि मैं अन्तरात्मा की आवाज समझ सकती थी। मैं डेढ़ साल से यही करती आ रही हूँ। मैंने कभी शिकायत नहीं की, कभी अपना मुखौटा नहीं उतारा, इस तरह का कुछ भी नहीं, और अब...लड़ाई पूरी हो चुकी है। मैं जीत चुकी हूँ ! मैं शरीर और मन से स्वतंत्र हो चुकी हूँ। मुझे अब किसी माँ की जरूरत नहीं और इस संघर्ष से मैं मजबूत बनकर निकली हूँ।

अब जब यह समाप्त हो चुका है, अब जबकि मैं जानती हूँ कि लड़ाई जीती जा चुकी है, मैं अपने रास्ते चलना चाहती हूँ, उस रास्ते, जो मुझे उचित लगे। यह मत समझें कि मैं 14 साल की बच्ची हूँ क्योंकि इन संघर्षों ने मुझे काफी वयस्क बना दिया है; मुझे अपने किए का कोई पछतावा नहीं है, मैं उस तरह से व्यवहार करूँगी जिस तरह से मुझे करना चाहिए। कहने भर से मैं ऊपर जाना नहीं छोड़ने वाली, या तो आपको मुझे माफ करना होगा, या पूरे तौर पर विश्वास करना होगा। जो भी करना हो, करें पर मुझे अकेला छोड़ दें।

तुम्हारी, अने एम. फ्रांक

शनिवार, 6 मई 1944

प्यारी किटी,

कल रात के खाने से पहले मैंने वह पत्र पिता की जेब में डाल दिया। मारगोट के अनुसार, उन्होंने उसे पढ़ा था और पूरी शाम परेशान रहे थे (मैं ऊपर नहा-धो रही थी)। बेचारे पापा, मुझे यह समझना चाहिए था कि इस तरह के पत्र का क्या प्रभाव हो सकता है। वे इतने संवेदनशील हैं ! मैंने पीटर से तुरन्त कहा कि वह न कोई सवाल करे, न ही इस बारे में कोई और बात करे। पापा ने इस सम्बन्ध में मुझे कुछ और नहीं कहा। क्या करनेवाले हैं वे ?

यहाँ सब कुछ सामान्य हो चला है। हम उस पर शायद ही विश्वास कर सकते हैं, जो जान, मिस्टर कूगलर और मिस्टर क्लाइमान बाहर के लोगों और कीमतों के बारे में बताते हैं; आधा पौंड चाय की कीमत 350 गिल्डर है, आधा पौंड कॉफी की कीमत 80 गिल्डर है, एक पौंड मक्खन 35 गिल्डर का, एक अंडा 1.45 गिल्डर का। लोग एक औंस बुल्गारियाई तंबाकू के लिए 14 गिल्डर खर्च कर रहे हैं; हर कोई कालाबाजार से खरीदारी कर रहा है। हर बदमाश लड़के के पास देने को कुछ है। बेकरी में काम करनेवाला लड़का हमें ऊन दे जाता है, 90 सेंट में एक गोला रद्दी ऊन मिल जाता है। दूधवाले के पास राशन पुस्तिका मिलती है, उसके पीछे काम करनेवाला लड़का पनीर दे जाता है। चोरी,

डकैती, हत्या की घटनाएँ रोज होती रहती हैं। यहाँ तक कि पुलिस और रात के रखवाले भी इस सबमें शामिल हैं। हर कोई अपने पेट के लिए भोजन चाहता है, तनख्वाह रुकी हुई है, इसलिए लोग ठगी-जालसाजी में लगे हैं। पुलिस 15-16-17 साल या उससे बड़ी उन लड़कियों की तलाश में लगी है, जो रोज-रोज गायब हो रही हैं।

मैं *ऐलन* परी की कहानी को पूरा करना चाहती हूँ। मजे के लिए मैं पापा को उनके जन्मदिन पर यह कॉपीराइट के साथ दे दूँगी।

बाद में मिलते हैं ! (असल में यह सही मुहावरा नहीं है। जर्मन कार्यक्रम के इंग्लैंड से प्रसारण में वे कहते हैं कि अगली बातचीत तक के लिए। इसलिए मुझे लगता है कि यह कहना चाहिए जब तक हम फिर लिखें।)

तुम्हारी, अने फ्रांक

रविवार सुबह, 7 मई 1944

प्यारी किटी,

पापा से मेरी कल दोपहर लम्बी बातचीत हुई। रोते-रोते मेरी आँखें सूज गईं, वे भी रोने लगे। तुमको पता है किटी कि उन्होंने मुझे क्या कहा ?

'मैंने जीवन में अनेक पत्र प्राप्त किए हैं, लेकिन किसी ने मेरा इतना दिल नहीं दुखाया जितना इस पत्र ने। तुमको अपने माता-पिता का इतना प्यार मिला, तुम्हारे माता-पिता हमेशा तुम्हारी मदद को आगे आते रहे, तुम्हें बचाते रहे, चाहे जो भी मामला रहा हो। तुम कहती हो कि अपने कार्यों के लिए तुम हमारे प्रति जवाबदेह नहीं हो सकती। तुम कह रही हो कि तुम्हारे साथ गलत हुआ है और तुमको अपने हाल पर छोड़ दिया जाना चाहिए। नहीं, अने, तुमने बड़ा अन्याय किया है।

'शायद तुम्हारा मतलब यह नहीं रहा हो, लेकिन तुमने यही लिखा है। नहीं, अने, हमने ऐसा कुछ नहीं किया है कि हमें ऐसा उलाहना दिया जाए।'

ओह, मैं बुरी तरह असफल साबित हुई हूँ। या अपने अब तक के जीवन का सबसे बुरा काम मैंने किया है। मैंने अपने आँसुओं का इस्तेमाल इसलिए किया ताकि वे मेरा सम्मान करें। मुझे अपने हिस्से का दुख मिल चुका है, और माँ के बारे में मैंने जो कुछ कहा वह सही है। लेकिन पिता पर इल्जाम लगाना—जो मेरे लिए हमेशा अच्छे रहे हैं और जिन्होंने हमेशा मेरा भला किया—नहीं, शब्दों में यह व्यक्त करना बड़ी क्रूरता होगी।

यह अच्छा है कि किसी ने मुझे जमीन पर ला दिया, मेरा अभिमान तोड़ दिया क्योंकि मैं काफी दम्भी हो चुकी हूँ। ऐसा नहीं है कि सुश्री अने जो भी करती है अच्छा ही हो ! कोई भी अगर जानबूझकर उसको तकलीफ पहुँचाए जो उसका प्यार हो तो उसे निन्दनीय ही कहा जाना चाहिए, एकदम घटिया।

मैं इस बात से ज्यादा शर्मिन्दा हूँ कि इस तरह से पिता ने मुझे माफ कर दिया;

उन्होंने कहा कि वे उस चिट्ठी को स्टोव में फेंक देनेवाले हैं और वे मुझसे इस तरह व्यवहार कर रहे थे मानो उनसे कोई गलती हुई हो। ठीक है, अने, तुमको अभी काफी कुछ सीखना है। यह तुम्हारी शुरुआत का समय है, सिवाय दूसरों पर नजर रखने, इल्जाम लगाते रहने के।

मैंने काफी दुख झेले हैं, लेकिन मेरी उम्र में कौन नहीं झेलता ? मैं जो काम कर रही हूँ, उसके बारे में जानती ही कितना हूँ ! मैंने अकेलापन तो महसूस किया, पर कभी धीरज नहीं खोया। पिता की तरह नहीं, जो एक बार सब कुछ खत्म करने के इरादे से चाकू लेकर सड़क पर निकल पड़े थे। मैं कभी इतनी दूर तक नहीं गई।

मुझे अपने आप पर शर्मिन्दा होना चाहिए, और मैं हूँ भी। जो हो चुका उसे ठीक तो नहीं किया जा सकता लेकिन उसे दोबारा होने से तो रोका ही जा सकता है। मैं सब कुछ फिर से शुरू करना चाहूँगी। और यह अब मुश्किल नहीं होगा क्योंकि अब तो पीटर भी है। उसके सहयोग से मुझे लगता है कि मैं कर सकती हूँ। मैं अब अकेली नहीं रही। वह मुझे प्यार करता है, मैं उसे। मेरे पास मेरी किताबें, मेरा लेखन और मेरी डायरी है। न मैं उतनी बदसूरत हूँ, ना ही पागल, मेरी तैयारी पूरी है, और मैं चाहती हूँ कि मेरा चरित्र अच्छी तरह विकसित हो।

हाँ, अने, तुम पूरी तरह इस बात को समझ चुकी हो कि तुम्हारी चिट्ठी रूखी और असत्य थी, लेकिन तुमको इस पर बड़ा नाज था ! मैं पिता को फिर से अपना उदाहरण बनाऊँगी, मैं अपना विकास करूँगी।

तुम्हारी, अने एम. फ्रांक

सोमवार, 8 मई 1944

प्यारी किटी,

क्या मैंने तुमको कभी अपने परिवार के बारे में कुछ बताया है ? मुझे नहीं लगता कि बताया है, इसलिए बताती हूँ। पिता का जन्म फ्रैंकफुर्त में बड़े धनी घर में हुआ था : उनके पिता माईकेल फ्रांक बैंक के मालिक थे और करोड़पति बने, और एलिस स्टर्न के अभिभावक भी खाते-पीते परिवार के थे। माईकेल फ्रांक शुरू से ही अमीर नहीं थे, वे अपने बलबूते अमीर बने थे। अपनी जवानी में पिता ने एक अमीरजादे का जीवन जिया। हर हफ्ते पार्टी, गेंद, बैंक्वेट, खाना-पीना, मौजमस्ती, सुन्दर लड़कियाँ, बड़ा घर, आदि-आदि। दादा के मरने के बाद अधिकतर धन बर्बाद हो गया, महायुद्ध और मंदी के बाद तो कुछ भी नहीं बचा। युद्ध तक तो कुछ धनी रिश्तेदार थे। इसलिए पिता का लालन-पालन अच्छी तरह हुआ। कल तब उनको बड़ी हँसी आई जब पचपन सालों में पहली बार मेज पर खाने के बर्तन से खाना पोंछकर निकालना पड़ा।

माँ का परिवार धनी-मानी तो नहीं था, लेकिन काफी सम्पन्न था, और हमने ऐसी निजी पार्टियों के किस्से सुन रखे हैं जिनमें 250 तक मेहमान होते थे।

अब हम समृद्धि से काफी दूर हैं लेकिन मैंने अपनी सारी उम्मीदें युद्ध के बाद के लिए बचा रखी हैं। मैं तुमको इसका भरोसा दिलाना चाहती हूँ कि माँ और मारगोट जैसा बुर्जुआ जीवन जीने का मेरा कोई इरादा नहीं है। मैं एक साल पेरिस और लन्दन में रहकर भाषाओं और कला के इतिहास का अध्ययन करना चाहती हूँ। मारगोट से इसकी तुलना करो, वह फिलीस्तीन में नवजात बच्चों को पालना चाहती है। मुझे सुन्दर कपड़े और अच्छे लोगों की अब भी समझ है। जैसा कि मैंने तुमको पहले भी कई बार बताया है, मैं दुनिया देखना चाहती हूँ और हर तरह के रोचक काम करना चाहती हूँ, और थोड़े से पैसों से परेशानी नहीं होगी।

आज सुबह मीप ने मुझे अपनी चचेरी बहन की सगाई पार्टी के बारे में बताया जिसमें वह शनिवार को गई थी। चचेरी बहन के माँ-बाप तो धनी हैं ही, वर पक्ष भी सम्पन्न है। मीप ने जब वहाँ परोसे गए भोजन के बारे में बताया तो हमारे मुँह में पानी आ गया : मांसं के टुकड़ों के साथ सूप, चीज, मांस के व्यंजन—इसके अलावा और जो कुछ भी आप खाना चाहें वहाँ परोसा गया था और आप जितना चाहें खा सकते थे।

मीप ने दस श्नैप पिए और तीन सिगरेट—क्या यह हमारे लिए संयम की परीक्षा हो सकती है ? अगर मीप ने इतनी पी तो उसके पति ने कितनी पी होगी ? जाहिर है, उस पार्टी में हर कोई खुमारी में था। हत्यारे दस्ते के दो अधिकारी भी वहाँ आए थे और उन्होंने नवविवाहितों की तस्वीरें भी उतारीं। तुम देख सकती हो कि मीप हम लोगों के बारे में कितना सोचती रहती है क्योंकि उसने तुरन्त उन लोगों के नाम-पते लिखे कि अगर कहीं कुछ हो गया तो हमें अच्छे डच लोगों के सम्पर्क की जरूरत पड़ेगी।

हमारे मुँह में काफी पानी आ रहा था। हम लोगों ने सुबह नाश्ते में और कुछ नहीं बस दो चम्मच दलिया खाया था और बड़े भूखे थे; हम, जो दिन-ब-दिन अधपके पालक (विटामिन के लिए) और भुरभुरे आलू से अपना पेट भर रहे थे; हम, जो अपना खाली पेट सलाद, सूखे सलाद, पालक, पालक और अधिक पालक से भर रहे थे। शायद हम इससे खूब मजबूत हो जाएँ, हालाँकि इसके कोई संकेत फिलहाल तो दिखाई नहीं दे रहे हैं।

अगर मीप हमें अपने साथ पार्टी में ले गई होती तो बाकी मेहमानों के लिए कुछ और बचा ही न होता। अगर हम वहाँ होते, तो जो भी सामने दिखाई देता, भकोस लेते, यहाँ तक कि वहाँ मौजूद फर्नीचर भी। सच बताऊँ, हम लोग उसके मुँह से निकले शब्दों पर ही ध्यान लगाए थे। हम लोग उसके चारों ओर इस तरह से जमे थे मानो अपने जीवन में हमने अच्छे भोजन और सुन्दर लोगों के बारे में सुना ही न हो। और ये सब गण्यमान्य करोड़पतियों की पोतियाँ हैं। यह दुनिया पागल कर देनेवाली जगह है।

तुम्हारी, अने एम. फ्रांक

मंगलवार, 9 मई 1944

प्यारी किटी,

मैंने एलेन परी की अपनी कहानी पूरी कर ली है। मैंने उसे बड़े अच्छे कागज पर उतारा और लाल रंग की स्याही से सजाकर एक साथ पन्नों को सिल दिया है। यह सब बड़ा सुन्दर लगता है, लेकिन मुझे नहीं लगता कि जन्मदिन के तोहफे के लिए यह काफी है। मारगोट और माँ, दोनों ने ही कविताएँ लिखी हैं।

मिस्टर कूगलर दोपहर को इस खबर के साथ ऊपर आए कि सोमवार से मिसेज ब्रोक्स दफ्तर में दोपहर दो घंटे बैठना चाहती हैं। जरा सोचो ! दफ्तर के कर्मचारी ऊपर नहीं आ पाएँगे, आलू नहीं सुखाये जा सकेंगे। बेप को रात का खाना नहीं मिल पाएगा, हम शौचालय का इस्तेमाल नहीं कर पाएँगे, हम चल-फिर भी नहीं पाएँगे और इसी तरह की तमाम असुविधाएँ होंगी। हमने उनसे छुटकारा पाने के तरह-तरह के उपाय सुझाए। मिस्टर फॉन डॉन ने सोचा कि उनकी कॉफी में थोड़ा-सा कुछ मिला देने से काम चल जाएगा।

'नहीं,' मिस्टर क्लाइमान ने जवाब दिया, 'ऐसा नहीं करना, नहीं तो हम उसे सँडास से कभी नहीं उबार पाएँगे।'

हँसी का दौरा सा पड़ा। 'सँडास ?' मिसेज फॉन डी. ने पूछा। 'इसका क्या मतलब है ?'

स्पष्टीकरण दिया गया। 'क्या इस शब्द का प्रयोग करना उचित रहेगा ?' उन्होंने पूरे भोलेपन से पूछा।

'जरा कल्पना करो कि तुम बिजेनकॉर्फ पर खरीदारी कर रही हो और ऐसा बोल दो। वे तो समझ भी नहीं पाएँगे कि तुम कहना क्या चाहती हो ?' बेप ने कहा।

डुसेल अब उसी 'सँडास' पर हर रोज ठीक साढ़े बारह बजे बैठ जाते हैं। आज दोपहर मैंने निर्भीकतापूर्वक एक गुलाबी कागज लिया और उस पर लिखा :

> मिस्टर डुसेल के शौच जाने का समय—
> सुबह—7:15 से 7:30 बजे तक
> दोपहर—एक बजे के बाद
> अन्यथा जब जरूरत हो केवल तभी।

मैंने इसे शौचालय के हरे दरवाजे पर उस वक्त लटका दिया जब वे अन्दर ही थे। मैंने इसमें यह भी जोड़ दिया होता—'इसके उल्लंघन पर कैद की सजा मिलेगी।' क्योंकि हमारे शौचालय को अन्दर-बाहर दोनों ही ओर से बन्द किया जा सकता है।

मिस्टर फॉन डॉन का नया चुटकुला :

> बाईबिल में आदम और ईव की कथा पढ़ने के बाद एक 13 साल के लड़के ने अपने पिता से पूछा कि 'ये बताइए पापा कि मैं कैसे पैदा हुआ ?'

'एक पक्षी ने समुद्र से उठाकर तुमको माँ के बिस्तर में डाल दिया, और उनकी टाँगों पर जोर से काट खाया, उनको इतना खून आया कि एक सप्ताह तक बिस्तर में रहना पड़ा।' पिता ने जवाब दिया।

बच्चे को इससे संतोष नहीं हुआ, वह अपनी माँ के पास गया। उसने माँ से पूछा—बताइए माँ, आप किस तरह पैदा हुईं और मैं किस तरह पैदा हुआ ?

माँ ने भी उसे वही कहानी सुनाई। आखिर, कुछ बेहतर सुनने की उम्मीद में वह नानाजी के पास गया और उनसे पूछा—'आप का जन्म किस तरह हुआ और आपकी बेटी कैसे पैदा हुई ?' और तीसरी बार उसे वही कहानी सुनने को मिली।

उस रात उसने अपनी डायरी में लिखा : 'सावधानीपूर्वक जाँच के बाद मैं इस नतीजे पर पहुँचा हूँ कि पिछली तीन पीढ़ियों से हमारे परिवार में कोई शारीरिक सम्बन्ध स्थापित नहीं किया गया है ?'

मुझे अभी ढेर सारे काम करने हैं; जबकि तीन बज चुके हैं।

तुम्हारी, अने एम. फ्रांक

नोट : मेरे खयाल से मैंने नई सफाई वाली बाई के बारे में तुम्हें बता दिया है, मैं इतना और बताना चाहती हूँ कि वह 60 साल की शादीशुदा महिला है। और ऊँचा सुनती है। यहाँ छिपे आठ लोग जितना शोर मचाते हैं उस लिहाज से यह महफूज है।

ओह, किट, मौसम इतना अच्छा है। काश मैं बाहर जा पाती !

बुधवार, 10 मई, 1944

प्यारी किटी,

कल दोपहर जब हम लोग अटारी पर बैठकर फ्रेंच पढ़ रहे थे तभी मैंने अपने पीछे पानी उछलने की आवाज सुनी। मैंने पीटर से पूछा कि क्या हो सकता है। जवाब देने से पहले ही वह अटारी से टकरा गया। महाप्रलय का दृश्य था और मौश्चे को भी धक्का लगा। वह अपनी नियत जगह के पीछे गीली टोकरी में सिमटकर बैठी थी। हर तरफ से चीख-पुकार की आवाजें आने लगीं। मौश्चे पेशाब कर सीढ़ी से नीचे आ गई। वह अपने बक्से जैसी कोई चीज ढूँढ़ने के चक्कर में थी कि लकड़ियों का बुरादा फर्श में दरार के ऊपर मिला। उसमें जिस तालाब की रचना हुई वह जल्द ही कीचड़ के रूप में रिसकर अटारी पर टपकने लगा और भाग्य अच्छा था कि कीचड़ आलू के पीपे में न गिरकर बगल में गिरा। अटारी के फर्श के दरकने के कारण छत से पानी की पीले रंग की बूँदें टपकने लगी थीं। जुराबों और किताबों के बीच रखे खाने की मेज पर।

ऐसे अजीब दृश्य देखकर मैं हँसते-हँसते दुहरी हो रही थी। मौश्चे कुर्सी पर दुबकी

पड़ी थी। पीटर भीगे हाथों में ब्लीच पावडर और कपड़ा पकड़े था और मिस्टर फॉन डॉन सबको शान्त करने में लगे थे। कमरा जल्द ही शान्त हो गया, लेकिन सब जानते हैं कि बिल्ली का मल-मूत्र स्वर्ग को भी हिला देता है। छिले हुए आलू सही सलामत थे। लेकिन लकड़ी का बुरादा बरबाद हो गया। पापा उसे जमा करके नीचे जलाने के लिए ले आए।

बेचारी मौश्चे ! उसे क्या पता कि उसके बक्से में मांस रख पाना कितना कठिन है ?

अने

गुरुवार, 11 मई 1944

प्यारी किटी,

तुम्हें हँसाकर लोट-पोट करने के लिए कुछ नई बातें।

पीटर को बाल कटाने थे और हमेशा की तरह पीटर की माँ को ही हेयरड्रेसर होना था। पीटर 7:25 पर अपने कमरे में चला गया और ठीक 7:30 बजे अपने नीले रंग का तैराकी वाला जाँघिया और जिम के जूते पहनकर आया।

'क्या तुम आ रही हो ?' उसने माँ से पूछा।

'हाँ, मैं एक मिनट में आ रही हूँ, लेकिन मैं कैंची नहीं ढूँढ़ पा रही।'

पीटर ने उनकी मदद करने के लिए उनके सौन्दर्य प्रसाधन वाली दराज पर सरसरी निगाह डाली।

'इस तरह अस्त-व्यस्त न करो, पीटर।' माँ बड़बड़ाई।

पीटर का कोई जवाब मुझे नहीं सुनाई पड़ा मगर वह शरारतपूर्ण रहा होगा क्योंकि माँ ने उसकी बाँह पर टहोका मारा और पीठ पर जोरदार थप्पड़ जड़ दिया। पीटर ने अपने चेहरे पर घृणा का भाव लिये उसके हाथ मरोड़कर कहा, 'और करो, बुढ़िया।'

मिसेज फॉन डॉन स्तब्ध रह गईं। पीटर ने कलाई पकड़ उसे पूरे कमरे में घसीट दिया। वह हँस रही थीं, रो रही थीं, गाली देने के साथ ठोकरें भी मार रही थीं, लेकिन इससे कोई फायदा नहीं हुआ। पीटर ने उन्हें अटारी की सीढ़ी के नीचे बने कैदखाने में लाकर छोड़ दिया। श्रीमती फॉन डॉन अपने कमरे में लौटने के साथ ही लम्बी आह भरते हुए कुर्सी पर निढाल हो गई।

'माँ का अपहरण,' मैंने मजाक किया।

'हाँ, लेकिन उसने मुझे चोट पहुँचाई।'

मैंने पीटर की माँ की ओर नजर डाली और पानी से उनकी लाल हो गई कलाइयों को धोया। पीटर अभी तक सीढ़ियों पर खड़ा था और रिंग मास्टर की तरह बेल्ट लेकर आ धमका। मिसेज फॉन डॉन बिना कुछ बोले अपने लिखने की टेबल पर शान्त बैठी रहीं और अपने रूमाल तलाशने लगीं। 'तुम्हें सबसे पहले माफी माँगनी होगी।'

'ठीक है, मैं माफी माँगता हूँ। लेकिन केवल इसलिए कि यदि मैं नहीं माँगूँगा तो

हमें आधी रात तक यहीं रुकना पड़ेगा।'

मिसेज फॉन डॉन अपने पर हँसते हुए उठकर दरवाजे की ओर चली गईं। वहीं से वह हम लोगों के सामने सफाई देने लगी। (हम लोगों का मतलब पापा, माँ और मैं, हम लोग साफ-सफाई में व्यस्त थे।)

'घर में वह इस तरह की हरकतें पसन्द नहीं करता था।' वह बोली।

'मैं उसे इतना पीटती कि वह सीढ़ी के नीचे पड़ा रहता ! वैसे वह इतना बदतमीज कभी नहीं था। यह कोई पहली बार नहीं हुआ है। आज कल की पढ़ाई और बच्चों में यही तो है। मैंने कभी अपनी माँ के साथ इस तरह की हरकत नहीं की। क्या तुम भी अपनी माँ के साथ इस तरह का बर्ताव करोगी, मिस फ्रांक ?' वह काफी परेशान हो इधर-उधर चहलकदमी करने लगी। उनके मन में जो आ रहा था, बड़बड़ा रही थीं और अभी तक सीढ़ियों से ऊपर नहीं गईं। काफी देर बाद आखिरकार वह बाहर निकलीं।

लेकिन पाँच मिनट के अन्दर ही वह तेजी से नीचे आईं। उनके गाल सूजे हुए थे, आते ही उन्होंने अपना ऐप्रेन कुर्सी पर फेंक दिया। मेरे पूछने पर उन्होंने कहा कि मैं नीचे जा रही हूँ। तूफान की तरह शायद सीधे नीचे वह अपनी पुट्टी की बाँहों में चली गईं।

आठ बजे तक वह नहीं लौटीं और अब लौटी हैं अपने पति के साथ। पीटर को अटारी से घसीट कर लाया गया और निर्दयी होकर सबने उसे गलत ठहराने के साथ सबसे बदमाश लड़का बताया और हमारा उदाहरण दिया—अने यह, मारगोट वह, आदि-आदि जो मैं नहीं सुन सकी।

फिर सब कुछ धीरे-धीरे शान्त हो गया।

तुम्हारी अने एम. फ्रांक

नोट : हमारी प्रिय रानी ने मंगलवार और बुधवार को देश को संबोधित किया। नीदरलैंड लौटने के लिए उनका स्वास्थ्य अच्छा होना चाहिए, इसलिए वह छुट्टी ले रही हैं। उनके शब्द थे—जल्दी ही मैं हालैंड लौटूँगी, 'शीघ्रमुक्ति', 'वीरता' और 'गम्भीर समस्या'।

प्रधानमंत्री गेरब्रांडी के भाषण के बाद उनका संबोधन था। उनकी आवाज एक बच्चे की तरह है। माँ तुरंत कहती है, 'ओह एक माँगने वाला है जिसने श्री एडेल से आवाज उधार ली होगी' : जर्मनी के कैंपों में कैद लोगों के अलावा सभी यहूदियों की सुरक्षा की प्रार्थना के साथ उसने अपना संबोधन समाप्त किया।

गुरुवार, 11 मई 1944

प्यारी किटी,

क्योंकि मैंने अपने रद्दी सामानों को ऊपर ही छोड़ दिया है अपनी कलम सहित और दिन में (2.30 बजे तक) झपकी लेने के समय युवाओं को तंग करने की अनुमति मुझे

नहीं है, इसलिए पेंसिल से भी पत्र लिखा जा सकता है।

मैं अभी इस कदर व्यस्त हूँ कि हर आवाज मेरे लिए अनजान है। मेरे पास इतना कम समय है कि मैं अपने कामों को अच्छी तरह देख भी नहीं पाती। मैं तुम्हें संक्षेप में बताऊँगी कि मुझे क्या-क्या करना है। कल से पहले मुझे गैलेलियो गैलिली की आत्मकथा का प्रथम भाग पूरा पढ़ना है क्योंकि इसे पुस्तकालय में जमा करना है। मैंने इसे कल से पढ़ना शुरू किया है और अभी तक कुल 320 पृष्ठों में से 200 पृष्ठ ही पढ़ पाई हूँ। इसे पूरा करना है। अगले सप्ताह मुझे *पैलेस्टीन एट द क्रासरोड* (Palestine at the crossroads) पढ़नी है और साथ ही गैलिली के दूसरे भाग को। दूसरी तरफ सम्राट चार्ल्स V की जीवनी को कल ही पूरा किया है और मुझे कई वंशावलियाँ भी बनानी हैं। इसके लिए मैंने काफी कुछ जमा किया है और नोट लिया है। कई किताबों में मिले विदेशी भाषा के शब्दों को लिखकर भी याद करना है, जो कुल तीन पृष्ठों में हैं। चौथा, हमारे फिल्म अभिनेता भयंकर अव्यवस्था के शिकार हैं और छाँटे जाने के लिए बेकरार हैं। लेकिन इसे सुधारने में कई दिन लगेंगे और प्रोफेसर अने, जैसा कि उसने स्पष्ट बताया, काम में डूबी हुई है। वे सब काफी समय तक इस अव्यवस्था को बनाये रखेंगे। यही कारण है कि थीसस, ऑडिपस, पिलियस, आर्फेश, जैसन और हर्कुलस इसके खत्म होने का इन्तजार कर रहे हैं : उनके अनेक काम मेरे मन में इधर-उधर घूम रहे हैं, जैसे कपड़ों में बहुरंगी धागे गुँथे हों।

मैरोन और फिदिस पर भी ध्यान देने की आवश्यकता है अन्यथा मैं भूल जाऊँगी कि कैसे वे माहौल के अनुकूल होंगे।

सात और नौ वर्ष लम्बे युद्ध के हालात भी वैसे हैं। जिस कारण हर चीज मुझे अस्त-व्यस्त दिखती है। अच्छा, एक बात बताओ, तुम मेरी जैसी याददाश्त वाली से क्या उम्मीद कर सकती हो ? कल्पना करो कि जब मैं अस्सी वर्ष को होऊँगी तो कितनी भुलक्कड़ हो जाऊँगी।

हाँ, एक बात और, बाइबिल। बाइबिल पढ़ते समय नहाती हुई सुसैना की कहानी तक पहुँचने में अभी देर है। और सोदोम और गोमोरोह उसको लेकर क्या सोचते हैं ?

ओह, अभी मुझे बहुत कुछ ढूँढ़ना और सीखना है और इसी बीच मैंने फिलीस्तीन के शार्लोट को छोड़ दिया है।

क्या तुम महसूस कर सकती हो, किटी कि मैं कितनी व्यस्त हूँ ?

और अब कुछ और, लम्बे समय से मेरी इच्छा है कि मैं पत्रकार बनूँ, बाद में एक ख्यातिप्राप्त लेखक। इसके लिए हमें प्रतीक्षा करनी होगी। जब तक ये सपने (या ख्याल) साकार होंगे तब तक मेरे पास विषयों की कमी नहीं रहेगी। मैं हर हालत में लड़ाई के बाद *गुप्त आवास* नामक किताब को प्रकाशित कराना चाहती हूँ। ये सपने भविष्य के गर्त में हैं कि इसमें मैं कितना सफल हो पाऊँगी। लेकिन इस काम में मेरी डायरी के पन्ने काफी मायने रखेंगे।

मुझे 'कैडी'ज लाइफ' भी पूरा करना है। मैंने कथावस्तु सोच रखी है। अस्पताल

से ठीक होने के बाद कैडी अपने घर लौटकर हांस के लिए खूब लिख रहा है। यह 1941 की बात है और हांस की सहानुभूति नाजियों के साथ है, यह जानने में उसे देर नहीं लगती। कैडी यहूदियों और अपने मित्र मारियाने की दुर्दशा से गहराई से जुड़ी है, इसलिए वे अलग होंगे। वे साथ होंगे और हमेशा रहेंगे लेकिन जब हांस दूसरी लड़की की ओर आकर्षित होगा तभी वे अलग होंगे। कैडी काफी परेशान है, क्योंकि वह नर्सिंग की पढ़ाई के बाद एक अच्छी-सी नौकरी चाहती है। पढ़ाई पूरी करने पर वह स्विटजरलैंड के टीबी अस्पताल में अपने पिता के मित्र के आग्रह पर नर्स बनकर काम करती है। अपनी पहली छुट्टी पर वह कोमो झील जाती है, जहाँ वह हांस से मिली। उसने कहा कि दो साल पूर्व उसने कैडी के उत्तराधिकारी से शादी की लेकिन उसकी पत्नी ने उसकी जिन्दगी को उदासी में बदल दिया। अब जब वह कैडी के बेटे को देखता है तो महसूस करता है कि वह उसे कितना चाहता है, कितना प्यार करता है। एक बार उसने शादी का प्रस्ताव किया था जिसे कैडी ने इंकार कर दिया। हालाँकि वह उसे प्यार करती है। तब भी, वह उसे प्यार करती रही। लेकिन उसके घमंड ने उसे कहीं का नहीं छोड़ा।

हांस कहीं दूर चला गया और कई वर्षों के बाद कैडी को जानकारी मिली कि वह लन्दन में अपनी बीमारी से लड़ रहा है।

27 साल की उम्र में कैडी ने एक धनी व्यक्ति सिमोन से शादी कर ली। वह उससे प्रेम तो करती है, लेकिन हांस की तरह नहीं। उसकी दो बेटियाँ और एक बेटा है। उनके नाम लिलियन, जुडिथ और निको हैं। वह और सिमोन काफी खुश हैं। लेकिन उसके मन में हांस तब तक मौजूद रहता है जब तक उसे वह सपनों में देख कर अलविदा नहीं कहती।

यह कोई भावुकतापूर्ण खेल नहीं है, यह पापा के जीवन की कहानी पर आधारित है।

तुम्हारी, अने

शनिवार, 13 मई 1944

मेरी प्यारी किटी,

कल पापा का जन्मदिन था और माँ और पापा की शादी की 19वीं सालगिरह थी। एक ऐसा दिन जब सफाई वाली नहीं आई...1944 के पहले इस तरह सूर्य कभी नहीं चमका। हमारा कुसुम का पेड़ फूलों से लदा है और पूरी तरह पत्तों से ढँका है। पिछली बार की अपेक्षा इस बार काफी खिला दिख रहा है।

मिस्टर क्लाइमान ने पापा को लिमनौस की जीवनी दी। मिस्टर कूगलर ने प्रकृति से सम्बन्धित पुस्तक दी और डुसेल ने दी *कैनल ऑफ एम्सटर्डम।* फॉन डॉन ने एक बड़े बक्से में (जैसा कि व्यावसायिक स्तर पर होता है) तीन अंडे, एक बीयर की बोतल, दही की हाँडी और एक हरे रंग की टाई उपहार में दी। चाशनी की पूरी जार भी इस उपहार

के सामने खाली जान पड़ रही थी। मीप और बेप की तुलना में मेरे गुलाब आश्चर्यजनक रूप से ज्यादा सुगन्ध दे रहे थे। पापा पूरी तरह बरबाद हो गए खर्चे की वजह से। साइमन की बेकरी से पचास पेटिस आए जो काफी स्वादिष्ट थे। पापा ने खुद हमारे सामने स्वादिष्ट केक परोसे तथा पुरुषों को बियर और औरतों को दही दी।

सभी कुछ स्वादिष्ट था।

तुम्हारी, अने एम. फ्रांक

मंगलवार, 16 मई, 1944

मेरी प्यारी किटी,

बातचीत में बदलाव के लिए (कई दिनों से आपसी भावना का आदान-प्रदान नहीं हुआ था।) मैं पिछली रात हुई मिस्टर फॉन डॉन और उनकी पत्नी की बातचीत को बताना चाहती हूँ।

मिसेज फॉन डी. : जर्मन के पास अटलांटिक दीवार को मजबूत करने के लिए काफी समय है और ब्रिटिश सैनिकों को रोकने के लिए अपनी ताकत से वे कुछ भी कर सकते हैं। आश्चर्य है कि जर्मन इतने मजबूत हैं !

मिस्टर फॉन डी. : हाँ, आश्चर्य तो है !

मिसेज फॉन डी. : यह तो है।

मिस्टर फॉन डी. : तुम्हारे कहने का मतलब है कि वे इतने शक्तिशाली हैं कि युद्ध के अन्त में जीत कर रहेंगे। यही कहना चाहती हो न तुम ?

मिसेज फॉन डी. : वे जीत सकते हैं। उनके सफल होने में मुझे कोई सन्देह नहीं है।

मिस्टर फॉन डी. : मैं इसका जवाब नहीं दे सकता।

मिसेज फॉन डी. : तुम हमेशा जवाब ढूँढ़ते रहते हो, कभी तो इससे हटकर अलग सोचो।

मिस्टर फॉन डी. : नहीं, मेरे पास हमेशा जवाब न्यूनतम रहता है।

मिसेज फॉन डी. : लेकिन तुम्हारे पास हमेशा जवाब रहता भी है और इसका अधिकार भी तुम्हारे पास है। लेकिन क्या तुम्हें मालूम है कि तुम्हारी कही हुई बात शायद ही कभी सच होती है ?

मिस्टर फॉन डी. : वह तो दूर की बात है।

मिसेज फॉन डी. : नहीं, ऐसी बात नहीं है। तुम्हीं बता रहे थे कि पिछले साल से लड़ाई चल रही है और अब फिनिस को लड़ाई बन्द कर देनी चाहिए। इटली के सैनिक पिछली ठंड से वहाँ हैं और रूस का लेमबर्ग पर कब्जा हो जाना चाहिए। ओह, नहीं, मैं तुम्हारी भविष्यवाणी पर अधिक विश्वास नहीं कर सकती।

मिस्टर फॉन डी. : (अपने पैरों को हिलाते हुए) : तुम अपनी सोच बदल क्यों नहीं लेती। मैं देखूँगा कि कौन सही है। कुछ दिनों के बाद तुम मुझे कोंचोगी नहीं। बिना कारण अब एक मिनट भी तुम लोगों की बकबक मैं नहीं सुन सकता। एक दिन ऐसा आएगा जब मैं तुम लोगों की हर बात का जवाब दूँगा (एक अंश समाप्त)

वास्तव में, बेकार का हँसना मुझे पसन्द नहीं लेकिन माँ और पीटर को भी इन बातों पर हँसी आ रही थी। ओह, ये मूर्ख, बुजुर्ग लोग। इनको युवाओं को कोसने से पहले कुछ संस्कार सीखने होंगे।

पिछली शुक्रवार की रात से हम लोग खिड़कियों को फिर से खुला रख रहे हैं।

तुम्हारी, अने

हमारे एनेक्सी परिवार की पसंद

(पाठ्यक्रमों और पाठ्यसामग्री का विधिवत सर्वेक्षण)

मिस्टर फॉन डॉन : कोई पाठ्यक्रम नहीं, कनूर के विश्वकोश और शब्दकोश को पढ़ा। जासूसी कहानियाँ, चिकित्सीय पुस्तकों के साथ सतही और उत्तेजक कहानियों को पढ़ने में रुचि।

मिसेज फॉन डॉन : अंग्रेजी का पत्राचार पाठ्यक्रम, जीवनीनुमा उपन्यास पढ़ने की शौकीन और कभी-कभी दूसरी तरह के उपन्यास भी पढ़ती हैं।

मिस्टर फ्रांक : अंग्रेजी के साथ लैटिन भी सीखी है। कभी उपन्यास तो नहीं पढ़ते, लेकिन गम्भीर कहानियों, लोगों और जगहों के बारे में पढ़ने के शौकीन हैं।

मिसेज फ्रांक : अंग्रेजी में पत्राचार पाठ्यक्रम किया है। जासूसी उपन्यास के अलावा सभी कुछ पढ़ती हैं।

डुसेल : अंग्रेजी, स्पैनिश और डच सीख रहे हैं लेकिन नतीजे रेखांकित करने योग्य नहीं। सब कुछ पढ़ते हैं और बहुमत के पक्ष में रहते हैं।

पीटर फॉन डॉन : पत्राचार द्वारा अंग्रेजी सीखकर फ्रेंच सीख रहा है, डच, अंग्रेजी और जर्मन में शार्टहैंड। अंग्रेजी में व्यावसायिक पत्राचार, बढ़ईगिरी, अर्थशास्त्र, गणित के अलावा कभी-कभी भूगोल पढ़ता है।

मारगोट फ्रांक : अंग्रेजी, फ्रेंच और लैटिन भाषा में पत्राचार पाठ्यक्रम किया है। अंग्रेजी, जर्मन और डच में शार्टहैंड। त्रिकोणमिति, ठोस ज्यामिति, मैकेनिक, भौतिकी, रसायन, बीजगणित, ज्यामिति, अंग्रेजी साहित्य, फ्रांसीसी साहित्य, जर्मन साहित्य, डच साहित्य, खाता-बही, भूगोल, आधुनिक इतिहास, अर्थशास्त्र के अलावा खासतौर से धार्मिक और चिकित्सीय पुस्तकें पढ़ने में रुचि है।

अने फ्रांक : फ्रेंच, अंग्रेजी, जर्मन और डच भाषा में शार्टहैंड जानती हैं। ज्यामिति, बीजगणित, इतिहास, भूगाल, आर्ट हिस्ट्री, पौराणिक कथाएँ, जीव विज्ञान, बाइबिल का इतिहास, डच साहित्य, जीवनी पढ़ने में काफी रुचि है। नीरस या मनोरंजक, हर तरह की पुस्तकें और इतिहास की पुस्तकें (कभी-कभी उपन्यास और हल्के विषयों की पुस्तकें) पढ़ती हैं।

शुक्रवार, 19 मई, 1944

प्यारी किटी,

कल मैं खुद को असहाय महसूस कर रही थी। जितना तुम सोच सकती हो, सिर दर्द, पेट दर्द, सभी कुछ था। आज राहत महसूस कर रही हूँ। वैसे मैं भूखी हूँ, लेकिन रात के खाने में परोसी जानेवाली बीन नहीं खाऊँगी।

मेरे और पीटर के बीच आजकल अच्छी पट रही है। बेचारे को मैं जितना प्यार करती हूँ, उसे उससे अधिक की आवश्यकता है। हर शाम सोने से पहले जब उसके एक गाल को चूमती हूँ तो वह शर्म से लाल हो जाता है और दूसरा गाल सामने कर देता है। क्या मैं बोशे का बेहतर विकल्प हो सकती हूँ ? वह यह जानकर कितना खुश है कि कोई उसे प्यार करती है।

काफी प्रयास से मैं खुद को काबू में रखती हूँ, लेकिन इसका मतलब यह नहीं है कि मेरे प्यार में कुछ कमी है। पीटर प्यारा है, लेकिन मैंने अपने जज्बात पर नियन्त्रण रखा है। यदि कभी वह मेरे जज्बात पर से बंदिश हटवाना चाहेगा तो उसे कड़ी तैयारी करनी पड़ेगी।

तुम्हारी, अने एम. फ्रांक

शनिवार, 20 मई, 1944

प्यारी किटी,

कल रात जब मैं अटारी से नीचे आकर कमरे में घुसी तो कारनेशन फूलों का गुलदस्ता नीचे गिरा था। माँ घुटने मोड़कर अपने हाथों से फर्श साफ कर रही थी और मारगोट मेरे कागजों को समेट रही थी।

'क्या हुआ ?' मैंने अनहोनी के बारे में सोचकर प्रश्न किया।

उन लोगों के जवाब देने से पहले मैंने पूरे कमरे का मुआयना किया और क्षति का अनुमान लगाया। मेरी वंशावली की फाइलें, मेरी किताबें, मेरी कापियों के अलावा सभी चीजें अस्त-व्यस्त थीं, मैं जोर से चिल्ला पड़ी और इतनी परेशान हो गई कि जर्मन भाषा

में बोलने लगी। मुझे एक भी शब्द याद तो नहीं है लेकिन मारगोट के अनुसार मैं क्षति, डर, आश्चर्य और काफी कुछ बक रही थी। पापा की हँसी फूट पड़ी और माँ और मारगोट भी हँस रही थीं। लेकिन मैं रो पड़ी क्योंकि मेरा सारा लेखन और नोट इधर-उधर हो गए थे।

मैंने फिर मुआयना किया तो पाया कि क्षति उतनी नहीं हुई, जितना मैं सोच रही थी। अटारी के ऊपर एक दूसरे से चिपके सभी कागजों को सावधानीपूर्वक हटाकर, सूखने के लिए अलगनी पर टाँग दिया। उस वक्त इतना हास्यास्पद दृश्य उत्पन्न हो गया था कि मैं भी हँस पड़ी। *मारिया दी मेडिकी* के बगल में पाँचवें चार्ल्स, *विलियम ऑफ आरेंज* और *मारिया अन्तोने* हैं।

'यह तो जातीयता का अपमान है।' फॉन डॉन ने मजाक किया।

पीटर के पास दूसरे कागज छोड़ मैं नीचे आ गई।

मारगोट के पास एक किताब देख मैंने पूछा, 'कौन-सी किताब खराब हुई।'

'बीजगणित,' मारगोट ने कहा।

लेकिन सौभाग्य से बीजगणित की किताब पूरी तरह खराब नहीं हुई थी, काश, यह गुलदस्ते के दाईं और गिरी होती। मैं इतनी ज्यादा नफरत किसी दूसरी किताब से नहीं करती जितनी इससे। इसके आवरण पृष्ठ के अन्दर तकरीबन बीस लड़कियों के नाम लिखे हैं जिनके पास पहले ये किताब थी। यह पुरानी किताब है जिसके पन्ने पीले पड़ गए हैं, इधर- उधर काफी लिखा और काटा-पीटा गया है और संशोधन किया गया है।

अब जब कभी मैं उखड़ी तो इस दहकनेवाली चीज के टुकड़े-टुकड़े कर दूँगी।

तुम्हारी, अने फ्रांक

सोमवार, 22 मई, 1944

प्यारी किटी,

20 मई को पापा बाजी हार गए। इस कारण उन्हें मिसेज फॉन डॉन को दही के पाँच बर्तन देने पड़े। लड़ाई अभी तक शुरू नहीं हुई है। मैं सीधे तौर पर कह सकती हूँ कि एमस्टर्डम ही नहीं, हालैंड के अलावा यूरोप के पश्चिमी तट और स्पेन का इलाका, हर जगह दिन-रात लड़ाई के सन्दर्भ में बहसें होतीं और बाजी लगतीं और उम्मीदें लगाई जाती हैं।

उत्तेजना बुखार की तरह बढ़ती जा रही है। इसका मतलब यह नहीं है कि हम में से हर कोई सोचता है कि तथाकथित अच्छे डच लोग ब्रिटिश पर विश्वास करते हैं। न ही सब लोग सोचते हैं कि ब्रिटिश की धमकी पूरी तरह लड़ाई की ओर अग्रसर है। ओह, नहीं, महान और वीरोचित कार्य सभी करना चाहते हैं।

जैसे आँखों को नाक की नोक दिखाई नहीं देती, उसी तरह ब्रिटेन के अपने लोग

और अपने देश के लिए लड़ाई करने की बात पर कोई विश्वास नहीं कर रहा। हर कोई का मानना है कि हालैंड को बचाने की जिम्मेदारी ब्रिटेन की है, शीघ्रातिशीघ्र। हम लोगों के लिए ब्रिटेन ने क्या किया है ? सहायता के लिए डच लोगों को क्या करना है, उसकी स्पष्ट जानकारी होनी चाहिए। ओह, नहीं, डच लोगों ने काफी गलतियाँ की हैं। अपनी धमकी के बावजूद ब्रिटेन लड़ाई को लेकर उतना दोषी नहीं है जितने अन्य छोटे और बड़े देश, जिन्हें अब जर्मनों ने हथिया लिया है। ब्रिटेन क्षमा माँगने के लिए तैयार नहीं है। सच, जब जर्मनी शस्त्रों को इकट्ठा कर रहा था तब अन्य देश, खासकर पड़ोसी देश आराम फरमा रहे थे। ब्रिटेन और दुनिया के अन्य देशों को मालूम हो चुका था कि रेत में दबा सिर कुछ नहीं कर सकता, जिस कारण हरेक देश खासकर ब्रिटेन को ऐसी शुतुरमुर्गी नीति की भारी कीमत चुकानी पड़ी।

कोई भी देश बिना कारण जनता की जान को जोखिम में नहीं डालता और दूसरों के फायदे के लिए तो कदापि नहीं। और ब्रिटेन कोई अपवाद नहीं है। कुछ दिनों बाद लड़ाई, मुक्ति और स्वतन्त्रता के क्षणों को केवल अधिकृत क्षेत्र ही नहीं बल्कि ब्रिटेन भी चुनने का हकदार होगा।

हम लोगों ने सुना है कि हमारे दुखों के अंबार और कायरता को महसूस कर अधिकांश लोग यहूदियों को लेकर अपनी मानसिकता बदल चुके हैं। हम लोग कह चुके हैं कि सेमेटिकों के विरुद्ध एकजुट होना अव्यावहारिक है। ये बातें हमें काफी गहरे तौर पर प्रभावित करती हैं। मनुष्य के घृणा करने के कारण को तो समझा जा सकता है, लेकिन इसे सही नहीं ठहराया जा सकता।

ईसाइयों के अनुसार, जर्मन लोगों के सामने यहूदियों ने अपनी गुप्त बातें प्रकट कीं, अपने सहायकों को दोषारोपण करके छोड़ते रहे तथा उन्हें उनके दुर्भाग्य पर छोड़ दिया और सजा दिलवाकर रहने के लिए मजबूर किया। यह सब सही है। लेकिन हर मामले की तरह उन्हें भी दोनों पक्षों को जानना चाहिए : यदि ईसाई हमारी जगह पर होते तो क्या वे इससे हटकर कुछ करते ? चाहे यहूदी हों या ईसाई, हर लापरवाह व्यक्ति जर्मनी के दबाव में चुप ही रहता।

यहूदियों की तरह ऐसा करना व्यावहारिक तौर पर असम्भव है, इसे सभी जानते हैं, लेकिन इस पर सवाल क्यों करते हैं ?

अन्दरखाने लोगों का कहना है कि लड़ाई से पहले जो जर्मन यहूदी हालैंड चले गए थे अब उन्हें पोलैंड भेजा रहा है। उन्हें वापस यहाँ नहीं आने देना चाहिए। उन्हें हालैंड में बनी शरणस्थली में रहने की अनुमति देनी चाहिए। लेकिन जैसे ही हिटलर जाएँगे वे फिर से जर्मनी में वापस लौट आएँगे।

हम लोग इतनी लम्बी और कठिन लड़ाई क्यों लड़ रहे हैं, इसे जानकर तुम आश्चर्य में पड़ जाओगी। हमारा हमेशा से कहना रहा है कि स्वतन्त्रता, सच्चाई और न्याय पाने के लिए यह लड़ाई है। लड़ाई अभी खत्म नहीं हुई है और अभी भी कई मतभेद मौजूद हैं। यहूदी का वर्चस्व कम होना काफी निराशाजनक है। ओह यह दुखद है, बेहद दुखद।

पुरानी कहावतें अक्सर सच होती हैं :

"क्या एक ईसाई अपनी जिम्मेदारी पर कुछ कर सकता है, क्या एक यहूदी से सारे यहूदियों की पहचान हो सकती है।"

ईमानदारी से, मैं यह कभी नहीं समझ सकती कि डच जो अच्छे, ईमानदार और सत्चरित्र लोगों का देश है इस तरह से कैसे हम पर फैसले थोप सकता है जैसे कि उसने थोपे हैं।

हम पर, जो दुनिया के सबसे असहाय, दुर्भाग्यशाली और नारकीय जीवन जीने वाले लोग हैं।

मुझे आशा की एकमात्र किरण दिखाई दे रही है। सेमेटिकों के विरुद्ध यह लड़ाई तात्कालिक है। देर-सवेर डच लोग खुद को पहचानेंगे और तभी उनके दिल में जो आएगा उससे कभी डाँवाडोल नहीं होंगे।

और यदि वे अपनी धमकी पर अडिग रहेंगे तो मुट्ठी भर असहाय यहूदियों को हालैंड छोड़कर जाना होगा। हमें भी इस सुन्दर देश को छोड़ने के लिए सामान बाँधना होगा जिसने कभी हमें प्यार से रखा और अब मुँह फेर रहा है।

मैं हालैंड से प्यार करती हूँ। किसी समय मैं उम्मीद करती थी कि यह मेरी पितृभूमि बनेगी क्योंकि मैंने अपनी पितृभूमि खो दी है। इसके बरकरार रहने की आशा मैं करती हूँ।

तुम्हारी

अने एम. फ्रांक

25 मई 1944

प्यारी किटी,

बेप की सगाई हो गई। यह आश्चर्यजनक समाचार नहीं है क्योंकि व्यक्तिगत रूप से हममें से कोई खुश नहीं है। बट्र्स एक सुन्दर, गम्भीर और बलिष्ठ युवक है लेकिन बेप उसे प्यार नहीं करती। यही कारण है कि मैं इस शादी के खिलाफ हूँ।

बेप जीवन में आगे बढ़ना चाहती है जबकि बट्र्स उसे हतोत्साहित करता है। वह मजदूर है और अपने में मग्न बिना किसी इच्छा के काम करता है। मैं नहीं समझती कि बेप को वह खुश रख पाएगा। मैं समझ सकती हूँ कि बेप किस तरह अपनी दुविधा से सुलह कर रही है। चार सप्ताह पूर्व उसने उसे मना करने की कोशिश की, लेकिन उसे यह काफी बुरा लगा। इसलिए बेप ने बट्र्स को एक पत्र लिखा और अब उसकी सगाई हो गई।

इस सगाई के पीछे कई कारण हैं : पहला यह कि उसके कमजोर पिता बट्र्स को काफी पसन्द करते हैं। दूसरी बात यह है कि फोस्क्यूल समुदाय की लड़कियों में वह सबसे अधिक उम्रदराज है और उसकी माँ बेप के इतने उम्र तक अविवाहित रहने से

परेशान थी। तीसरी बात यह है कि वह 24 साल की हो गई जो बेप के लिए सबसे महत्त्वपूर्ण है।

माँ का कहना है कि यदि बेप आसानी से बट्र्स से प्यार करने लगे तो वह अच्छा होगा। मुझे नहीं मालूम, मैं बेप के दर्द को महसूस कर सकती हूँ और उसके अकेलेपन को समझ सकती हूँ। किसी भी तरह यदि लड़ाई के बाद वे शादी के बंधन में बँध भी जाते हैं तो बट्र्स छिपा ही रहेगा या भूमिगत रहेगा। इसके अलावा उसके पास एक पैसा नहीं है और दुल्हन को सजाने के नाम पर भी उसके पास कुछ नहीं है। जिस बेप का हम भला चाहते हैं उसके लिए ये कितने तकलीफदेह क्षण हैं : बट्र्स अपनी क्षमता बढ़ाए, यही मेरी इच्छा है। या बेप किसी अन्य व्यक्ति को ढूँढ़े जो उसे अच्छी तरह समझ सकता हो।

तुम्हारी, अने

उसी दिन

प्रत्येक दिन कुछ-न-कुछ होता है। आज सुबह फॉन होवेन को गिरफ्तार कर लिया गया। उसने अपने घर में दो यहूदियों को शरण दे रखी थी। यह हम लोगों के लिए केवल सदमे की बात इसलिए नहीं है कि वे गरीब यहूदी फिर से रसातल के किनारे खड़े हैं, बल्कि मिस्टर फॉन डॉन के लिए भी खतरनाक है।

दुनिया उल्टी होती जा रही है। अधिकांश सभ्य लोगों को यातना शिविरों, जेलों और सुनसान सेलों में रखा जा रहा है। जबकि निम्न से निम्नतर लोग बूढ़ों और जवानों, धनी और गरीब लोगों पर शासन कर रहे हैं। यहाँ कोई कालाबाजारी में पकड़ा गया है तो कोई अपने यहाँ यहूदियों को छिपाने के मामले में, तो कोई बदनसीबों को शरण देने के मामले में। आप नाजी नहीं हैं तो आपके साथ कब, क्या हो जाएगा, इसका पता भी नहीं लगता।

मिस्टर फॉन होवेन का न होना हमें खलता है। इतने सारे आलू बेप नहीं ला सकती और न ही लाना चाहिए। इसलिए हम लोगों ने तय किया है कि इन आलुओं को हम धीरे-धीरे खाएँगे। मैंने तुम्हें मन की बात बता दी, लेकिन निश्चित ही इससे हमारी जिन्दगी स्वीकार योग्य नहीं हो सकती। माँ ने कहा है कि हमें नाश्ते को छोड़ना होगा और दलिया एवं रोटी दिन में तथा रात में भुने हुए आलू खाना होगा। यदि सम्भव हो सके तो सप्ताह में एक या दो बार सब्जी या सलाद भी। यहाँ यही सब है : हम सभी भूखे हैं, लेकिन पकड़े जाने से बदतर स्थिति और कुछ नहीं हो सकती।

तुम्हारी
अने एम. फ्रांक

शुक्रवार, 26 मई 1944

मेरी प्यारी किटी,

काफी अर्से बाद आज टूटी हुई खिड़की के सामने के टेबल पर शान्तिपूर्वक बैठी हूँ और जो भी तुम्हें मैं कहना चाहती हूँ वह लिख रही हूँ।

मैं माहवारी की पीड़ा से भी कहीं अधिक कष्ट महसूस कर रही हूँ। चोरी के बाद भी मैंने कभी अन्दर और बाहर से इतनी हताशा नहीं महसूस की थी। एक ओर जहाँ मिस्टर फॉन होवेन और यहूदियों के सवाल (जिसकी चर्चा घर में हर कोई करता था), लड़ाई (जो इतने लम्बे समय से चल रही है), सड़े खाने, तनाव, दयनीय माहौल और पीटर से नाराजगी की खबर है वहीं दूसरी ओर बेप की सगाई, ह्विटसन (ईस्टर के बाद के सातवें रविवार) का भोज, फूलों, मिस्टर कूगलर का जन्मदिन, केक और कैबरे की कहानियाँ, फिल्में और संगीत समारोह आदि हैं। इतना खालीपन, इतना ज्यादा खालीपन यहाँ हमेशा मौजूद है।

एक दिन जहाँ गुप्त जिन्दगी के बेढ़ंगेपन को लेकर हँस रहे होते हैं वहीं अगले दिन (ऐसे कई दिन बीते हैं) हम लोग काफी भयभीत रहते हैं और हमारे चेहरे पर डर, तनाव और निराशा की लकीरें स्पष्ट देखने को मिल सकती हैं।

मीप और मिस्टर कूगलर हमारे लिए कई परेशानियाँ उठाते हैं, छिपे हुए सभी लोगों के लिए। मीप हमारा काफी खयाल रखती है और कूगलर के पास हम आठ लोगों की कितनी बड़ी जवाबदेही है। वे कभी-कभी अपने तनाव या थकान के कारण बोल भी नहीं पाते। मिस्टर क्लाइमान और बेप भी हम लोगों का खयाल रखते हैं। उन्होंने एनेक्सी को अपने मन से निकाल दिया है भले ही यह कुछ ही घंटों या दिनों के लिए हो। उनकी अपनी भी चिन्ताएँ हैं। क्लाइमान को जहाँ अपने स्वास्थ्य की चिन्ता है वहीं बेप को अपनी सगाई की, लेकिन उसमें कोई आशाजनक प्रगति नहीं है। वे घूमने के साथ-साथ दोस्तों के यहाँ भी जाते हैं। साधारण लोगों की तरह रोजमर्रा के काम भी करते हैं ताकि कुछ समय के लिए ही सही, तनाव से उन्हें आराम मिल जाए। पिछले दो साल से जब से हम लोग यहाँ हैं, शायद ही एक बार भी कभी उन्हें चैन मिला हो। कितने समय तक हम लोग इस बढ़ते अवसाद और असह्य दबाव को झेल सकेंगे।

नाली फिर से जाम हो गई है। हम लोग पानी नहीं बहा सकते और यदि बहाना आवश्यक हुआ तो थोड़ी मात्रा में। हम शौचालय में फ्लश नहीं चला सकते। यही कारण है कि हमें टायलेट ब्रश का उपयोग करना पड़ता है। गंदे पानी को मिट्टी के बड़े बरतन में डालते हैं। आज तो हम लोगों ने किसी तरह काम चला लिया, लेकिन यदि सफाईकर्मी नाली को साफ नहीं करेगा तो हमलोगों की क्या स्थिति होगी ? वैसे भी वह मंगलवार तक सफाई करने नहीं आ सकता है।

मीप ने हमें एक डबलरोटी भेजी है जिसके ऊपर 'हैपी ह्विटसन' लिखा है। जबकि 'हैप्पी' (खुशी) हमारे मन और ध्यान से कोसों दूर है, ऐसा लगता है वह पूरी तरह हम लोगों का मजाक बना रही है।

हम लोग फॉनें होवेन को लेकर काफी चिंतित हैं। एक बार फिर हर तरफ फुसफुसाहट सुनी जा सकती है और हम लोग हर काम चुपचाप करते हैं। अगर पुलिस वहाँ दरवाजे को धक्का देती है तो यहाँ भी दे सकती है। उस समय क्या करेंगे जब कभी हम लोग...नहीं, इसके आगे मैं नहीं लिख सकती। लेकिन ऐसे प्रश्न आज मेरे मन से नहीं निकल रहे। इसके विपरीत, जब कभी मैंने किसी डर को महसूस किया है वे मेरे मन में घुमड़ते रहते हैं।

आज शाम शौच के लिए आठ बजे मुझे अकेले नीचे आना पड़ा। सभी लोग रेडियो सुन रहे थे इसलिए नीचे कोई भी नहीं था। मेरे लिए बहादुर बनना काफी कठिन काम था। इतने बड़े मकान की ऊपरी मंजिल पर मैं खुद को सुरक्षित महसूस करती हूँ। जब अकेले में सीढ़ियों की रहस्यमय दबी आवाज और सड़कों पर हार्न की आवाज मुझे सुनाई देती है तो जल्दी करती हूँ और मन में सोचती हूँ कहाँ छिपूँगी।

मीप पापा की अपेक्षा हम लोगों से अच्छी तरह बातचीत करने का नाटक करती है। लेकिन इस मुद्दे पर मैं तुमसे बात नहीं करूँगी। एक दिन गुस्से में लाल होते हुए मीप ऊपर आई और पापा को सीधे कहा कि हाल के सेमेटिक के विरुद्ध लड़ाई से कहीं हम लोग भी प्रभावित न हो जाएँ, यह सुनकर पापा सन्न रह गए और तुरन्त उसे अपनी सोच के दायरे से बाहर निकालने को कहा, लेकिन मीप का सन्देह बना रहा। वे लोग हमारे लिए अब काफी काम कर रहे हैं और हमारी समस्याओं में रुचि रखते हैं। इसलिए हमें अपनी परेशानियों से उनके लिए मुसीबत नहीं खड़ी करनी चाहिए। आह, ये कितने अच्छे और महान लोग हैं।

'यदि हम अपने छुपने की जगह पर नहीं आते तो कितना अच्छा होता,' मैंने खुद से बार-बार सवाल किया। हम मर जाएँ या इस तंगहाली से मुक्ति पा लें तो कम से कम दूसरों को तो कोई समस्या नहीं होगी, लेकिन यह सोचकर पीछे हट जाते हैं कि हम लोगों की भी जान प्यारी है। हमें प्रकृति की आवाज सुननी चाहिए, हमें आशा रखनी चाहिए और सभी चीजों से आशा करनी चाहिए।

जल्दी ही कुछ न कुछ होगा। हवा के झोंके भी यही कहते हैं : इससे ज्यादा परेशानी क्या हो सकती है ? अब अन्त का समय आ ही जाए। चाहे जितना भी क्रूर हो, तब कम-से-कम हमें मालूम तो होगा कि हम ही विजेता हैं या पराजित होनेवाले हैं।

तुम्हारी अने

बुधवार 31 मई 1944

प्यारी किटी,

शनिवार, रविवार, सोमवार और मंगलवार को इतनी अधिक गर्मी थी कि मैं कलम नहीं पकड़ सकी, जिस कारण तुम्हें पत्र न लिख सकी। शुक्रवार तक नाली जाम ही थी। इसकी सफाई शनिवार को हुई। मिसेज क्लाइमान दोपहर में घूमने आईं और जोपी के

बारे में उन्होंने काफी बातचीत की। वह और जैक फॉन मार्सेन एक ही हॉकी क्लब में थीं। रविवार को बेप यह मालूम करने के लिए आई कि कोई इधर-उधर तो नहीं है, वह नाश्ते तक रुकी रही। ह्विट सोमवार को मिस्टर गीज हमारे रहने की जगह (एनेक्सी) पर चौकीदार बनकर आए और मंगलवार से हमें खिड़कियाँ पूरी तरह खोलने की अनुमति मिल गई। कभी-कभार ही हमारा ह्विट सप्ताहांत इतना अच्छा और प्यारा बीतता है। एनेक्सी में गर्म मौसम काफी भयानक होता है। बहुत-सी शिकायतें तुम्हें बताने की बजाय मैं इतनी खराब गर्मी के बारे में संक्षेप में बता दूँ।

शनिवार : हम लोगों ने सुबह में कहा कि 'आश्चर्य है, कितना बढ़िया मौसम है !' तो दोपहर में जब खिड़कियों को बन्द करना पड़ा तो हमने कहा कि आज उतनी गर्मी नहीं है।

रविवार : असहनीय गर्मी थी। मक्खन तक पिघल चुका था। घर में कहीं भी ठंडक नहीं थी। रोटी सूख गई। दूध फट गया था और हम खिड़कियाँ तक नहीं खोल सकते थे। एक ओर जहाँ लोग 'ह्विटसन' की छुट्टियों का आनन्द उठा रहे थे वहीं हम बंधकों का दम घुटा जा रहा था। (मिसेज फॉन डॉन के अनुसार)।

सोमवार : 'मेरा पैर दर्द कर रहा था। कोई वैसा कपड़ा नहीं है जो शरीर को ठंडक दे सके। इतनी गर्मी में उसे धो भी नहीं सकती थी।' अल्लसुबह से देर रात तक मैं खीझती रही। यह काफी भयंकर था।

इतनी गर्मी में मैं खड़ी नहीं हो सकती। आज हवा को बहते देख मैं खुश हूँ, लेकिन सूर्य अभी भी चमक रहा है।

तुम्हारी, अने

शुक्रवार, 2 जून 1944

प्यारी किटी,

'यदि तुम अटारी पर जा रही हो तो अपने साथ एक छाता रखो, हो सके तो बड़ा-सा।' 'यह घर से गिरने वाले' पानी से तुम्हारा बचाव करेगा। एक डच कहावत है, 'ऊँचा और सूखा, सुरक्षित और सही'। लेकिन यह कहावत युद्ध (बन्दूक के साथ) के समय और छिपनेवालों (पालकी में रहने वालों) के साथ सच नहीं होती। मौश्चे समाचार पत्रों पर या फर्श के तख्ते की दरारों के बीच आराम करती रहती है। इस कारण हम डरे रहते हैं कि उसका गू न गिरे, खैर बदबू तो रहती ही है। नई मोर्तजे की गोदाम में भी यही समस्या है। जिसके घर में कभी बिल्ली हो वह अपने घर में चोरी की कल्पना न करे लेकिन बदबू के बारे में तो सोच ही सकता है। अन्यथा काली मिर्च और अजवायन जैसी गन्ध तो घर में पसरी ही रहती है।

गोलाबारी के वक्त सावधान रहने के नए नुस्खे मैंने निकाले हैं : जब यह तेज हो जाए, तो पास की लकड़ी की सीढ़ियों की ओर चले जाओ। कुछ समय के लिए ऊपर-नीचे दौड़ो। कम से कम एक बार अवश्य ठोकर लगनी चाहिए।

खड़खड़ाने, दौड़ने और गिरने की आवाजों के साथ तुम गोलाबारी की आवाज नहीं सुन सकती हो, बल्कि इससे चिंतित अवश्य हो सकती हो। तुम्हारे विश्वासी ने बड़ी सफलता के साथ इस जादुई फार्मूले का प्रयोग किया है।

तुम्हारी
अने एम. फ्रांक

सोमवार, 5 जून 1944

प्यारी किटी,

एनेक्सी में एक नई समस्या उत्पन्न हो गई है, मक्खन के बँटवारे को लेकर डुसेल और फ्रांक लोगों के बीच झगड़ा हो गया। समर्पण करना डुसेल की आदत है। डुसेल और मिसेज फॉन डॉन के बीच गहरी दोस्ती है, इश्कबाजी, चुम्बन और मित्रवत मुस्कान है। डुसेल औरतों के संसर्ग में रहने के लिए तड़प रहे हैं। जब हम लोग खुद अपने लिए नहीं रहे तो फॉन डॉन लोग यह क्यों बरदाश्त नहीं कर सकते कि हमने श्री कूगलर के जन्मदिन पर इतना मसालेदार केक क्यों बनाया। सब संकीर्ण मानसिकता के लोग हैं। ऊपर से मन खराब। मिसेज फॉन डॉन को जुकाम हो गया है। डुसेल शराब बनानेवाली खमीर की गोलियों के साथ पकड़ा गया जबकि हमें एक भी नहीं मिला।

पाँचवीं सेना ने रोम को अपने कब्जे में ले लिया है। न तो शहर को बरबाद किया गया और न ही उस पर बम गिराया गया। हिटलर का यह एक शानदार प्रचार।

आलू और सब्जी काफी कम मात्रा में बची हैं, पावरोटी में फफूँद पड़ी हुई है। सरमिनकल्टज (गोदाम की नई बिल्ली) काली मिर्च की ओर देखती तक नहीं है। वह घास-फूस से भरे बक्से में सोती है और लकड़ी के छीलन से खेलती रहती है। उसे रखना असम्भव है।

आज मौसम काफी खराब है। लगातार पास दे कालिस और फ्रांस के उत्तरी समुद्री किनारों पर बमबारी हो रही है।

कोई भी डालर नहीं खरीद रहा है। यहाँ तक कि सोने में भी लोगों की दिलचस्पी कम है। हमारे काले धनवाले बक्से का तल दिखाई देने लगा है। देखो, अगले माह रहने के लिए हम क्या करते हैं ?

तुम्हारी, अने एम. फ्रांक

मंगलवार, 6 जून 1944

मेरी प्यारी किटी,

'आज खास तारीख है।' इसकी घोषणा बीबीसी ने 12 बजे की। 'यही वह दिन है' : लड़ाई शुरू हो गई है।

आज सुबह आठ बजे ब्रिटेन ने घोषणा की कि कालाइस, बोलोगने, ली हावरे, चेरबोर्ग के अलावा (हमेशा की तरह) पास दे कालिस पर भारी बमबारी की जा रही है। इसके अलावा, एहतियाती तौर पर अधिकृत क्षेत्र में समुद्री तट के बीस मील के दायरे में रहनेवाले लोगों को गोलाबारी से बचने के लिए तैयार रहने को कहा गया है। जहाँ तक सम्भव हो सकेगा, ब्रिटेन लड़ाई शुरू करने से एक घंटा पहले इस सन्दर्भ में पर्चा गिराएगा।

जर्मन समाचार के अनुसार फ्रांस के समुद्री तट पर ब्रिटिश सेना आ चुकी है। बीबीसी के अनुसार, ब्रिटिश वायुसेना जर्मन नाव सेना की इकाई से लड़ने में व्यस्त है।

हमारी एनेक्सी ने सुबह नौ बजे के नाश्ते के वक्त यही निष्कर्ष निकाला कि यह उस तरह का ट्रायल लैंडिंग का मामला है जैसा कि दो वर्ष पूर्व दीप्पे में हुआ था।

बीबीसी ने अपने जर्मनी, डच, फ्रेंच और दूसरी भाषा के 10 बजे के प्रसारण में कहा कि लड़ाई शुरू हो चुकी है। इसलिए यह 'सच्ची' लड़ाई है। बीबीसी ने 11 बजे अपने जर्मन प्रसारण के दौरान सुप्रीम कमांडर जनरल डुवेट एसनहौवर के संबोधन को प्रसारित किया।

बीबीसी ने अंग्रेजी प्रसारण में कहा कि यह एक खास तारीख है। जनरल एसनहौवर ने फ्रांस के लोगों को संबोधित करते हुए कहा कि 'कड़े संघर्ष का समय आ गया है लेकिन इसके बाद जीत है। वर्ष 1944 पूर्ण रूप से विजेता वर्ष होगा। आप भाग्यशाली हों।'

बीबीसी ने एक बजे अपने अंग्रेजी प्रसारण में बताया कि ग्यारह हजार हवाई जहाज इधर-उधर उड़ानें भर रहे हैं या पैदल सेना के साथ हैं जो दुश्मन सेनाओं के पीछे हैं...चार हजार लैंडिंग क्राफ्ट और छोटी नावें चेरबोर्ग और ली हावरे के बीच वाले भाग में आ रही हैं। ब्रिटिश और अमेरिकन सेना अभी भी भीषण लड़ाई में लगी है। बेल्जियम के प्रधानमंत्री गेरब्रेंडी, नार्वे के राजा हाकोन, डी गाउले आफ फ्रांस, इंग्लैंड के सम्राट, यहाँ तक कि चर्चिल भी अपनी जनता को संबोधित कर रहे हैं।

हमारी एनेक्सी में काफी कोलाहल है ! क्या लम्बे समय से प्रतीक्षित मुक्ति की सचमुच शुरुआत हो चुकी है ? हम लोग मुक्ति के बारे में इतनी बातें कर चुके हैं जो अच्छी भी लगती हैं, क्या जब वह सच होगी तो परी कथा की तरह लगेगी ? क्या 1944 में हमें जीत मिलेगी ? हमें अभी तक इसकी जानकारी नहीं है। लेकिन जहाँ आशा है वहीं जीवन है। यह हमें नए उत्साह से सराबोर करती है और फिर से मजबूत बनाती है। हमें कई आशंकाओं और परेशानियों से लड़ने की आवश्यकता है और कई तकलीफों का सामना करना है। हमें अब शान्त और दृढ़ निश्चयी होने की जरूरत है। फ्रांस, रूस, इटली और यहाँ तक कि जर्मनी भी कड़े संघर्षों का सामना कर रहे हैं लेकिन अभी भी उन्हें अपने अधिकार की प्राप्ति नहीं हुई है।

हाँ, किटी, लड़ाई की सबसे खास बात यह है कि हमारे मित्रराष्ट्र सही रास्ते पर हैं। प्रभावशाली जर्मन लोग हमें इतने दिनों से उत्पीड़ित करने के साथ धमकी दे रहे हैं कि दोस्तों के साथ विचार-विमर्श और मुक्ति का मतलब हमारे लिए सब कुछ है। अब

ऐसी स्थिति केवल यहूदियों की ही नहीं बल्कि पूरे हालैंड और सम्पूर्ण अधिकृत यूरोप की है। मारगोट ने बताया कि सितम्बर या अक्टूबर से मैं स्कूल जा सकती हूँ।

तुम्हारी, अने एम. फ्रांक

नोट : मैं तुम्हें नवीनतम समाचारों से अवगत कराना चाहती हूँ ! पिछली रात और आज सुबह रबड़ और पुआल से बनी कई कठपुतलियाँ हवा से जर्मन सीमा पर गिरीं, जमीन को छूते ही उनमें काफी जोरदार विस्फोट हुआ। अधिकतर छतरी सैनिकों (पैराट्रूपर) के चेहरे काले थे, इस कारण अँधेरे में पहचाने नहीं जा सके और वे आसानी से उतरने में कामयाब हो गए। फ्रांस के तट पर रात में 5,500 टन बमों की वर्षा की गई। और फिर सुबह के छह बजे तट पर लैंडिंग क्राफ्ट आया। आज बीस हजार हवाई जहाज कार्रवाई कर रहे हैं। जर्मन तटीय टुकड़ियों को उतरने से पहले ही नष्ट कर दिया गया और एक छोटा मोर्चा पहले से ही बनकर तैयार है। खराब मौसम के अलावा सब कुछ सही चल रहा है। सेना और जनता 'एक संकल्प और एक आशा' के साथ कार्य कर रही हैं।

शुक्रवार, 9 जून 1944

प्यारी किटी,

लड़ाई की सबसे बड़ी खबर ! मित्र राष्ट्रों ने फ्रांस के तटवर्ती गाँव *बायोक्स* पर कब्जा कर लिया है और अब कैन के लिए लड़ रहे हैं। उन लोगों का स्पष्ट इरादा है कि 'चेरबोर्ग' से पेनिनसुला को अलग कर दिया जाए। हर शाम युद्ध संवाददाता सेना की कठिनाइयों, साहस और लड़ने के उत्साह की सूचना देते हैं। युद्ध से सम्बन्धित समाचारों को पाने के लिए वे आश्चर्यजनक रूप से असाधारण कार्य करते हैं। जो घायल इंगलैंड लौट जाते हैं वे अपनी बात रेडियो के माध्यम से सुनाते हैं। खराब मौसम के बावजूद, हवाई जहाज काफी मुश्किल से मँडरा रहे हैं। हम लोगों ने बीबीसी पर सुना कि चर्चिल 'खास दिन' सेना के साथ पधारेंगे लेकिन एसनहौवर और अन्य सेना अधिकारी उन्हें बातचीत में शामिल नहीं होने देना चाहते। जरा कल्पना करो कि उस सत्तर वर्षीय बूढ़े में कितनी हिम्मत है !

जोश खत्म हो गया-सा लगता है, लेकिन हम आशा करते हैं कि इस वर्ष के अन्त तक युद्ध खत्म हो जाएगा। वैसे यह समय के गर्त में है। मिसेज फॉन डॉन का लगातार रोना असहनीय है। वैसे अब वह लड़ाई को लेकर हमें पागल नहीं करती। खराब मौसम को लेकर वह हमेशा कराहती और आर्त्तनाद करती रहती है। काश, हम अटारी पर ठंडे पानी के बर्तन में उसे रख सकते !

एनेक्सी में मिस्टर फॉन डॉन और पीटर को छोड़कर हर कोई हंगेरियन रैपसोडी नाट्यत्रयी को पढ़ रहा है। यह पियानोवादक और चमत्कारी बालक फ्रेंज लिज की जीवनी है जो उसने स्वयं लिखी है। यह काफी मजेदार (रोचक) है। मेरे विचार से उसने

महिलाओं के महत्त्व पर कुछ ज्यादा जोर दिया है। लिज सत्तर वर्ष की उम्र तक अपने समय का न केवल सबसे बड़ा और प्रसिद्ध पियानोवादक था, बल्कि सबसे बड़ा औरतबाज था। उसके रोमांस के किस्से अनेक महिलाओं के साथ जुड़े हैं। जैसे मेरी द अगोल्ट, राजकुमारी ओल्गा जेनिना, बारोनेस ओल्गा मेयेनड्राफ; अभिनेत्री लीला आदि के अलावा अनन्त नाम हैं। संगीत और कला की अन्य विधाओं से सम्बन्धित अध्याय काफी रोचक हैं। कुछ लोगों जैसे शूमान, क्लारा वीक, हेक्टोर बर्लिओज, जोहन्नास, ब्रह्मास, बीथोवेन, जैकोघिम, रिचर्ड वागनेर, हंसवान बुलो, अंटोन रूबिनस्टीन, फ्रेडरिक योपिन, विक्टर डुगो, होनोरे दी बालजॉक, हिलर, हुम्मेल, सजेरनी, रूसीमी, शेरूबीनी, पगनीनी, मेनडेलसोन आदि के भी चर्चे हैं।

लिज शालीन, उदार, विनम्र व्यक्ति था। लेकिन कभी-कभी अहंकारी हो जाता था। वह मददगार था लेकिन अपनी कला को प्राथमिकता देता था। ब्रांडी और औरत उसकी कमजोरी थी। वह किसी की आँखों में आँसू नहीं देख सकता था। वह ऐसा सौम्य पुरुष था जो किसी की सहायता करने में पीछे नहीं रहता। उसे पैसों से कोई मोह नहीं था। साथ ही वह धार्मिक स्वतन्त्रता और संसार के प्रति काफी चिन्ता करता था।

तुम्हारी, अने एम. फ्रांक

मंगलवार, 13 जून 1944

प्यारी किटी,

मेरा दूसरा जन्मदिन बीत गया। अब मैं पन्द्रह वर्ष की हो गई। लोगों ने इस अवसर पर कुछ उपहार दिए : स्प्रिंगर की कला इतिहास की किताब के पाँच खंड, एक सेट अंडरवीयर, दो बेल्ट, एक रूमाल, दो बर्तन दही, एक बर्तन जैम, शहद के बिस्किट के दो छोटे पैकेट, पापा और मम्मी की ओर से जीव विज्ञान की एक पुस्तक मिली। मारगोट ने एक सोने का कंगन दिया। फॉन डॉन ने स्टीकर एलबम, डुसेल ने बायोमाल्ट और मीठे मटर, मीप ने मिठाई; बेप ने मिठाई और नोटबुक दी। सबसे बड़ी बात यह है कि श्री कूगलर ने मारिया टेरेसा नामक पुस्तक और फुल-क्रीम पनीर के तीन टुकड़े दिए। पीटर ने पओनीस का एक प्यारा गुलदस्ता उपहार में दिया। इस बेचारे ने तोहफे चुनने के लिए काफी मेहनत की, लेकिन अच्छा नहीं मिला।

खराब मौसम, मूसलाधार वर्षा, तेज हवाओं और उफान मारते समुद्र के बावजूद लड़ाई निरन्तर जारी है।

कल चर्चिल, स्मूत, एसनहौवर और अरनोल्ड ने उन गाँवों का दौरा किया जिन पर ब्रिटेन ने कब्जा कर लिया था और फिर मुक्त कर दिया। चर्चिल टॉरपीडो नाव पर सवार थे और उसी से तट तक गए। दूसरे लोगों की तरह वे लोगों के डर को जानने के इच्छुक नहीं थे। कितनी ईर्ष्या है !

हम इस एनेक्सी की किलेबंदी से डच की मनःस्थिति का अंदाजा भी नहीं लगा सकते। इसमें कोई सन्देह नहीं कि अधिकांश लोग खुश (!) हैं, ब्रिटिश सेना कमर कसकर कार्रवाई के लिए कूच कर गई है। कुछ लोग नहीं चाहते कि ब्रिटेन उनके पक्षपाती रवैये को जाने। अब वे लोग इस तरह के तर्क दे रहे हैं कि ब्रिटेन को अवश्य ही लड़ाई और संघर्ष के लिए अपनी जनता और वीर सैनिकों का बलिदान करना चाहिए और उसे हालैंड और अन्य अधिकृत देशों को भी मुक्त करना चाहिए। ब्रिटेन को हालैंड में नहीं रहना चाहिए। साथ ही उसे कब्जेवाले देशों से माफी माँगनी चाहिए। पूरे समाज के साथ डच ईस्टइंडीज को उसके सही हकदारों को वापस करना चाहिए तथा दुर्बल और दरिद्रों को ब्रिटेन को सौंप देना चाहिए। क्या जमात है मूर्खों की !

और जैसा कि पहले भी मैं कह चुकी हूँ डच लोगों की गिनती उनके ओहदे से होती है। ब्रिटेन जर्मनी के साथ शान्ति समझौते पर हस्ताक्षर कर देता तो क्या हाल होता हालैंड और उसके आसपास के क्षेत्रों का ? ऐसा करने के उसके पास पर्याप्त अवसर थे। हालैंड जर्मन बन गया होता और वही इसके खात्मे के लिए काफी था।

वे सारे डच लोग, जो ब्रिटेन को नीची निगाह से देखते हैं, ब्रिटेन का मजाक उड़ाते हैं, उसके बूढ़े लार्डों की सरकार पर व्यंग्य करते हैं, उन्हें कायर बताते हैं, बावजूद इसके जर्मनों से घृणा करते हैं, उन्हें एक अच्छा सबक सिखाना चाहिए। उनकी कड़ी धुनाई होनी चाहिए तभी उनके जड़ दिमाग दुरुस्त होंगे।

इच्छाएँ, विचार, दोषारोपण और उलाहने मेरे मन-मस्तिष्क में चक्कर काटते रहते हैं। मैं उतनी दम्भी नहीं हूँ जितना लोग सोचते हैं। दूसरों की अपेक्षा अपनी कई खामियों और कमजोरियों की जानकारी मुझे है। लेकिन एक अन्तर है : मैं जानती हूँ कि मैं बदलना चाहती हूँ और बदलूँगी और काफी बदल गई हूँ !

आखिर क्यों ऐसा होता है ? मैं अक्सर खुद से पूछती रहती हूँ। अधिकतर लोग सोचते हैं कि मैं रूखी हूँ और सब कुछ जानती हूँ। क्या मैं इतनी घमंडी हूँ ? क्या *मैं* घमंडियों में एक हूँ या वे हैं ? यह बकवास है, मैं जानती हूँ, लेकिन मैं ऊपर लिखा आखिरी वाक्य नहीं काटने वाली क्योंकि यह जितना दिखता है उतना मूर्खतापूर्ण नहीं है। मेरे दो प्रतिद्वन्द्वी श्री फॉन डॉन और डुसेल हैं, जो पूरी तरह नासमझ हैं और किसी भी बिन्दु पर खरे नहीं उतरते। स्पष्ट तौर पर वे बेवकूफ हैं। बेवकूफ लोग यह कतई सहन नहीं कर पाते कि उनसे बेहतर काम कोई दूसरा कर सकता है। इसका सबसे अच्छा उदाहरण मिसेज फॉन डॉन और डुसेल हैं। मिसेज फॉन डॉन सोचती हैं कि मैं बेवकूफ हूँ क्योंकि उन्होंने जितनी तकलीफों को भोगा है उतना मैंने नहीं। वे मुझे अकडू समझती हैं क्योंकि वह मुझसे भी ज्यादा अकडू हैं। वह सोचती है कि मैं छोटी हूँ और मेरे कपड़े काफी छोटे हैं। हालाँकि उनके भी छोटे ही हैं। उन्हें लगता है कि मुझे सब कुछ मालूम है जबकि वह हर मुद्दे पर मुझसे ज्यादा बोलती हैं जबकि जानती कुछ भी नहीं। यही बात डुसेल पर भी लागू होती है। मुझे एक कहावत बहुत पसन्द है, 'धुआँ वहीं उठता है जहाँ आग होती है' इसलिए मुझे स्वीकार करने में कोई हिचक नहीं कि मुझे सब कुछ का ज्ञान है।

मेरे व्यक्तित्व को लेकर मुश्किल यह है कि दूसरों की तुलना में मैं खुद को धिक्कारती हूँ। माँ अक्सर प्रवचन देती हैं और प्रवचनों का ढेर लगा देती हैं। इस कारण निराशा होने लगती है। मैं सबकी बातों को काटती हूँ। जब तक कि अने का वही पुराना रूप सामने नहीं आ जाता।

'मुझे कोई नहीं समझ सकता।'

यह वाक्य मेरे विचार का हिस्सा है और यह सच का सार है। कभी-कभी मैं इतनी अधिक आत्मग्लानि व आत्मभर्त्सना का शिकार हो जाती हूँ कि सांत्वना के एक शब्द के लिए तरस जाती हूँ, कि कोई आकर उससे बाहर निकाले। ऐसा कोई नहीं है जो मेरी भावना को समझ सके। हाँ, मैं अभी तक एक भी ऐसे व्यक्ति को नहीं ढूँढ़ पाई हूँ। मेरी खोज जारी है।

मैं जानती हूँ, तुम अवश्य पीटर को लेकर सोच रही होगी। क्या नहीं, किटी ? यही सच है। पीटर मुझसे प्यार करता है। एक प्रेमी की तरह नहीं बल्कि एक दोस्त की तरह। उसका झुकाव दिन-ब-दिन मेरी ओर बढ़ता जा रहा है। लेकिन कोई अदृश्य शक्ति हमें पीछे ढकेलती है। वह शक्ति क्या है, मैं नहीं जानती।

अक्सर मैं सोचती हूँ कि उसके प्रति अपनी दीवानगी की बातें मैं बढ़ा-चढ़ाकर बता रही हूँ। लेकिन, यह सच नहीं है क्योंकि यदि मैं उसके कमरे में एक या दो दिन नहीं जा पाती तो हताशा महसूस करती हूँ और फिर मैं चली जाती हूँ। पीटर दयालु और अच्छा है लेकिन उसने कई तरह से मुझे हतोत्साहित भी किया है। खासकर मैं धर्म के प्रति उसकी नफरत, भोजन और इसी किस्म की कई बातों के बारे में परवाह नहीं करती। फिर भी मैं इस पर दृढ़ हूँ कि कभी नहीं झगड़ने का जो हमने वायदा किया है उस पर कायम रहूँगी। पीटर शान्तिप्रिय, सहनशील और सहज है। वह मुझे कई ऐसी बातें भी कहने देता है जो कहने की इजाजत वह अपनी माँ को भी नहीं देता। वह दृढ़ निश्चयी होकर अपने ऊपर लगे कलंकों को हटाने और प्रेम को नई दिशा देने में जुटा हुआ है। फिर भी, पता नहीं क्यों वह अपने अन्तरतम के 'स्व' को मुझसे छुपाता है और मुझे उसमें झाँकने नहीं देता। निश्चय ही वह मेरी तुलना में ज्यादा अन्तर्मुखी है, लेकिन मैं अनुभव से जानती हूँ (हालाँकि मुझ पर ये आरोप है कि जो कुछ भी मैं जानती हूँ वह सिद्धान्त में, व्यवहार में नहीं) कि कई बार अन्तर्मुखी लोग भी लम्बे संवाद की चाह से भरे होते हैं अथवा कई बार किसी से अपनी बात कहना चाहते हैं।

पीटर और मैंने कितने ही चिन्तनशील वर्ष इस एनेक्सी में एक साथ गुजारे हैं। हम अक्सर भूत, वर्तमान और भविष्य को लेकर बातें करते रहते हैं। जैसा कि मैंने तुमसे कहा, मैं एक सच्ची चीज की कमी महसूस करती हूँ और मैं जानती हूँ कि वह अभी भी मौजूद है।

शायद इसका कारण यह है कि मैं काफी लम्बे समय से बाहर नहीं निकल सकी और इसलिए प्रकृति के लिए इतनी पागल हो गई हूँ ? मैं उस समय को याद कर रही हूँ जब नीला आकाश, चहचहाते पक्षी, चाँद की रोशनी और खिलती हुई कलियों ने मुझे अपनी

तरफ खींचा न हो। जब से मैं यहाँ आई हूँ, चीजें बदल गई हैं। ह्विटसन की एक रात के दौरान गर्मी के बावजूद चाँद को देखने के लिए साढ़े ग्यारह बजे रात तक मैं जगी रही थी। हाय, मेरा त्याग व्यर्थ ही गया। तब इसमें इतनी चमक थी कि मैं खिड़की खोलने का जोखिम नहीं ले सकती थी। दूसरी बार, कई महीनों के पहले जब खिड़की खुली तब एक रात मैं ऊपरी मंजिल पर बैठी थी। उस दिन मैं तब तक नीचे नहीं आई जब तक कि वह फिर बन्द नहीं हो गया। अँधेरी वर्षा ऋतु की शाम, हवा के साथ घुमड़ते बादलों ने मुझे मोहित कर रखा था। ऐसा पिछले डेढ़ वर्षों में पहली बार हुआ कि पूरी रात मैंने आसमान के नीचे गुजारी। उस शाम के बाद कई बार चाँद को देखने के लिए लालायित रही लेकिन चोरों, काले चूहों और पुलिस का डर कहीं अधिक था। मैंने नीचे आकर रसोईघर और निजी कमरे की सारी खिड़कियों की ओर नजरें घुमाई। कई लोग कहते हैं कि प्रकृति सुन्दर है। कभी-कभार लोग खुले आकाश के नीचे सितारों भरी रात में सोते हैं और कई लोग अस्पतालों और जेलों में उस दिन का इंतजार करते रहते हैं जब वे बाहर निकलकर प्रकृति का आनन्द उठा पाएँगे लेकिन कुछ अलग तरह के हम जैसे लोग होते हैं जो प्रकृति के इस आनन्द से वंचित रह जाते हैं जिसे गरीब और अमीर एक समान बाँटते हैं।

यह कोई मेरी कल्पना नहीं है—आकाश में बादल, चाँद और तारे देखना वास्तव में मुझे शान्तचित्त और आशान्वित बनाता है। यह वैलेरियन या ब्रोमाइड से अधिक बढ़िया दवा है। प्रकृति मुझे नम्र बनाकर साहस के साथ हर झोंके का सामना करना सिखाती है !

लेकिन दुर्भाग्य है कि विरले मौके को छोड़ दें तो मुझे प्राकृतिक सौन्दर्य का मनोरम दृश्य धूल-धूसरित परदे को खिड़की से हटाने पर ही मिलता है। प्रकृति एक ऐसी चीज है जिसका स्थान दूसरा कोई नहीं ले सकता।

कई सवालों में एक सवाल मुझे काफी परेशान करता है कि औरत को पुरुषों से कमतर क्यों समझा जाता रहा है और आज भी समझा जाता है। वैसे आसानी से कहा जा सकता है कि यह अनुचित है, लेकिन मेरे लिए यह काफी नहीं है। इतनी बड़ी नाइंसाफी के पीछे के कारणों को मैं जानना चाहती हूँ।

पुरुष अपनी शारीरिक ताकत के कारण शुरुआत से ही शासन करते रहे हैं। कमाने, बच्चे पैदा करने और रिझाने का काम पुरुष का ही है...अभी हाल तक औरतें चुपचाप उसके पीछे छाया की भाँति रहती थीं, वे मूर्ख थीं। क्योंकि काफी दिनों से इस परम्परा को बरकरार रखा गया है। इसलिए पूरी तरह जकड़ा हुआ है। सौभाग्यवश, शिक्षा, कार्य और प्रगति ने औरतों में जागरूकता ला दी है। कई देशों में उन्हें समानता का अधिकार है। अधिकतर लोग, महिलाओं के साथ पुरुष भी इस बात को महसूस करने लगे हैं कि इतने दिनों से एक पक्ष को दबाकर रखा गया, जो गलत है। आधुनिक औरतें पूर्ण रूप से आत्मनिर्भर बनना चाहती हैं।

लेकिन यही सबकुछ नहीं है। औरतों को आदर देना होगा। आम बोलचाल में,

दुनिया के हर कोने में पुरुष आदर के पात्र रहे हैं। सामान्य बातचीत में कहा जाता है कि दुनिया के हर क्षेत्र में पुरुषों ने अपनी पकड़ बना रखी है तो उसमें औरतों की हिस्सेदारी क्यों नहीं है ? सैनिकों और युद्ध के नायकों को सम्मानित कर उनके गुणगान गाये जाते रहे हैं। अन्वेषकों को ख्याति मिलती है, शहीदों को श्रद्धांजलि दी जाती है। लेकिन कितने लोग औरतों को सैनिकों की भाँति सम्मान देते हैं ?

'मेन अगेंस्ट डेथ' नामक पुस्तक पढ़कर इस तथ्य से गहरा आघात लगा कि बच्चे पैदा करने के दौरान औरत को दर्द, बुखार और कई तकलीफों से गुजरना पड़ता है, जो शायद ही किसी युद्ध के नायक को भोगना पड़ता हो। इस दर्द का प्रतिफल उसे क्या मिलता है ? उसे किनारे कर दिया जाता है जब बच्चे के जन्म के बाद उसकी सुन्दरता बिगड़ जाती है। उसके बच्चे उसे छोड़ जाते हैं। धीरे-धीरे उसकी सुन्दरता खत्म हो जाती है। एक औरत संघर्ष करती है, मानव जाति को बनाए रखने के लिए दर्द सहती है। यह काफी कठिन और साहसिक कार्य है जिसे ये बड़बोले स्वतंत्रता सेनानी मिलकर भी नहीं कर सकते हैं। मेरे कहने का मतलब यह नहीं कि औरत बच्चे पैदा करना बन्द कर दे। इसके विपरीत, प्रकृति यही है। मैं अपने समाज के मूल्यों को दोषी ठहरा रही हूँ और उन पुरुषों को जो कभी भी यह नहीं महसूस कर सकते कि समाज में खूबसूरत औरतें कितनी बड़ी कठिनाई का सामना करती हैं।

मैं पाल दे क्रुफ से पूरी तरह सहमत हूँ, जो इस पुस्तक के लेखक हैं। जब वे कहते हैं कि पुरुष को इसकी जानकारी होनी चाहिए कि संसार के सभ्य हिस्से में बच्चे पैदा करना एक अपरिहार्य और अनिवार्य शर्त नहीं रह गया है। पुरुषों के लिए ऐसे मुद्दों पर बातचीत करना आसान है। वे नहीं चाहते और कभी नहीं चाहेंगे कि वे औरतों की व्यथा से प्रभावित हों।

मैं विश्वास करती हूँ कि नई सदी में यह धारणा बदलेगी। औरतों के बच्चे पालने की ड्यूटी बदलेगी और सभी औरतों को आदर और सम्मान प्राप्त होगा जो अभी बिना शिकायत या आडंबर के ये भार ढोती हैं।

तुम्हारी, अने

शुक्रवार, 16 जून, 1944

प्यारी किटी,

नई समस्याएँ सामने हैं। मिसेज फॉन डॉन किंकर्त्तव्यविमूढ़ हैं, वह बार-बार गोली लगने, कैद होने, फाँसी लटका देने और आत्महत्या की बात करती हैं। पीटर द्वारा उनके बदले मुझ पर भरोसा करने के कारण वह ईर्ष्या करती हैं। उन्हें इसकी तकलीफ है कि डुसेल सही तरीके से जवाब नहीं देते। वे इस बात से डरती हैं कि उनका पति फर कोट से मिले पैसे तम्बाकू में उड़ा देंगे। वह बार-बार झगड़ती; धिक्कारती, रोती, खुद को फटकारती व हँसती हैं।

क्या तुम इस पृथ्वी पर मानवता की इतनी मूर्खतापूर्ण ढोंगबाजी के किसी और नमूने का अंदाजा लगा सकती हो ? कोई भी व्यक्ति उन्हें गम्भीरता से नहीं लेता। उनकी कोई चारित्रिक शक्ति नहीं है। वह सब की शिकायत करती हैं। उनका शरीर ऐसा है जैसे 'मेमने की देह पर भेड़ का मांस।'

इससे भी बदतर स्थिति तो यह है कि पीटर बदतमीज हो गया है। मिस्टर फॉन डॉन चिड़चिड़े हो गए हैं। माँ कटु स्वभाव की हो गई हैं। हाँ, सभी लोग निश्चित रूप से एक समान मनःस्थिति से गुजर रहे हैं। तुम्हें एक ही नियम का पालन करना होगा : 'सभी चीजों पर हँसो और सबको भूल जाओ।' इसमें अहंकार की बू आती है लेकिन दूसरों से सहानुभूति रखने वालों के लिए यही बचाव है।

मिस्टर कूगलर किसी काम के सिलसिले में चार दिनों के लिए अल्केमार जा रहे हैं। वे एक डाक्टर के प्रमाण-पत्र और ओपेक्टा के पत्र के जरिए बाहर निकलना चाहते हैं। मिस्टर क्लाइमान उम्मीद कर रहे हैं कि उनके पेट का ऑपरेशन शीघ्र होगा। पिछली रात ग्यारह बजे से सारे निजी फोन बन्द कर दिए गए।

तुम्हारी, अने

शुक्रवार, 23 जून 1944

प्यारी किटी,

यहाँ कुछ खास नहीं हो रहा है। ब्रिटेन ने चेरबर्ग पर पूरी तरह से चढ़ाई की है। पापा और श्री फॉन डॉन के अनुसार 10 अक्टूबर से पहले हम लोग मुक्त हो जाएँगे। रूस भी इस युद्ध में हिस्सा ले रहा है। कल उसने *विटब्स्क* के निकट हमला किया है, ठीक वहीं जहाँ तीन वर्ष पहले जर्मनी ने रूस पर हमला किया था।

बेप की हिम्मत काफी गिर गई है। हम लोगों को आलू तक नसीब नहीं हो रहा है। अब वे दिन आनेवाले हैं जब प्रत्येक व्यक्ति को गिनती के हिसाब से आलू दिए जाएँगे। फिर सबको यह आजादी होगी वे आलुओं का जो चाहे करें। मीप सोमवार से साप्ताहिक छुट्टी की बात कर रही है। मिस्टर क्लाइमान के डॉक्टर ने उनके एक्सरे में कुछ नहीं पाया। वे अब भी ऑपरेशन करने और सब कुछ जस का तस रहने देने के बीच के अन्तर्द्वंद्व में फँसे हैं।

तुम्हारी, अने एम. फ्रांक

मंगलवार, 27 जून, 1944

मेरी प्यारी किटी,

मनोदशा बदल चुकी है। सभी चीजें ठीक-ठाक चल रही हैं। चेरबर्ग, विटब्स्क और

झोलबिन आज ध्वंस हो गया। निश्चय ही वहाँ काफी लोगों और सामानों पर कब्जा किया गया होगा। चेरबर्ग के नजदीक पाँच जर्मन जनरल मारे गए और दो को बन्दी बनाया गया। चूँकि अब बन्दरगाह उनके कब्जे में आ गया है, ब्रिटिश जो मर्जी तट तक ला सकते हैं। पूरे कोटेंजिन प्रायद्वीप को लड़ाई के तीन सप्ताह के अन्दर कब्जे में कर लिया गया। क्या जीत है !

'खास दिन' से ठीक तीन सप्ताह के अन्दर कोई भी ऐसा दिन नहीं रहा जब यहाँ और फ्रांस में बारिश या आँधी नहीं आई। अपनी शक्ति का प्रदर्शन कर रहे ब्रिटेन और अमेरिका को दुर्भाग्य भी रोक नहीं पाया तो कैसे ? वस्तुतः जर्मनों ने अपना बेहतरीन हथियार निकाला। लेकिन थोड़े से बारूद से मुश्किल से किसी का कुछ होगा। बावजूद इसके इंग्लैंड को काफी कम क्षति का सामना करना पड़ा और यह खबर जेरी समाचार पत्र की सुर्खियों में थी। जो भी हो। जब उन्होंने *जेरीलैंड* में महसूस किया कि बोल्शेविक सच में नजदीक आ रहे हैं तो उनके कदम लड़खड़ा गए थे।

समुद्र तटीय इलाकों ग्रोमींगन, फ्रेसलैंड और गेल्डरलैंड के प्रांतीय क्षेत्रों में औरतों को उनके बच्चों के साथ छोड़ दिया गया, जो इस सैनिक कार्रवाई में भाग नहीं ले रही थीं। डच नेशनल सोशलिस्ट (नाजी) पार्टी के नेता मुसर्ट ने घोषणा की कि यदि हालैंड तक लड़ाई पहुँच चुकी है तो लोगों को भरती होना पड़ेगा। क्या वह मोटा सूअर लड़ने की योजना बना रहा है ? अब से पहले भी उन्होंने रूस के साथ ऐसी ही नीति अपनाई थी। कुछ समय पूर्व फिनलैंड भी शान्ति समझौते से मुकर गया और समझौता वार्ता फिर से एक बार बीच में ही खत्म हो गई। वे बहुत चिंतित है, क्योंकि उल्लू के पट्ठे हैं।

क्या तुमने सोचा कि 27 जुलाई आने में कितना कम समय है ?

तुम्हारी, अने

शुक्रवार, 30 जून, 1944

प्यारी किटी,

30 जून तक मौसम खराब रहेगा (यह अने की अंग्रेजी है)। मैं नहीं कहती कि यह अच्छा है। हाँ, पहले से थोड़ी अंग्रेजी जानती हूँ। इसे साबित करने के लिए मैं शब्दकोश की सहायता से 'एन आइडियल हसबैंड' पढ़ रही हूँ। युद्ध काफी आश्चर्यजनक ढंग से हो रहा है। बाबरिस्क, मोग्लिव और ओरसा समर्पण कर चुका है और कई कैदी बन चुके हैं।

यहाँ सब कुछ ठीक है। हिम्मत बढ़ रही है; हमारी सारी इच्छाएँ सफल हो रही हैं। फॉन डॉन दोनों पति-पत्नी चीनी खूब खाते हैं। बेप ने अपने बालों की स्टाइल बदल ली है। मीप एक सप्ताह की छुट्टी पर है। ताजा हालात यही हैं। मेरे दाँत में सुराख हो जाने से काफी दर्द हो रहा है, जो असहनीय है। दर्द इतना ज्यादा है कि डुसेल सोचता है कि

कहीं मैं बेहोश न हो जाऊँ और ऐसा हो सकता है। मिसेज फॉन डॉन भी दाँत दर्द से पीड़ित हैं।

तुम्हारी, अने एम. फ्रांक

नोट : हमने सुना कि बसले और बेंड (बड्डी का चचेरा भाई) 'मिन्ना वो वर्नहिलम' में सराय मालिक का अभिनय करेगा। माँ का कहना है कि वह जन्मजात कलाकार है।

गुरुवार, 6 जुलाई 1944

प्यारी किटी,

जब भी पीटर अपराधी या सट्टेबाज बनने के बारे में बताता है तो मेरा खून सर्द हो जाता है। हालाँकि वह चिढ़ाता है, लेकिन मेरा अनुमान है कि वह अपनी कमजोरियों से डरा हुआ है। मारगोट और पीटर हमेशा मुझे कहते हैं, 'यदि हम लोग तुम्हारी तरह ताकतवर और साहसी होते, यदि तुम्हारे जैसी शक्ति और ऊर्जा होती तो हम...'

क्या यह वास्तव में मेरी प्रसंशनीय शक्ति है जो मुझे दूसरों के प्रभाव में आने से रोकती है ? क्या मैं अपनी आत्मा के सामने सही हूँ ?

ईमानदारी से मैं यह सोच नहीं सकती कि कैसे कोई व्यक्ति यह कह सकता है, 'मैं कमजोर हूँ;' और फिर भी उसी तरह बना रहूँ। यदि तुम अपनी कमजोरियों को जानते हो तो संघर्ष क्यों नहीं करते, तुम अपना चारित्रिक विकास क्यों नहीं करते ? इस मामले में उनका उत्तर होता है, 'क्योंकि यह इतना आसान नहीं है।' ये जवाब मुझे हतोत्साहित करते हैं। आसान ? इसका मतलब यह हुआ कि धोखाधड़ी और आलसीपन की जिन्दगी भी आसान है ? ओह, नहीं, यह सच नहीं हो सकता है। लेकिन यह सच नहीं हो सकता है कि लोग आसानी से पैसों के प्रति मोहित हो जाते हैं। मैंने इस बारे में काफी सोच-विचार किया है कि किस तरह पीटर अपना आत्मविश्वास जगाए और अपनी बेहतरी के लिए खुद में बदलाव लाए। मुझे नहीं मालूम कि मैं सही रास्ते पर हूँ या नहीं।

अक्सर मैं कल्पना करती हूँ कि यह कितना अच्छा होता कि काश कोई मुझ पर विश्वास करता ! लेकिन अब समय आ गया है जब मैं महसूस करती हूँ कि दूसरों की मानना और सही जवाब पाना कितना मुश्किल है। खासतौर से जब 'सुविधा और पैसे' का मामला होता है तब परिस्थितियाँ मेरे विपरीत होती हैं।

पीटर मेरे ऊपर ज्यादा आश्रित होने लगा है, जो मैं किसी भी हालत में नहीं चाहती। अपने पैरों पर खड़ा होना काफी कठिन होता है। लेकिन जब आप अपने चरित्र और नैतिकता का खयाल करते हैं तो आज के दौर में ये काम और भी कठिन हो जाता है।

मैं समुद्र में गोते लगाती रही हूँ और पिछले कुछ दिनों से इस खतरनाक शब्द 'आसान' का प्रभावी जवाब ढूँढ़ रही हूँ। मैं उसके सामने किस तरह स्पष्ट करूँ कि भले

यह आसान और आश्चर्यजनक है; मगर उसे गहराइयों में धकेल सकता है जहाँ उसे समर्थन या सुन्दरता या कोई मित्र नहीं मिलेगा और वह काफी नीचे गिर जाएगा। वहाँ से वह शायद ही ऊपर उठ सके।

हम लोग जीवित हैं लेकिन हमें नहीं पता कि हम क्यों और किसके लिए जी रहे हैं। हम सभी खुशियाँ ढूँढ़ते हैं। अलग-अलग जिन्दगी को एक दिशा देते हैं। हम तीनों अच्छे परिवारों से वास्ता रखते हैं। हमें अच्छी शिक्षा प्राप्त करने का मौका मिला है। और हम स्वयं कुछ करने का हौसला रखते हैं। हमारे पास खुशियों की इच्छा रखने के और भी कई कारण हैं लेकिन हमें उसे पाना होगा। आसान रास्ते से तुम कुछ भी पा सकते हो। खुशियाँ प्राप्त करने का मतलब होता है अच्छा काम और मेहनत करना, न कि सट्टेबाजी या आलसी बनना। आलसीपन आकर्षक तो होता है लेकिन आपका काम ही आपको सच्चा संतोष देगा।

जो लोग काम नहीं करना चाहते, उन्हें मैं समझ नहीं सकती लेकिन यह पीटर की समस्या नहीं है। उसके पास कोई लक्ष्य नहीं है। साथ ही वह सोचता है कि किसी भी चीज को पाने के लिए वह बेवकूफ और बेकार है। बेचारा, उसने कभी नहीं जाना कि कैसे खुश रहा जाता है और मुझे डर है कि मैं उसे कभी नहीं सिखा पाऊँगी। वह धार्मिक भी नहीं है। वह ईसा मसीह का मजाक उड़ाता है और भगवान का नाम उल्टे-पुल्टे तरीके से लेता है। वैसे परम्परावादी तो मैं नहीं हूँ लेकिन हमेशा पीटर को अकेला, तिरस्कृत और बेकार देखकर मुझे कष्ट होता है।

धार्मिक लोग काफी खुश हैं क्योंकि प्रत्येक व्यक्ति में उच्च स्तर पर विश्वास करने की काबिलियत नहीं होती। आप कभी भी आध्यात्मिक सजा के डर से जिन्दा नहीं रह सकते। शोध, स्वर्ग और नरक की अवधारणा को कई लोग स्वीकार नहीं कर पाते जबकि हर धर्म व्यक्ति को सही रास्ता दिखलाता है। केवल भगवान के डर से नहीं बल्कि अपनी अन्तरात्मा के सम्मान को बरकरार रखने के लिए दिल की बात माननी चाहिए। यदि दिन की समाप्ति के बाद लोग अपने व्यवहार का पुनरावलोकन करें तो शालीन और अच्छे हो सकते हैं। साथ ही उन्हें सही और गलत का भी निर्धारण करना होगा। प्रत्येक दिन की शुरुआत बेहतर काम से करें ताकि कुछ समय बाद अच्छे परिणाम मिलें। प्रत्येक व्यक्ति को इन नुस्खों का स्वागत करना चाहिए। इसका कोई मूल्य नहीं है लेकिन यह लाभदायक अवश्य होगा। जिन्हें ये बातें नहीं मालूम हैं उन्हें अपने अनुभवों से सीख लेनी चाहिए कि शान्त अन्तःकरण तुम्हें शक्ति देगा !

तुम्हारी अने एम. फ्रांक

शनिवार, 8 जुलाई 1944

प्यारी किटी,

मिस्टर ब्रोक्स बेवेरविज्क में थे और नीलामीवाली जगह से स्ट्राबेरी लाने में सफल हुए।

धूल और बालू से वे पूरी तरह सने थे मगर स्ट्राबेरी के 24 कैरेट अपने आफिस और हम लोगों के लिए ले आए। उसी शाम हम लोगों ने मिलकर पहले उन्हें छह जारों में भरा तथा आठ जार जैम बनाया। अगली सुबह मीप ने आफिस के लिए जैम बनाना शुरू किया।

बाहरी दरवाजे को साढ़े-बारह बजे बन्द किया गया तथा पीटर, पापा और मिस्टर फॉन डॉन, तीनों ने मिलकर लड़खड़ाते हुए सीढ़ियों से टोकरी को रसोईघर में लाया। अने गर्म पानी लाई तथा मारगोट बाल्टी लेकर पहुँची। सभी सफाई कर रहे थे। पेट में चूहे कूदते देख मैं भी रसोईघर में चली गई। मीप, बेप, मिस्टर क्लाइमान, जेन, पापा और पीटर पूरे घर की फौज और आफिस के लोग। सभी एक दूसरे से मिल गए। और वह भी दिन-दहाड़े। परदा हटा दिया गया और खिड़कियाँ खोल दी गईं। आवाजें ऊँची हो गईं। दरवाजे पर भी आवाजें आने लगीं। मैं उत्तेजित होकर थरथरा रही थी। सोचने लगी कि क्या ऐसे माहौल में यह महसूस कर सकते हैं कि हम छिपे हुए हैं। जब हम फिर से संसार में वापस जाएँगे तो शायद ऐसी ही भावनाओं से भरे होंगे। कड़ाही भर चुकी थी। मैं भी ऊपर चढ़ गई, परिवार के सभी लोग रसोईघर की टेबल के चारों ओर स्ट्राबेरी छील रहे थे। वे इतना तो कर ही सकते थे। एक बाल्टी भर चुकी थी। उन्हें दूसरी बाल्टी की जरूरत थी।

पीटर सीढ़ी से नीचे उतरा लेकिन तभी दरवाजे पर घंटी बजी। बाल्टी को वहीं छोड़ पीटर तेजी से सीढ़ी पर चढ़ गया और खुद को किताबों के संदूक के पीछे छिपा लिया। हम लोग अधीर होकर अपनी एड़ियाँ रगड़ने लगे। स्ट्राबेरी धोने के लिए रखी हुई थी लेकिन हम घर के नियम-कानूनों में अटके पड़े थे :

'जब कोई अजनबी सीढ़ी पर हो तो भूल से भी पानी नहीं बहाना है, नहीं तो वे नाली की आवाज सुन लेंगे।'

एक बजे जेन ने आकर बताया कि दरवाजे पर डाकिया आया था। पीटर दोबारा नीचे गया। दरवाजे की घंटी को बजाया। मैंने सुना है कि दरवाजे पर जब कोई आता है तो सबसे पहले किताब के संदूक पर खड़ा होता है तब ऊपर जाने के लिए सीढ़ी पर चढ़ता है। अन्ततः पीटर और मैंने दो चोरों की तरह नीचे की आवाजें सुनने के लिए जंगले से अपने कान सटा दिए। कोई अनजानी आवाज नहीं थी। पीटर उत्तेजित होकर आधी सीढ़ी उतरा और आवाज लगाई; 'बेप, बेप,' उसकी आवाज पूरे रसोईघर में गूँज गई। इसलिए वह नीचे रसोईघर में गया जबकि मैं बदहवास ऊपर देखने लगी।

''एक बार फिर ऊपर जाओ, पीटर, वहाँ मुनीम बैठा होगा। तुम्हें छुट्टी मिल जाएगी।' यह मिस्टर कूगलर की आवाज थी।

पीटर ने तेजी से ऊपर जाकर किताब के संदूक को बन्द कर दिया।

मिस्टर कूगलर डेढ़ बजे घर आए। 'वाह, पूरी दुनिया स्ट्राबेरी पर टूट पड़ी है। मेरे नाश्ते में स्ट्राबेरी होगी। जेन के लंच में यह होगा। क्लाइमान उसे कुरकुरे की तरह चबा रहे थे। मीप उसे उबाल रही थी। बेप उसे छील रही थी। हर तरफ स्ट्राबेरी की गन्ध थी। मैं हर तरफ लाल रंग देखकर ऊपर आती हूँ तो देखती हूँ लोग स्ट्राबेरी को धो रहे हैं।'

बाकी बचे स्ट्राबेरी को बोतलों में भर दिया गया। उस शाम दो जार खोले गए। पापा ने तुरन्त उसको जैम में बदल दिया। अगली सुबह दो और ढक्कन खुल गए और उस दोपहर बाद : चार जार और खुले। मिस्टर फॉन डॉन ने जार को उतना अधिक गर्म नहीं पाया, जितना वे जमाने के वक्त थे। इसलिए पापा ने हर शाम जैम बनाना बन्द कर दिया। हम रबड़ी, छाछ, दही-चीनी, बालू के साथ स्ट्राबेरी खा गए। दो दिनों से खाने के लिए स्ट्राबेरी के अलावा कुछ भी नहीं था और फिर हमारी आपूर्ति या तो बन्द होती या फिर तालाबन्द जारों में होती थी।

'हे अने,' मारगोट ने एक दिन कहा। 'मिसेज फॉन होवेन के पास मटर हैं, बीस पाउंड।'

'यह उसके लिए अच्छा है।' मैंने जवाब दिया और यह सही था लेकिन यह बहुत अधिक है...उह !

'शनिवार को तुम लोगों को मटर छीलना होगा।' माँ ने टेबल पर घोषणा की।

आज सुबह नाश्ते के बाद तामचीनी बर्तन टेबल पर नजर आया, जो मटर से भरा था। तुम्हें लगता है कि मटर को छीलना काफी नीरस काम है। आपको अस्तर को हटाने की कोशिश करनी चाहिए। मुझे नहीं लगता कि अधिकांश लोग जानते होंगे कि एक बार अस्तर हटा देने पर फली मुलायम, स्वादिष्ट और विटामिन से भरी होती है। हालाँकि फायदा इसमें है कि मटर को वैसे ही खाओ क्योंकि इसमें तीन गुना अधिक पौष्टिकता होती है।

फली को छीलना काफी सधा और सतर्कता का काम है जो पंडिताऊ दंत चिकित्सक और तुनुकमिजाज विशेषज्ञों के लिए उपयुक्त है। ये बातें मेरी जैसी किशोरी के लिए डर की बात है। हम लोगों ने साढ़े नौ बजे से काम करना शुरू किया। कई बार उठने-बैठने के बाद फिर साढ़े ग्यारह बजे बैठी। मेरे कान ये सुन-सुनकर पक रहे थे—सिरे से पकड़ो, छिलके को उतारो, उसे खींचो, फिर बर्तन में डालो वगैरह-वगैरह। मेरी आँखों के आगे धुंध-सी छा रही थी, हरा, हरा, हरा कीड़ा, सड़ी हुई फली, हरा, हरा। अपनी ऊब से लड़ने के लिए कुछ करना पड़ेगा। मैं हर सुबह चहचहाती हूँ और मेरे मन में जो कुछ आता है वह बोलती हूँ और सभी को हँसाती हूँ। नीरसता मुझे खाए जा रही है। प्रत्येक कदम मुझे आश्वस्त करते हैं कि मैं कभी भी घरेलू महिला नहीं बनना चाहती।

बारह बजे हम अन्ततः नाश्ते पर थे लेकिन साढ़े बारह बजे से डेढ़ बजे तक दोबारा फली छील रहे थे। जब मैंने काम बन्द किया, मुझे मतली आने लगी। ऐसा ही दूसरों के साथ भी हुआ। मैंने चार बजे झपकी ली तब तक गन्दी मटर से परेशान हो चुकी थी।

तुम्हारी, अने फ्रांक

रविवार, 15 जुलाई 1944

प्यारी किटी,

'आधुनिक युवती के बारे में आप क्या सोचते हैं' नामक चुनौतीपूर्ण पुस्तक मैंने पुस्तकालय से ली है। आज मैं इस विषय पर तुमसे बात करूँगी।

'आज के युवाओं' की सिर से पैर तक लेखिका आलोचना करती है। हालाँकि बिना खारिज किए वह उन्हें 'उम्मीदों पर खरा न उतरनेवाले' कहती है। इसके बनिस्बत, वह मानती है कि उनकी सारी शक्तियाँ दुनिया को बड़ा, बेहतर और बहुत सुन्दर बनाने की सोच में समाहित होती हैं लेकिन सच्ची सुन्दरता के बारे में सोचे बिना वे सतही चीजों को हासिल करते हैं।

कुछ पंक्तियों में ऐसा लगता है मानो लेखिका मेरी ओर इशारा कर रही हो। इस कारण मैं अपनी आत्मा तुम्हारे सामने खोलकर रखना चाहती हूँ और इन आरोपों से बचाव करना चाहती हूँ।

जो व्यक्ति मुझे काफी दिनों से जानता है उसे मेरी एक विशेष चारित्रिक खूबी का पता होना ही चाहिए : मुझे आत्मज्ञान की अच्छी समझ है। मैं जो भी काम करती हूँ उस पर तटस्थ नजर रखती हूँ। हर रोज की अने के विपक्ष में, पूर्वाग्रह मुक्त होकर खड़ी रह सकती हूँ और बिना किसी बहाने या अफसोस के वह जो कर रही है अच्छा या बुरा, उसका निरीक्षण करती हूँ। यह आत्म जागरूकता मुझे नहीं छोड़ सकती और मैं हमेशा मुँह खुला रखती हूँ। मैं सोचती हूँ कि 'तुम्हें कुछ अलग कहना चाहिए' या 'यही सबसे अच्छा तरीका है।' 'प्रत्येक बच्चे को मदद खुद ही करनी पड़ती है,' पापा के इस कथन को मैं शुरू से महसूस करती हूँ और कई तरीकों से खुद को खारिज भी करती हूँ। माता-पिता केवल अपने बच्चे को सलाह दे सकते हैं या सही दिशा दिखा सकते हैं। आखिर इंसान अपने चरित्र का निर्माता स्वयं होता है। इसके अलावा मैं अदम्य साहस के साथ जीवन का सामना करती हूँ। मैं जिम्मेदारियों के निर्वहन में खुद को काफी मजबूत और योग्य पाती हूँ, काफी युवा और बंधनमुक्त। जब मुझे इसका पहली बार आभास हुआ मैं खुश थी क्योंकि इसका मतलब था कि मैं जीवन की कठिनाइयों का सामना करने के लिए तैयार हो सकती हूँ।

लेकिन इन मुद्दों पर मैं अक्सर बातें करती रही हूँ, अब मैं अध्याय बदलती हूँ और 'माता-पिता मुझे नहीं समझते' नामक अध्याय पर बात करती हूँ। मेरे माता-पिता ने सहृदयतापूर्वक मुझे परिपक्व बनाया है। साथ ही फॉन डॉन के विरुद्ध बचाव करने के साथ अन्य माता-पिताओं की तरह व्यवहार किया है। फिर भी काफी लम्बे समय से मैं खुद को अकेला, उपेक्षित और गलतफहमियों से घिरा पाती हूँ। पापा ने मेरे अक्खड़पन की आदतों को दबाने की हर संभव कोशिश की लेकिन इसकी जरूरत नहीं थी और मैंने स्वयं ही गलतियों को देखकर अपने व्यवहारों को बदला।

तो संघर्ष में पापा ने मेरी मदद क्यों नहीं की ? जब वे सहायता करने के लिए हाथ बढ़ाते तो वह छोटा क्यों पड़ जाता था ? इसका एक ही उत्तर है कि उनकी नीतियाँ

गलत थीं। वे अक्सर मुझसे इस तरह बातें करते जैसे मैं कठिन दौर से गुजर रही कोई बच्ची हूँ। यह बात काफी अटपटी लगती है क्योंकि केवल पापा ने ही मेरे आत्मविश्वास को बढ़ाया और मुझे महसूस कराया कि मैं समझदार हूँ। लेकिन उन्होंने एक चीज की अनदेखी की कि दूसरी चीजों के बनिस्बत अपने संघर्षों से कठिनाइयों पर विजय हासिल करना ज्यादा महत्त्वपूर्ण है। 'यौवन समस्या', 'अन्य लड़कियाँ', 'तुम इनसे बाहर निकल जाओगी' जैसी बातों को मैं नहीं सुन सकती। मैं नहीं चाहती कि अन्य लड़कियों की तरह मुझसे व्यवहार किया जाए, लेकिन अने अपने अधिकारों के लिए स्वतंत्र है। लेकिन पापा इसे नहीं समझते। इसके अतिरिक्त, मैं किसी पर तब तक विश्वास नहीं कर सकती जब तक वह अपने बारे में ज्यादा न बताए और क्योंकि मैं उसके बारे में थोड़ा जानती हूँ, इसलिए उससे ज्यादा बातचीत नहीं कर सकती।

पापा हमेशा बूढ़े पिता की तरह क्षणिक गुस्सा करते हैं, लेकिन काफी प्रयासों के बावजूद लम्बे समय बाद भी वह मित्रवत नहीं हो पाए। परिणामतः मैं अपनी जिन्दगी के दृष्टिकोण को कभी किसी से साझा नहीं कर पाई सिवाय अपनी डायरी के। एक बार मैंने मारगोट के साथ साझा किया था। मेरे साथ जो कुछ भी हुआ उसे मैं अपने पापा से छिपाती रही हूँ। यहाँ तक कि अपने आदर्शों को भी पापा को बताने से परहेज किया और जान-बूझकर खुद ही दूर रही।

मेरे पास इसके अलावा कोई दूसरा चारा भी नहीं था। मैंने अपनी भावनाओं को उन्मुक्त छोड़ दिया। वैसे यह एक अहंवादी व्यवहार था, लेकिन मैंने वही किया जो मुझे मानसिक शान्ति के लिए ठीक लगा। अपने आत्मविश्वास को हासिल करने के लिए मुझे काफी कठिनाइयों का सामना करना पड़ा। यह थोड़ी क्रूरता लगेगी लेकिन मैं पापा से भी आलोचनाएँ नहीं सुन सकती। यह इसलिए नहीं कि मैं उन्हें अपने आन्तरिक विचारों का साझीदार नहीं बनाना चाहती, बल्कि इसलिए कि उन्होंने अपने चिड़चिड़ेपन की वजह से खुद को मुझसे दूर किया है।

यह एक ऐसा मामला है जिस पर मैं अक्सर सोचती हूँ : अक्सर पापा मुझे क्यों गुस्सा दिलाते हैं ? उनकी सीख कठिन लगती है और उनका प्यार अक्सर बलात् प्रतीत होता है। मैं अकेली रहना चाहती हूँ और जब तक वह मुझे नजरअंदाज करेंगे तब तक मैं खुद को यकीन दिलाती रहूँगी कि मैं उनसे बात नहीं कर रही। जब भी मैं उदास होती हूँ तो स्वयं को अपने द्वारा लिखित नाराजगी भरे पत्रों और आरोपों-प्रत्यारोपों के द्वन्द्व में घिरी पाती हूँ। ओह, चारों तरफ से मजबूत होना कितना कठिन है !

लेकिन हाँ, यह मेरी सबसे बड़ी निराशा नहीं हो सकती। नहीं, मैं पापा से कहीं अधिक पीटर के बारे में सोचती हूँ। मैं अच्छी तरह जानती हूँ कि वह मेरी जीत है जिसे मैंने काफी मेहनत से पाया है। मैंने अपने मन में एक ऐसे शान्त, सुन्दर और संवेदनशील लड़के की तस्वीर बनाई है जो मित्रता और प्यार की तलाश में है। मैं अपना दिल एक जिन्दादिल व्यक्ति को सौंपना चाहती हूँ। मुझे एक ऐसे मित्र की तलाश है जो फिर से मेरी राह तलाशने में मदद करे। इस समय मैं अपनी तरह से सन्तुष्ट हूँ। धीरे-धीरे ही

सही ऐसा हुआ तो। जब वह मेरा अच्छा मित्र बन चुका तो यह मित्रता खुद-ब-खुद अन्तरंगता में बदल गई और आज जब मैं इस सन्दर्भ में सोचती हूँ तो शरमा जाती हूँ। हम लोग आपस में अन्तरंग बातचीत करते हैं। लेकिन अभी भी दिल के अनछुए पहलुओं को नहीं टटोल पाए हैं। लेकिन पीटर के बारे में मैं ठीक-ठीक कह नहीं सकती। वह छिछोरापन है या शर्मीलापन, जो उसे मेरे पास आने से रोकता है। इन सबसे ऊपर उठकर सोचा जाए तो मैंने एक गलती की है। मैं आत्मीयता की वजह से उसके करीब हुई और होती गई। मैंने मित्रता की अन्य शर्तों का उल्लंघन किया। वह मुझसे प्यार करता है और मैं देख सकती हूँ कि दिन बीतने के साथ-साथ उसका प्यार गहराता जा रहा है। हमारा साथ उसकी भावनाओं को सन्तुष्ट करता है, लेकिन मैं सभी चीजें दुबारा शुरू करना चाहती हूँ। मैं जिन मामलों पर खुल कर बात करना चाहती थी उसे प्रकट नहीं कर सकी हूँ। पीटर को अपने नजदीक पाने के लिए जितना वह सोच सकता था, उससे ज्यादा दबाव डाला और अब वह मेरे जीवन का प्रिय आधार है। ईमानदारी से कहूँ तो उसको अपने हाल पर छोड़ने या उससे पीछा छुड़ाने का कोई कारगर कदम मुझे समझ में नहीं आ रहा। मैंने महसूस किया कि वह दयालु प्रकृति का नहीं है, लेकिन मैं अभी भी यही कोशिश कर रही हूँ कि वह संकीर्ण मानसिकता से ऊपर उठे और किशोरावस्था के दायरे को बढ़ाए।

'गहराई से सोचें तो बुजुर्ग की अपेक्षा युवा काफी अकेलापन महसूस करते हैं।' ये पंक्ति मैंने किसी किताब में कहीं पढ़ी थी और यह मेरे दिमाग में घर कर गई है। जो भी हो लेकिन यह सच है।

यदि तुम आश्चर्य कर रही हो कि वयस्कों में बच्चों की अपेक्षा ऐसी मुश्किल अधिक आती है तो ऐसी बात नहीं है, बिलकुल नहीं। बुजुर्ग लोग हर मामले में अपनी राय कायम कर लेते हैं और अपने और अपने कार्यों के प्रति आश्वस्त होते हैं। युवाओं के लिए दोहरी कठिनाइयों का मामला होता है क्योंकि यही वक्त होता है अपने आदर्शों को बनाने और बिगाड़ने का, यही वक्त होता है जब मनुष्य अपना प्रभुत्व कायम करना चाहता है, यही वक्त होता है जब प्रत्येक व्यक्ति सच्चाई, न्याय और भगवान पर सन्देह करता है।

यदि कोई दावा करता है कि बुजुर्गों को अपने घर में काफी कठिनाइयों का सामना करना पड़ता है तो उन्हें हमारी समस्याओं की जानकारी नहीं है जो हमें अच्छा-खासा प्रभावित करती हैं। हम लोग उन समस्याओं को निबटाने के लिए काफी छोटे हैं, लेकिन वे लगातार हमें परेशान करते हैं। अन्ततः हम समाधान ढूँढ़ने को प्रेरित होते हैं। यद्यपि जब तक हम वास्तविकता से रूबरू होते हैं तब तक हमारे समाधान छिन्न-भिन्न हो चुके होते हैं। यह काफी कठिन समय होता है जब आदर्शों, सपनों, दिल की बातों को क्रूर सच्चाई से दबाया जाता है। यह काफी आश्चर्यजनक है कि मैंने कभी अपने आदर्शों में ढिलाई नहीं बरती, क्योंकि वे निरर्थक और अव्यावहारिक प्रतीत होते हैं। इतने सबके बावजूद अभी तक मैं उन आदर्शों पर चल रही हूँ क्योंकि उन पर मेरा विश्वास है, क्योंकि लोग दिल के सच्चे होते हैं।

अव्यवस्था, दुख और मृत्यु की बुनियाद पर जिन्दगी जीना मेरे लिए पूरी तरह असम्भव है। दुनिया धीरे-धीरे बंजर में तब्दील हो रही है। इसकी आवाज लगातार सुनाई दे रही है जो एक दिन हमारे अस्तित्व को खत्म कर देगी। मैं हजारों लोगों की पीड़ा को महसूस कर रही हूँ। जब कभी मैं आकाश की ओर निगाहें डालती हूँ तो महसूस होता है कि अच्छे के लिए सब कुछ बदलेगा और इन क्रूरताओं का अन्त होगा। चारों ओर फिर से शान्ति आएगी। तब भी मैं अपने आदर्शों पर अडिग रहूँगी और तभी मैं इसे महसूस कर सकूँगी।

तुम्हारी, अने एम. फ्रांक

शुक्रवार, 21 जुलाई 1944

प्यारी किटी,

अन्ततः मैं आशावादी हो गई हूँ। अन्ततः अब सब कुछ मनोनुकूल हो रहा है। क्या बात है। सचमुच ! बड़ी खबर है कि हिटलर पर जानलेवा हमला किया गया। हमलावर न तो यहूदी कम्युनिस्ट था और न ही ब्रिटिश पूँजीवादी। वह एक युवा प्रभावशाली जर्मन जनरल था। जिन्दगी बख्शने के लिए हिटलर ईश्वर के प्रति आभारी हैं। थोड़े-से खरोंच और जलने के बाद दुर्भाग्यवश वह बच गए। कई अधिकारी और जनरल, उनके नजदीक होने के कारण घायल हो गए और कुछ की मौत भी हो गई। इस षड्यंत्र का मुख्य कर्ताधर्ता भी मारा गया।

यह इस बात का सबसे बेहतर सबूत है कि कई अफसर और जनरल युद्ध से तंग आ चुके हैं और वे हिटलर को अतल गहराइयों में डूबते देखना चाहते हैं ताकि वे एक सैन्य तानाशाही स्थापित कर सकें, शत्रुओं के साथ शान्ति स्थापित कर सकें, स्वयं को पुनः हथियारबन्द कर सकें और कुछ दशकों के बाद एक नया युद्ध शुरू कर सकें। शायद प्रारब्ध हिटलर से मुक्ति पाने में जानबूझकर समय वर्बाद कर रहा है क्योंकि विरोधियों के लिए यह सबसे आसान और सस्ता है कि शक्तिशाली जर्मन आपस में लड़ मरें। यह रूसी और ब्रिटिश देशों के लिए अच्छा है और यह उन्हें जल्द से जल्द अपने नगरों के पुनर्निर्माण के लिए मौका देता है। लेकिन हम अभी तक वहाँ नहीं पहुँचे हैं और मैं शानदार घटनाओं की उम्मीद से घृणा करती हूँ। फिर भी तुमने ध्यान दिया होगा कि मैं सच्चाई बयान कर रही हूँ। पूरी सचाई, और कुछ नहीं, केवल सच। लेकिन एक बात, मैं बहुत ऊँचे आदर्शों की उड़ान नहीं भर रही।

इसके अतिरिक्त, हिटलर ने अपनी दयालुता का प्रदर्शन करते हुए अपनी अन्धभक्त जनता के सामने घोषणा की है कि आज की तारीख में सभी सैन्यकर्मी गेस्तापो के अधीन हैं और कोई भी सैनिक जो जानता है कि उसका कोई उच्च अधिकारी हिटलर पर जानलेवा हमले के षड्यंत्र में शामिल था, उसे देखते ही गोली मार सकता है।

वह कितना मजेदार नजारा होगा ! लम्बे मार्च पास्ट करने के बाद छोटे से जानी

के पैरों में घाव हो गए हैं और उसका कमांडिंग अफसर उस पर चिल्लाता है। जानी रायफल तान कर चिल्लाता है, 'तुमने फुएरर को मारने की कोशिश की, यह लो !' एक गोली चली और उस चिड़चिड़े ऑफिसर को शाश्वत जिन्दगी (या शाश्वत मौत) दे दी गई। सम्भवतः हर समय एक अधिकारी एक-एक सैनिक पर निगरानी रखता है और उसे आदेश देता है। अधिकारी हमेशा परेशान रहता है क्योंकि उसे सैनिकों को काम करने के लिए कहना पड़ता है।

क्या तुम इन बातों को समझ सकती हो या मैं विषय बदलूँ ? मैं इस मामले में तुम्हारी सहायता नहीं कर सकती। तार्किक रूप से अक्टूबर से मेरे स्कूल जाने के लक्षण बन रहे हैं, जिस कारण मैं काफी खुश हूँ। मैं पूर्वानुमान नहीं करना चाहती। किटी, मुझे माफ करना। वे लोग अकारण ही मुझे 'विरोधाभासों का पुंज' नहीं बुलाते हैं।

तुम्हारी, अने

मंगलवार, 1 अगस्त, 1944

प्यारी किटी,

'विरोधाभासों के पुंज' मेरे पहले के पत्र के अन्त में है और अब नए की शुरुआत है। क्या तुम बता सकती हो कि आखिर 'विरोधाभासों का पुंज' क्या है ? विरोधाभास का मतलब क्या है ? दूसरे शब्दों की तरह इसकी व्याख्या भी दो तरह से की जा सकती है। विरोधाभास कारण और बिना कारण दोनों तरह से होता है। पहले मामले में दूसरे लोगों की राय को नहीं सुना जाता और हमेशा समाधान को ही सबसे अच्छा मानते हैं। संक्षेप में, यही वे अप्रिय कारण हैं जो मैं जानती हूँ। दूसरे मामलों को मैं नहीं जानती और यह मेरा अपना रहस्य है।

मैंने तुमसे कई बार कहा है कि मैं दो भागों में बँट चुकी हूँ। एक तरफ मेरी खुशी, सन्तुष्टि और जीवन-आनन्द है। साथ ही इससे ऊपर उठकर हर चीज के हल्के खुशनुमा पक्ष की तारीफ करने का है। यही कारण है कि मैं इश्कबाजी, आलिंगन, शर्म और मजाकिया मामलों में कुछ भी गलत नहीं पाती हूँ। ऐसे मामलों में मैं दूसरे लोगों पर हमले के लिए तैयार रहती हूँ जो साफ, गम्भीर और उत्कृष्ट जीवन जीते हैं। कोई भी व्यक्ति बेहतर ढंग से अने की अच्छाई को नहीं समझता और यही कारण है कि अधिकतर लोग मेरा साथ नहीं देते। हाँ, दोपहर तक के लिए मैं मसखरापन कर सकती हूँ। लेकिन उसके बाद पूरे माह के लिए उनका साथ काफी हो जाता है। वास्तव में मैं किसी गम्भीर चिंतक के लिए एक रोमांटिक फिल्म की तरह हूँ जिसमें थोड़ा बिखराव, हास्य है और जो शीघ्र भूलने योग्य है, न तो उतनी बुरी और न ही उतनी अच्छी। तुम्हें ये बताने में मुझे घृणा होती है लेकिन मुझे क्यों नहीं स्वीकार करना चाहिए, जबकि सच्चाई मैं जानती हूँ। मेरा कमजोर और उथला पक्ष हमेशा गहरे पक्ष की ओर होता है, जो मुझे हमेशा विजयी

बनाता है। तुम सोच भी नहीं सकती, किस तरह मैं इस अने को खारिज करती हूँ। जिस अने को लोग जानते हैं यह उसकी आधी है जिसे मैं दबाती और छिपाती हूँ। लेकिन यह कारगर क्यों नहीं होता, यह मैं जानती हूँ।

मुझे डर है कि जो लोग मुझे आमतौर पर जिस रूप में अच्छी तरह जानते हैं उन्हें पता चल जाएगा कि मेरी दूसरी छवि भी है जो बेहतर और सुन्दर है तो कहीं वे मेरा मजाक न उड़ाएँ, फालतू और भावुक समझकर मजाक न बनाएँ और गम्भीरता से न लें। मैं केवल गम्भीरता के लिए नहीं बल्कि हँसमुख 'अने' के लिए भी जानी जाती हूँ। गम्भीर अने बेहद कमजोर है। यदि अच्छी, गम्भीर अने को पन्द्रह मिनट के लिए भी लोगों के सामने लाया जाए तो वह बोलने के वक्त चुप रहेगी और हँसमुख अने बातचीत में सबसे आगे रहेगी। जब तक मैं इसे महसूस कर पाती हूँ, तब तक वह गायब हो जाती है।

इस तरह अच्छी अने कभी दोस्तों के साथ नजर नहीं आती। वह कभी पर्दे पर नहीं आती और जब मैं अकेली होती हूँ तभी वह आती है। वास्तव में मुझे मालूम हैं कि मैं क्या बनना चाहती हूँ, कैसी हूँ अन्दर से...दुर्भाग्यवश मैं ऐसा केवल अपने साथ ही चाहती हूँ और शायद ऐसा क्यों...नहीं, मैं आश्वस्त हूँ कि ऐसा क्यों है...मैं सोचती हूँ कि अन्दर से खुश हूँ तो दूसरी तरफ लोग सोचते हैं कि मैं बाहर से खुश हूँ। मैं पूरी तरह अपने भीतरी अने से निर्देशित होती हूँ लेकिन ऊपरी तौर से मैं खूँटे से बँधी उस बकरी के समान हूँ जो छटपटाने के सिवा कुछ भी नहीं कर सकती।

जैसा कि मैंने तुम्हें बताया है कि मैं जो कहती हूँ वह महसूस नहीं करती। जिस कारण लोग मुझे लड़कों का पीछा करने वाली, इश्कबाज, दिलफेंक और रोमांस के किस्सों में रुचि रखने वाली समझते हैं। खुशदिल, भाग्यशाली अने हँसती है, हाजिरजवाब है, कंधों को उचकाती रहती है मगर कभी लापरवाह नहीं हो सकती। शान्त अने विपरीत विचार के प्रति तुरन्त प्रतिक्रिया देती है। यदि ईमानदारी से कहूँ तो यह मानना होगा कि मेरे लिए यह काफी मायने रखता है कि खुद को बदलने के लिए मुझे काफी मेहनत करनी होगी और वह मैं ही हूँ जो मजबूत दुश्मनों का जमकर सामना करती है।

सिसकियों भरी आवाज आती है, 'देखो तुम, तुम क्या हो, तुम नकारात्मक विचारों, व्याकुल और हास्यास्पद चेहरों और नापसन्द लोगों से घिरी हुई हो। और ऐसा इसलिए हो रहा है, क्योंकि तुम अपने अर्द्धपक्ष की आवाज नहीं सुनती हो।' विश्वास करो, मैं सुनना चाहती हूँ लेकिन सम्भव नहीं हो पाता। ऐसा इसलिए होता है क्योंकि मैं शान्त और गम्भीर हूँ। सभी लोग सोचते हैं कि मैं एक नया नाटक कर रही हूँ, मुझे मजाक का पात्र बनने से बचना होगा। यदि मैं अपने परिवार के बारे में बात न करूँ तो वे सोचेंगे कि मैं बीमार हूँ। एस्पिरिन और दर्द निवारक दवाई ठूँस देंगे। बुखार जानने के लिए मेरे गले और सिर को टटोलेंगे। मेरी बीमारी जानने के लिए मेरी अँतड़ियों का हाल-चाल पूछेंगे। इस कारण मैं इसे ज्यादा देर तक बरकरार नहीं रख सकती, क्योंकि प्रत्येक व्यक्ति जब मेरे इर्द-गिर्द मँडराता है तो मैं मुसीबत में पड़ जाती हूँ और उदास

हो जाती हूँ और अन्ततः मेरा दिल अन्दर-बाहर होने लगता है। मेरा बुरा पक्ष बाहर होता है और अच्छा पक्ष अन्दर। मैं उस राह की तलाश करने लगती हूँ जो मैं पसन्द करती हूँ और जो मैं होना चाहती हूँ...काश ! इस दुनिया में दूसरे लोग न होते !

तुम्हारी, अने एम. फ्रांक

अने की डायरी यहीं समाप्त होती है।

उत्तर-कथन

चार अगस्त 1944 की सुबह 10 से साढ़े दस बजे के बीच एक गाड़ी 263 प्रिंसेनग्रास्त के सामने आकर रुकी। कई आकृतियाँ उभरीं : एस.एस. सार्जेंट, कार्ल योजेफ बेरबाउअर अपनी पोशाक में थे, तथा सुरक्षा पुलिस के कम से कम तीन डच सदस्य भी उनके साथ थे, लेकिन वे सादा पोशाक में थे। किसी ने जरूर उनको सूचित किया था।

उन्होंने एनेक्सी में रह रहे आठ लोगों को गिरफ्तार कर लिया, साथ ही, उनकी सहायता करनेवाले दो लोगों को भी गिरफ्तार कर लिया गया—विक्टर कूगलर और जोहान्स क्लाइमान को—यद्यपि मीप गीज और बेप फोस्क्यूल को उन्होंने गिरफ्तार नहीं किया—साथ ही, एनेक्सी में उनको जो भी मूल्यवान वस्तु और पैसे मिले, उसे वे अपने साथ लेते गए।

गिरफ्तारी के बाद कूगलर और क्लाइमान को एम्सटर्डम की एक जेल में ले जाया गया। 11 सितम्बर 1944 को उन्हें बिना मुकदमा चलाए एमर्सफूर्त (हॉलैंड) के एक शिविर में भेज दिया गया। 18 सितम्बर 1944 को खराब स्वास्थ्य के कारण क्लाइमान को रिहा कर दिया गया। 1959 में अपनी मृत्यु तक वे एम्सटर्डम में ही रहे।

कूगलर 28 मार्च 1945 को कैद से उस समय भाग निकलने में सफल रहा, जब उसे और उसके साथी कैदियों को बँधुआ मजदूर के रूप में जर्मनी भेजा जा रहा था। 1955 में वह कनाडा चला गया और टोरंटो में उसकी मृत्यु 1989 ई. में हुई।

बेप फोस्क्यूल की मृत्यु 1983 में एम्सटर्डम में हुई। मीप गीज अभी भी एम्सटर्डम में रह रही है; उसके पति जान की मृत्यु 1993 में हुई।

गिरफ्तारी के बाद गुप्त आवास में रहनेवाले आठों लोगों को पहले तो एम्सटर्डम की एक जेल में डाल दिया गया, फिर वहाँ से उन्हें हॉलैंड के उत्तर में यहूदियों के एक शिविर में वास्टरबोर्क भेज दिया गया। 3 सितम्बर 1944 को वास्टरबोर्क से जानेवाली अन्तिम गाड़ी में उनको बिठा दिया गया, तीन दिनों के बाद वे ऑश्विज (पोलैंड) पहुँचे।

ओटो फ्रांक के साक्ष्य के मुताबिक हरमन फॉन डॉन को 1944 के अक्तूबर या नवम्बर माह में ऑश्विज में गैस देकर मार दिया गया, गैस चैंबर्स को नष्ट करने से ठीक पहले।

पेट्रोनेला फॉन डॉन को ऑश्विज से बर्गन-बेल्सन, वहाँ से बुकेनवाल्ड और फिर वहाँ से 9 अप्रैल 1945 को किसी और यातना-शिविर में ले जाया गया। यह तो पक्का है

कि वे नहीं बचीं, लेकिन उनके मरने की तिथि अज्ञात है।

पीटर फॉन डॉन को जबरदस्ती 16 जनवरी 1945 को ऑश्विज से ऑस्ट्रिया की 'मृत्यु-दौड़' में शामिल कर दिया गया, जहाँ 5 मई 1945 को उसकी मृत्यु हो गई, शिविर को मुक्त कराए जाने से ठीक तीन दिन पहले।

अल्बर्ट डुसेल की मृत्यु 20 दिसम्बर 1944 को हुई, एक यातना-शिविर में। एडिथ फ्रांक (अने की माँ) की 6 जनवरी 1945 को ऑश्विज में भूख और थकान से मृत्यु हो गई।

मारगोट और अने फ्रांक को अक्तूबर के अन्त में ऑश्विज से हनोवर (जर्मनी) के पास के एक यातना-शिविर में ले जाया गया। 1944-45 की सर्दियों में गंदगी के मारे ऐसी महामारी फैली, जिसमें हजारों कैदी मर गए, मरनेवालों में मारगोट भी थी, कुछ दिनों बाद अने भी जाती रही। उसकी मृत्यु फरवरी के अन्त या मार्च के आरम्भ में हुई। बर्गेन-बेल्जन की सामूहिक कब्र में सम्भवतः उनको दफना दिया गया। 12 अप्रैल 1945 को ब्रिटिश सेना ने इस शिविर को मुक्त करवा लिया।

यातना-शिविरों में रहने के बावजूद इन आठों में से केवल ओटो फ्रांक ही बच पाए। जब रूसी सेना ने ऑश्विज के यातना-शिविर को मुक्त करवा लिया, तब वे ओडेसा और मासैल्स के रास्ते एम्सटर्डम आए। 3 जून 1945 को वे एम्सटर्डम आए और 1953 तक वहीं रहे, फिर वहाँ से वे बेसल (स्विट्जरलैंड) अपनी बहन, भाई और परिवार के बाकी लोगों के पास चले गए। उन्होंने बाद में वियना मूल की एल्फ्रिदे जाइरिंगर से शादी कर ली, जिसने यातना-शिविरों में अपने पति और लड़के को खो दिया था। 19 अगस्त 1980 में मृत्यु तक वे बेसल के पास ही रहते रहे जहाँ उन्होंने स्वयं को इस बात के लिए समर्पित कर दिया कि उनकी बेटी की डायरी का संदेश संसार भर में फैले।

●●●